진귀한 책이다. 기독교인과 회의론자 모두에게 말을 건다. 존 딕슨은 흡인력 있는 역사 서술과 현대의 논쟁에 대한 예리한 비판을 결합하여 더없이 정직하고 도전적이고 설득력 있는 기독교 옹호론을 만들어 냈다.

테레사 모건 — 옥스퍼드대학교 그리스·로마사 교수

《벌거벗은 기독교 역사》는 칭찬하고 싶을 만큼 솔직한 책으로, 단순한 변증서를 뛰어넘는다. 솔직하기 때문에 더욱 절묘하게 대단한 변증적 효과를 만들어 냈다.

톰 홀랜드 —《도미니언》저자

중요한 책이다. 내 아버지는 신앙심이 깊은 분이었고, 공직생활을 하셨다. 아버지 주위에는 세속적 야망과 방향성에 이끌린 수많은 정치적 판단들을 '기독교'라는 허울로 덮으려는 시도들이 난무했다. 그로 인해 종종 큰 피해가 발생했다. 아버지는 공직이든 어느 자리에 있든 기독교인의 과제는 다른 사람들이 십자가를 경험할 수 있도록 행동하는 것이라고 말씀하시곤 했다. 이 책은 아버지가 하신 그 말씀의 진의를 내게 가르쳐 주었다. 저자는 현시대를 위해 과거를 다룬다. 많은 사람이 최악의 일을 벌여 십자가의 메시지를 알아보기 어렵게 만들거나 왜곡했고 권력, 탐욕, 정욕, 편견, 무지의 도구로 오용했다. 그들이 역사적으로 벌인 일들과 현재 벌이는 일들 때문에 많은 이들이 신앙으로 나아가지 못하고 있다. 그러나 지난 수 세기 내내, 그리고 지금도, 예수의 사랑, 자선, 친절, 이타성과 구원(세월이 흘러도 변치 않는 가치와 행동들)의 메시지에 빛을 비춘 이들이 있었다. 어떤 신앙을 갖고 있든, 심지어 아예 신앙이 없더라도 우리는 고상하게 살 수 있다. 하지만 우리 모두 하나님의 형상으로 지음받았다는 기독교인들의 근본 믿음은 삶의 든든한 기초가 되어 준다. 어째서 그런지 이 책을 읽어 보면 알 수 있다.

킴 비즐리 — 서호주 주(州) 주지사, 주미 호주대사(2010-2016)

요즘은 기독교가 진리인지 아닌지 묻는 질문을 좀처럼 듣기 어렵다. 그보다는 기독교가 좋은지 안 좋은지 묻는다. 존 딕슨은 《벌거벗은 기독교 역사》에서 바로 이 도전에 응수한다. 그의 정직한 시선은 과거나 현재나 그리스도의 이름으로 저질러진 끔찍한 악을 무시하지 않는다. 그렇기 때문에 우리는 이 책을 믿을 수 있다. 과거에 대해 정직할 수 있을 때, 현재에 대해 분별력을 발휘할 수 있다. 예수를 믿든 안 믿든, 이 책은 우리가 안다고 생각했던 것을 시험대에 올리고 새로운 가능성에 눈뜨게 해 줄 것이다.

콜린 핸슨 ─ 〈가스펠 코얼리션〉(*The Gospel Coalition*) **편집장**

《벌거벗은 기독교 역사》는 기독교 자체나 교회를 단순 옹호하는 변론서가 아니다. 존 딕슨은 기독교 역사를 대단히 솔직하게 설명하면서 그중 가장 추악한 사건 몇 가지를 직시한다. 그와 동시에, 회의론자들이 기독교 신앙을 겨냥하여 자주 내놓았던 수많은 왜곡과 거짓을 부각시키고 그 실체를 폭로한다. 이런 정직하고 올곧은 설명은 기독교가 서구 문명의 본질적 토대라는 견해를 강화시킨다. 저자는 꼭 필요한 책을 썼다. 깨달음과 보람을 안겨 주는 책이다.

필립 젠킨스 ─ 베일러대학교 역사학 특훈교수

이 책은 2천 년 기독교 역사를 신중하고 능수능란하게 다시 들려준다. 현재 당신이 어떤 믿음을 갖고 있든지, 이 책을 펼쳐 존 딕슨이 소개하는 서구 세계를 형성한 성자들과 악당들을 만나 보라. 나는 책장을 넘길 때마다 배우는 바가 있었고 십자군 원정과 종교재판 같은 악명 높은 사건들을 낱낱이 이해하게 되었다. 그뿐만 아니라, 수많은 무명의 신앙 영웅들을 알게 되었다. 이 책을 읽고 울고 웃고 질문하고 숙고하고 노래하라.

레베카 맥클러플린 ─ 《기독교가 직면한 12가지 질문》 저자

존 딕슨은 꼼꼼한 역사가, 공정한 비평가, 뛰어난 이야기꾼이다. 《벌거벗은 기독교 역사》
가 유구한 기독교의 이야기에서 성자와 악당, 아름다운 이들과 추악한 이들에 대해 숙고
한 결과물은 귀중하고 사려 깊고 때로는 제대로 도발적이다. 이 책은 유연하고 쉬운 산문
으로 모든 인간의 노력에, 심지어 신성한 인간의 노력에도 담기는 불가피한 복잡성과 거
북한 맥락을 포착한다. 또한 이 책은 기독교 신앙을 고백한다고 해서 인간이라는 존재의
기본 상태가 달라지는 것은 아니라는 깊은 이해를 보여 준다. 기독교인에게도 인간 고유
의 온갖 당혹스러운 가능성, 다양한 영웅적 면모와 끔찍한 면모, 위엄과 비루함이 남아 있
다. 하지만 바로 그곳을 비추는 빛이 있다.

그렉 셰리던 — 〈오스트레일리언〉(*The Australian*) **외신부장**

고난과 악은 모든 세계관이 직면하는 가장 어려운 문제 가운데 하나다. 하지만 기독교인
들에게는 보다 더 어려운 문제가 있다. 예수 그리스도의 이름으로 자행되는 참상을 설명
하는 일이다. 예수님은 역사상 최고 수준의 윤리를 가르치셨고, 폭력이라면 그분과 그분
의 메시지를 보호하기 위한 것이라도 거부하셨다. 중세 십자군 원정과 이른바 성전(聖戰)
들을 생각할 때 우리는 묻게 된다. "종교가 모든 것을 오염시킨다"는 크리스토퍼 히친스
의 말에 동의해야 할까, 아니면 종교에는 그런 것들을 상쇄하는 장점이 있다고 말해야 할
까? 과연 악당들 사이에 성자들이 있을까? 고대사를 연구하는 역사학자인 저자는 우리가
사실 관계를 제대로 파고들도록 도와줄 자격을 충분히 갖추고 있다. 그는 '신성한 폭력'
의 기원을 기독교 시대의 초기 300년에서 찾을 수 없다는 사실을 제대로 설명한다. 그는
정직함을 발휘하여 4세기부터 펼쳐진 대단히 흥미로운 두 갈래의 흐름에 독자가 눈을 뜨
게 해 준다. 한쪽 흐름은 악당들, 잔혹함, 압제로 이어졌고, 다른 흐름은 성자들, 자선, 병
원, 인권으로 이어졌다. "악당은 널렸다. 그러나 성자는 찾기 쉽지 않다." 그 과정과 이유
를 알고 싶다면 이 책을 직접 읽어 보고 판단하는 수밖에 없다. 이 책은 탁월한 정보를 갖
춘 역사적 분석의 최고봉이다. 기독교 세계의 해악을 바라볼 때 떠오르는 어려운 질문들
과 씨름하고자 하는 사람들에게 주저 없이 추천한다. 읽고 나누라!

존 레녹스 — **옥스퍼드대학교 수학 명예교수, 수학 및 과학철학 명예펠로우**

교회사에 대한 이 생생한 기록은 2천 년에 걸쳐 나타난 악당들과 성자들에게 생명력을 부여한다. 이 책은 기독교 역사의 악을 눈가림하려는 이들과 기독교 역사의 선을 지우려 드는 이들의 입심 좋은 주장들에 똑같이 이의를 제기한다. 많은 내용을 담고 있으면서도 대단히 잘 읽힌다. 기독교 신앙의 옹호자와 비판자 모두의 필독서다.

마이클 스펜스 — 유니버시티칼리지런던(UCL) 총장 겸 학장

탁월한 역사가가 쓴 이 도전적인 책은 오늘날 기독교가 당면한 현안을 다룬다. 비판자들은 기독교가(종종 모든 종교가) 이 세상에 유익보다 해를 더 많이 끼쳤다고 말한다. 저자는 이 도전을 두려움 없이 직면하고 교회가 여러 시대에 걸쳐 그리스도의 가르침에 충실히 살지 못했음을 정직하게 인정한다. 그렇지만 그는 (역사가답게) 역사 문헌들의 꼼꼼한 세부 내용에 근거하여 균형 잡힌 방식으로 자신의 주장을 세우고 소망의 메시지로 끝맺는다. 신자, 의심이 드는 사람, 회의론자, 그리고 교회의 원수들까지 잘 따져 가며 읽어 봄 직한 책이다.

알라나 놉스 — 매쿼리대학교 고대사 명예교수

내가 아는 한 이와 같은 책은 없다. 기독교의 이름으로 폭력과 미덕이 펼쳐졌던 미로 같은 2천 년을 둘러보게 해 주는 정직한 안내서다. 탁월한 역사가인 저자는 충격적인 공평함으로 과거의 복잡성을 설명한다. 기독교 역사의 더러운 빨랫감들이 모두가 볼 수 있게 이 책 안에 펼쳐져 있다. 동시에, 무명의 사람들이 보여 준 아름다운 행위들을 숙고할 수 있는 기회도 주어진다. 충실한 사실 정보와 공평한 분석이 담긴 이 책은 현시대를 이해할 창으로써도 훌륭하다. 이 책을 적극 추천한다.

피터 윌리엄스 — 케임브리지 틴들하우스 학장

존 딕슨은 몰랐겠지만, 그가 쓴 책들은 C. S. 루이스, 베네딕투스 16세의 저서들만큼이나 성인 시절 내 신앙을 유지하는 데 결정적인 역할을 했다. 저자는 일부 기독교인들이 신앙의 요구에 충실하게 살지 못했다는 명백한 사실을 조금도 축소하지 않으면서도 기독교가 좋은 이유를 매력적이고, 정직하고, 인격적인 방식으로 설명한다. 저자의 말에 모두 동의하는 것은 아니지만, 《벌거벗은 기독교 역사》를 더없이 적극 추천한다. 꼭 사서 읽고 곱씹어야 할 책이다.

마이클 퀸런 ― 호주 노터데임대학교 법학 교수

시의적절하고 용감한 이 책은 기독교 역사의 '악당들'과 '성자들'을 공개적으로 소개한다. 딕슨은 기독교의 이름으로 자행된 가장 끔찍한 잔혹 행위들과 씨름한다. 그 악행들을 눈가림하기 위해서가 아니라 인정하기 위해서, 그리고 예수님이 요구하셨던 그리스도인다운 자기비판을 내놓기 위해서다. 딕슨은 교회의 설립자인 예수 그리스도의 기준으로 평가한다. 그는 역사적으로 기독교인들이 예수님의 가르침을 어떤 식으로 따랐고 따르지 못했는지 이해하게 해 줄 유용한 개념적 도구를 제공한다. 바로 '아름다운 곡조'의 은유다. 저자는 교회가 이 곡조를 때로는 잘 연주했고 때로는 엉터리로 연주했다고 지적한다. 그러나 또한 그 곡조가 완전히 들리지 않게 된 적은 결코 없었음을 드러낸다. 상황을 밝혀 주는 이 은유에 힘입어 딕슨은 예수님의 가르침 가운데 일부가 역사적으로 어떻게 현실화되어 인권, 아픈 사람과 소외된 사람에 대한 보살핌, 대중 교육의 초석이 되었는지 보여 준다. 딕슨은 뛰어난 역사가일 뿐 아니라 역사를 아름답고 이해하기 쉽게 전달하는 능력을 갖춘 빼어난 이야기꾼이다. 이것은 학자들 사이에서도 드문 능력이다. 덕분에 그의 글은 너무나 신선하게 다가온다. 그는 겸손하고 솔직하고 매력적이다. 기독교인이나 비기독교인이나 《벌거벗은 기독교 역사》를 읽기 시작하면 내려놓을 수 없을 것이다.

세어러 어빙-스톤브레이커 ― 웨스턴시드니대학교 근대 유럽사 부교수

깊은 개인적 고민의 산물인 이 책에서 존 딕슨은 독자들에게 그리스도 및 그분의 교회의 이름을 내건 사람들이 저지른 폭력과 보복의 긴 역사를 직시하도록 촉구하는 한편, 기독교인들이 다른 이들을 위해 자기를 내준 오랜 역사의 기록을 내놓는다. 그는 장거리 열차 여행을 이끄는 가이드처럼 독자를 이끌고 서방 교회 역사의 핵심적인 순간들과 개인들을 찾아간다. 그는 최신 연구 성과와 당대 저자들의 글을 십분 활용해 독자가 아름다운 장면과 그렇지 않은 장면을 모두 보게 하면서도, 아름다운 장면들이 미래에 대한 소망과 영감을 제공하는 표본이 되기를 바란다. 기독교인들에 대한 이런 균형 잡힌 서술은 교회 밖 회의론자들도 자신의 생각을 돌아보게 만든다. 하지만 이 서술에 힘입어 기독교인들이 자신이 물려받은 유산의 어두운 면과 현재에 드리운 그늘을 더 잘 이해하고 겸손히 전진하게 된다면, 그런 서술이 제 역할을 가장 잘 감당했다고 볼 수 있을 것이다.

주디스 M. 리우 — 케임브리지대학교 레이디마거릿 신학 명예교수

존 딕슨은 기독교의 눈 속에 있는 "들보"를 서슴없이 들춘다. 기독교 전통의 내부자이자 역사가로서 그는 많은 대중적 비판자들을 뛰어넘는 명료함으로 교회의 모습에 문제가 많다는 것과 모든 시대마다 위선이 있다는 것을 설명한다. 하지만 그는 기독교가 역사에 특별히 기여했고, 그러한 공공 병원들, 학교들, 개혁자들, 인간 존엄성의 주창자들이 가장 비판적인 이들마저 기독교를 달리 보게 만들었다는 사실도 나열한다. 《벌거벗은 기독교 역사》는 기독교가 없으면 세상이 더 좋아질 거라 믿는 사람과 기독교가 심오한 생명을 준다는 것을 발견한 사람 모두에게 전하는 초청장이다. 저자는 우리가 교회의 행적을 다시 한 번 돌아보면서 교회를 시작하신 사랑 많은 그분의 성품과 인간의 행복에 대한 그분의 관심을 어느 정도 엿보기를 바란다.

마크 P. 라이언 — 세인트루이스 카버넌트신학교 종교와 문화 부교수

존 딕슨은 역사가의 고뇌를 안고 계속 묻는다. "어떻게 성도들이 그토록 자주, 그토록 심각하게 핵심을 잘못 파악한 것일까?" 나는 이 책의 중간 장들에서 진상을 파악할 돌파구를 발견했다. 콘스탄티누스부터 두 세대 후에 등장하는 젊은이 네 명의 열정적 대응을 보여 주는 대목 말이다. 그들은 비슷한 나이의 지적 또래들이었다. 그중 한 사람인 율리아누스는 로마제국을 다스리게 되고 기독교 혁명을 제거하려는 뜻을 품는다. 나머지 세 사람은 오지 카파도키아에서 주교 등이 된다. 중요한 부분에서 네 사람의 뜻이 같았다. 아무리 비합리적인 일로 보여도, 정부는 강자들을 위해서가 아니라 약자들과 소위 자격 없는 이들을 위해 행동해야 한다는 것이었다. 저자는 그렇게 염려할 필요가 없었다. 결국 예수님의 혁명적 명령들은 교회의 위선에도 불구하고 세속 정책에 심오하게 반영이 되었다. 참으로, 교회의 위선을 폭로하려는 우리의 열정 자체가 하나님 나라에 관한 예수님의 가르침이 남긴 유산이다.

에드윈 저지 ─ 매쿼리대학교 역사학 명예교수

《벌거벗은 기독교 역사》는 기독교 역사에 대한 공명정대한 기록으로서 그 역설과 아이러니를 절묘하게 기록한다. 이 책은 인류사의 최악의 순간에 기독교인들이 했던 역할을 기꺼이 인정하면서도 그들의 비범한 집단적 선과 기독교가 특별하게 기여한 바 또한 자세히 설명한다. 깊은 통찰력이 있는 학식을 매력적이고 이해하기 쉽고 즐겁게 읽을 수 있게 제시하는 저자의 재능이 고스란히 드러나는 책이다.

앤드루 터치 ─ 세인트루이스 워싱턴대학교 법학 교수

"기독교는 진리인가?"라는 옛 질문이 "기독교는 유익한가?"라는 새로운 질문으로 대체되었다. 딕슨은 적절한 속도로 전개되면서 대단히 잘 읽히는 이 연구서에서 교회의 파란만장한 도덕사를 놓고 진지하게 씨름한다. 그는 기독교가 끼친 해악을 진지하게 받아들이고 십자군 원정부터 아동성학대 추문까지 모든 것을 숙고한다. 그와 동시에, 교회의 전례 없는 측면들, 이를테면 힘없는 자들을 위한 헌신으로 우리를 안내하는데, 호기심을 일깨우기에 충분한 내용이다. 결국, 그는 기독교 신앙의 수치를 다룰 때든 영광을 다룰 때든, 오로지 진실을 말함으로써 기독교 신앙을 훌륭하게 옹호한다.

레이철 S. 퍼거슨 ─ 미주리 린든우드대학교 경영철학 교수

벌거벗은 기독교 역사

지은이 | 존 딕슨
옮긴이 | 홍종락
초판 발행 | 2022. 6. 29
등록번호 | 제1988-000080호
등록된 곳 | 서울특별시 용산구 서빙고로65길 38
발행처 | 사단법인 두란노서원
영업부 | 2078-3333 FAX | 080-749-3705
출판부 | 2078-3332

책값은 뒤표지에 있습니다.
ISBN 978-89-531-4228-2 03230

독자의 의견을 기다립니다.
tpress@duranno.com   www.duranno.com

두란노서원은 바울 사도가 3차 전도 여행 때 에베소에서 성령 받은 제자들을 따로 세워 하나님의 말씀으로 양육
하던 장소입니다. 사도행전 19장 8-20절의 정신에 따라 첫째 목회자를 돕는 사역과 평신도를 훈련시키는 사역,
둘째 세계선교™와 문서선교단행본·잡지 사역, 셋째 예수문화 및 경배와 찬양 사역, 그리고 가정·상담 사역 등을 감
당하고 있습니다. 1980년 12월 22일에 창립된 두란노서원은 주님 오실 때까지 이 사역들을 계속할 것입니다.

Bullies
and

악당인가 성자인가,
회복을 위해 마주해야 할
역사 속 기독교

벌거벗은
기독교 역사

존 딕슨 지음 홍종락 옮김

Saints

두란노

Contents

서곡.　　　A Prelude

2천 년간 우리가 걸어온 길에 대한 정직한 탐구 16

1. "거룩한 교회"라는 신앙고백이 무색해진 날 26
 # 1099년 # '그리스도의 이름으로' 저지른 대학살

2. 간략하게 짚어 보는 십자군 원정의 전후 맥락 37
 # 1000-1200년대 # 성공한 성전(聖戰)?

3. 더없이 온전하고 아름다운 그리스도의 원 곡조 61
 # 1세기 # 기독교 윤리

4. 자기 눈 속에 있는 들보에 무심한 교회들 83
 # 1세기 # 기독교 인간관

5. 초기 기독교, 뜨겁고 훌륭한 패배의 순간들 94
 # 64-312년 # 교회가 당한 박해들

6. 콘스탄티누스와 '종교의 자유' 선언 117
 # 300년대 초 # 최초의 기독교인 황제

7. 세상에 스며든 '기독교적 자선'의 첫 단추 135

    # 300년대 초   # 로마법의 재정적 변화들

8. 배교자 율리아누스의 반기독교 노선 164

    # 360년대   # 기독교 시계를 거꾸로 돌린 황제

9. 힘센 근육질 기독교의 등장 178

    # 300년대 후반   # 주교가 된 '원로원 의원'

10. 카파도키아 3대 교부의 실천적 복음 194

    # 300년대 후반   # 최초의 공공 병원   # 노예제

11. 폭력을 동원한 이교 탄압과 이교의 불법화 210

    # 380-415년   # 기독교인의 폭동   # 이교 신전들의 폐쇄

12. 국가 폭력에 대한 신학적 정당화? 225

    # 400년대 초   # 기독교 전쟁론

13. 무너진 서로마제국, 교회의 성장 245

    # 400-1100년   # 유럽의 바바리안과 기독교인들

14. 터무니없는 강압과 폭력, 기독교 '지하드' 260

　# 700년대 후반　# 유럽의 강제 개종

15. '르네상스'를 꽃피운 지성적인 중세 교회 272

　# 암흑시대 한복판　# 교육자 요크의 앨퀸

16. '그리스도의 기사'로 탈바꿈한 교회 290

　# 1100년으로 가는 준비 기간　# '성전'(聖戰)의 서곡

17. 위선자들을 꾸짖고 개혁에 앞장선 선지자들 308

　# 중세　# 수도원과 개혁 활동

18. 동방의 영원한 제국, 비잔티움이 남긴 유산들 337

　# 500-1400년대　# 서방에 잊힌 동로마제국 사람들

19. 암흑시대 내러티브의 전말 358

　# 500-1200년대　# 세속 스토리텔링이 붙인 슬로건

20. 종교재판, 사람 잡는 기독교 독단주의? 370

　# 1100-1500년대　# 이단재판의 진위

21. 종교적 신화들로 얼룩진 30년 전쟁 399

\# 1600년대   \# 종교개혁기에 일어난 피비린내 나는 전투

22. 북아일랜드 분쟁, 또 하나의 비극적인 종교전쟁? 419

\# 1700년대-1998년   \# 신구교의 충돌이 화근?

23. 해명이 불가능한 교회 내 악행에 대한 도덕적 결산 433

\# 현대 교회   \# 아동성학대

24. 신앙을 오롯이 내면화해 실천할 때 맺히는 열매들 446

\# 현대 교회   \# 평범한 신자들의 선한 영향력

25. 역사 속 뒤얽힌 수치와 영광 앞에서 462

\# 모든 시대에 도사리는 위선

종결부.   A Coda

기독교, 다시 생명의 원 곡조로 돌아갈 시간 475

감사의 말 481

주 483

로마 시대 지중해 지도

흑 해

로마니아

불가리아

이탈리아

프랑스
(갈리아)

스페인

모로코

알제리

리비아

이집트

홍 해

튀니지

지 중 해

터키

시리아

나일강

클레르몽

밀라노

베네치아

파도바

로마

나폴리

바르셀로나

발렌시아

메리다

세비야

카르타고

키르타

히포 레기우스

타가스테
(수크 아라스)

트리폴리

시에나 아시시

아레초

첼라

페루자

라벤나

브린디시

니코메디아

콘스탄티노폴리스
(이스탄불)

에페수스

니케아

나싯

티라나

카이사레아

디라키움

테살로니카

세르디카

베로나

안토레시아

코린토스

아테네

로도스

크레타

타루수스

타르수스

안티오키아 (피시)

다마스쿠스

아크레

카이사레아

알렉산드리아

예루살렘
요르단

레바논

디마스쿠스

칼리니쿰

프톨레마이스

리비아

2천 년간 우리가
걸어온 길에 대한
정직한 탐구

2008년 8월, 나는 토론에서 패했다.

그리고 그 과정에서 이 책의 주제를 다른 시각으로 바라보게 되었다.

'내'가 토론에서 졌다고 말했지만, 사실 그것은 '팀' 대항전이었다. 내 역할은 주로 무대 뒤에서 이루어졌는데, 행사를 홍보하고 토론 참가자 가운데 한 명(유명한 옥스퍼드대학 교수였다)을 섭외하고 '우리 편'의 토론 준비를 돕는 일이었다. 토론의 주제는 "종교가 없으면 세상이 더 좋아질 것이다"였다. 혹시 궁금할까 봐 말해 두자면, 나는 '그렇지 않다'는 쪽을 지지했다.

어느 종교가 핵심 피고인지는 처음부터 분명했다. 이슬람교, 힌두교, 불교는 문제없이 넘어갔다. 유대교는 주로 구약성경의 '폭력적인 몇 부분' 때문에 몇 차례 공격을 당했다. 가장 많은 비난을 받은 대상은 다름 아닌 기독교였다.

1,238석이나 되는 토론장(시드니의 리사이틀홀)이 사람들로 꽉 들어찼다. 호주국영방송인 ABC 라디오에서 나와 중계방송을 했다. 사람들은 찬반 주장을 듣기 전, 토론장에 입장하면서 해당 주제에 대한 생각을 묻는 투표에 응했다. 토론이 끝난 뒤 다시 한 번 투표를 실시하면 그날 토론의 승자를 확인할 수 있으리라.

최종 투표 직전의 아주 짧은 순간, 나는 마이크를 잡았다. 청중에게 그들이 아는 독실한 종교인 한 사람을 떠올려 보고, 그런 신앙심이 없다면 세상이 과연 지금보다 더 좋은 곳이 되겠는지 한번 생각해 보라고 말했다. 우리 마음속에, 우리 주변의 무해하고 선량한 사람들로 이루어진 일반 회중과는 거리가 있는 '역사적 교회'의 이미지가 형성되기 쉽다고도 덧붙였다. 물론, 이런 말들은 투표 결과에 아무 영향도 미치지 못했다. 애석하게도, 두 번 다 '그렇다'가 압도적으로 우세했다. 토론을 보러 온 이 호주 사람들은 종교가 없으면 세상이 더 좋아질 것이라 믿고 있었다.

그날 저녁, 나는 몇 년 동안 느껴 온 사실을 더욱 분명히 깨닫게 되었다. 내가 인생 대부분의 시간을 보낸 호주, 영국, 미국에서 종교의 가치, 특히 기독교의 가치에 대한 인식이 의미심장하게 변하고 있었다. 20년 전만 해도 기독교 신앙에 대한 불평의 대부분은 기독교가 너무 도덕주의적이고, 독선적이고, 잘난 체한다는 내용이었다. 그런데 오늘날에는 그것만큼이나 교회가 부도덕하고 폭력적이고 혐오를 일삼는다는 말을 흔하게 듣는다. 유명한 저널리스트이자 무신론자인 크리스토퍼 히친스(Christopher Hitchens)는 2007년에 《신은 위대하지 않다》(God Is Not Great)를 출간하면서 "어떻게 종교가 모든 것을 오염시키는가"라는 도발적 부제를 붙였다. 그가 태어난 영국과 귀화한 미국에서 종교에 관해 점점 널리 퍼지고 있는 정서에 부응한 결과물이었다. 그 책은 호주에서도 굉장히 반응이 좋았다.

이런 상황을 다룬 충실한 연구 결과가 또 있다. 2017년 입소스(영국의 여론조사 기관-옮긴이)는 20개국을 대상으로 종교관을 조사했는데, 거기에는 이런 질문이 있었다. "종교는 세상에 유익보다 해를 더 많이 끼친다는 의견에 동의하십니까?" 미국에서는 39퍼센트의 응답자가 '그렇다'고 답했고, 나는 그 비율에 놀랐다. 흔히 지구상에서 가장 종교적이라고 여겨지는 나라에서, 열 명 중 무려 네 명이 종교를 부정적 세력으로 본다니! 영국에서는 응답자의 61퍼센트가 그 진술에 동의했다. 호주로 넘어가면, 종교가 유익보다 해를 더 많이 끼친다고 생각하는 사람이 63퍼센트에 이

른다. 호주보다 종교를 더 부정적으로 생각하는 나라는 벨기에뿐이었다 (68퍼센트).[1]

영국에서 실시한 입소스-모리의 여론조사 "신뢰도에 따른 직업 순위 평가: 1993-2015"에서도 이와 비슷한 경향을 볼 수 있다.[2] 응답자들은 "진실을 말할 것이라는 신뢰성"을 기준으로 열여섯 개 직업의 순위를 매겨 달라는 요청을 받았다. 서글프게도, 2015년에는 언론인과 정치인이 맨 하위권에 자리했다. 놀랄 것도 없이, 의사와 교사가 정상을 차지했다. 여론조사 요원과 공무원이 중간이었다.

성직자는 어떨까? 흥미롭게도, 진실을 말한다는 척도에서 종교인들은 전체 순위 7위에 올랐고, 67퍼센트의 영국인들이 성직자를 신뢰한다고 밝혔다. 하지만 더 눈여겨봐야 할 중요한 사실은, 이 여론조사의 자료가 축적된 지난 22년 동안 성직자에 대한 대중의 신뢰도가 꾸준히 하락했다는 점이다. 그동안 종교 지도자들의 순위는 네 단계나 내려왔고, 신뢰도는 15퍼센트나 하락했다. 반면에 과학자들은 순위가 네 단계 올랐으며, 신뢰도는 16퍼센트 상승해 2011년에 마침내 성직자를 추월했다. 2015년 호주에서 실시한 비슷한 조사 결과에 따르면, 39퍼센트만이 성직자가 윤리적이고 정직하다고 보았는데, 30개 전문직 중에서 12위에 해당했다.[3]

어떤 면에서는 성직자가 언론인이나 정치인보다 순위가 높게 나온 것이 놀랍다. 점점 심해지는 세속화와 근년의 사건들을 생각하면 사제와 목사의 신뢰도가 꼴찌로 내려앉을 수도 있다고 예상할 만했기 때문이다. 이 여론조사 결과들은 지난 20년 사이 전 세계 교회를 뒤흔든 아동성학대 추문들과 시기적으로 대략 일치한다.

〈보스턴 글로브〉(The Boston Globe)의 유명한 스포트라이트 팀은 2001-2003년에 보스턴 대교구에서 광범위한 아동성추행과 은폐가 벌어졌음을 폭로했다. 믿을 만한 소식통에 따르면 그보다 10년 전, 70명이 넘는 사제들이 미성년자 학대로 고소를 당했고, 교회는 "기이하게도 관련 내용을 비밀에 붙인 채" 해당 사건들을 합의로 해결했다.[4] 열두 차례의 폭발력 있는 탐사 기사 중 네 번째 기사에서(2002년 1월 31일), 〈보스턴 글로브〉는 소아성애자로 의심되는 신부들이 여전히 현직 사제로 일하고 있으며, 조용히 병원이나 교도소의 사목으로 재배치된 경우가 많다고 보도했다. 뒤에 23장에서 살펴보겠지만, 이것은 미국이나 로마 가톨릭만의 문제가 아니다.

교회에 '이미지 문제'가 있다는 말은 이런 상황을 제대로 포착하지 못한다. 기독교는 2천 년에 걸쳐 세상의 애정과 신뢰를 받았다. 하지만 오늘날 많은 사람은 이 신망 있는 전통을 사랑하지도 신뢰하지도 않는다. 크리스토퍼 히친스는 많은 이들의 생각을 대변해 이렇게 썼다.

> 우리는 종교 없이도 윤리적 삶을 살아 낼 수 있다고 확신한다.
> 따라서 우리는 종교에 관해 이렇게 말할 수 있다는 사실을 안다.
> 종교는 수많은 사람이 다른 이보다 낮게 처신하도록 만들지 못했을
> 뿐 아니라, 더 나아가 포주나 인종학살범들마저 눈살을 찌푸리게
> 만들 만한 행동을 허용했다. …… 내가 이 글을 쓰는 사이, 당신이 이
> 글을 읽는 사이에도 신앙인들은 여러 가지 다양한 방식으로 당신과

나의 파멸을, 그리고 앞에서 언급했던 인류가 힘들게 이루어 낸 온갖 성취들을 파괴할 계획을 세우고 있다. 종교는 모든 것을 오염시킨다.[5]

크리스토퍼 히친스가 살아 있다면, 아마 이 책의 집필을 대단히 수상쩍게 여길 것이다(그는 2011년에 후두암으로 사망했다). 그의 짜증 섞인 불평이 들리는 듯하다. "기독교 신자가 기독교 역사의 어둠 속을 기꺼이 들여다보고 공정한 설명 같은 것을 제시할 리가 없잖아! 설령 온건한 성공회 신자라고 해도 말이지. 기독교 '변증가'(나는 그 단어에 반대하지만, 그는 틀림없이 내게 그런 단어를 붙였으리라)가 '성도들'이 어느 누구 못지않게 뻔뻔한 '죄인들'일 수 있고 때로는 그보다 더할 수 있다는 사실을 인정할 리가 없다고!"

이 책을 끝까지 읽은 이들만이 히친스의 이 가상의 말이 맞는지 판단할 수 있을 것이다. 내가 이 시점에서 내놓는 모든 항변은 뻔하고 공허할 뿐이다.

히친스는 내가 2018년에 나온 다큐멘터리 〈교회의 빛과 그림자〉(For the Love of God: How the Church Is Better and Worse Than You Ever Imagined)의 시나리오를 공동으로 집필하고 제작할 때 염두에 두었던 가상의 대화 상대이기도 하다. 그 다큐멘터리는 기독교 역사와 현대를 훑으면서 교회가 보여 준 최고의 모습과 최악의 모습을 두루 살핀다.[6] 3시간 30분 동안 색색의 장면이 펼쳐지고, 가끔씩 유머가 곁들여지면서 교회의 다양한 모습이 짤막짤막하게 제시된다. 이 책의 내용은 그 다큐멘터리보다 재미는 훨씬 덜하겠지만 화면에서는 불가능했을, 또한 분명히 권할 만하지도 않았을 작업을 시도한다. 나는 기독교 역사에서 등장한 악당들과 성자들의 이야기를 연대 별

로 다시 들려주려 한다. 종종 그들의 육성 또는 그들을 사랑하거나 미워
했던 이들의 말이 나올 것이다.

이 책은 학술서가 아니다. 연구자들과 교사들을 위해 쓴 것이 아니
다. 그러나 이 책은 지성사의 한 가지 핵심 원리를 분명히 따른다. 실제
증거를 기반으로 가상의 내러티브를 진행하겠다는 의지 말이다. 여기서
실제 증거란 당대의 전기와 남아 있는 편지, 법률, 비문(碑文), 고고학 같은
일차 자료를 말한다. 이 책에는 이런 자료가 많이 등장하는데 이는 우리
가 다루는 주제에서 대단히 중요한 부분이다. 왜냐하면 종교가 없으면 세
상이 더 좋아질지 여부에 우리가 갖고 있는 인상의 원천은 부분적으로 좋
거나 나쁜 개인적 경험이고, 두세 다리 건너 듣는 뉴스 보도, 우연한 자리
에서 시작된 난상공론, 히스토리 채널에서 본 다큐멘터리 정도이기 때문
이다. 우리가 살펴볼 증거가 가리키는 방향이 엇갈리긴 하지만, 어쨌든
증거에 의거해 결론을 내려야 한다.

시작하기 전에 일러둘 점이 또 있다. 나는 이 책에서 로마 가톨릭교
회와 개신교회 또는 정교회를 크게 구분하지 않을 것이다. 21장에서 소개
할 테지만 이 전통들 사이에는 중요한 신학적 차이들이 있으나 역사적으
로 볼 때는 본질적으로 동일한 사회 제도다. 나와 같은 개신교 신자들은
십자군 원정과 종교재판 같은 교회사의 거대한 악이 가톨릭 신자들의 소
행이라고 주장하면서 그 악행들 가운데 일부와 거리를 두기 아주 쉽다.

지난번에 내가 아는 한 장로교 목사가 내가 중세 교회에 관해 말한
어떤 내용을 지적하며 소셜 미디어에서 이런 주장을 내세웠다. "존 딕슨
은 교회를 자기혐오적인 형태 불명의 한 가지 실체로 뭉뚱그린다." 그는

개신교는 분리해서 생각해야 한다고 주장했다. 16세기에 갑자기 생겨난 전통의 후예라면 예수님 이후부터 마르틴 루터(Martin Luther, 1483-1546) 이전 까지의 안 좋은 역사를 전부 부정하고 싶은 유혹이 들 만도 하다고 생각 한다. 그러나 나는 그 생각을 받아들일 수가 없다.

우선 개신교 신자들은 500년이라는 짧은 역사 속에서 가톨릭 신자 들과 마찬가지로 온갖 편견, 증오, 폭력에 참여했다. 앞서 언급한 그런 편 리한 논증을 따르려면 개신교는 서구 문명의 역사적 구조에 거의 기여 한 게 없다고 인정해야 하는 이상한 위치에 놓이게 된다. 병원, 자선단체, 교육기관, 그리고 개신교의 독특한 기독교 윤리까지, 대체로 그 이전의 1,500년 동안 가톨릭교회와 정교회에서 번성했던 전통들이 이어져 내려 온 것들이기 때문이다(그 장로교 목사는 아마 이 부분을 진지하게 생각하지 않을 것이다. 그에게 나 다른 복음주의 기독교인들에게, 기독교의 중요한 부분은 그 어떤 사회적 기여가 아니라 개신교 신자들 이 '오직 믿음으로 말미암는' 구원의 메시지를 명확하게 제시함으로써 이룬 신학적 기여이기 때문이다).

물론 독자가 성공회 신자를 개신교 신자로 인정해 준다는 가정하에, 이 모든 내용은 자랑스러운 개신교 신자로서 하는 말이다. 어쨌든 교회사 의 악당들과 성자들의 이야기를 연대 별로 다시 들려주려는 이 책의 목적 만 놓고 본다면, 기독교의 세 가지 위대한 전통 사이에는 아무런 차이가 없다는 것이 내 요점이다. 마르틴 루터, 밀라노의 암브로시우스(Ambroseius, 339-397), 니사의 그레고리우스(Gregorius, 330-395)는 모두 '교회'의 지도자들이 다. 우리는 앞으로 펼쳐질 지면에서 이 세 사람을 비롯한 많은 이들을 만 나게 될 것이다.

앞서 나는 "서구 문명"이라는 표현을 썼는데, 이것은 '백인 문명'을 가리키는 것이 아니며, 지나간 '유대-기독교 사회'의 회복을 바라는 현대의 갈망을 담아낸 암호도 아님을 분명히 해 두고 싶다. 나는 보수주의자들이 이 용어를 자기들 뜻대로 가져다 쓰고 있다는 최근의 여러 우려를 이해한다. 하지만 역사학계에서 볼 때, 유럽의 여러 나라와 영국, 아일랜드, 미국, 남미, 캐나다, 남아공, 호주, 뉴질랜드의 법률, 윤리, 철학, 문학, 문화의 기원을 추적하면 4세기부터 16세기까지 이탈리아에서 서쪽으로 퍼져나간 그리스·로마 및 유대-기독교권 사회들에서 (좋은 쪽으로든 나쁜 쪽으로든) 상당 부분 그 구체적 선례를 확인할 수 있다는 것은 반박할 수 없는 기정사실이다. 이것이 내가 앞으로 말하는 "서구"(서방) 혹은 "서구 문명"이 의미하는 바다. 그리고 18장에서 자세히 설명하겠지만, 이것이 동로마제국(중세의 비잔티움제국 또는 비잔틴제국)과 이슬람의 놀라운 성취와 기여를 경시해도 된다는 말은 결코 아니다.

2008년 토론장에서의 시점부터 2018년 다큐멘터리 제작 시기를 거쳐 이 책을 집필하고 있는 지금까지, 나는 기독교가 세상에 유익보다 해를 더 많이 끼쳤다고 생각하는 사람들에게 깊이 공감하고, 심지어 친밀감마저 느낀다. 이 책의 본문에는 이런 인상을 더욱 강화할 내용이 많이 담겨 있다. 그런데 이와 동시에 나는 우리가 증거를 살펴볼 때, 기독교 역사의 가장 어두운 순간들에도 그리고 오늘날에도 그리스도께서 친히 불붙이신 불꽃("너희 원수를 사랑하며 너희를 미워하는 자를 선대하며"-눅 6:27)이 교회 내부의 어둠을 폭로하고 교회 전체에 다시 불을 붙이곤 했음을 인정해야 마땅하다고 확신한다.

이 책은 이 두 가지 사실에 바치는 헌사다. 3장에서 다룰 은유를 미리 살짝 선보이자면, 그리스도께서 아름다운 곡을 썼는데 때로 교회는 그 곡을 잘 연주했고, 때로는 엉망으로 연주했다. 그러나 그 곡조가 완전히 묻혀 버린 적은 한 번도 없었으며, 이따금씩 교향곡이 되기도 했다.

2018년에 다큐멘터리를 찍으면서 나는 또 한 번의 심오한 경험을 했고 이 책의 주제를 다른 관점에서 보게 되었다. 혹시 그 순간에 누가 내 의견을 물었다면, 10년 전 그날의 토론 주제였던 "종교가 없으면 세상이 더 좋아질 것이다"라는 의견에 나 역시 '그렇다' 쪽에 투표했을 것이다.

지금부터 나는 당신을 그 끔찍한 지점, 십자군의 학살과 축하의 현장으로 데려가고자 한다. 2천 년 교회사의 대략 중간쯤에 위치한 십자군 전쟁의 역사를 짧게 기술하고, 다시 1세기로 시간을 돌려 그리스도께서 그분을 따르는 이들에게 바라셨던 것이 무엇이었는지 살펴보겠다. 그리고 이후 수 세기가 펼쳐지는 동안 무엇이 잘못되었고 또 잘 되었는지 알아보자.

누구든지 명예나 돈을 얻기 위해서가 아니라,
오직 신앙심으로 하나님의 교회를 해방시키러 예루살렘에 가는 사람은
이 원정으로 모든 속죄 행위를 대신할 수 있다.
—교황 우르바누스 2세

1
"거룩한 교회"라는
신앙고백이
무색해진 날

1099년
'그리스도의 이름으로' 저지른 대학살

나는 딜레마에 빠져 있다. 니케아신경으로 알려진 기독교 공식 신경은 신자에게 "거룩하고 보편적이며(catholic; 여기서 'catholic'은 로마 가톨릭이 아니라, 단순히 '보편적'이라는 뜻이다) 사도적인 교회"에 대한 믿음을 선언할 것을 요구한다. 그렇다면 아주 실질적인 의미에서, 기독교인(Christian; 그리스도인)들은 그리스도께서 세우신 기관에 대한 모종의 믿음 또는 영적 확신을 갖고 있어야 한다. 그리스도께서는 친히 이렇게 말씀하셨다. "나는 ······ 내 교회를 세우겠다. 죽음(Hades)의 문들이 그것을 이기지 못할 것이다"(마 16:18, 새번역).

하지만 수 세기에 걸친 기독교의 역사를 아는 사람이라면 누구나 교회가 한결같이 "거룩한" 것과는 거리가 멀었다는 진실을 알고 있다. 때로는 교회가 "죽음"의 협력자가 아니었던가! 오랫동안 역사를 연구했고 그 시간보다 더 오래 교회를 다닌 나는 갈등을 느낀다. 나는 교회사의 무덤 어디에 시신들이 묻혀 있는지 알고 있는데, 니케아신경의 문구를 어떻게든 고백해야 하는 처지이기도 하다.

"사람들은 무릎까지 차오른 피바다 속을 말을 타고 달렸다"

종교사에서 손꼽히는 끔찍한 악행의 현장에 선 순간 나는 내면에 큰 갈등을 느꼈다. 그날 나는 예루살렘에서 십자군 원정에 관한 다큐멘터리 장면들을 촬영하고 있었다. 십자군 원정(Crusades; 십자군 전쟁)은 유럽의 기독교인들이 이교도 점유자들, 그러니까 중동의 다수를 차지하던 무슬림 인구를 성지에서 쫓아내려 했다가 실패한 일련의 '성전'(聖戰, holy wars)을 말한다.

우리는 이슬람 3대 성지인 알아크사 모스크에서 촬영 허가를 받았다. 이 모스크는 하람 알샤리프 또는 성전산(Temple Mount)이라고 알려진 거대한 광장에 자리 잡고 있다. 모든 예루살렘 엽서에 등장하는 황금돔 사원, 곧 바위사원도 그곳에 있다. 15만 제곱킬로미터의 이 거대한 야외 광장은 30개 정도의 미식축구장이 들어갈 만한 크기다.

1099년 7월 15일, 만 명가량의 유럽 십자군이 예루살렘의 방어벽을 뚫고 들어갔다. 그들은 도시의 좁은 거리를 행진하면서 저항하는 모든 사람과 싸웠다. 군대는 하람 알샤리프까지 올라갔고, 그곳에는 수천 명의 거주민이 두려움에 떨며 웅크리고 있었다. 자신들의 신성한 구역이 실제로 신적인 보호를 해 주기를 간절히 바라면서…….

그러나 자칭 '순례자' 십자군 전사들은 2년간이나 행군해 온 터였다. 프랑스에서 출발해 3천 킬로미터가 넘는 여정 끝에 예루살렘에 이르렀고, 도시를 포위하고 공격한 지도 어느덧 한 달이었다. 그들은 다 이룬 승리를 수포로 돌아가게 할 생각이 없었다. 기록에 따르면, 불경한 광기에 온통 사로잡힌 십자군들은 남자와 여자와 아이 가릴 것 없이 살육을 저질렀다. 3층 높이의 광장 벽에서 사람을 아래로 던지기도 하고, 칼, 단검, 불, 화살, 창으로 도살하기도 했다. 심지어 알아크사 모스크 지붕으로 올라간 사람들까지 쫓아가 그 자리에서 무참히 살해했다.[1]

알아크사 모스크와 바위사원 사이의 큰길에는 피가 가득 찼다고 전해진다. 그 사건들에 대한 목격자 기록이 남아 있다. 제1차 십자군의 지도자였던 아귈레의 레이몽(Raymond)은 소름 끼치는 환희와 과장을 담아 운명의 날 "7월 15일"에 대해 이렇게 썼다.

> 멋진 광경들을 볼 수 있었다. 우리 군사 일부는 적들의 머리를 베었다. 어떤 이들은 화살을 쏘아 탑에 있는 적들을 떨어뜨렸다. 또 다른 이들은 적들을 불꽃에 던져 넣어 더 오랫동안 고통받게 했다. 도시의 길거리에 사람의 머리와 손과 발이 무더기로 쌓였다. …… 불신자들의 신성모독으로 너무나 오랫동안 시달린 이곳이 그들의 피로 가득 찬 것은 하나님의 정당하고 찬란한 심판이다.[2]

　이것만으로 충분하지 않다는 듯, 레이몽은 순례자들이 다음 날인 1099년 7월 16일, 대학살 현장에서 겨우 500미터 떨어진 예루살렘 성묘 교회에서 감사 예배를 드렸다고 알린다. "그들은 기뻐하고 즐거워하며 새 노래로 주님을 찬양했다! 수고와 슬픔이 기쁨과 환희로 바뀌었으니 이날은 대대로 유명해질 것이다." 나사렛 출신의 겸손한 인간 예수가 당한 불의하고 잔혹한 십자가 처형과 부활의 장소를 기념하기 위해 세워진 교회가 동일한 그의 이름으로 잔혹한 군사적 승리를 축하하는 기쁨에 찬 찬양과 기도의 장소가 되었다는 것은 외면할 수 없는 역사적 사실이다.

　알아크사 모스크 바깥 광장에 서서 다큐멘터리 촬영용 카메라를 향해 이 끔찍한 세부내용들을 해설하던 나는 그 순간, "거룩한 교회"라고 믿던 내 믿음이 사라지는 것을 느꼈다. 관련 자료들을 읽고, 전달할 대사들을 연습하고, 그 모든 일이 벌어졌던 끔찍한 현장에 서 있기 때문만은 아니었다.

내가 그 내용들을 이야기할 때 바라보던 카메라의 왼쪽 1미터 정도에 우리를 안내해 준 무슬림 가이드가 있었다. 그 가이드는 우리에게 현장을 안내하고, 주변 구경꾼들에게 우리 일행이 촬영 허가를 받았음을 계속 알리기 위해 배당된 '경호원'이기도 했다. 그녀의 이름은 아즈라였고, 완벽한 영어를 구사하는 아랍계 무슬림 예루살렘 주민이었다. 아즈라는 내가 제대로 할 때까지 내레이션을 거듭 반복하는 것을 지켜보았다. 마침내 마음에 든다는 감독의 오케이 신호를 받았을 때, 그제야 나는 아즈라의 눈에 고인 눈물을 발견했다.

그 순간 문득, 이 현장이 유혈이 낭자했던 역사의 한 부분만이 아님을 깨달았다. 예루살렘에 거주하는 무슬림들에게, 실은 수많은 무슬림에게, 이 사건은 고통과 수치, 심지어 분노의 원천이었다.

아즈라가 딱히 격렬한 반응을 보인 것은 아니었다. 우리가 짐을 꾸리는 동안 나는 그녀에게 말했다.

"너무 죄송합니다. 지켜보기 힘드셨을 거예요."

"아뇨, 괜찮아요. 정말 괜찮아요."

그러나 그녀가 괜찮지 않다는 것을 알 수 있었다. 1099년 7월 15일은 수많은 영혼에 900년 묵은 상처를 남겼다.

내가 역사적 교회에 대해 품었던 모든 승리주의적 감정은 그날 죽었다. 아즈라의 조용한 눈물과 아퀼레의 레이몽이 황홀하게 선포한 "하나님의 찬란한 심판", 이 둘의 대비를 머릿속에서 지울 수가 없었다. "거룩한 교회"에 대한 신앙고백은 내게 더 이상 이전과 같은 의미일 수 없었다.

나는 여전히 니케아신경의 문구를 읊조리지만, 이제 그것은 대대로 이어진 기독교의 역사가 거룩했음을 인정하는 말이라기보다는 그렇게 되기를 바라는 열망 비슷하게 되었다.

알아크사 모스크에서의 이 경험이 완전히 또는 절대적으로 합리적인 것이 아니었음은 나도 인정한다. 내가 아즈라에게 "미안하다"고 사과하는 것이 이치에 맞을까? 나는 1099년에 그 현장에 있지도 않았는데? 만약 내가 그 자리에 있었다고 해도 예루살렘에 있던 그녀의 선조들을 학살하는 일에 참여하지 않았을 것이라 믿고 싶다. 나는 그 일에 어떤 도덕적 책임도 없고 죄책도 전혀 없다. 이 모든 말이 옳다. 그런데 왜 "미안하다"고 말하는 것이 옳다 느껴질까?

내가 나의 가족(혹은 공동체)과 연결되어 있기 때문 아닐까? 아즈라가 그녀의 가족(공동체)과 연결되어 있는 것처럼 말이다. 그 순간 내가 기독교를 대표하는 한 사람으로서 '그리스도의 이름으로' 학살이 이루어졌다는 사실에 수치심을 느낀 것은 당연했다. 그리고 그 감정을 아즈라에게 전달하는 것은…… 옳았다.

외면했던 진실

이 모든 상황은 연관된 문제를 제기한다. 십자군 원정은 종교적 동기에서 진행된 전쟁이었을까?

이따금씩 제시되는 몇 가지 대안적 설명 뒤로 숨고 싶은 유혹이 든다. 십자군 원정은 종교를 가장한 유럽인들의 토지 수탈일 뿐이었다든지, 새로운 자원 모색의 일환이었다든지, 할 일 없는 수만 명에게 일거리를 주기 위해 만들어진 책략이었다는 설명 말이다. 십자군 원정을 연구한 유명한 권위자인 옥스퍼드대학의 크리스토퍼 타이어먼(Christopher Tyerman)은 이렇게 말했다. "대중 사이에서 십자군에 관한 지식으로 통용되는 내용은 대부분 오해의 소지가 있거나 잘못되었다."[3] 그리고 이 말은 십자군 원정에 관해 기독교인이 알고 있는 지식에도 똑같이 적용된다.

십자군 원정에 관한 일차 자료를 읽다 보면, 그곳에 표현된 강력한 종교적 동기 및 목표와 맞닥뜨리게 된다. "같은 기독교인들을 보호하고, 성지의 명예를 지키고, 밀려드는 이슬람의 '이교 사상'에 맞서 예수 그리스도께 영광을 돌리는 일의 중요성." 앞서 인용했던 아귈레의 레이몽은 제1차 십자군의 종군 사제였다. 그는 이 폭력 행위들 안에 내재하는 영적 사명을 일깨우는 구체적인 사명을 가졌다. 1099년의 대학살을 두고 그는 이렇게 선언했다. "이날은 기독교의 옳음이 드러나고, 이교 사상이 굴욕을 당하고, 우리의 신앙이 새롭게 된 날이다."[4]

"우리의 신앙이 새롭게 된 날"이라는 표현은 십자군 원정을 이해하는 데 매우 중요하다. 이 표현은 제1차 십자군 원정의 주동자 교황 우르바누스 2세(Urbanus Ⅱ)의 관점과 일치한다. 여기서 주의할 게 있다. 십자군 원정에 찬성하는 입장이든 반대하는 입장이든 상황을 지나치게 단순화해서 설명하기 쉽고, 기독교 안에는 '성전'이 일어나는 것에 관한 거대한 뒷이야기가 있기 때문이다. 이 이야기는 우르바누스 2세 이전 수 세기 동안 만들어진 것이다. 하지만 예루살렘 성벽이 파괴되고 피바람이 일기 4년 전, 교황이 제1차 십자군 출정을 공식적으로 촉구했을 때, 그가 '영적' 사명을 염두에 두고 있었던 것은 분명하다.

갈라져 싸우는 유럽을 통합하기 위해서였든, 서방 기독교계와 동방 기독교계를 결합하기 위해서였든, 우르바누스 교황의 정치적 야심이 둘 중 무엇이었든 간에 그의 '신학'이 그의 생각을 떠받치고 있었다. 우르바누스는 교리와 도덕의 문제에서 그가 생각하는 이전 시대 교회의 순수성을 되찾고 싶어 했다. 그는 회개와 연합이라는 위대한 순간이 있어야만 교회가 하나님의 새롭게 하시는 은혜를 경험할 수 있다고 믿었다. 그는 먼 동로마제국의 기독교인 황제 알렉시우스 1세 콤네누스(Alexius I Comnenus, 1056-1118)에게서 도와 달라는 요청을 받았을 때 바로 그 순간이 찾아왔다고 생각했다. 동로마제국은 이슬람 서쪽 영토(오늘날 터키에 해당하는 지역)와 맞닿아 있었다.

이슬람은 600년대에 출현한 이후 고도의 전략과 성공적 실행이 결합된 성전을 계속 치렀다. 무슬림 군대는 중동과 이집트 전역으로 뻗어 나갔고 유럽으로도 진출했다. 1050년대 무렵에는 이슬람 군대가 옛 동로마제국의 대부분을 차지했고, 그로부터 20년 만에 알렉시우스가 다스리는 동로마제국의 수도인 콘스탄티노폴리스(현재의 이스탄불)의 문을 두드렸다. 알렉시우스는 즉시 교황(이 시기에 교황은 로마가 아니라 프랑스에 거주했다)에게 칙사를 보내 지원을 요청했다.

서방 기독교는 동방 기독교의 마지막 전초기지가 무너지는 것을 가만히 보고만 있을 수 없었다. 우르바누스는 이것이 자신이 기다리던 순간이라고 판단했다. 이제야말로 교회가 동료 기독교(그리스 정교회) 왕국을 돕고 성지 예루살렘을 탈환함으로써 상황을 만회할 수 있다고 본 것이다. 예루살렘은 637년 이래로 '불신자들'에게 점령된 상태였다.

우르바누스 교황은 4개월에 걸쳐 프랑스 전역을 누비며 자신의 계획을 홍보하는 순회 설교를 한 후, 1095년 11월 27일 프랑스 중부 클레르몽대성당의 바깥에서 설교하며 제1차 십자군 원정을 공식적으로 촉구했다. 설교문 자체는 전해지지 않지만 목격자들의 기록이 남아 있다. 이 원정을 설명하는 우르바누스의 서신 몇 통도 존재한다. 중심 주제는 분명했다. 교황의 전적인 축복을 받는 이 원정은 죄악된 것이 아닌, 구원을 이루게 할 것이라는 내용이었다. 기꺼이 동쪽으로 가서 무슬림과 싸우고 주님을 위해 예루살렘을 되찾을 모든 순례자는 죄 용서와 구원의 약속을 받을 것이다. 그는 이렇게 선포했다. "누구든지 명예나 돈을 얻기 위해서가 아니라, 오직 신앙심으로 하나님의 교회를 해방시키러 예루살렘에 가는 사람은 이 원정으로 모든 속죄 행위를 대신할 수 있다."[5]

우르바누스는 "모든 죄의 사함을 받기 위해 군사적 과업에 나설 의무를 그들(십자군들)에게 부과하게 된 과정을" 설명한다.[6] 불신자들과의 싸움으로 구원을 얻는다니, 이것은 기독교 안에서 주목할 만한 새로운 신학이다. 클레르몽에서 우르바누스의 설교를 처음 들었던 군중은 한목소리로 "하나님이 그것을 원하신다!"(Deus lo volt)라고 응답했다. 어쩌면 교황의 조력자들의 선창을 따랐을지도.

제1차 십자군 원정의 종교적 본질은 분명하다. 그것은 예루살렘을 탈환하겠다고 맹세하고 십자군에 지원한 모든 군인이 수행한 핵심적인 행동에서 분명히 드러난다. 각 사람은 십자가 모양의 천 조각을 받았고, 자신이 "누구든지 나를 따라오려거든 자기를 부인하고 자기 십자가를 지고 나를 따를 것이니라 누구든지 자기 목숨을 구원하고자 하면 잃을 것이요 누구든지 나와 복음을 위하여 자기 목숨을 잃으면 구원하리라"(막 8:34-35)라는 그리스도의 말씀에 순종한다는 표시로 그 천을 옷에 꿰맸다.

오늘날 기독교인들은, 예수님이 하신 이 말씀은 제자들이 그분의 대의를 위해 죽음까지 각오하고 기꺼이 핍박을 감수해야 한다는 의미라고 이야기할 것이다. 이 말씀이 제자들이 예수님의 대의를 위해 '싸워야' 한다는 뜻이 아님은 틀림없다. 그러나 11세기 프랑스에서 이 구절에 대한 가장 중요한 일반적 해석이자 사람들이 가장 좋아하는 해석은, 신체 건강한 기독교인 남자라면 그리스도의 적들에 맞서 싸우는 십자가를 져야 한다는 것이었다. "크루세이드"(Crusade; 십자군)라는 영단어 자체가 십자가를 뜻하는 라틴어 "크룩스"에서 나왔는데, 이는 신성한 상징물을 지는 의식을 가리킨다.

한때 나는 십자군 원정 및 교회가 저지른 갖가지 최악의 일들은 정말로 '그리스도의 이름으로 이루어진 것'이 아니고 신학과는 무관한 세속적 사업이었다고 말하며 그와 관련된 비판들을 회피했다. 그러나 이제는 더 이상 그렇게 생각하지 않는다. 십자군 원정에 대해 알면 알수록, 왜 그토록 많은 사람들이 AD 500년 로마의 몰락과 1500년 근대 세계의 탄생 사이를 암흑시대로 보는지 더욱 이해하게 된다. 그들은 이때가 교회가 통치하고 사람들이 고통을 겪은 야만적 어둠의 시기였다고 생각한다. 19장에서 설명하다시피 나는 그 견해를 받아들이지는 않지만, 그렇게 생각하는 이들에게 충분히 공감은 한다.

교회가 저지른 일들에 대한 내 생각이 얼마나 철저히 바뀌었는지는 다음 장에서 분명해질 것이다. 이 책은 정확히 연대기적 교회사 책이 아니다. 그렇다고 십자군 전쟁사 책도 아니다. 하지만 나는 십자가 원정들의 개요를 제시하는 것이 충분히 의미를 지닌다고 생각한다. 그래야만 제1차 십자군 원정에서 벌어진 일이 다른 시기에는 온통 선량하기만 했던 교회의 5년간의 탈선이었다는 인상을 주는 일이 없을 것이기 때문이다.

우리는 이 심란한 중간 시대들을 직시한 후, '되감기' 버튼을 눌러 1세기로 돌아갈 예정이다. 그리고 그리스도의 생애와 가르침을 간략히 검토할 것이다. 그다음에는 '재생' 버튼을 눌러 기독교 역사에서 어떤 일들이 벌어졌기에 중세의 많은 신자가 불신자들(및 그보다 더한 자들)에 맞선 전쟁을 이치에 맞는 일로 여겼는지 살펴볼 것이다.

우리가 오만한 태도를 취하고 이런 잔혹 행위가
완전히 딴 세상일이라고 생각해선 안 됩니다.
기억합시다. 십자군 원정 기간에 사람들은
그리스도의 이름으로 끔찍한 일들을 저질렀습니다.
— 버락 오바마

2

간략하게
짚어 보는
십자군 원정의
전후 맥락

1000-1200년대
성공한 성전(聖戰)?

앞 장에서 자세히 설명한 제1차 십자군 원정의 여러 가지 목표들은 어느 정도 이후 십자군 원정들의 모델이 될 수 있다. 제1차 십자군 원정은 기독교 역사에서 하나의 전환점이기도 하다.

제1차 십자군 원정 1096-1099년

교황 우르바누스 2세가 1095-1096년에 걸친 순회 설교에 나서기 전에는 전쟁은 기독교 가르침에서 모호한 위치였다. 때로는 전쟁을 타락한 세상에서의 필요악이라고 여겼다. 또 때로는, 특히 초기 몇 세기에는 "너희 원수를 사랑하며 너희를 미워하는 자를 선대하며"(눅 6:27) 같은 복음서 말씀에 반대된다고 보고 전적으로 거부했다. 기독교의 '신성한 폭력'의 배경이 되는 이야기는 나중에 다루고, 지금은 역사가들이 흔히 다섯 가지 다른 십자군 원정을 말한다는 사실부터 짚어 보겠다. 물론 이는 편의상 취하는 방식이며, 십자군 원정에 관한 우리의 생각을 정리하기 쉽게 도와준다. 예컨대 1203년의 사람들은 "자, 제4차 십자군 원정에 나서자!"라고 말하지 않았다. 그래도 역사를 잘 정리해서 이해하는 것이 때로는 도움이 된다.

교황 우르바누스 2세가 무슬림의 공격에 맞서 동로마제국의 기독교인 황제 알렉시우스 1세를 도우라고 촉구하자 10만 명에 이르는 유럽인 지원자들로 이루어진 몇몇 군대가 호응했다. 그들은 콘스탄티노폴리스를 보호하고 그리스도를 위해 예루살렘을 되찾기를 바랐다. 십자군들의 관점에서 보면 그 원정은 놀라운 성공이었다. 1099년에 10,000-15,000명 정도의 인원이 예루살렘에 도착했지만, 그들은 몇 주 만에 "거룩한 성", 예루살렘을 탈환했다.

제1차 십자군 원정의 영적 힘의 부분적 원천은 은자 피에르(Pierre l'Ermite)로 알려진 카리스마 있는 수도사였다. 부스스한 외모의 그는 군인 모집과 관리에 탁월한 재능이 있었고 열정적으로 설교했다. 그가 교황의 지명을 받았는지, 아니면 십자군의 대의를 지지한 독립적 열성분자로서 성공했을 뿐인지는 분명하지 않다. 어쨌든 그는 프랑스와 독일에서 많게는 3만 명을 결집시켰는데, 거기에는 농민과 엘리트 계층이 섞여 있었다.

그는 무리를 이끌고 직접 성지로 향했다. 중부 독일의 라인 지방을 지나 다뉴브강 아래로 해서 발칸 지역에 도착한 뒤, 그곳을 가로질러 콘스탄티노폴리스에 도착했으며, 시리아를 거쳐 예루살렘으로 갔다. 옥스퍼드대학의 크리스토퍼 타이어먼은 이렇게 설명한다. "그는 환상과 잔혹 행위 이야기들이 더해진 부흥주의적 메시지를 전했다."[1]

피에르는 몇몇 잔혹 행위의 주동자였다. 라인 지방을 지날 때 그들은 여러 유대인 공동체를 상대로 학살을 저질렀다. 몇 세기 전에 있었던 그리스도의 죽음이 그들 탓이라는 생각도 있었고, 얼마 전 예루살렘에 있는 기독교 유적지를 공격한 무슬림들과 그들이 공모했다는 의심도 한몫했다(어처구니없는 건 그것이 단지 전투 훈련이었을 가능성도 있다는 점이다).[2] 기독교에서 반유대주의 역사는 오래되었고 못해도 무려 4세기까지 거슬러 올라가지만, 1096년에 피에르가 저지른 전면적 집단학살 같은 형태로 나타나는 경우는 드물었다. 마인츠, 쾰른, 레겐스부르크, 프라하에서 대학살과 강제 개종이 일어났다.

우르바누스 교황이 조직한 군대의 다수는 이런 식의 폭력적 유대인 박해에 참여하지 않았던 것으로 보인다. 기묘하게도, 다른 기독교인 군대 여럿이 무차별적으로 폭력을 휘두르는 피에르의 군인들 중 일부를 공격해 무찔렀다.[3] 그러나 피에르는 계속 제1차 십자군 원정의 주요 인물로 남아 있었고, 심지어 예루살렘 약탈 전날 밤에 도시가 내려다보이는 올리브산(감람산)에서 설교를 빙자해 앞으로 벌어질 전투를 위한 격려 연설을 하기도 했다.[4]

1099년 7월 15일 알아크사 모스크에서 있었던 대학살은 이미 설명했다. 살아남은 사람이 별로 없었다고만 말해도 충분할 것이다. 유대인은 회당에서 산 채로 불태워졌다. 무슬림은 난도질당하거나 불로 고문을 당했다. 현장을 목격한 한 유대인은 그 참혹함을 말하면서도 십자군이 적어도 다른 침략자들처럼 여자들을 강간하진 않았다는 점을 밝혀 두었다. "아슈케나지[Ashkenazi, 아스그나스인, 유럽인들; 창세기 10장 3절에 나오는 아스그나스는 11세기 이후 독일과 북유럽 지역을 가리켰다 - 옮긴이]로 알려진 저주받은 자들이 다른 침략자들처럼 여자들을 폭행하거나 강간했다는 말은 듣지 못했다. 높으신 하나님, 감사합니다."[5] 가벼운 칭찬으로 저주한다는 게 이런 것이다!

1099년 7월의 승리 이후, 십자군 지도자들은 그 지역에 몇 개의 작은 유럽 '국가들'을 세웠다. 이 나라들은 하나로 뭉뚱그려, '바다 건너'를 뜻하는 프랑스어에서 유래한 "우트르메르"(Outremer)라고 불렸다. 잔혹 행위들이 끝난 후 대부분의 전사들은 바로 유럽으로 돌아갔다. 그들은 성지에서 사는 일에는 관심이 없었다. 그로부터 겨우 1년이 지난 1100년에 남부 팔레스타인에 남은 십자군 기사의 수는 고작 300명에 불과했다. 십자군의 주요 지도자였던 부용의 고드프루아(Godefroy)는 예루살렘에 남았고 "성묘의 수호자"라는 칭호를 사용했다. 여기서 성묘는 예루살렘에 있는 예수의 무덤을 말한다. 고드프루아의 후계자 보두앵 1세(Baudouin I)는 그보다 좀 더 명예욕을 드러내어 "예루살렘의 왕"이라는 미심쩍은 칭호를 취했다.[6]

제2차 십자군 원정 1145-1149년

1144년, 무슬림은 십자군의 전략 거점인 에데사 백국(시리아와 터키의 경계, 예루살렘 북쪽으로 960킬로미터에 위치)을 상대로 성공적인 반격을 감행했다. 새로운 교황 에우게니우스 3세(Eugenius III)는 1145년에 그리스도의 적들을 무찌르기 위한 새로운 군사 행동을 선포한다. 그는 반세기 전 우르바누스 2세의 모든 구상과 약속들을 상기시켰고, 이에 독일과 프랑스의 파견 부대가 호응한다.

그들에게 영감을 준 사람은 당대의 저명한 성직자 클레르보의 베르나르(Bernard, 1090-1153) 수도원장이었는데, 그는 유명한 성전기사단의 설립을 도운 인물이기도 했다. 당시 그는 하나님을 향한 사랑과 헌신을 전하는 설교와 저술로 유명했다. 그런 그가 이제 그리스도를 위한 폭력이라는 기이한 메시지를 선포하기 시작한다. 베르나르는 1145년 이후의 어느 시점에 추종자들에게 쓴 편지에서 이렇게 적었다. "그러나 이제, 오, 용감한 기사여, 이제, 오, 호전적인 영웅이여, [영혼이 위태로워질] 위험 없이 싸울 수 있는 전투가 여기 있습니다. 정복하면 영광이요 죽는 것도 유익합니다. 십자가의 표식을 지십시오. 그러면 참회하는 마음으로 고백하는 모든 죄를 용서받을 것입니다."[7]

이런 거창한 말로 응원을 받았지만, 제2차 십자군 원정은 처참히 실패했다. 유럽 군대들은 1147년 소아시아(터키), 1148년 다마스쿠스(다메섹)에서 여러 방식으로 패배하고 괴멸되었다. "예루살렘 왕국"은 간신히 기독교인들의 수중에 남았다. 다시 일어나는 이슬람 군대가 예루살렘을 치러 나서는 것은 시간문제일 뿐이었다.[8]

제3차 십자군 원정 1189-1192년

다마스쿠스에서 십자군을 무찌르고 40년이 지난 후, 이슬람 군대는 예루살렘으로 향했다. 십자군이 지켜 낸 보물, 예루살렘이 위기에 처했기 때문이다. '보물'이라고 말하긴 했지만, 예루살렘에 주둔해 있던 유럽인 집단은 늘 보잘것없는 왕국이었고, 1180년대가 되자 그 지역은 황폐해지고 정치적 불안에 빠졌다. 예루살렘은 여전히 서구 기독교인들이 열렬히 찾는 순례지였지만, 머물러 살면서 가족을 꾸리고 싶어 하는 곳은 아니었다.

이런 불안정한 모습은 12세기에 일어난 강력한 이슬람 왕국과 날카롭게 대조를 이룬다. 이전의 십자군 원정이 성공을 거둔 비결은 무슬림 부족들이 서로 싸웠다는 이유도 있었다. 하지만 1160년대가 되자 이슬람 역사에서 가장 유명한 이름 중 하나인 살라흐 앗딘(Salah ad-Din, 1138-1193; 보통 살라딘이라고 부른다)의 지휘 아래 이집트부터 시리아에 이르는 강력한 통일 이슬람 제국이 일어났다.

살라딘은 갈릴리의 하틴 전투("하틴의 뿔"로 불리는 두 개의 언덕 중간에서 벌어진 싸움이다-편집자)에서 기독교인 군대를 무찔렀다. 하틴은 갈릴리에 있는 예수님의 고향으로 가는 길에 내가 여러 번 차를 몰고 지나친 곳이다. 유혈 충돌이 일어난 그 쌍둥이 언덕 앞을 지나가면서 나는 약 2천 년 전 예수님이 갈릴리 언덕들을 누비며 설교하시는 모습을 자주 상상했다.

"화평하게 하는 자는 복이 있나니 그들이 하나님의 아들이라 일컬음을 받을 것임이요"(마 5:9).

"너희를 저주하는 자를 위하여 축복하며 너희를 모욕하는 자를 위하여 기도하라"(눅 6:28).

어쨌든, 1187년 7월 4일에 살라딘은 3만 명의 군대로 하틴에 있던 유럽 군대를 전멸시켰다. 이 전투가 그들의 독립기념일의 시작이었다. 다음은 살라딘의 비서 이마드 앗딘(Imad Ad-Din)의 섬뜩한 기록이다.

> 그날 밤 이슬람은 불신과 마주했다. 일신론과 삼신론이 대결했고, 의의 길이 죄를 내려다봤고, 신앙이 다신교에 맞섰다. …… 일요일의 사람들[즉, 기독교인들]에게 굴욕이 쏟아졌다. 한때 사자 같았던 그들이 비참한 양처럼 쪼그라들었다. 나는 그들 곁을 지나며 보았다. 전장에 쓰러진 자들의 팔다리가 조각난 채 흩어져 있었고, 사지가 뜯겨

나가고 해체된 몸통에 붙어 있는 머리는 깨진 채로 속이 드러나 있었다. …… 〔이런 내용이 줄줄이 이어진다.〕**9**

팔레스타인에 있던 유럽 주력군에게 이 패배는 참담한 타격이 되었다. 목격자 이븐 알아티르는 1년이 흐른 뒤, 그 전장을 지나가다가 본 장면을 이렇게 묘사했다. "그 땅은 온통 뼈로 덮여 있었다. 멀리서도 볼 수 있는 뼈들이 무더기로 쌓여 있거나 여기저기 흩어져 있었다."**10**

전면적인 승리를 거둔 살라딘은 인근의 십자군 마을과 성들을 금방 굴복시킬 수 있었다. 그로부터 겨우 3개월 후인 1187년 10월 2일, 그는 소란 없이 예루살렘을 차지했다. 무력으로 도시를 차지하지 않고 십자군들의 항복 제의를 받아들였다. 살라딘은 기쁨과 긍지를 드러내며 예루살렘에서의 이슬람 예배를 회복한 일에 관해 이렇게 썼다. "이 종〔살라딘이 자신을 가리킬 때 즐겨 쓴 표현〕이 알아크사 모스크의 원래 목적을 되찾았다. 그가 그곳에 참된 예배를 인도할 이맘〔무슬림 지도자-편집자〕들을 두었다. 신의 말씀이 높임을 받았다."**11**

유럽은 모든 상황에 신속하고 맹렬하게 대응했다. 예루살렘 함락 소식이 서방에 전해지자, 프랑스, 독일, 잉글랜드의 왕들과 귀족들은 직접 "십자가를 지고" 그리스도의 도성을 탈환하기로 맹세했다. 10만 명이 넘는 전사들의 여러 군대가 팔레스타인을 향해 빠르게 출발했는데, 그중 잉글랜드 왕 리처드 1세(Richard I, "사자심왕")는 1190년 4월에 팔레스타인 북부의 항구 아크레에 도착했다.

제3차 십자군 원정에는 어마어마한 홍보와 인력이 동원되었지만 결과는 초라했다. 리처드의 군대와 살라딘의 군대는 몇 차례 흥미진진한 전투를 치렀고, 그 과정에서 양쪽 모두 군사적 명성이 높아졌다. 그러나 어느 쪽도 궁극적인 목표를 이루지 못했다. 리처드는 예루살렘을 원했지만 살라딘의 군대가 그것을 막았다. 살라딘은 유럽인들이 완전히 사라지기를 바랐지만 여러 항구 도시에서 그들을 쫓아낼 수 없었다.

살라딘은 결국 1192년 9월 2일에 협정을 맺고 남쪽의 자파에서 북쪽의 아크레까지 100킬로미터에 가까운 팔레스타인해변의 지배권을 십자군에게 넘겨주었다. 또한 기독교인 순례자들이 자파에서 예루살렘까지 안전하게 통행하도록 보장하는 요구에도 동의했다. 이 도로는 오늘날에도 자동차로 텔아비브(자파)의 공항에서 예루살렘으로 이동할 때 사용된다. 리처드는 그해 10월에 배를 타고 고향으로 돌아갔고, 살라딘은 그로부터 5개월 후인 1193년 3월 4일에 열병으로 다마스쿠스에서 사망했다.[12]

제4차 십자군 원정 1198-1204년

살라딘과 리처드가 불안정하게 타협한 지 10년도 되지 않아서 유럽인들은 또 다른 공식 십자군 원정을 시도했다. 제4차 십자군 원정은 앞선 세 차례의 원정과 전혀 달랐다. 이 원정은 성공하지 못했을 뿐 아니라, 시작했다고 말하기도 어렵다.

교황 인노켄티우스 3세(Innocentius III, 재위 1198-1216)는 리처드와 살라딘이 남긴 교착상태가 영 만족스럽지 않았다. 1201년, 수많은 프랑스 남작이 무슬림의 손에서 예루살렘을 탈환하는 시도에 다시 나서라는 교황의 촉구에 주목했다. 그러나 유럽의 어느 왕도 참여하고 싶어 하지 않았다. 그러자 곧바로 재정이 문제가 되었다. 성지를 향해 길을 나선 십자군은 베네치아에서 멈추었다. 그들은 그곳에 머무는 동안 십자군 역사의 흐름을 뒤바꾸는 계약을 베네치아와 맺는다. 베네치아로부터 물질 후원을 받고 그 대가로 베네치아 사람들이 아드리아해 건너편의 항구 도시 차라(Zara; 오늘날 크로아티아의 자다르)를 정복하는 것을 돕기로 약속한 것이다.

이는 이전까지의 십자군에서는 볼 수 없던 모습이었다. 영토를 얻기 위한 옛 세속적인 전쟁으로 회귀한 것이었다. 아이러니하게도, 차라는 십자군의 강력한 지지자였던 헝가리의 왕 에메릭(Emeric)의 보호 아래 있던 '기독교' 도시였다.

차라에 감행한 군사 공격은 성공적이었고, 베네치아-십자군 동맹은 이제 콘스탄티노폴리스로 눈을 돌렸다. 콘스탄티노폴리스는 로마제국의 남은 동쪽 부분인 동로마제국의 수도였다. 이곳 사람들은 황제 알렉시우스 1세를 통해 교황 우르바누스 2세에게 무슬림 침략자들에게 맞서 싸워 동방 기독교 세계를 수호하도록 와서 도와 달라고 청했던 장본인들이었다. 그러나 제1차 십자군 원정의 성공 이후 성지 회복 과정에서 콘스탄티노폴리스가 보여 준 빈약한 지원에 많은 유럽인은 실망한 상태였다. 그로 인해 라틴 가톨릭 신자들과 그리스 정교회 동로마 기독교인들 사이에는 모종의 악감정이 생겼다. 십자군 지도자 일부는 콘스탄티노폴리스가 자신들에게 '빚을 졌다'고 생각했다.

제4차 십자군의 상당수가 콘스탄티노폴리스 공격에 반대했고, 군사 행동을 포기했다. 그럼에도 불구하고 지도자들과 다수의 군인들은 남아서 싸웠다. 1204년 4월 13일, 마침내 그들은 도시의 성벽을 뚫었고, 3일 동안 약탈했다. 300년대부터 줄곧 그리스적이고 정교회적인 모든 것의 중심지였던 콘스탄티노폴리스는 이날 이후 반세기 동안 라틴적이고 가톨릭적인 도시가 되었다.

제4차 십자군 원정은 목적지에 이르지 못하고 땅과 역사적 원한을 둘러싼 순전히 실용적 전쟁으로 변질되었다. 이전의 십자군 원정들보다 더 추잡하게 느껴진다. 많은 십자군들도 이와 똑같이 느꼈다.[13]

제5차 십자군 원정 1213-1229년

제4차 십자군 원정의 결과에도 불구하고, 교황 인노켄티우스 3세는 십자군 원정을 계속해서 촉구했다. 교황과 그가 임명한 이들은 십자군 원정이 갖는 원래 목표(예루살렘)의 중요성을 반복해서 말했고 "십자가를 지고" 하나님의 적들과 싸우는 일이 구원을 가져다준다고 강조했다.

1212년 교황 인노켄티우스의 선전전은 농민들이 일련의 비공식 모험에 나서도록 도전을 주고 격려했다. 그중 한 무리는 흔히 "소년 십자군"(Children's Crusade)이라고 불린다. 막대한 수의 무토지 농민, 가난한 일꾼, 여자, 심지어 여섯 살밖에 안 된 어린아이까지 이전의 십자군들을 본받아 성지로 향했다. 안타깝게도 그들에게 어떤 일이 벌어졌는지 말해 주는 기록은 없다. 많은 사람이 가는 도중에 노예가 되거나 그보다 더 심한 일을 당했다는 소문만 무성하다. 우리가 확실히 아는 사실은 그들이 팔레스타인의 사건들에 아무런 영향을 주지 못했다는 것뿐이다.

그러나 교황 인노켄티우스의 설교가 불러일으킨 대중적 열정이 1213년에 교황이 성지 탈환을 위한 또 다른 원정을 공식적으로 선포하도록 부추겼을 가능성이 있다. 서방교회의 수장은 참회하는 마음으로 십자군 원정에 참여하는 모든 사람에 대한 "완전한 죄 용서"를 다시 한 번 약속했다. 성직자들은 '자원자'를 모집하라는 지시를 받았다. 특별 기도와 금식의 날들이 선포되었다. 헌금 요청이 있었고 새로운 세금들이 부과되었다. 폭넓은 국제적 외교 활동이 펼쳐졌다. 그리고 1215년, 가톨릭 기독교 세계 전역에서 1,300명의 대표자들이 참석한 거대한 교회 회의가 열렸다. 이로써 제5차 십자군 원정이 공식화되었다.

인노켄티우스 3세는 이듬해인 1216년 7월 16일에 사망했고, 그의 후계자 교황 호노리우스 3세(Honorius III, 재위 1216-1277)가 이 흐름을 이어 갔다. 1217년 여름, 기사와 전사들을 가득 실은 소함대들이 유럽의 여러 항구에서 출항했다.

제5차 십자군 원정은 이전 십자군들과 달리 팔레스타인보다 이집트에 힘을 쏟았다. 그 무렵 카이로는 살라딘이 세운 아유비드(Ayyubid) 왕조의 술탄들 아래에서 이슬람의 세력 기반이 되었다. 십자군 원정의 궁극적인 목표는 예루살렘을 탈환하는 것이었으나, 〔아유비드 왕조의 심장인-편집자〕 이집트에서의 무력시위 없이는 아무것도 이룰 수 없는 상황이었다.

이집트에서 여러 전투가 벌어지는 사이에 아시시의 프란치스코(Francis of Assisi, 1181-1226)가 전선에 등장했다. 오늘날 거의 2만 명의 수도사가 있는 프란치스코 수도회의 설립자로 유명한 프란치스코는 이때도 강한 카리스마와 영향력을 발휘하는 성직자였다. 그는 1219년에 이집트로 가서 십자군들을 향해 그들이 실패할 수밖에 없다고 경고했으며 하나님은 자신의 소박한 '설득'을 통해 무슬림들을 개종시키길 원하신다고 주장했다. 그는 십자군 지도층을 설득하여 술탄 알말리크 알카밀(al-Malik al-Kamil)에게 그리스도의 죽음과 부활의 "복음을 전파"하러 적진에 들어가는 일을 허락받았다. 그러나 그가 바라던 대로 일이 풀리지는 않았다(여기에 대해서는 17장에서 더 자세히 다루겠다).[14]

불행히도 이집트에서의 긴 군사작전은 결국 교착상태에 빠졌고, 십자군은 철수하게 된다. 이 과정에서 양측은 많은 피를 흘려야만 했고, 1219년 후반에는 나일강이 범람해 수많은 목숨을 앗아 갔다. 게다가 괴혈병으로 짐작되는 유행병이 돌아 기독교인 군대의 20퍼센트가량이 죽어 나갔다. 수 차례 협상이 진행되고 십자군 측이 몇 차례 막대한 손실을 입고 나서야 유럽인들은 이집트에서 물러났다. 많은 사람이 고향으로 돌아갔고 일부는 아직 기독교인들이 장악하고 있던 팔레스타인 북부 해안의 아크레로 올라가 십자군의 목표를 이룰 다른 방법을 모색했다.

술탄 알카밀과 최종 협정을 맺은 장본인은 십자군도 로마 교황도 아닌, 당시 신성로마제국의 황제였던 프리드리히 2세(Friedrich II, 1194-1250)였다. "신성로마제국 황제"라는 용어는 이탈리아부터 독일에 이르는 방대한 유럽 영토의 세속 통치자에게 주어지는 영광스러운 칭호였다. 이 시기에 교황은 교회 문제를 다스렸고, 황제는 말하자면 '속세의' 문제를 처리했다. 나는 그를 "세속" 통치자라고 부르지만 그가 '세속적' 통치자였다고 생각하면 시대착오적인 오해가 될 것이다. 이 시기에는 공직자들이 종종 교황과 충돌하긴 했어도 대부분 경건한 이들이 분명했으니 말이다. 신성로마제국 황제들은 교황으로부터 대관을 받긴 했지만('신성神聖'이라는 명칭이 여기서 나왔다), 미심쩍게도 몇 세기 전에 무너진 서로마제국의 계승자로 자처했다. 이 모든 내용은 13장과 14장에서 더 다룰 것이다.

프리드리히 2세와 교황은 점잖게 말해서 '긴장 관계'였다. 그러나 황제는 십자군의 열성적 지지자였다. 제5차 십자군 원정이 진행 중이던 1227년에 그는 보다 규모가 작은 자신의 십자군을 이끌고 원정에 나선다. 때로 이것을 제6차 십자군 원정이라고 부른다. 그리고 1229년에 시리아와 이집트의 이슬람 분파들을 활용해 협정을 맺는다. 이 협정에 따라, 유럽인들은 예루살렘과 베들레헴뿐 아니라, 이 두 곳과 해안을 오가는 큰 통행로까지 되찾는다. 예루살렘은 기독교인들의 지배하에 있게 되었지만, 천재적 지략의 결과로 알아크사 모스크와 바위사원(황금돔 사원)이 있는 성전산은 지역 무슬림이 관리하게 되었다. 두 세기에 걸친 간헐적 유혈 사태로도 해결할 수 없었던 목표가 협상을 통해 순식간에 달성된 것이다.

하지만 승리는 오래가지 않았다. 예루살렘이 유럽인의 지배하에 머무른 건 1229년부터 1244년까지 고작 15년 동안이었다. 예루살렘은 1244년에 이르러 이집트와 동맹한 투르크 침입자들에게 함락되었고, 영국군이 제1차 세계대전 기간 '예루살렘 전투'에서 오스만투르크제국을 무찌른 1917년까지 무슬림 수중에 있게 된다.[15]

이 모든 사건을 보면, 오늘날 예루살렘과 그 주변 문제가 얼마나 풀기 힘든 사안인지 짐작할 수 있다. 유대인들은 대략 BC 1000년부터 AD 135년까지 이 땅을 다스렸다. 그리고 135년에 로마 황제 하드리아누스(Hadrian)의 명령에 따라 이 땅에서 일시적으로 쫓겨났다. 유대인들과 기독교인들은 2세기 중후반부터 7세기까지 로마의 지배를 받으며 이 땅에서 함께 살았고, 637년에 무슬림이 이곳을 정복했다. 십자군이 11세기에 잠시, 13세기에 더 짧게 점령한 기간을 제외하면, 무슬림들은 영국군이 들어오고(1917-1948) 유대인 국가 이스라엘이 수립(1948년부터 지금까지 죽)되기 전까지 예루살렘과 팔레스타인을 확고하게 지배했다. 이 책이 중동 정치를 논하는 서적은 아니지만, 약간의 배경 지식만 있어도 다양한 역사적 주장들의 토대 및 그것들이 다루는 문제의 규모를 이해하는 데 도움이 된다.

1244년 이후 성지에서는 십자군 전통의 일부라고 할 수 있는 여러 가지 군사적 충돌이 있었다. 그러나 다 실패로 돌아갔다. 유럽인들은 제5차 십자군 원정 이후 수십 년 동안 팔레스타인 북부 해안의 아크레를 점령하고 있었지만, 1291년에는 이곳마저 빼앗겼고, 성지로 떠나는 십자군 원정은 과거가 되었다.

되짚어 볼 만한 사건이 있다. 아크레가 함락되고 대략 50년이 지난 후, 한 독일인 기독교 순례자가 팔레스타인 남부의 사해를 여행하고 있었다(당시 무슬림 통치자들은 이런 일을 일반적으로 허락했다). 그는 길에서 두 명의 노인을 만났는데, 알고 보니 그들은 1291년에 아크레에서 포로가 된 프랑스 성전기사단원들이었다. 그들은 강제로 술탄을 섬겨야 했으며, 중동 생활에 완전히 동화되었다. 또 결혼하고 자녀를 낳고 유대산지에 정착해 살면서 지금껏 서방에서 일어난 사건들을 전혀 모르고 있었다. 마침내 그들은 가족과 함께 프랑스로 호송되고, 영웅 대접을 받았다. 교황 훈장과 후한 연금도 받고 생의 마지막 나날을 프랑스에서 비교적 안락하고 평화롭게 보냈다.[16] 그들은 십자군 역사 전체의 초라한 결말에 걸맞은 상징과도 같다. 이교도를 정복하고 그리스도를 드높인다는 꿈은 진기한 가정을 이룬 나이 든 두 농민의 모습으로 변했다.

십자군이라는 이름을 걸고 그 신학에 따라 진행된 군사원정은 많았다. 이른바 하나님의 원수들에 맞선 그 모든 싸움은 죄 용서를 보장했다. 그중 가장 충격적인 원정은 알비 십자군(1209-1229)일 것이다. 이들은 아주 이상한 이단 집단을 상대로 싸웠다.[17] 여러 다양한 '이단들'도 십자군의 표적이 되었는데, 그중에는 15세기 체코의 후스파와 16세기 프로테스탄트도 포함되었다. 나는 1147년 스페인의 무슬림 정복자들에 맞선 십자군이나 1200년대 발트해 연안의 '이교도'에 맞선 십자군에 대해서는 따로 여기서 언급하지 않았다. 이런 식의 '십자군 전쟁들'은 꽤 자주 일어났지만, 성공한 경우는 드물었다.

실패한 전쟁

다행히도, 오늘날의 교황들은 더는 십자군 원정을 보내지 않는다. 오히려, 교황 요하네스 파울루스 2세(Johnnes Paulus II, 요한 바오로 2세)는 2000년 3월 12일에 십자군 원정을 공개적으로 사과했다. "우리는 우리 형제들 중 일부가, 특히 두 번째 천 년이 시작되는 기간에 복음을 배신하는 행동을 했음을 인정하지 않을 수 없습니다. 기독교인들 사이의 분열, 일부 기독교인들이 진리를 명분으로 폭력을 휘두른 일, 다른 종교를 따르는 사람들에게 때때로 차별과 적대적 행위를 가한 것에 대해 용서를 구합니다."[18]

십자군 원정이 지난날의 일임은 분명하지만, 어떤 요인들이 십자군의 쇠퇴와 종말을 초래했는지는 복잡한 문제다. 크리스토퍼 타이어먼은 십자군의 역사를 다룬 저서의 결론에서 십자군을 제대로 파악한 진짜 역사서라면 십자군의 종결을 간단히 설명할 수 없다고 주장한다. 그래도 이에 관한 몇 가지 합의된 특징은 있다.

첫째, 우리는 아시시의 프란치스코 및 몇몇 사람들이 추구했던 평화의 전통에서 부분적 설명을 찾을 수 있다. 프란치스코가 평화와 개종을 호소한 일을 둘러싼 이상한 사건들은 그만의 특이함의 산물이 아니었다. 타이어먼이 말하는 대로, 그 사건들은 "군사적 십자군 전쟁의 대안이 될 만한 기독교적 접근법이 십자군 진영 내에서도 어느 정도, 지적 엘리트들 사이에서는 보다 넓게 지지를 받았음"을 드러낸다. 타이어먼은 그것을 "합리적 복음 전도"라고 부른다. 프란치스코가 술탄 알카밀을 상대로 가망 없는 선교에 나섰던 것은 "(십자군 전쟁이라는) 난감한 상황을 명예롭게 끝내고 싶었던 많은 이들의 바람이 별난 방식으로나마 표현된 것이었다."[19]

십자군 원정을 중단시킨 요인은 교회의 폭력을 향한 세속적 비판이 아니었다. 타이어먼은 유럽을 세속화시켰다고 흔히 인정받는 1400년대의 근대 초기 인문주의 학자들 중 상당수가 오히려 십자군 원정의 열렬한 지지자였음을 지적한다. 십자군은 '내부에서부터' 허물어졌다. 앞에서도 말했지만, 기독교의 근간이 되는 전통들은 교회사에서 주기적으로 영향력을 발휘하는데, 결국 이런 현상은 "십자가를 지는 것"을 군사적인 일로 이해했던 십자군의 사례에서도 나타났다.

둘째, 16세기 프로테스탄트 종교개혁의 발흥이다(나중에 21장에서 좀 더 자세히 다루겠다). 종교개혁자들은 교황의 권위를 부정했고, 유럽의 절반이 그들을 따랐다. 십자군은 교황의 칙령과 축복이 있어야만 가능하므로, 대규모의 십자군 원정은 생각하기 어렵게 되었다. 프랑스, 독일, 잉글랜드가 개신교의 대의에 대항해 모집한 소규모의 십자군에도 거의 사람이 모이지 않았다.[20]

독일의 수도사 마르틴 루터 같은 종교개혁자들은 전쟁이든 자선이든, 인간의 행위로 하나님의 복을 받을 수 있다는 생각에 거부했을 뿐 아니라, 전쟁은 세속 통치자들의 일이라고 보는 경향이 있었다.[21] 프로테스탄트에서는 성직자를 하나님과 인간의 중재자가 아니라 교사로 보았다. 성직자가 사람들을 잘 가르치면, 시민들과 통치자들이 사회를 하나님 방식으로 이끌 수 있다는 시각이다. 루터는 1523년의 논문 "세속 권세"에서 '하나님 나라'와 '세상 나라'를 구분했다. 그가 정확히 교회와 국가의 분리를 옹호한 것은 아니었다. 하지만 그의 견해는 전쟁을 포함한 시민생활의 많은 영역이 세속 권세에 넘어감을 뜻했고 이것은 많은 이에게 영향력을 발휘했다.[22]

셋째, 다른 지적 흐름들도 십자군 이념이 몰락하는 데 중요한 역할을 했다. 타이어먼에 따르면, '성전(聖戰)'론의 근거는 늘 고대나 중세의 기독교 저작에 "빈약하게" 기대고 있었지만, "그 정당화 논리는 신약성경에 근거한 16세기의 성서신학과 비판 앞에 서자 점점 더 궁색해 보였다."²³ 타이어먼은 여기서 16세기 유럽 전역에서 생겨난 새로운 인문주의를 말하고 있다. 14-16세기 지적 운동이었던 인문주의는 그리스·로마의 고전 문헌에 대한 관심을 되살렸고, 그 원전들을 제대로 이해하기 위한 문학 기법들을 점점 더 세련되게 발전시켰다. 덕분에 기독교 사상가들(가톨릭과 개신교 모두)은 고전이든 성경이든 원전으로 되돌아가 그 안에 있는 실제 내용을 살필 수 있게 되었다. 그들은 수 세기에 걸친 전통이 자신들의 시야를 가리도록 방치할 생각이 없었다.

인문주의가 범위를 넓히며 점차 세속화되면서, 유럽의 각국 통치자들은 종교가 전쟁의 정당한 원인으로 적합하지 않다고 보기 시작했다. 이것은 세속적(또는 종교적) 인문주의자들의 평화주의 성향에서 나온 결론이 아니었다. 국가의 문제는 영적 관심사가 아니라, 물질적이고 정치적인 관심사를 근거로 결정하는 것이 최선이라는 합리적 판단이었다. 17세기부터 20세기까지 점점 더 세속화된 유럽이 몇 세기 전 유럽보다 덜 군국주의적인 것은 아니었다. 그러나 종교가 배제됨에 따라, 유럽은 예전처럼 다시 권력, 명예, 영토, 이념, 자원, 정치처럼 보다 전통적이고 보편적인 이유로 전쟁을 치르게 되었다.

마지막으로 넷째 요인은 종종 간과되는 부분이다. 십자군 원정은 대체로 실패였다. 대중은 이 시기를 상상할 때, 전능한 중세교회가 터키, 시리아, 팔레스타인, 이집트에 있는 무방비 상태의 무슬림들을 공포에 떨게 하고 가혹한 방식으로 그들을 정복하는 모습을 떠올린다. 하지만 1099년 7월에 제1차 십자군이 거둔 잔혹한 승리를 제외하면, 십자군들은 대부분 패배했다. 그들은 1099-1187년, 그다음에는 1229-1244년이라는 그리 길지 않은 기간 동안 예루살렘과 주변의 다른 지역을 점령했을 뿐이다. 그 외의 시기에는 십자군 동방 원정의 주요 목표가 한 번도 실현되지 않았다.

진실은 이슬람 군대의 승리다. 십자군 원정의 영적 유익이 무엇이었든 간에, 기독교인들은 그들이 벌인 이른바 성전을 그다지 잘 이끌지 못했다. 예루살렘, 바위사원, 거대한 알아크사 모스크는 600년대부터 이 시대까지 (앞에서 언급한 짧은 기간을 제외하고는) 무슬림의 수중에 안전하게 있다. 천 년 사이에 알아크사 모스크의 정기 기도를 중단시킨 유일한 사건은 코로나19 팬데믹이었다. 〈뉴욕 타임스〉(The New York Times)가 보도한 대로, "드디어, 코로나 팬데믹은 이제껏 어떤 세기도 (그리고 그 모든 십자군도!) 이루지 못한 일을 해냈다. 이슬람의 세 번째 성지, 보통 사람들로 붐비고 혼잡한 그 공간이 텅 비었다."[24]

십자군 원정이 전반적으로 실패했다는 것은 최근까지 무슬림들이 십자군 이야기를 이슬람에 드리운 굴욕적인 그림자가 아니라, 서구의 불신자들을 압도하는 무슬림의 힘을 보여 주는 사례로 제시해 왔다는 것만 봐도 알 수 있다. 케임브리지대학의 유명한 중세학자 조너선 라일리 스미스(Jonathan Riley-Smith)는 이렇게 썼다. "이제껏 무슬림들은 십자군 원정에 별다른 관심을 보이지 않았다. 그들은 그때 일을 무심하고 자신만만하게 돌아보았다. 결국, 그들은 자신들이 십자군을 철저히 무찔렀다고 믿은 것이다."[25]

어쩌다 '악당의 성공적인 행패'라는 평판을 얻었나

　그렇다면 십자군 원정은 어떻게 성공적인 악당의 행패라는 평판을 얻게 되었을까? 전문가들은 대체로 마지막 십자군이 팔레스타인에서 쫓겨나고 600년이 지난 1890년대에 극적인 전환이 일어났다는 데 동의한다. 19세기 말, 콘스탄티노폴리스를 수도로 하는 오스만제국은 발칸반도의 여러 영토에서 일어난 반란에 직면했고, 루마니아, 세르비아, 불가리아에 독립을 허락하라는 영국과 프랑스의 강한 압박을 받았다. 이슬람 세계의 초강대국이 급속하게 작아지고 있었다.

　당시 오스만제국의 통치자였던 술탄 압둘하미드 2세(Abdulhamid II, 1842-1918)는 유럽이 무슬림을 상대로 새로운 십자군 원정을 시작했다고 선언했다. 그리고 몇 년 후, 1899년 십자군 원정에 대한 최초의 무슬림 역사서가 세상에 나온다. 저자 사드 알리 알하리리(Sayyid 'Ali al-Hariri)는 서문에서 술탄의 말을 인용했다. "우리의 가장 영광스러운 술탄이신 압둘하미드 2세께서 올바르게 말씀하신 대로, 유럽은 지금 정치적 압박의 형태로 우리를 상대로 십자군 전쟁을 수행하고 있다."[26] 라일리 스미스는 이슬람 세계의 의식 속에서 "이것은 완전히 새로운 현상이었다"[27]고 지적한다.

　이 새로운 생각은 인기를 끌었다. 이슬람 세계를 향한 서양의 행패가 이제 십자군 전쟁의 한 형태로 여겨지고 있었다. 아이러니하게도, 이것은 900년 전의 십자군 원정도 오늘날의 정치처럼 무슬림의 힘을 성공적으로 억압했다는 인상을 현대인의 머릿속에 영구적으로 남겼다. 하지만 본래 십자군 원정은 그렇지 않았다. 십자군들은 폭력적이었고 자주 잘못된 행동을 일삼았지만, 분명 그들은 성공하지 못했다.

십자군 전쟁이 남긴 유산은 아주 적다. 역사상 대부분의 큰 전쟁들은 승자와 패자 모두에게 지울 수 없는 흔적을 남겼다. 자원의 주인이 바뀌고, 이념들이 홍보되거나 억압되고, 새로운 국경선이 만들어졌다. 그러나 십자군이 동방에서 치른 전쟁을 두고는 절대 그렇게 말할 수 없다. 크리스토퍼 타이어먼은 1191년에 리처드 1세에게 함락된 후 대체로 서구 기독교 영향하에 있었던 키프로스섬을 제외하면, "제1차 십자군들이 아나톨리아와 북부 시리아로 쳐들어왔을 때부터 머물기 시작한 서양인들은 그곳에 거의 흔적을 남기지 못했다"고 기록했다.[28] 이스라엘 카이사레아의 십자군 요새 같은 찾아가 볼 만한 고고학적 현장들 몇 군데와 1099년 7월 15일의 알아크사 모스크 학살에 대한 쓰라린 역사적 기억이 남아 있을 뿐, 그 외에는 별다른 것이 없다.

—

2015년, 당시 미국 대통령 버락 오바마(Barack Obama)는 국가조찬기도회에서 '테러 집단 이슬람국가(IS; Islamic State)가 현대의 잔혹 행위들을 저지른 것처럼 기독교인들도 역사 내내 그리스도의 이름으로 끔찍한 일들을 저질렀고, 그중 대표적인 것이 십자군 전쟁이었다'고 말했다. 이 발언에 폭풍 같은 언론의 반응이 뒤따랐다. 오바마의 말을 들어 보자.

"우리가 오만한 태도를 취하고 이런 잔혹 행위가 완전히 딴 세상일이라고 생각해선 안 됩니다. 기억합시다. 십자군 원정 기간에 사람들은 그리스도의 이름으로 끔찍한 일들을 저질렀습니다. 살인을 일삼는 극단주의는 하나의 집단이나 종교에 국한되지 않습니다. 우리 안에는 신앙을 왜곡하고 비뚤어지게 만들 수 있는 악한 성향이 있습니다."

오바마의 발언 이후 즉각적으로 강력한 반발이 일어났는데, 미국 정치권의 기독교 보수파가 특히 심하게 항의했다. 그들은 기독교가 이슬람처럼 가차 없는 폭력을 휘두른 경우는 극히 드물다고 주장했다.[29]

기독교 보수파들은 이슬람과 기독교를 대비하며 둘은 완벽히 다르다고 주장했다. 두 종교의 초기 몇 세기 동안은 그 주장이 타당하다고 할 수 있다. 박해와 비폭력 저항이 예수님 시대부터 4세기까지 기독교의 한결같은 특징이었음은 아무도 부인하지 않는다. 또한 이슬람이 무함마드가 바드르와 메카에서 전투를 벌이던 620-630년대부터 이후 한 세기 이상이 지날 때까지 시리아, 팔레스타인, 이집트, 북아프리카와 스페인을 차례로 정복하며 성공적인 군사 작전을 수행했다는 것을 아무도 부인할 수 없다. 하지만 4-5세기로 접어들면서 기독교 역사의 진정한 전환점이 찾아오는 것을 보게 된다. "사람들이 그리스도의 이름으로 끔찍한 일들을 저질렀다"는 오바마 대통령의 평가는 부끄럽게도 그 시기부터 지금까지 이어지는 사실이다.

이 책은 기독교의 악당들과 성자들을 다루는 자리이지, 여러 종교를 놓고 누가 누가 더 폭력적인지 점수를 매기고 비교하기 위한 자리가 아니다. 명확한 사실은 십자군 전쟁이 씻을 수 없는 흔적을 남겼다는 것이다. 가장 오래도록 끼치고 있는 십자군 전쟁의 영향은 국경, 중동의 정치, 세계에서 가장 큰 두 종교의 상대적 크기와는 별 상관이 없다. 십자군 전쟁의 진짜 유산은 그것이 폭력적인 암흑시대의 상징이자, 적을 향한 독단과 증오와 폭력에 사로잡히기 쉬운 너무나 인간적인 교회의 모습을 나타낸다는 것이다. 적어도 이론적으로는, 진정한 기독교인은 이러한 현실을 본능적으로 받아들여야 한다. 이 부분을 염두에 두고 이제 다음 내용으로 들어가 보자.

너희 원수를 사랑하며
너희를 미워하는 자를 선대하며.
—예수, 누가복음 6장 27절

3

더없이 온전하고 아름다운 그리스도의 원 곡조

1세기
기독교 윤리

2017년 어느 금요일 오전, 나는 첼로 한 대를 빌려 2시간 동안 수업을 받고, 이후 닷새 동안 열심히 연습했다. 당장 그다음 화요일에 바흐의 〈무반주 첼로 모음곡 1번 G장조 프렐류드〉의 앞 소절을 무대에서 연주해야 했기 때문이다. 혹시 이 곡을 모른다면, 책을 내려놓고 이 숭고한 음악을 먼저 들어 보길 바란다. 그러고 나서 그에 비하면 한참 우스꽝스러운 나의 연주 이야기로 돌아오라!

평생 첼로를 잡아 본 적이 없는 내게는 참으로 주눅 드는 경험이었다. 더욱이, 나는 화려한 시드니 공연장에서 조명과 카메라에 둘러싸인 채, 다큐멘터리 영화 〈교회의 빛과 그림자〉를 함께 제작한 친구와 동료들 앞에서 연주를 해야만 했다. 정말 부담스러운 청중이었다. 그 와중에 무대 옆에서는 호주의 사랑받는 첼로 연주자 케니치 미즈시마(Kenichi Mizushima)가 지켜보고 서 있었다. 그는 열심히 나를 격려했다. "할 수 있어요." "팔꿈치를 조금만 더 들어 보세요." "닷새 동안 연습한 것치고는 나쁘지 않은데요?" 주로 이런 말들이었다. 그것은 빈 공연장에 있는 내 친구들의 얼굴에 드리운 어색한 미소와 너무나 대조적이었다.

나는 겨우 살아남았다. 그날의 어설픈 연주는 온라인으로 볼 수 있다. 더 중요하게는, 그 영상에서 케니치 미즈시마의 놀라운 연주 장면을 같이 볼 수 있다.[1] 그 영상의 목적은 나를 제물로 삼아 재미있는 장면을 만드는 것과 한 가지 중요한 논점을 실감나게 예시하는 것이었다. 교회의 어설픈 연주를 근거로 기독교를 무시하는 것은 내 첼로 모음곡 연주를 듣고, 그 곡을 만든 요한 세바스찬 바흐(Johann Sebastian Bach)를 우습게 여기는 일과 비슷하다. 내 연주를 듣고 나서 바흐가 정말 작곡을 할 줄 아는 사람인지 의아해진다 해도 무리는 아닐 것이다. 그러나 우리 대부분은 그것만 듣고도 그 음악이 원래 어떤 곡인지 어렴풋이 알 수 있다. 그래서 곡 자체에 대한 판단은 보류하고 내 연주 솜씨를 탓할 수 있다.

즉 사람들은 작품과 연주를 구분할 줄 안다. 다큐멘터리 영화에서 우리는 케니치가 내 연주를 넘겨받아 원래 어떤 곡인지 들려줌으로써 이 요점을 실감나게 전달하려 했다. 내게는 괴롭기 그지없지만 보는 이에게는 즐거운 장면이다. 케니치 옆에서 나는 정말 한심해 보인다.

나는 예수 그리스도와 교회사를 숙고하면서 이와 비슷한 느낌을 종종 받는다. 예수님은 더없이 아름다운 작품을 작곡하셨는데 기독교인들이 그 곡을 항상 잘 연주한 것은 아니었다. 때로 그들의 연주는 가락이 도통 맞지 않았고, 가끔은 전혀 다른 곡이 되기도 했다. 원곡을 찾아서 숙고하다 보면 그리스도 옆에 선 그리스도인들이 엉망으로 보인다.

이번 장에서 나는 그리스도의 가장 독특한 두 멜로디 라인을 검토하고자 한다. 이 두 멜로디 라인은 그분 가르침의 두 측면으로서 수 세기에 걸쳐 울려 퍼졌고, 기독교인들의 위선이 이것과 끔찍한 불협화음을 이룬다는 것을 드러냈다.

시공을 뛰어넘는 산상설교의 영향력

예수님의 많은 가르침은 영어권 세계에서 다음과 같은 격언으로 자리 잡았다(내 친구들은 그리스, 이탈리아, 독일, 네덜란드, 프랑스, 루마니아, 스페인, 스웨덴, 헝가리, 러시아에서도 마찬가지라고 확인해 주었다).

"세상의 소금", "산 위에 있는 동네", "네 이웃을 사랑하라", "남에게 대접을 받고자 하는 대로 남을 대접하라", "선한 사마리아인", "탕자", "맹인이 맹인을 인도함", "져야 할 십자가", "돼지 앞의 진주", "오른손이 하는 일을 왼손이 모르게 하라", "비판을 받지 않으려거든 비판하지 말라", "양의 탈을 쓴 늑대", "죄 없는 자가 먼저 돌로 치라", "가이사(카이사르)의 것은 가이사에게 바치라", "시대의 표적", "(억지로 오 리를 가자고 하거든) 십 리를 같이 동행하고", "지붕 위에서 전파(하라)", "눈 속의 들보" 등 이 밖에도 많다.

이 모든 표현은 예수님의 입에서 나왔지만 그분의 말씀으로 늘 인정받는 것은 아니다. 몇 년 전에 나는 교육부에서 일하는 한 호주 정치인을 만났다. 그는 존 F. 케네디(John F. Kennedy)의 리더십 모토인 "많이 받은 사람에게 많은 것이 요구된다"를 아주 좋아한다고 말했다. 케네디의 그 말이 나사렛 예수로부터 온 것(눅 12:48)이라고 내가 언급하자, 그는 그 격언이 신망 있는 출처, 곧 성경에서 나왔다는 사실에 기뻐했다.

종교를 좋아하지 않았던 알베르트 아인슈타인(Albert Einstein)조차도 그리스도의 말씀은 깊이 존경한다고 시인했다. 1929년의 한 인터뷰에서 그는 이렇게 밝혔다. "나는 그 나사렛 사람의 빛나는 모습에 매료됩니다. 복음서를 읽는 사람은 누구든 그 안에서 예수의 생생한 현존을 느끼지 않을 수 없습니다. 그의 인격이 그의 모든 말에 스며 있습니다. 이런 생명력을 가진 신화는 없습니다. 예수가 존재했다는 사실, 그의 말씀이 아름답다는 사실을 아무도 부인할 수 없습니다."[2]

물론 요즘에는 "예수가 존재했다는 사실을 부인하는" 사람들이 있다. 이것은 내가 다른 곳에서 자세히 살펴본 주제다.[3] 그러나 그분("또는 누가 됐든 그의 원고를 써 준 사람." 이것은 현대의 대표적인 무신론자 리처드 도킨스의 재치 있는 표현이다)의 말씀이 참으로 "아름답다"는 것에 이의를 제기하는 경우는 거의 없다. 도킨스(Richard Dawkins) 교수조차 사실을 우호적으로 인정한 순간에는, 그리스도의 유명한 산상설교가 "시대를 훌쩍 앞서 있다"고 평했다.[4]

마태복음 5-7장에 나오는 산상설교는 예수님의 널리 사랑받는 가르침 모음 중 하나다. 이 자료를 비슷하면서도 독립적으로 정리한 내용이 누가복음 6장에 나온다. 앞에서 인용한, 이제는 전 세계적으로 통용되는 사회적 격언이 된 여러 표현 중의 상당수는 겨우 2천 단어 분량의 이 가르침 모음에서 나온 것이다. 기독교 신앙이 있는 사람이든 의심하는 사람이든, 문화적 호기심에서라도 신약성경의 산상설교를 꼭 읽어 보길 권한다. 역사상 이 설교보다 서구 문화에 더 많은 영향을 끼쳤다고 주장할 수 있는 설교를 찾기 힘들다. 산상설교는 그리스도의 첼로 모음곡이다.

'사랑 중심' 기독교

산상설교는 사람들이 예수님을 생각할 때 흔히 떠올리는 사랑, 평화, 겸손 등을 주제로 한다. 그분의 윤리적 요구의 핵심으로 우리를 이끄는 다음의 놀라운 대목을 보라.

그러나 너희 듣는 자에게 내가 이르노니 너희 원수를 사랑하며 너희를

미워하는 자를 선대하며 너희를 저주하는 자를 위하여 축복하며
너희를 모욕하는 자를 위하여 기도하라 너의 이 뺨을 치는 자에게 저
뺨도 돌려 대며 네 겉옷을 빼앗는 자에게 속옷도 거절하지 말라 네게
구하는 자에게 주며 네 것을 가져가는 자에게 다시 달라 하지 말며
남에게 대접을 받고자 하는 대로 너희도 남을 대접하라 너희가 만일
너희를 사랑하는 자만을 사랑하면 칭찬받을 것이 무엇이냐 죄인들도
사랑하는 자는 사랑하느니라 너희가 만일 선대하는 자만을 선대하면
칭찬받을 것이 무엇이냐 죄인들도 이렇게 하느니라 너희가 받기를
바라고 사람들에게 꾸어 주면 칭찬받을 것이 무엇이냐 죄인들도
그만큼 받고자 하여 죄인에게 꾸어 주느니라 오직 너희는 원수를
사랑하고 선대하며 아무것도 바라지 말고 꾸어 주라 그리하면
너희 상이 클 것이요 또 지극히 높으신 이의 아들이 되리니 그는
은혜를 모르는 자와 악한 자에게도 인자하시니라 너희 아버지의
자비로우심같이 너희도 자비로운 자가 되라(눅 6:27-36; 마 5:38-48 참조).

나는 이 말씀이 이제껏 인류에게 주어진 윤리적 가르침 가운데 가장
숭고하다고 본다. 물론 내 확증 편향(자기 신념과 일치하는 정보는 받아들이고 일치하지
않는 정보는 무시하는 경향-편집자)에 불과할 수도 있다. 나는 회의적인 이들에게
원수를 포함한 모든 사람에게 '사랑'과 '자비'를 베풀라고 강조하는 그리스
도의 가르침에 비길 만한 교훈을 전근대 세계의 어디서든 찾아보라고 초
청하는 챌린지를 몇 년째 소셜 미디어에 정기적으로 올리고 있다. 그러나
아직까지 아무도 이 챌린지를 받아들이지 않았다. 어쩌면 이것 역시 또

다른 확증 편향인지도 모른다.

　나는 지금 예수님이 윤리를 가르치면서 '사랑'을 언급한 고대 유일의 도덕 선생이라고 말하는 것이 아니다. 그러나 이교 세계(바빌론, 이집트, 그리스, 로마)의 가장 유명한 도덕률에 사랑이 포함되지 않음은 분명하다. 이집트의 격언, 함무라비 법전, 플라톤(Plato)과 아리스토텔레스(Aristoteles)의 윤리학, 델포이의 147개 금언, 세네카(Seneca), 에픽테토스(Epictetus), 플루타르코스(Plutarch)의 멋진 도덕담론에도 보편적 사랑은 나오지 않는다. 이집트, 메소포타미아, 그리스·로마의 도덕 교훈에서 보이는 것은 정의, 용기, 지혜, 절제와 같은 서양 고대의 4주덕(主德)들이다. 사랑, 자비, 겸손 또는 보복 금지에 대한 언급은 어디서도 찾아보기 힘들다.[5] 특히 고대인들은 겸손을 덕으로 여기지 않았고 대체로 부정적으로 바라봤다(나는 이 주제를 다른 곳에서 길게 다룬 적이 있다[6]).

　사랑을 강조하는 곳은 예수님의 배경인 유대교뿐이다. 유대교 성서, 즉 기독교인들의 구약성경에는 "네 이웃 사랑하기를 네 자신과 같이 사랑하라"(레 19:18)는 명령이 있다. 이 교훈은 구약성경에 나오는 613개의 계명 가운데 하나다. 사실 사랑을 전면에 내세운 이는 예수님보다 시기적으로 조금 앞선 어느 영향력 있는 교사 랍비 힐렐(Hillel, BC 1세기)이다. 그는 유대교를 "평화를 사랑하고 추구하는 종교, 사람들을 사랑하고 토라[하나님의 가르침] 가까이로 이끄는 종교"로 규정했다.[7] 힐렐이 죽고 몇 세기가 지나서 기록된 재미있는 이야기에는 유대교 '개종자', 즉 회심자가 되고 싶었던 그리스인 또는 로마인 '이교도'가 등장한다. 그 이교도는 같은 시대의 또 다른 유명한 랍비 샴마이(Shammai)를 먼저 찾아갔지만 이렇다 할 만한 답을 얻지 못했다. 그래서 그는 힐렐을 찾아갔고 흡족한 답을 얻었다.

> 한번은 어떤 이방인이 샴마이를 찾아와서 말했다. "제가 한쪽 발로
> 서 있는 동안 토라 전체를 가르쳐 주시면 개종하겠습니다." 샴마이는
> 손에 들고 있던 건축가의 자를 휘둘러 그를 내쫓았다. 이방인은
> 힐렐을 찾아갔고 거기서 개종자가 되었다. 힐렐의 대답은 이것이었다.
> "네가 싫은 일을 이웃에게 행하지 말라. 이것이 토라의 전부다.
> 나머지는 주석이다. 가서 배우거라."[8]

"네가 싫은 일을 이웃에게 행하지 말라"는 힐렐의 진술과 예수님
의 산상설교 말씀 "남에게 대접을 받고자 하는 대로 너희도 남을 대접하
라"(눅 6:31; 마 7:12) 사이의 유사성이 눈에 들어왔을 것이다. 예수님의 이 말
씀은 그 유명한 '황금률'(Golden Rule)이다. 내가 소셜 미디어에 챌린지를 올
리면, 예수처럼 원수 사랑을 강조하는 가르침을 다른 철학에서 발견하긴
어렵지만 황금률은 보편적인 윤리적 통찰이라고 지적하는 사람들이 종
종 있다. 내가 예수님을 편드느라 고집을 부리는 게 아니기를 바라며 한
마디 하자면, 나는 그들의 지적에 동의하지 않는다.

힐렐은 황금률의 소극적인 진술만 제시하고 있다. 그는 개종자에
게 자신이 당하고 싶지 않은 부당한 일을 남에게 행하지 말 것을 요구
한다. 이것은 '은률'(Silver Rule) 정도로 부를 수 있을 것 같다. 그런데 예수님
은 이 원리의 적극적 진술을 제시하신다. 그분의 가르침을 받은 제자들은
자신이 대우받고 싶은 대로 선을 행해야 했다. 이것이 황금률이다.

예수의 생애 연구로 존경을 받는 유대인 학자이자, 예루살렘 히브리 대학교 교수인 데이비드 플루서(David Flusser)는 예수님이 유대교 전통을 심화시킨 부분에 대해 인상적으로 가르쳤다. 예수님은 유대인이었지만, 가르침의 내용을 볼 때 급진주의자이며 개혁자였다. 플루서는 이렇게 말한다. "예수가 사랑에 대해 설교하는 것을 들은 사람들은 감동을 받았을 것이다. 당시 많은 사람이 그에게 동의했다. 그가 전하는 투명하고 순수한 사랑 안에서 그들은 뭔가 아주 특별한 것을 감지했을 것이다. 예수는 당대 유대교에서 생각하고 가르쳤던 내용을 다 받아들이지는 않았다. 그는 바리새인이 아니었지만 사랑을 설파했던 힐렐학파 바리새인들과 가장 비슷했다. 하지만 예수는 더 멀리, 무조건적 사랑으로 가는 길을 설교했다. 이는 원수와 죄인까지 아우르는 무조건적 사랑이었다. 앞으로 살펴보겠지만, 그것은 감상적인 가르침이 결코 아니었다."[9]

플루서는 예수님이 당시에 이미 존재하던 유대교의 사랑에 대해 더욱 강조하고 심화했을 뿐 아니라, 그 심화한 가르침을 자신의 삶과 사명으로 확장해 제시했다는 매우 중요한 주장을 한다. "예수의 삶의 방식 전체가 죄인들에 대한 사랑의 헌신을 가르치도록 그를 몰아갔을 뿐 아니라, 죄인 사랑은 그가 전하는 메시지의 목적과 직결되어 있었다. 사역을 시작할 때부터 십자가에서 죽을 때까지의 예수의 가르침 또한 그의 삶의 방식과 밀접한 관련이 있었다."[10]

당신은 지금 이 순간 이 책에서 신학 이야기로 길을 잘못 들어선 것처럼 여길 수 있겠으나, 플루서는 그가 역사적으로 관찰한 바를 말한 것이다(그는 기독교인이 아니라 유대교 신자였다). 원수 사랑은 그리스도께서 만들어

낸 자의적인 도덕적 혁신이 아니라, 그분 인생의 모든 경로가 반영된 것으로서 그분의 가르침의 중심이었다. 사복음서 전체의 내러티브가 예수님의 자기희생을 향해 차근차근 거침없이 나아간다. 복음서에 등장하는 예수님의 체포, 재판, 십자가 처형에 관한 부분은 산상설교와 대략 같은 분량인 2천 단어 정도에 불과하다. 그리고 여기서 원수 사랑에 대한 그분의 메시지가 가장 선명하게 표현된다. 예수님은 대의를 위한 순교자가 아니라, 죄인의 자리를 대신하는 구원자로서 십자가에서 자신의 목숨을 기꺼이 내주셨다.

기독교 설교에 익숙한 독자들은 이 모든 것이 기독교의 중심에서 볼 수 있는 구원 교리라는 사실을 알 것이다. 그리스도께서는 온 인류의 죄를 친히 감당하셨는데, 하나님께 자신을 맡기는 모든 사람이 용서와 자비를 받게 하기 위해서였다. 우리는 그리스도의 죽음을 통해 하나님의 '원수 사랑하심'을 본다. 하나님은 자격 없는 사람들을 정죄하는 대신, 그리스도의 희생을 통해 그들에게 자비를 베푸셨다. 사도 바울은 예수님이 승천하시고 25년 후 이것을 이렇게 표현했다. "우리가 아직 죄인 되었을 때에 그리스도께서 우리를 위하여 죽으심으로 하나님께서 우리에 대한 자기의 사랑을 확증하셨느니라"(롬 5:8).

나는 지금 '구원의 메시지'를 강조하려는 것이 아니다. 사랑에 대한 예수님의 가르침과 그분 이야기의 절정인 죄인을 살리기 위한 예수님의 죽음이 직결되어 있다는 역사적 주장을 하고 싶을 뿐이다. 다시 말해, 이 사랑의 윤리는 자의적인 것이 아니다. 예수님의 많은 명령 가운데 한 가지를 단순히 심화시킨 것도 아니다. 이 사랑의 윤리는 인류라는 종(種) 안에서 다른 온갖 본능들과 함께 진화한 이타적 본능 정도가 아니다.

　　이것은 그리스도께서 세상에 남기신 특별한 유산이다. 우리는 예수님이 (원수를 포함한) 모든 이를 향한 하나님의 사랑에 대한 인식에 붙들리셨고, 바로 이것이 그들을 위해 그분이 죽어야 한다고 생각하신 이유라고 말할 수 있다. 예수님은 이 신적 자비가 그분의 제자들에게 핵심 윤리가 되어야 한다고 가르치셨다. 이것이 바로 하나님의 '속성'이기 때문이다. 제자들은 그리스도 안에서 하나님께 사랑받은 대로 다른 이들을 사랑해야 한다. 이것이 앞서 소개한 산상설교의 절정부[눅 6:27-36 - 옮긴이] 이면의 논리다. 그리스도께서는 제자들에게 "너희 원수를 사랑하며 너희를 미워하는 자를 선대하"라고 촉구하신 후 이렇게 말씀을 맺으신다. "그는 은혜를 모르는 자와 악한 자에게도 인자하시니라 너희 아버지의 자비로우심 같이 너희도 자비로운 자가 되라"(눅 6:35-36).

　　그리스도를 따르는 사람들은 이 요점을 놓치지 않았다. 예수님 시대에서 한 세대 정도 지났을 때다. 예수님의 제자 사도 요한은 오늘날의 터키인 소아시아에 새로 모인 기독교인 무리에게 이 가르침을 분명하게 전했다. "그가 우리를 위하여 목숨을 버리셨으니 우리가 이로써 사랑을 알고 우리도 형제들을 위하여 목숨을 버리는 것이 마땅하니라"(요일 3:16). 또한 그는 이렇게 가르쳤다. "사랑하지 아니하는 자는 하나님을 알지 못하나니 이는 하나님은 사랑이심이라 하나님의 사랑이 우리에게 이렇게 나타난 바 되었으니 하나님이 자기의 독생자를 세상에 보내심은 그로 말미암아 우리를 살리려 하심이라 사랑은 여기 있으니 우리가 하나님을 사랑한 것이 아니요 하나님이 우리를 사랑하사 우리 죄를 속하기 위하여 화목제물로 그 아들을 보내셨음이라 사랑하는 자들아 하나님이 이같이 우리를 사랑하셨은즉 우리도 서로 사랑하는 것이 마땅하도다"(요일 4:8-11).

이것이 기독교의 중심이 되는 도덕적 논리, 그러니까 본래 멜로디다. 하나님 사랑이 모든 사람을 향한 우리 사랑의 동력이 되어야 한다. 이 도덕적 논리가 일관된 도덕적 역사로 나타나지 않았다는 명백한 사실이 이 책이 다루는 핵심 딜레마다.

인간, '하나님의 형상'대로 지음받은 존재

교회의 연주를 평가할 때 명심해야 할 두 번째 멜로디 라인이 있다. 첫 번째와 긴밀하게 이어져 있으며, 신자든 회의론자든 많은 사람이 인류에 대해 말하는 방식에 영향을 주었다.

유대인들과 기독교인들은 모든 남자, 여자, 아이가 이마고 데이(imago-Dei), 즉 '하나님의 형상'으로 창조되었다고 처음부터 주장한다. 그래서 모든 사람은 평등하고 헤아릴 수 없이 귀중한 가치가 있다. 1776년 7월 4일 미국의 대륙회의에서 "모든 인간은 평등하게 창조되었고, 창조주는 양도할 수 없는 일정한 권리를 모든 인간에게 부여했다"는 단언이 나왔다. 이 문구를 작성한 이들은 모든 이가 하나님의 형상으로 창조되었다는 성경의 가르침을 정치적 상황에 맞게 고쳐 표현하고 있음을 의식하고 있었다. 사실, 미국의 건국 시조 중에서도 세속적 성향이 강했던 토머스 제퍼슨(Thomas Jefferson, 1743-1826)이 작성한 초고는 이것을 "신성한 진리"라고 표현했다.[11]

1948년 12월 10일 파리에서 유엔(UN; 국제연합)이 인준한 세계인권선언의 경우도 마찬가지다. 인권선언의 첫 문장은 이렇다. "인류 구성원 모두는 천부의 존엄성과 …… 동등하고도 양도할 수 없는 권리"를 지니고 "모든 인간은 태어날 때부터 자유로우며, 누구에게나 동등한 존엄성과 권리가 있다. 인간은 타고난 이성과 양심을 지니고 있으며, 형제애의 정신에 입각해 서로 간에 행동해야 한다."[12]

어떤 이들은 세속화된 서구의 웅장한 선언문들이 성경의 영향을 받았다는 말에 발끈할 수도 있다. 인권에 관련한 교회의 행적들을 생각하면 이를 받아들이기가 특히나 어렵다. 그러나 지난 2천 년 동안 기독교의 담론에서 '인간의 신성한 존엄'을 말하는 표현이 얼마나 중요했는지 생각해 본다면, 인권과 교회사의 연관성을 부인할 수 없다. 예일대학에서 법과 역사를 가르치는 교수이자 현대 인권의 기원에 대한 책을 쓴 새뮤얼 모인(Samuel Moyn)은 이렇게 말했다. "나는 사람들을 하나님 앞에서 평등한 존재로 생각하는 혁명을 가져온 장본인이 예수 그리스도였다는 것을 의심하지 않는다."[13] "이후, 이 도덕적 평등 개념은 정치적 평등의 이상(理想)이 되었다. 이것이 세상을 급진적으로 바꿔 놓았음은 분명하다."[14]

모인은 기독교 신앙에 트로피를 수여하려는 것이 아니다. 그는 기독교인으로 자처하지 않았으며 교회의 역사에 대단히 비판적인 태도를 견지하던 사람이었다. 그는 이렇게 말한다. "기독교인들이 모든 개인의 평등성 개념을 도입하는 데 많은 역할을 했지만, 그 개념의 발전을 방해하는 데도 큰 역할을 했다."[15]

'하나님의 형상' 개념은 기독교가 이해하는 인간 존엄성의 핵심에 놓여 있다. 이 표현 자체는 성경에 자주 나오지 않지만, 수 세기에 걸쳐 철학적·윤리적 숙고에 영감을 주었다. 이 표현은 성경의 문을 여는 창조 기록에 처음 등장한다.

> 하나님이 이르시되 우리의〔하나님의〕 형상을 따라 우리의 모양대로 우리가 사람을 만들고 그들로 바다의 물고기와 하늘의 새와 가축과 온 땅과 땅에 기는 모든 것을 다스리게 하자 하시고 하나님이 자기 형상 곧 하나님의 형상대로 사람을 창조하시되 남자와 여자를 창조하시고 하나님이 그들에게 복을 주시며 하나님이 그들에게 이르시되 생육하고 번성하여 땅에 충만하라, 땅을 정복하라, 바다의 물고기와 하늘의 새와 땅에 움직이는 모든 생물을 다스리라 하시니라(창 1:26-28).

인간에 대한 성경의 첫 진술인 '하나님의 형상〔또는 모양〕'이라는 표현은 남자와 여자에 대한 성경의 평가의 핵심이 분명하다.[16] 그렇다면 이 표현은 무엇을 뜻할까? '하나님의 형상'은 부분적으로, 피조세계를 지배할 인간의 권위를 가리킨다.[17] 이것은 때때로 군주들을 신의 살아 있는 "형상"으로 생각했다는 고대 근동의 기록과 잘 들어맞는다.[18] 창세기의 다른 점은 이 개념이 민주화되었다는 것이다. '하나님의 형상' 개념은 단호하게 모든 남자와 여자를 가리킨다.

전 영연방 최고 랍비이자 신학자요, 철학자인 조너선 색스(Jonathan Sacks) 경은 2020년에 나온 *Morality*(도덕)에서 이렇게 썼다. "창세기 1장이 혁명적인 이유는 모든 인간이 계급, 피부색, 문화, 신조와 무관하게 하나님의 형상과 모양으로 지어졌다는 진술 때문이다. 고대 사람들이 신의 형상을 지녔다고 생각한 이들은 통치자, 왕, 황제, 파라오들이었다. 그러나 창세기는 우리 모두가 왕족이라고 말한다. 각 사람은 하나님의 주권 아래 있는 믿음의 나라에서 평등한 존엄을 갖는다."[19]

또한 이 표현은 인간이 하나님의 자녀임을 드러낸다. '하나님의 형상'이 나오는 이후의 대목에서 그 가족적 의미가 분명하게 나타난다.

> 하나님이 사람을 창조하실 때에 하나님의 모양대로 지으시되 남자와 여자를 창조하셨고 그들이 창조되던 날에 하나님이 그들에게 복을 주시고 그들의 이름을 사람이라 일컬으셨더라 아담은 백삼십 세에 자기의 모양 곧 자기의 형상과 같은 아들을 낳아 이름을 셋이라 하였고(창 5:1-3).

유사성은 오해의 여지가 없다. 아담이 자신의 모양 곧 자기의 형상을 닮은 아이를 낳은 것처럼, 모든 남자와 여자는 "하나님의 모양"을 지닌다. 이마고 데이로 만들어졌다는 것은 창조주께서 자식으로 여겨 주신다는 의미다. 이마고 데이는 인간 안의 어떤 특정한 능력을 가리키는 말이 아니라, 우리와 창조주의 '관계'를 묘사한다.[20] 모든 인간은 능력이나 쓸모와 관계없이 평등하게 헤아릴 수 없이 귀중하다. 창조주께서 그들을 '자신의 자녀'로, 따라서 우리의 친족으로 여기시기 때문이다.

이 모든 말이 '신학적'인 것으로 들릴 수 있겠지만, 여기에는 직접적인 사회적 함의가 따른다. 내가 다른 사람들을 창조주의 자녀로 여기고 무한히 존엄하게 대우해야 한다는 뜻이 담겼다. 성경은 바로 이것을 제시한다. 창세기 9장 6절은 누구도 다른 사람을 살인해서는 안 된다고 말한다. "이는 하나님이 자기 형상대로 사람을 지으셨음이니라." 신약성경에서 예수님의 동생 야고보는 우리가 "하나님의 형상대로 지음을 받은 사람을 저주"(약 3:9)해서는 안 된다고 주장한다.[21]

다른 많은 유대교 개념이 그렇듯, 예수님이 '하나님의 형상'(이마고 데이)이라는 표현을 직접 쓰지는 않으시지만 그 개념은 그분의 많은 가르침에 깔려 있다. 그분은 하나님을 인간의 "아버지"로 묘사하시는데, 그분의 유명한 탕자 비유(눅 15:11-32)에 따르면 불순종하는 사람도 '아버지'의 자녀에 해당된다. 이번 장 앞부분에서 봤다시피, 그리스도의 제자들은 다른 이를 대할 때 아버지와 닮은 모습을 보여 주어야 한다. "너희 아버지의 자비로 우심같이 너희도 자비로운 자가 되라"(눅 6:36).

예수님의 산상설교에는 이와 같은 생각을 생생하게 보여 주는 놀라운 말씀이 있다. 우리가 이웃을 잘 대우하는 것은 하나님을 예배하는 일과 동등하다는 가르침이 바로 그것이다.

> 그러므로 예물을 제단에 드리려다가(성전에서 유대인들이 흔히 하는 예배의 행위)
> 거기서 네 형제에게 원망 들을 만한 일이 있는 것(즉, 네가 누군가에게 잘못한
> 것)이 생각나거든 예물을 제단 앞에 두고 먼저 가서 형제와 화목하고
> 그 후에 와서 예물을 드리라(마 5:23-24).

이와 같은 가르침의 근거는 우리가 하나님의 다른 자녀, 곧 우리의

형제자매 한 사람에게 굴욕을 안긴다면 하나님을 영화롭게 한다고 주장할 수 없다는 사실에 있다. 이후 사도 요한이 쓴 신약성경의 서신에 있는 놀라운 두 문장에서도 비슷한 생각이 등장한다. "보는 바 그 형제를 사랑하지 아니하는 자는 보지 못하는 바 하나님을 사랑할 수 없느니라 …… 하나님을 사랑하는 자는 또한 그 형제를 사랑할지니라"(요일 4:20-21).

앞으로 우리는 이 책 전체에 걸쳐서 이후의 많은 기독교인이 가난한 사람들을 보살피고, 죽은 사람들의 시신을 묻어 주고, 병원을 세우고, 또 노예들을 해방시키는 근거로 이 '이마고 데이' 개념을 명시적으로 제시하는 것을 보게 될 것이다. 그리고 새뮤얼 모인이 말한 대로, 교회가 이 개념의 발전을 가로막는 숱한 일을 하는 모습 또한 보게 될 것이다.

파격적인 성경적 인간관

이 유대-기독교 인간관을 기독교가 탄생한 시기의 이교적 인간관, 즉 그리스·로마의 인간관과 비교하는 것은 그만한 가치가 있는 작업이다. 둘을 비교해 보면 오늘날에는 종종 알아보기 힘든 요소가 잘 드러난다. 현대 세계에서는 인간에 대한 '기독교'의 평가와 '세속 인본주의'의 평가 사이에 실제적 차이가 전혀 없다. 이 두 관념은 역사적으로 관련이 있다. 오늘날에는 인간을 그 재능이나 기여도와 무관하게 가치 있게 보는 견해가 모든 시대의 기본 생각이었다고 여기기 쉽지만, 그것은 전혀 사실이 아니다.

BC 1년 6월 17일자의 다음 편지를 살펴보자. 힐라리온이라는 로마 군인이 이집트의 항구 도시 알렉산드리아에 머물고 있었다. 그는 집에 있는 아내 알리스에게 편지를 써서 급료를 곧 보내겠다고 약속하고 아이를 잘 보살펴 달라고 부탁한다. 감동적이게도, 그는 '당신을 잊지 않았다'는 말로 아내를 안심시킨다. 이들 가족의 삶은 어떤 면에서는 오늘날과 다를 게 없어 보인다. 하지만 힐라리온은 아내에게 지나가는 말로 혹시 임신한 상태라면 출산 후 아기를 버려야 한다고 말한다.

> 힐라리온이 누이 알리스에게 안부를 전하오. 모친 베로우스와
> 아폴로나리온에게도 안부 전해 주오. 나는 아직 알렉산드리아에
> 있소. 그들이 (부대가) 전부 출발하고 나는 알렉산드리아에 남아 있지만
> 염려하지 마오. 당신은 오직 아이만 생각하기를 간곡히 당부하오.
> 조만간 급료를 받으면 보내리다. 혹시 아이를 낳게 되면 사내아이일
> 경우 키우고, 여자아이면 내다 버리시오. 당신은 아프로디시아스
> 편으로 "나를 잊지 말아요"라고 전했소. 내가 어찌 당신을 잊겠소?
> 그러니 부디 염려하지 마오.
> — 카이사르 29(년), 파우니 23(BC 1년 6월 17일).[22]

태어난 아이를 내다 버리라는 말은 현대를 사는 우리에게 충격으로 다가온다. 지난 여러 해 동안 나는 많은 청중 앞에서 이 편지를 읽었다. 강연장의 분위기가 지금도 손으로 만져질 듯 생생하다. 그러나 고대에 아이를 내다 버리는 행동은 충격적이거나 불법이 아니었다. 심지어 부도

덕한 일로 여겨지지도 않았다. 신생아를 처리하는 일은 당시 가족계획의 한 부분일 뿐이었다. 그리스·로마 세계 전역에서는 부모가 원치 않는 아이들이 자주 버려졌다. 또 다른 식구를 부양할 여유가 없다고 느끼거나, 아이가 기형 또는 장애가 있거나, 이 사례처럼 여자아이인 경우에 특히 그런 일이 많았다.[23]

때로는 직접 영아 살해가 일어나기도 했다. 이는 곧 신생아를 죽여서 처리하는 행위다. 보다 흔한 방법은 "엑스포지티오", 즉 유기라는 완곡한 표현의 관행을 따르는 것이었다. 고대 그리스의 가장 대단한 철학자 아리스토텔레스(BC 384-322)는 이렇게 조언했다. "태어난 아이를 유기할지 기를지에 관해서는, 어떤 기형아도 길러서는 안 된다는 법이 필요하다."[24] 사람들은 아이를 길모퉁이나 시장통이나 쓰레기장에 그냥 버렸다. 물론 아이를 기르고 싶어 하는 다른 사람이 데려가기도 했다. 그러나 슬프게도, 아이가 전문 인신매매범의 손에 들어가거나, 동물에게 죽임을 당하거나, 그냥 비바람에 희생자가 될 가능성도 있었다.

오늘날이라면 힐라리온은 현장에서 체포될 것이다. 그러나 당시 상황에서 그는 도덕적 괴물이 아니었다. 아이의 가치는 뭔가 본질적이고 형언할 수 없는 귀중함이 아닌 '특정한 능력'이나 '가족 안에서의 유용성'에 있다는 널리 퍼진 합리적인 견해를 갖고 있었을 뿐이다. 영아 유기라는 관행에 우리가 느끼는 분노는 오늘날 우리 안에 뿌리내린 전혀 다른 가정을 잘 보여 준다. 고대 그리스·로마에서는 이 관행에 대한 윤리적 반성이 거의 없었다.

물론 당대 유대인들은 반대 의견을 말했다. 한 유명한 유대인이 엑

스포지티오를 비판한 것으로 알려져 있는데, 필론(Philo)이라는 이 율법 교사는 힐라리온이 알렉산드리아에 머물던 바로 그 시기에 마침 그곳에 살고 있었다.[25] 기독교인들도 강경한 목소리를 냈다. 영아 유기 관행에 반대하는 설교를 하고, 글을 쓰고, 버려진 영아들을 데려다가 자신의 자식처럼 돌보기까지 했다(이들 덕분에 오늘날 수십만 명의 사람들, 곧 구출된 아이들의 후손들이 살아 있다[26]).

나는 가끔 이 주제들을 다룬 공개 강연에서 청중에게 BC 1년의 힐라리온이 친구라고 상상해 보고 부모가 원치 않는다는 이유만으로 신생아를 '내다 버리는' 일이 잘못인 이유를 설명해 그를 납득시켜 보라고 했다. 본능적으로 우리는 평등과 양도할 수 없는 권리에 대해 말하기 시작할 것이다. 그러나 힐라리온은 아마 멍한 표정으로 우리를 바라볼 것이다. 혹시 그가 그리스 철학을 좀 안다면 오히려 냉철하게 되물을 수도 있다. "무슨 근거로 자네는 자의식조차 거의 없는 신생아가 다른 인간들과 '평등하다'고 주장할 수 있는가? 그건 그저 자의적인 신조가 아닌가? 자네는 모든 '동물'이 평등하다고 말하겠나? 모든 '기술'이 같은 가치를 갖고 있는가? 모든 '도구'가 평등한 가치가 있는가?" 힐라리온은 우리를 더 밀어붙일지도 모른다. "삶의 어떤 차원에서 역량과 쓸모가 명백히 다른 물품들이 동일한 가치를 공유한다고 주장하겠는가? 자연은 어떤 사람들을 더 똑똑하고, 더 강하고, 더 선하게, 그러므로 더 유용하게 만들었네. 더 유용할수록 더 가치가 있어. 이 논리는 피할 도리가 없지. 우리는 강하고 이로운 이들을 선호해야 하고, 나머지는 자연이 알아서 하도록 맡겨야 하네."[27]

고대 유대인들과 기독교인들은 모든 남자, 여자, 아이가 본질적으로 평등하게 가치가 있는 이유를 설명하는 일에 어려움이 없었다. 그들은 인간이 하나님의 형상을 지니고 있다고 말했다. 창조주가 인류를 그분의 자손으로 여기신다.

앞으로 보게 되겠지만, 교회는 이 확신에 대해 항상 충실하게 살지는 못했다. 하지만 이 교리는 몇 가지 주목할 만한 역사적 사건들로 이어졌다. 한 가지 예를 들자면, 교회는 이 교리에 의거해 300년 동안 로마를 설득한 끝에 374년, 법률로 영아 살해 전면 금지를 이끌어 냈다.[28]

무신론 철학자인 레이먼드 게이타(Raimond Gaita)는 오늘날의 세속 서구인들이 어떤 특이한 지점에 놓여 있는지 부각시켜 우리에게 도움을 준다. "종교를 믿지 않는 사람이라면, (하나님의 형상 못지않은 인간 존엄성의) 세속적 근거가 될 만한 대안을 이미 나와 있는 후보군 중에서 찾아보고 적절한 대안이 없음을 알게 될 것이다." 그는 "인간은 헤아릴 수 없이 소중하다", 인간에겐 "양도할 수 없는 존엄성"이 있다 등을 사례로 제시한다. 그러나 "이런 말들은 우리가 개념적 자원을 확보하지 못한 상태에서 말해야 할 것 같은 내용을 말하려고 시도할 때 쓰게 되는 표현 방식들이다. …… 그중 어느 것도 (하나님의 형상이라는) 종교적 표현 방식에 담긴 단순한 힘을 갖고 있지 않다."[29]

게이타는 인간이 하나님의 형상으로 만들어졌다는 종교적 사고방식을 받아들이지 않았다. 세속 철학이 이제껏 그만한 단순함과 힘을 가진 것을 만들어 내지 못했음을 인정할 뿐이다. 2천 년 동안 서구 문화는 인간이 하나님의 형상을 지녔고, 그러므로 헤아릴 수 없고 평등한 가치를 갖는다는 생각에 익숙해졌다. 그러나 이제 그런 '하나님 이야기'는 많은 사람을 불편하게 만들기 때문에, 우리는 그것만큼 고귀한 인간관을 표현할 일관성 있는 다른 방식을 찾으려 애쓰고 있다.

━━━

이 책을 읽는 내내 기독교의 도덕적 두 측면을 염두하기를 바란다. 우선, '원수 사랑'과 '하나님의 형상'이 기독교 역사의 독특한 부분들을 상당수 이끌었던 것이 분명함을 기억해야 한다. 기독교 역사를 대단히 못마땅하게 여기는 역사가들과 철학자들도 대부분 이 점은 인정할 것이다. 교회는 그 설립 문서들에 담긴 이 두 멜로디 라인을 연주할 때 역사 속에서 최고의 모습을 보였고, 이것은 오늘날도 마찬가지다.

그리스도와 신약성경의 도덕적 논리를 상기하면 내가 이제부터 하려는 이야기가 더욱 비극적으로 느껴질 것이다. 십자군 전쟁, 종교재판, 재산 축적, 아동성학대 등의 참상에서 드러난 교회의 편협함과 이기심과 폭력은 광범위한 인본주의적 원리들에서 벗어나는 일 정도가 아니다. 그런 만행은 그리스도께서 그분을 따르는 이들에게 내리신 구체적인 명령을 어긴 행위다.

기독교인들은 종종 오늘날의 세속 기준 앞에서도 흉하게 보이지만, 예수 그리스도 앞에서는 특히나 더 추해 보인다. 흥미롭게도, 그분은 자신을 따르는 사람들에게 이 사실을 제일 먼저 인정하는 이들이 될 것을 요구하셨다.

어찌하여 형제의 눈 속에 있는 티는 보고
네 눈 속에 있는 들보는 깨닫지 못하느냐.
—예수, 마태복음 7장 3절

4
자기
눈 속에 있는
들보에
무심한 교회들

1세기
기독교 인간관

다큐멘터리 〈교회의 빛과 그림자〉가 2018년에 처음 개봉되었을 때, 나는 여러 차례 극장 시사회에 참석해 홍보에 힘썼다. 나와 공동 진행자는 다큐멘터리를 소개하고 관객과 함께 90분 동안 관람한 다음, 질문에 답하는 시간을 가졌다. 그때마다 거의 어김없이 누군가 손을 들고 이렇게 물었다. "당신들은 교회의 치부를 드러내 공동체 분위기를 망치고 있는 거 아닙니까?"

정확히 이런 표현은 아니었지만 의미는 이러했다. 관객 가운데 일부 기독교인들은 우리가 교회의 실패 사례를 너무 많이 들추었다며 실망했다. 우리는 그리스도께서 그분을 따르는 이들의 특징이 '사랑'이 될 거라고 하셨지만, 교회의 특징은 증오, 편견, 폭력일 때가 많았다고 고백하고 있었다. 사람들은 우리가 하나님의 백성에 대한 험담을 늘어놓음으로써 "깨어 있는" 회의적 군중의 비위를 맞추려고 애쓴다고 비판했다.

거기에 대한 내 답변은 한결같다. "예수님이 무엇보다 사랑을 촉구하신 것은 사실이지만, 그분이 제자들에게 주셨던 첫 번째 가르침이 우리가 사랑하지 못한 것과 우리 자신의 도덕적 파산을 기꺼이 인정해야 한다는 내용이라는 것도 사실입니다."

"심령이 가난한 자는 복이 있나니"

산상설교 중에서도 사랑에 관한 예수의 가르침은 널리 알려져 있다. 그에 비해 인간 본성에 대한 그분의 다소 비관적인 견해는 사람들이 잘 모른다. 다음 두 진술을 살펴보자.

> 너희가 악한 자라도 좋은 것으로 자식에게 줄 줄 알거든 하물며
> 하늘에 계신 너희 아버지께서 구하는 자에게 좋은 것으로 주시지
> 않겠느냐(마 7:11).

> 그 날에 많은 사람이 나더러 이르되 주여 주여 우리가 주의 이름으로
> 선지자 노릇 하며 주의 이름으로 귀신을 쫓아내며 주의 이름으로 많은
> 권능을 행하지 아니하였나이까 하리니 그때에 내가 그들에게 밝히
> 말하되 내가 너희를 도무지 알지 못하니 불법을 행하는 자들아 내게서
> 떠나가라 하리라(마 7:22-23).

현대인의 귀에는 "악한"이라는 단어가 거슬릴 수 있다. 우리는 흔히 히틀러 같은 자들을 묘사할 때 이 단어를 쓴다. 그러나 예수님의 가르침에는 이 단어가 자주 등장한다. 이 단어는 기본적으로 '부도덕한' 또는 '사악한'을 의미한다. 하지만 예수님은 가까이 따르는 자와 적을 가리지 않고 모든 사람에 대해 이 단어를 쓰신다. 이것은 예수님 관점과 우리 관점의 아주 큰 차이 때문이다. 그분이 인간은 본래 흠이 많다고 말씀하시는데 반해 우리는 인간이 본래 선한 것처럼 말한다.

예수님의 기본적인 시각은 산상설교의 대목에서 볼 수 있다.

> 예수께서 무리를 보시고 산(그래서 산상설교다)에 올라가 앉으시니

제자들이 나아온지라 입을 열어 가르쳐 이르시되 심령이 가난한 자는

복이 있나니 천국이 그들의 것임이요 애통하는 자는 복이 있나니

그들이 위로를 받을 것임이요(마 5:1-4).

"심령이 가난한 자"와 "애통하는 자"라는 표현은 모두 한탄할 만한 인간의 도덕적 상태를 인식하는 것을 의미한다. 이런 상태의 인간들에는 그리스도의 제자들, 즉 학생들도 포함된다. 유명한 성서학자 돈 카슨(Don Carson)의 설명을 들어 보자. "심령의 가난함은 자신의 영적 파산 상태를 인정하는 것을 말한다. 이것은 자신이 하나님 앞에서 무가치하다는 의식적 고백이고 가장 심오한 형태의 회개다." 서구 전통의 가장 풍성한 윤리담론(내 편견이 또 나왔다)이 우리의 영적·도덕적 파산 상태를 인정하라는 촉구로 시작된다.

나는 호주국영방송 ABC의 사려 깊은 저널리스트와 이 문제를 놓고 흥미로운 대화를 나눈 적이 있다. 그는 예수의 윤리적 가르침의 일부, 그러니까 사랑과 평화에 대한 부분을 좋아하긴 하지만 인간의 죄와 신의 자비에 대한 이야기는 극히 경계한다고 말했다. 그런 내용이 사람의 정신을, 특히 아이들의 정신을 무너뜨릴 수 있다며 우려했다(그와 그의 아내는 첫아이를 가지려던 참이었다). 그는 아이가 죄의식의 구름에 사로잡혀 자라다가 자신의 능력과 본질적 가치를 깨닫지 못하게 될까 봐 걱정했다. 그리고 우리 모두가 명예롭게 사는 데 필요한 모든 것을 내면에 갖추고 있다는 생각을 선호했다.

나는 뭔가 거꾸로 된 것 같다고 대답했다. "당신이 가정에서 하나부

터 열까지 다 잘할 거라는 기대를 받으며 자란다고 상상해 보세요. '선발 15명'(럭비 경기 한 팀 인원)에 들고, 아무 문제도 일으키지 않고, 학교에서 전 과목 A를 받고, 실패해도 금세 바로잡을 거라는 기대를 받는다고 말이 죠." 나는 그것이야말로 아이의 정신을 무너뜨리는 비결이라고 말했다. 가치가 성취에서 나온다고 생각하는 성과 중심의 사고방식으로는 인생 에서 피할 수 없는 실패들에 대비할 수 없다. 우리 아이들이 자신의 재능 과 결점을 다 알고, 성과와 무관하게 사랑받는다는 사실을 알도록 양육하 는 쪽이 훨씬 나은 것 같다.

예수님은 우리가 부도덕할 수밖에 없는 절망적인 실패자들이라고 가 르치시지 않았다. 하지만 우리의 결함 있는 인간성을 인식하는 것이 그분 의 "나라"를 보는 첫걸음이라고 분명히 주장하셨다. 이 관점을 받아들이는 것은 나에게 큰 희망을 품은 가족(그리스도께서 기독교인들을 바라보며 소망을 품으신다는 것을 누가 부인할 수 있겠는가), 그러면서도 처음부터 내 결함을 인정하게 하고 내 가 이 무리 안에 있는 것은 내가 이루는 성취 때문이 아니라 나를 향한 사 랑 때문임을 신뢰하도록 훈련시키는 가족 안에서 자라는 것과 같다.

여기서 나는 이 '신학'의 모든 내용이 옳다고 강변할 마음은 없다. 이 것이 허튼소리라고 생각하는 독자들도 있을 것이다. 괜찮다. 이 지점에 서 나의 유일한 관심사는 기독교인들이 도덕적 가난을 인정해야 한다는 선언이 그리스도의 가르침에서 그토록 중요한 특성인 이유를 설명하는 것이다.

지난 2012년, 영국의 지성인이자 무신론자였던 프랜시스 스퍼포드 (Francis Spufford)는 무심코(그의 설명의 뉘앙스는 거의 이것에 가깝다) "기독교를 발견했다"고 선언했다. 당시 그의 저서 *Unapologetic: Why, Despite Everything, Christianity Can Still Make Surprising Emotional Sense*(변명하지 않는: 아무튼, 기독교가 여전히 놀랍게도 정서적으로 말이 되는 이유)는 꽤 논란을 일으켰다. 그는 반기독교적 속물이었던 자신이 갈팡질팡하고 어설픈 성공회 신자가 된 과정에 관해 많은 흥미로운 내용을 적고 있다. 그중 자신에게 "비틀거리고 실수하고 우발적으로 일을 망치는 성향"과 "뭔가를 열심히 깨뜨리는 경향"이 있음을 깨닫는 과정을 묘사하는 대목이 있다. "이 '뭔가'에는 분위기, 약속, 소중히 여기는 관계, 본인의 행복과 다른 이들의 행복이 포함된다."[2] 참으로 놀랍게도, 이 모든 사실을 직시하자 그는 참담해지는 대신 오히려 해방감을 얻었다.

> 내 정신의 색상표에 검정이 섞여 있음을 인정한다고 해서 그 검은
> 얼룩이 커지거나 부분적 진실이 암울한 영향력을 과도하게 행사하게
> 되는 것이 아님을 알게 되었다. 사실은 그 반대였다. 내 색상표에
> 검정이 어느 정도 있음을 인정하면 색상표의 중요성이 약해지는
> 것이 아니라 나머지 색상의 혼합에 좀 더 쉽게 주목하게 된다. 현실을
> 부정하는 데 더 이상 시간을 허비하지 않게 되고, 따라서 비현실적인
> 자기 자랑과 자기 비난을 오가지 않게 된다.[3]

예수님은 그분을 따르는 자들이 자신의 "심령의 가난함", 스퍼포드의 표현에 빗대 보자면 자기 "색상표의 검정"을 직시할 때, 비로소 "하나님 나라를 상속하는 것"이 "얼마나 복된 일인지" 인식하게 될 것이라고 말

씀하셨다. 이것은 예수의 가르침에 담긴 많은 역설 가운데 하나이며, 회의론자들뿐 아니라 기독교인들도 종종 오해하는 부분이다.

이것 못지않게 산상설교의 서두에 담긴 그리스도의 또 다른 통찰 또한 역설적이다. 상황을 망쳐 놓는 인간의 성향을 건강하게 인식하는 사람들만이 바깥세상의 부도덕을 제대로 탄식할 만한 위치에 서게 된다. 이것이 "애통하는 자는 복이 있나니 그들이 위로를 받을 것임이요"라는 말씀의 의미다. 예수님의 이 말씀은 그분이 읽으셨던 유대교 성경, 즉 구약성경의 특정 구절을 떠올리게 한다. 예수님이 산상설교를 하셨던 때를 기준으로 수 세기 전에 기록되었고 예수님의 첫 번째 청중이 모두 알고 있었던 이사야서에는 "애통하는[슬픈]" 사람들을 "위로함"에 관한 대목이 있다(사 61:1-9).

하지만 산상설교의 문맥을 살펴보면 예수님의 이 말씀이 우리 삶에 영향을 주는 주기적인 슬픔을 말하는 것이 아님을 알 수 있다. 이 말씀은 우리가 주위에서 보는 불의와 이사야 61장 8절이 말하는 "도둑질과 모든 악한 짓"(쉬운성경)을 탄식하고 전능자께서 그에 대해 뭔가 조치를 취해 주시길 바라는 것을 가리킨다. 이것이 예수님이 쓰신 "애통함"이라는 표현의 의미다. 곧 세상의 악을 바라볼 때 느끼는 슬픔이다.

다시 말해, 그리스도께서 자신을 따르는 이들이 다른 사람들의 부도덕을 볼 때 보이기를 기대하셨던 반응은 '슬픔'이다. 교회가 이따금씩 악명 높게 자행한 '심판을 일삼는 태도'가 아니다. 자신의 도덕적 가난함을 먼저 보고 그 이후에야 다른 이들의 "도둑질과 모든 악한 짓"을 슬퍼하는 겸손한 비애다.

목수 예수의 '들보와 티' 비유

예수님의 산상설교를 여는 이 두 말씀, 곧 자신의 악을 인정하는 것과 외부의 악을 슬퍼하는 것은 산상설교의 끝부분에 나오는 그분의 가장 유명한 말씀 중 하나와 일치한다.

> 비판을 받지 아니하려거든 비판하지 말라 너희가 비판하는 그
> 비판으로 너희가 비판을 받을 것이요 너희가 헤아리는 그 헤아림으로
> 너희가 헤아림을 받을 것이니라 어찌하여 형제의 눈 속에 있는 티는
> 보고 네 눈 속에 있는 들보는 깨닫지 못하느냐 보라 네 눈 속에 들보가
> 있는데 어찌하여 형제에게 말하기를 나로 네 눈 속에 있는 티를 빼게
> 하라 하겠느냐 외식하는 자여 먼저 네 눈 속에서 들보를 빼어라 그
> 후에야 밝히 보고 형제의 눈 속에서 티를 빼리라(마 7:1-5; 눅 6:37-42 참조).

"비판하지 말라"라는 명령은 윤리적 행동의 또 다른 요소를 추가하는 것이 아니다. 이 명령은 그분의 사역에 합류하는 사람들의 자세를 묘사함으로써 그리스도의 도덕적 가르침을 마무리하기 시작한다. 예수님은 이전의 단락들에서 이미 높은 윤리적 경지를 보여 주셨다. 평화 일구기, 겸손, 진실 말하기, 탐욕 멀리하기, 성적 순결, 사랑, 비폭력, 자선, 단순한 기도가 그것이다. 그 숭고한 가르침을 받아들인 사람들은 그렇지 않은 이들을 무시하고 싶은 유혹을 받는다. 예수님은 그분의 제자들이 그 충동에 저항해야 한다고 주장하신다. "비판하지 않는 것"은 그분의 가르

침을 받아들인 이들에게 너무나 합당한 태도다.

스퍼포드는 비꼬듯이 이렇게 말한다. "'비판을 일삼는 일'을 금지하는 것은 종교에 대한 반발로 우리 문화에서 만들어진 금기가 아니다. 그것은 세속성의 빛으로 들어가는 위대한 여정의 일부가 아니다." 오히려 그것은 "기독교에서 전해진 작은 조각이다. 그 근원이 모두 잊히고 문맥과 동떨어진 채 격언이 되어 떠다니긴 하지만, 명확하게 기독교적인 금지 명령이다."[4] 종교인들 안에 있는 심판주의적 태도를 폭로하는 것은 철저히 기독교의 전통인 것이다.

그리스도께서는 눈 속에 있는 들보 이야기로 논점을 강조하신다. 여기서 우리는 그분의 성장 환경을 엿볼 수 있다. 복음서의 한 대목에는 그분의 아버지 요셉이 목수였다고 나온다(마 13:55). 목수에 해당하는 헬라어 "테크톤"은 '건축가'에 가까운데, 목재뿐 아니라 석재와 금속도 다루는 사람이다.[5] 예수님은 10대 시절, 많은 시간 동안 문, 울타리, 농기구 등을 만들고 수리하는 아버지를 도왔을 것이다. 그리고 목수들은 눈에 톱밥이 들어가는 고통스러운 경험을 잘 안다. 예수님 눈에 '티'가 들어가서 아버지에게 도와 달라고 하거나 반대로 아버지의 눈에 들어간 티를 빼낸 적이 얼마나 많았을까! 어느 시점에 예수님은 그 일이 우리의 도덕적 시각을 보여 주는 탁월한 그림임을 깨달으신 것이 틀림없다.

눈에 뭔가 아주 작은 조각이라도 들어가면 또렷이 볼 수 없게 된다. 그런데 이 구절에서 예수님은 눈에 들보가 통째로 들어갔다고 말씀하신다. 그분은 수사적 과장법을 좋아하셨는데, 이 과장법은 우스울 정도다. 눈 속에 있는 들보 비유의 요지는 그분의 제자들이 다른 이의 잘못("티")보다 자신의 잘못("들보")을 더 의식해야 한다는 것이다.

무신론자였다가 성공회 신자가 된 프랜시스 스퍼포드는 이것을 이토록 정확하고도 근사하게 표현했다.

> 분명 종교는 클럽이나 편안한 동호인 모임이나 세상에 대항하는 벽으로 전락할 가능성이 있다. 그러나 종교는 그렇게 되어서는 안 된다. 종교는 죄인들의 모임이 되어야 한다. 모두가 같은 죄를 같은 방식, 같은 정도로 지은 것은 아니지만 서로가 죄인임을 충분히 알 수 있는 모임 말이다.[6]

세상 속 기독교인의 기본자세는 "죄인들의 모임"의 정식 회원임을 인정하는 겸손한 비애여야 한다. 우리는 자기 안에 있는 악을 먼저 보고 난 뒤에 세상의 악을 애통히 여겨야 한다.

이것이 내가 교회의 치부를 드러내 공동체 분위기를 망치고 있다고 불평하는 기독교인들에게 내놓는 답변이다. 다름 아닌 교회의 주인께서 다른 이들의 죄보다 나 자신의 죄를 더 염려해야 한다고 말씀하셨다. 주님은 그분을 따르는 자들에게 사랑, 평화 일구기, 순결, 그리고 온갖 선을 추구하도록 요청하셨다. 동시에 같은 설교에서, 기독교인들이 자신의 결점을 인정하는 데는 빠르고 다른 이들의 결점을 정죄하는 데는 느려야 한다고 가르치셨다.

나는 예수님의 이 가르침 덕분에 교회의 역사 앞에서 때로 "거룩한 교회"에 대한 믿음이 흔들려도 기독교에 대한 소망을 잃지 않는다. 이 말은 과장이 아니다. 만약 예수님이 자신을 따르는 이들은 늘 사랑과 고결함의 본보기(어두운 세상에서 "빛나는 사람들")가 될 거라고 말씀하셨다면 나는 교회를 처음 세우신 분의 지혜를 지속적으로 확신할 수 없었을 것 같다. 수 세기에 걸쳐 축적된 반대 증거의 무게로 나는 무너지고 말았으리라.

———

예수님의 이 모든 가르침 덕분에 나는 기독교인들이 가끔씩 짜증 섞인 질문을 던져도 기독교 역사의 악당들과 성자들을 다룬 이 책을 자유롭게 써 내려갈 수 있다. 기독교가 인류에 긍정적으로 기여한 것이 무엇인지(기독교인들은 무수히 많은 방식으로 사랑을 표현했다) 살펴볼 시간은 많을 것이다. 그러나 기독교인들이 기독교인(그리스도인)답게 사는 데 꾸준히 실패했다는 사실을 직시하지 않고는 그런 긍정적인 기여들이 사려 깊은 독자들에게 의미 있게 다가갈 수 없을 것이다. 이 책을 교회의 눈 속에 있는 들보를 알아보는 훈련이라고 생각하라.

그들은 야수의 가죽을 뒤집어쓴 채 개들에게 찢겨 죽었다.

—타키투스

5
초기 기독교,
뜨겁고 훌륭한
패배의 순간들

64-312년
교회가 당한 박해들

오늘날 우리는 교회사에 대해 지킬과 하이드 같은 상반된 두 얼굴의 이미지를 갖고 있다. 남에게 고통을 주지 않고 오히려 의연하게 고통을 견디는 겸손한 종의 얼굴과 의로움이라는 명분 아래 사회를 괴롭히려고 안달하는 도덕 경찰의 얼굴이다. 특별히 도덕 경찰의 이미지는 미국의 복음주의자를 생각할 때 사람들이 흔히 떠올리는 모습인데, 호주의 보수파 기독교인들도 흔히 비슷한 방식으로 그려진다. 호주는 서구에서 가장 기독교화가 덜 된 나라인데도 말이다. 실제로 바로 지금, 나의 고국(호주)은 '종교의 자유'를 둘러싼 소동 한복판에 있다. 호주의 일반 대중은 흔히 '종교의 자유'를 [종교인들이] 소수자들을 차별할 자유로 해석하는 분위기다. 최근 한 주요 일간지에 "종교차별금지법(Religious Discrimination Bill; 종교적 이유로 인한 차별을 금지하는 법안. 종교적 신념을 가진 국민을 기존의 '차별금지법'으로부터 보호하려는 법안 - 옮긴이)이 호주인들에게 '편협한 사람이 될 권리'를 부여한다"는 헤드라인으로 1면을 장식했다.[1] 이 기사는 공정한 보도의 본보기라고 말하기 어렵다. 나는 보통 폭넓은 종교의 자유가 건강한 세속적 민주주의에 필요하다고 주장한다. 이 기사는 언론계의 많은 이들이 '악당' 교회를 어떻게 생각하는지 잘 보여 준다.

오늘날의 박해

다른 지역에서는 상황이 다르다. 중국과 중동, 그리고 아프리카 일부 지역에서는 지금도 기독교인들이 입법적 혹은 사회적 영향력을 전혀 갖지 못하고, 주류 사회의 심각한 반대에 자주 부딪힌다. 최근 영국에서 발표한 정부 보고서에 따르면, 기독교인들은 오늘날 세계에서 가장 많은 박해를 받는 소수파에 속한다.[2] 박해 지역에 있는 교회 지도자들의 발언은 대단히 충격적이다. 그들은 불평하지 않고, 음모를 꾸미지 않고, 심지어 도움을 청하지도 않는다. 압제자들을 향한 사랑과 비폭력의 길을 추구하면서 기독교의 진리를 붙들겠다는 이상한 결심을 한다. 그들은 마치 '훌륭한 패배자'처럼 보인다.

예를 들어 2018년 12월, 중국 청두의 지하교회에 참석하던 100명의 기독교인이 체포 구금되었다. 대부분은 금세 풀려났지만 지도자 왕이는 청두중급인민법원에서 비밀 재판을 받고 9년 감금형을 선고받았다. 지난 10년 사이에 중국 가정교회 목사에게 내려진 최장기 선고였다(나는 1-2년 정도 갇혔다 풀려난 이들을 만난 적이 있다). 그가 구금된 직후 서구로 밀반출된 서신에서 그의 철학이 잘 드러난다.

"복음은 신앙으로 인한 불복종이 비폭력적 형태로 이루어질 것을 요구합니다. 복음의 신비는 물리적 저항 대신 적극적으로 고난을 당하고 불의한 처벌을 기꺼이 견디는 것에 있습니다. 평화로운 불복종은 사랑과 용서의 결과입니다. 십자가는 고난받을 필요가 없을 때 기꺼이 고난받는 것을 뜻합니다. 그리스도께서는 맞서 싸울 무한한 능력을 가지셨지만 모든 굴욕과 상처를 견디셨습니다. 자신을 십자가에 못 박은 세상을 향해 십자가 위에서 평화로운 화해의 손을 내미시는 방식으로 그분에게 저항하는 세상에 맞서셨습니다."[3]

다른 나라 기독교 현장에 익숙하지 않은 사람에게는 이와 같은 편지와 그 계기가 된 사건들이 놀랍고 심지어 미심쩍어 보일 수도 있다. 내가 사는 곳에서는 '박해받는 교회'에 대한 소식이 모순어법처럼 느껴지는 것이 분명하다. 교회에 대한 평판이 좋은 지역에 사는 많은 이들은 오늘날 높은 비율의 기독교인들이 위태로운 환경에서 산다는 현실을 상상하기 어렵다. 하물며 그러한 교회 지도자들이 자신을 심문하는 사람들을 향한 '긍휼'을 내세우고 박해자들에게 '평화로운 화해의 손길을 내밀 것'을 주장하는 일은 더더욱 상상할 수 없다. 그 결과, 기독교인들에 대한 박해는 오늘날 세계에서 가장 널리 퍼진 인권 탄압인데도, 주류 언론에 거의 보도되지 않는다.

하나의 기독교에 어떻게 이렇게 상반된 두 그림이 공존할 수 있는 것일까? 이 질문을 순차적인 역사의 관점으로 표현하면, 이런 질문으로 정리할 수 있다. "처음 300년 동안에는 앞서 말한 중국의 왕이 목사처럼 행동했던 흐름이 어떻게 도덕 경찰 같은 모습을 보이고 그런 목소리를 내는 지경에 이르게 된 것일까?" 나는 이후 몇 장에 걸쳐서 이 질문에 답할 것이다.

로마 원형극장에서 벌어진 학살

티베리우스(Tiberius, 14-37) 황제부터 콘스탄티누스(Constantine, 306-337) 황제에 이르기까지 로마 지배하의 교회는 '훌륭한 패배'라고 부를 만한 모습을 너무나 잘 보여 주었다. 기독교인들은 국가는 행악자들에 대해 무력을 사용할 권리가 있지만, 자신들에게는 그런 권리가 없다고 생각했다. 그들은 거의 전적으로 평화주의 관점을 갖고 있었던 것이다. '거의'라고 말한 이유는 기독교인이 되기 원했던 군인들에게 교회가 보여 준 대응방식에 대한 엇갈린 증거가 존재하기 때문이다(이 부분은 12장에서 설명할 것이다). 그리스도의 희생에 근거한 그들 신앙의 구조 자체가 원수를 향해서조차 복수를 금지했고 긍휼을 요구했다. 당시 교회가 조롱받은 것은 편협함이나 폭력 때문이 아니라 박애주의와 순교에 대한 헌신 때문이었을 가능성이 크다. 당시에는 기독교인들이 언젠가 악당으로 보이게 될 것이라고 아무도 상상할 수 없었다.

사도행전은 기독교가 초기 30년 동안 점점 더 큰 어려움을 당하는 것을 생생하게 보여 준다.[4] 그다음 시기에 벌어진 일은 그보다 다소 덜 알려져 있다. 유명한 고대사학자들은 AD 60년부터 300년까지 이루어진 교회의 팽창을 두고 '기적' 같은 일이라고 묘사했다. 나는 로마제국 초기의 기독교 선교를 주제로 긴 박사 논문을 썼지만, 솔직히 로마의 반대에 맞서 기독교가 거둔 성공을 어떻게 설명해야 할지 모르겠다.[5] 기독교인들이 무슨 일을 했고 어디로 갔는지는 말할 수 있지만, 그로 인해 나타난 결과는 설명할 수 없다. 내가 공부했던 맥쿼리대학교의 고대사학과는 이 일에 하나님이 관여하심에 대해 신학적으로 추측하는 데는 관심이 없었다. 역사적으로 말하면, 이 일은 참으로 신비롭다.

어쨌든, 예루살렘에서 예수님이 죽으시고 15년 만에 교회들이 로마에서도 번창하고 있었다는 분명한 증거가 있다. 40년대 후반에 이르면 로마에서 벌이는 기독교인들의 논쟁이 클라우디우스(Claudius) 황제의 귀에 들어갔고, 그는 '소요'의 우두머리들 중 일부를 추방했다.[6] 그로부터 20년이 채 못 되어 추방은 본격적인 박해로 바뀌었다.

사실 이것은 여러 해 동안 기독교인들이 과장해 온 주제다. 그들은 끝없는 박해와 꺾이지 않는 신앙의 이야기를 계속해서 들려주었다. 최근 저술가들은 박해를, 그 증거를 거의 알아보기 어려울 정도로 최소한으로만 인정함으로써 그 신화를 바로잡으려고 노력한다. 영국의 신약학자 캔디다 모스(Candida Moss)가 2013년에 낸 책 *The Myth of Persecution*(박해의 신화: 초기 기독교인들은 어떻게 순교 이야기를 지어냈는가)은 그중에서 언급할 만한 사례다.[7] 책 제목은 다소 낚시용이다. 기독교인들이 로마인들에게 일상적으로 박해를 받지는 않았지만, 초기에 몇 차례에 걸쳐 공식적으로 탄압을 받았다는 확실한 증거가 있고, 그 경험이 기독교인들의 의식에 지울 수 없는 흔적을 남겼다는 사실을 모스 박사는 어느 누구 못지않게 잘 안다.[8]

64년에 네로(Nero) 황제는 로마에 있던 '많은 수의' 기독교인에게 유죄선고를 내렸다. 로마의 정치인이자 연대기 작가였던 코르넬리우스 타키투스(Cornelius Tacitus)는 짧지만 잔혹한 기록을 남겼다. 그는 담담한 어조로 이렇게 썼다. "그들은 야수의 가죽을 뒤집어쓴 채 개들에게 찢겨 죽었다. 그들은 십자가에 매달렸고 해가 지면 야간의 등불 대신 불탔다." 그리고 이보다 심한 일이 있을까 싶을 시점에서 이런 글이 이어진다. "네로 황제는 자신의 정원을 구경거리로 제공했고 원형극장(원형경기장)에서 공연을 열었으며 전차경주자의 복장을 하고 군중과 어울렸다."[9]

코르넬리우스 타키투스는 기독교 지지자가 아니었다. 그는 기독교가 사악한 미신이자 질병이라고 생각했고, "그 명칭의 기원인 '크리스투스'가 티베리우스 치세하에 로마의 속주인 유다의 총독 폰티우스 필라투스(Pontius Pilatus; 본디오 빌라도)의 선고로 처형당했을 때" 시작되었음을 알고 있었다. 그래도 코르넬리우스 타키투스는 기독교인들이 좀 안됐다고 느끼기 시작하는 로마인들이 일부 있었음을 인정했다.

네로의 조치들은 예수님이 떠나시고 고작 30년이 지난 뒤 기독교인들을 겨냥하여 국가 주도로 이루어진 최초의 폭력적 탄압이었다. 이 무렵에 신약성경의 복음서와 서신들이 기록되었다.[10] 사도 바울은 네로의 폭력이 시작되기 바로 몇 년 전에 로마의 신생 교회들을 위해 서신을 썼다. 그는 신자들에게 예수님의 정신을 상기시키며 박해에 대비하라고 촉구한다. "아무에게도 악을 악으로 갚지 말고 모든 사람 앞에서 선한 일을 도모하라 할 수 있거든 너희로서는 모든 사람과 더불어 화목하라 내 사랑하는 자들아 너희가 친히 원수를 갚지 말고 하나님의 진노하심에 맡기라 …… 악에게 지지 말고 선으로 악을 이기라"(롬 12:17-21). 초기 기독교인들은 하나님이 언젠가 압제자들을 손보실 거라고 믿었지만, 자기 손으로 문제를 해결하는 일은 금지되어 있었다.

몇 년 전, 나는 네로의 원형극장 유적에 서 보았다. 그 유적은 이제 바티칸 시국 안에 있다. 거기서 나는 바울의 편지를 받았던 고대 기독교인들을 생각했다. 네로가 그들을 십자가에 못 박고 불태워 구경거리로 삼기 시작했을 때 "선으로 악을 이기라"라는 말씀을 그들이 어떻게 받아들였을지 궁금했다.[11]

여전히 울리는 그리스도의 노래

그로부터 50년 후 오늘날 터키 북부에 해당하는 로마의 중요한 속주인 비티니아-폰투스(비두니아 본도)에서 기독교인들에 대한 국가의 탄압이 확대되고 있었다는 탁월한 증거가 남아 있다. 112년에 이르면 이 지역에서 기독교인들을 추적하고 심문하고 심지어 처형하는 것은 일반적인 일이 되었다. 비티니아의 총독이었던 서른아홉 살의 소(小) 플리니우스(Plinius)가 트라야누스(Trajanus, 재위 97-117) 황제에게 서신을 보내 이 문제의 처리 방안에 대해 조언을 구했는데, 그 서신이 100통이 넘는 그의 다른 서신들과 함께 남아 있다.[12] 플리니우스는 수많은 지역 주민을 검거해야 한다는 사실이 그리 달갑지 않았다. 그의 서신은 이렇게 시작된다. "제 어려움을 폐하께 모두 아뢰는 것이 제 습관입니다. 아무도 폐하만큼 제 의심을 해소해 주고 제 무지를 깨우쳐 줄 수 없기 때문입니다." 이 서신에서 플리니우스가 이전에 기독교인들을 재판한 적이 없다는 것이 드러난다. 그는 총독으로 부임하고 나서 이 문제에 대한 정책을 넘겨받은 것으로 보인다. "그들에게 어떤 형벌을 어느 정도나 내려야 할지 모르겠고, 무엇을 근거로 조사를 개시하고 얼마나 철저히 조사해야 할지도 모르겠습니다."[13]

플리니우스에 따르면 문제가 심각하다. 지역 주민들이 급기야 이름이 적힌 익명의 문서들을 돌려 기독교인들을 고발하고 있었기 때문이다. 이를테면, "가죽장인 데메트리우스는 기독교인이다, 재봉사 유니아가 교회에 있는 것을 보았다" 같은 내용이었다. 지역 주민들이 왜 이웃들을 이런 식으로 고발했을까?

버지니아대학교의 로버트 윌켄(Robert Wilken)은 이렇게 말한다. "서신에 나오는 몇 가지 힌트에 따르면, 고발자가 지역 상인들인 것으로 추론할 수 있다. 아마도 도살자들과 희생제물 도축 및 그 고기 판매에 관계된 이들이었을 것이다."[14] 사람들이 기독교인이 되면 이교신전에서 동물을 희생제물로 바치는 일을 중단했고, 때로는 신전 희생제물 중에서 판매용으로 시장에 나온 고기도 사지 않았다(기독교인들과 유대인들은 이 고기가 '더럽혀졌다'고 생각했다).[15] 기독교로 개종하는 것은 지역 내 정육 산업에 위협으로 작용했다.[16] 그리고 기독교인들의 수는 계속 늘어나고 있었다.

플리니우스는 초조했다. "나이와 계급, 남녀를 가리지 않고 아주 많은 사람이 재판장에 끌려오고 있습니다." 충실한 로마인이었던 그는 정의의 경계를 넘어가고 싶은 마음이 없었다. 사람들을 닥치는 대로 죽이고 싶지 않았다. 그는 황제에게 자신의 잠정적 정책을 간략히 설명한다.

> 기독교인이라는 혐의로 제 앞에 끌려온 모든 사람에게 저는 임시로 이런 정책을 취하고 있습니다. 우선 그들에게 기독교인이냐고 묻습니다. 그들이 그렇다고 대답하면 기독교인에게 어떤 형벌이 기다리는지 경고하고 같은 질문을 두세 번 반복합니다. 그들이 답변을 바꾸지 않으면 저는 끌고 가서 처형하라고 명령합니다. 그들이 하는 신앙고백의 본질이 무엇이든, 완고함과 흔들리지 않는 그들의 고집은 처벌받아 마땅하다고 확신하기 때문입니다.[17]

그는 진짜 기독교인과 가짜 기독교인을 구분하는 방법을 알아냈다고 덧붙인다. "자신은 기독교인이 아니라거나 기독교인이었던 적이 없다고 주장하는 사람이 로마의 신들에게 바치는 기도문을 따라 하고, 폐하의 상(像)에 분향하고, 헌주하고, 더 나아가 그리스도의 이름을 저주한다면 풀어 줘도 된다고 생각합니다. 제가 알기로, 진짜 기독교인이라면 아무리 설득해도 이런 일들을 받아들일 수 없습니다."[18] 그는 이런 "흔들리지 않는 고집"이 불합리하고 오만하다고 생각했다.

플리니우스는 기독교인들이 정확히 어떤 범죄를 저질렀는지 모른다. 심지어 그는 "그들이 여 집사라고 부르는 두 여자 노예를 고문해 진실을 알아내려" 하기도 했다.[19] 이것은 노예와 여성이 이 시기 교회의 지도자가 될 수 있었다는 흥미로운 초기 증거다. 이 여자 노예들이 지역 교회에서 정확히 어떤 일을 했는지 우리는 모른다. 그러나 플리니우스가 이들이 이 운동을 대표하는 지도자라고 생각한 것만은 분명하다. 하지만 그는 "터무니없이 오래 유지되는 모종의 타락한 미신 외에는 아무것도" 발견하지 못했다.[20]

플리니우스는 다른 심문들을 통해 기독교인들에 대해 겨우 세 가지를 알아냈다. 그들은 그리스도를 찬양하는 노래를 부르고, 도덕적으로 살기로 맹세하고, 함께 식사를 한다. 플리니우스는 교회 예배를 묘사한 가장 초창기 자료 중 하나를 제시한다.

> 그들은 자신들의 죄나 오류를 다 더해 봐야 고작 다음과 같다고
> 선언했습니다. 정해진 날 새벽에 정기적으로 만나 번갈아 가며

신에게 하듯 그리스도께 찬가를 바칩니다. 범죄적 목적의 맹세가 아닌, 도둑질, 강도질, 간음을 멀리하고 신의를 저버리지 않고 보증금 반환 요청을 모른 체하지 않겠다고 맹세합니다. 이런 의식 후에는 흩어졌다가 나중에 다시 모여서 평범하고 해로울 것 없는 식사를 하는 것이 관습이라고 했습니다.[21]

트라야누스 황제가 플리니우스에게 보낸 답신도 남아 있다.[22] 답신의 내용은 짧지만 플리니우스의 정책을 분명하게 지지한다. "친애하는 플리니우스, 그대는 올바르게 일을 처리했다. 그들을 굳이 색출하지는 말라. 정식으로 고발을 당했고 혐의가 증명된 경우라면 처벌해야 한다." 이것은 처형하라는 뜻이고, 로마 시민권자의 경우는 황제 앞에서 재판을 받도록 로마로 이송하라는 뜻이다.

플리니우스는 총독으로 있다가 이듬해인 113년에 사망했다. 로마에 있는 그의 친구들이 준비한 멋진 기념비에는 그가 유서를 통해 자신을 기념하는 여러 공중목욕탕을 세울 돈과 자신의 노예였던 이들 100명을 부양할 돈, 자기 이름으로 매년 만찬을 열 수 있을 만큼의 돈을 남겼다는 사실이 적혀 있다.[23] 그는 전형적인 "로마 신사"[24]였다. 하지만 그가 다스린 지역의 기독교인들은 그를 살인자로 여기고 두려워했을 것이다.

이 시기 이 지역에 살던 기독교인들이 쓴 서신들도 남아 있다. 신약성경 서신들 다음으로 중요하다고 할 만한 서신들이 총독 플리니우스 재임 시에 작성되었다. 이그나티우스(Ignatius)는 시리아 안티오키아(안디옥)의 교회들을 보살피는 주교(감독)였다. 그는 트라야누스 황제의 재위 기간 중 어느 시점에 체포되었고 로마에 가서 재판을 받으라는 명령을 받았다. 이 사실은 2세기 초의 먼 동방에서도 박해가 있었음을 보여 준다. 이그나티우스는 열 명의 군인들의 호송을 받으며 몇 달 동안 육로를 통해 터키를 지나 그리스에 이른 다음 수도에 도착해 거기서 처형을 당했다. 콜로세움에서 야생동물에게 잡아먹혔을 가능성이 높다.[25]

그가 로마로 가는 동안에는 도중에 있는 여러 도시의 기독교인들에게 서신을 쓰는 일이 허락되었다. 그 서신 중 일곱 통이 남아 있다. 그의 서신에는 "사랑"이라는 촉구가 가득하다. 이 단어는 일곱 통의 편지에 적어도 예순네 번 등장한다.[26] 이그나티우스는 에페수스(에베소)의 기독교인들에게 쓴 편지에서 이렇게 호소했다.

> 나머지 사람들이 하나님을 찾을 수 있게 해 달라고 그들을 위해서
> 끊임없이 기도하십시오. 그들에게는 회개의 소망이 있기 때문입니다.
> 그들이 여러분의 가르침을, 적어도 여러분의 행실의 가르침을 받게
> 하십시오. 그들이 분노하면 온유하게 대하고 그들이 뽐내거든
> 겸손함을 보이십시오. 비방에는 기도로, 오류에는 한결같은 믿음으로,
> 잔인함에는 고상함으로 대처하십시오. 그들을 본받으려고 하지
> 마십시오. 관용을 베풀어 우리가 그들의 형제자매임을 보여 줍시다.
> 주님을 본받는 자들이 되기를 힘씁시다.[27]

예수님이 "너희 원수를 사랑하며 너희를 미워하는 자를 선대하며"(눅 6:27)라고 선포하시고 거의 100년이 지난 시점이었지만, 기독교인들에게

그 말씀은 여전히 불러야 할 곡조였던 것이 분명하다.

훌륭한 패배자들의 승리

　2-3세기 기독교인들도 온갖 박해를 받았다. 패턴은 매번 비슷했다. 예를 들어, 215년경, 북아프리카에 있는 로마의 속주 카르타고의 프로콘술(총독)인 스카풀라(Scapula)가 지역 내 교회를 억압하기 위해 조직적 활동을 개시했다.

　우리가 이 사실을 아는 이유는 속주의 대표적인 기독교인, 뛰어난 전직 변호사이자 수사학자였던 퀸투스 셉티미우스 플로렌스 테르툴리아누스(Quintus Septimius Florens Tertullianus, 160-225)가 스카풀라에게 보낸 공개 서신이 남아 있기 때문이다. 네 쪽 분량의 이 서신은 평범한 신자들이 당하는 고문과 처형을 지나가듯 언급한다. 테르툴리아누스는 총독에게 속주의 기독교인들이 수천 명에 이른다는 사실을 상기시킨다. 그리고 그들이 총독 법정에 대규모로 출두할 것이라고 위협한다. 기독교인들은 전에도 그렇게 한 적이 있었는데, 기록에 남은 역사상 최초의 비폭력 평화시위 중 하나였다. 그는 그들이 다시 그 일을 할 의향이 있다고 전한다.[28]

　그런 일이 일어나면 총독은 어떻게 대응할까? 그들을 모두 고문하고 죽일까? "성별과 나이와 계급을 가리지 않는 수많은 남녀의 무리가 출두한다면, 그 수천 명의 사람들을 어떻게 하시겠습니까? 얼마나 많은 불, 얼마나 많은 칼이 필요할까요? 카르타고의 열 사람 가운데 한 사람은 죽여야 할 텐데, 카르타고의 괴로움이 얼마나 크겠습니까?"[29]

테르툴리아누스의 대담함은 놀랍다. 고대의 기독교인들은 소심하지 않았다. 그들은 괴롭힘을 당하는 사람에게 있는 모종의 노예 근성 때문에 평화적 저항의 자세를 취한 것이 아니었다. 그들의 종교는 당대의 사회적 현실에 둔감하게 만드는 아편이 아니었다. 사실, 초기 자료를 읽어 보면, 그들은 스스로를 승리자라고 느꼈던 것이 분명하다! 세상을 변화시킬 진정한 힘이 정치나 사법부, 군사력이 아닌 그리스도의 죽음과 부활에 있다고 믿었다. 많은 세월이 지난 지금 우리가 부활이라는 기적을 어떻게 이해하든, 초기 기독교인들은 그것을 실제로 믿었다. 그들은 부활을 고난받은 예수님이 옳았음을 하나님이 증명하셨다는 증거로 보았고 그분의 고난받은 교회가 옳았음이 언젠가 증명될 것이라는 약속으로 여겼다.

자신들이 이미 승리했다는 생각이 있었기에 기독교인들은 훌륭한 패배자, 심지어 즐거운 패배자가 될 수 있었다. 그들의 역할은 그리스도의 길에 충실히 머무르면서 기도, 섬김, 설득과 고난을 통해 세상을 변화시키기를 추구하는 것이었다. 테르툴리아누스는 스카풀라에게 쓴 편지의 첫 줄에서 이런 마음을 드러낸다.

> 우리는 사람들의 무지 때문에 우리에게 가해지는 박해로 크게
> 동요하거나 불안해하지 않습니다. 우리는 계약의 조건을 온전히
> 받아들이고 이 종교의 일원이 되었기 때문입니다. …… 우리
> 종교는 원수도 사랑하고, 우리를 박해하는 자들을 위해 기도하고,
> 온전해지기를 힘쓰라고 명령합니다. 모든 사람이 자기를 사랑해

주는 상대는 사랑합니다. 자기를 미워하는 자들을 사랑하는 일은
기독교인들만의 독특한 자세입니다.[30]

테르툴리아누스 이후 30년이 지나고, 데키우스 황제(Decius, 재위 249-251)의 짧은 통치 기간에 더 광범위한 단기간의 박해가 일어났다. 그 과정에서 수많은 저명한 기독교인들이 처형당했다. 그중에는 예루살렘의 알렉산드로스(Alexander) 주교, 안디오키아의 바빌라스(Babylas) 주교, 심지어 로마의 파비아누스(Fabianus) 주교도 있었다.[31] 로마 당국은 유명 인사들을 죽이면서 이제 기독교를 생각하지도 못할 만큼 대중의 기가 꺾이기를 바란 것이 분명했다. 그런데 당대 기독교인들의 기록에 따르면, 정반대의 결과가 나타났다. 사람들은 이 신앙에 대해 더 많이 알고 싶어 했고, 곧 그들 중 상당수가 그것이 진리임을 확신하게 되었다.[32] 훌륭한 패배자들이 승리하고 있었다.

대 박해 시대

저명한 세 주교(감독)가 살해당하고 50년이 지난 후, 전례 없던 일이 벌어진다. 4세기 초에 로마제국은 느닷없이 교회를 상대로 이제까지 없던 최대 규모의 폭력적 억압을 시작한다. 기독교는 갈릴리와 유대 지방에서 시작된 이후 극적으로 성장하고 있었다. 200년대에 이르러 프랑스(갈리아), 북아프리카, 스페인(히스파니아)을 포함한 로마제국의 거의 모든 지역

에 기독교가 들어갔고 기독교인의 수가 크게 늘어나 당국이 아주 성가시게 여길 정도가 되면서 앞에서 언급한 간헐적인 폭력적 탄압이 촉발되었다. 제국에 새로운 정책이 요구되는 상황이었다.

기독교인들을 억압하는 새 정책의 지성적 힘은 유명한 그리스 철학자 포르피리오스(Porphyrios, 234-305)로부터 나왔다. 그는 당대의 뛰어난 지성인이자 고대 기독교인들이 만난 가장 강력한 비판자였다. 현대 이스라엘 북서쪽 해안에 있는 페니키아의 국제적 무역 도시 티루스(두로)에서 자란 포르피리오스는 기독교인들을 공격하기에 둘도 없이 좋은 위치에 있었다. 그는 팔레스타인의 유대인들과 기독교인들의 전통을 잘 알았고 최고의 그리스·로마 철학, 문학, 종교까지 포괄적으로 교육받은 '동방인'이었다. 그는 이 모든 조건을 절묘하게 활용하여 기독교 성경과 신학의 기반을 약화시키려는 의도로 *Against the Christians*(기독교에 대한 반론), *Philosophy from Oracles*(신탁에서 유래한 철학) 같은 몇 권의 책을 냈다.[33] 포르피리오스는 현대의 리처드 도킨스, 크리스토퍼 히친스, 샘 해리스(Sam Harris)를 하나로 뭉쳐 놓은 것 같은 사람이었다.

그의 작품 중 하나인 *Philosophy from Oracles*(신탁에서 유래한 철학)는 전통적 이교를 전면적으로 옹호하는 내용인데, 이 책에서 그는 예수를 "사후에 불멸의 가치를 인정받은 …… 경건한 사람"에 불과하다고 깎아내렸다.[34] 현대의 몇몇 학자들은 이 책이 고대의 전통을 되살리고 기독교를 억압하는 데 필요한 철학적 근거를 제시하고자 디오클레티아누스(Diocletianus, 245-312) 황제가 의뢰하여 쓴 것이라고 본다.[35]

포르피리오스는 기독교인들이 공공의 위협이 된다고 공개적으로 주장했다. 제국의 안녕과 부를 수 세기 동안 지켜 준 신들을 그들이 모욕한다는 이유였다. "기독교인들을 어떻게 관용의 대상으로 여길 수 있겠는가?" 포르피리오스는 불길하게 묻는다. "이자들은 아주 오래전부터 모든 그리스인과 바바리안(Babarians, 야만인; 고대 로마 시대, 로마·그리스인이 아닌 이민족을 가리키던 말. 켈트족, 게르만족, 슬라브족 등이다-편집자)이 신으로 모신 존재들을 외면했다. 조상들의 신들을 버리고 달아난 자들이 어떤 처벌인들 피할 수 있겠는가?"[36] 그의 논리는 분명했다. 신들이 고대부터 로마를 보호해 왔으니, 신들을 저버린 이는 누구든 제국의 보호받을 권리를 박탈당한다는 것이었다.

303년이 되자 극도의 흥분 상태가 조성되었다. 디오클레티아누스 황제는 포르피리오스와 총독 히에로클레스(Hierocles) 같은 공공지식인들의 논증[37]에 고무되어 기독교를 괴멸시키기 위한 네 가지 칙령을 반포한다. 이 과정에서 그는 자신이 다스리는 제국 동방의 부제 갈레리우스(Galerius, 250-311)의 전폭적인 지지를 받았다.

이 시점의 로마 정치는 매우 복잡했다. 제국은 서방 지역과 동방 지역으로 양분되었고, 각 지역에 '아우구스투스'(정제)와 '카이사르'(부제)가 있었다. 디오클레티아누스는 이론적으로 '동방의 아우구스투스'(갈레리우스가 그의 카이사르)일 뿐이었지만, 모두가 그의 제일의 권한을 인정했다. 요점은 그가 오늘날 역사가들에게 "대 박해"로 알려진 기독교인 탄압을 제국 전역에 걸쳐 추진할 수 있었다는 것이다. 이 박해는 강도와 지속 기간, 지리적 넓이에 있어서 이전의 어떤 탄압과도 달랐다.

303년 2월 23일에 반포된 첫 번째 칙령은 교회 건물을 허물고 기독교인들의 성서를 불태우도록 명했다. 북아프리카 키르타의 교회 지도자들을 심문한 주목할 만한 국가 기록이 남아 있는데, 첫 번째 칙령이 반포되고 몇 달이 지난 303년 5월 19일자로 되어 있다. 이 도시의 수호자였던 로마인 종신 사제이자 행정관은 무타티우스 펠릭스(Mutatius Felix)였다. 그는 지역 내의 교회 지도자들 및 교회 건물을 조사하는 임무를 맡았다. 기록에는 그가 파울루스 주교(감독)를 비롯한 다른 여러 사람들, 집사들과 독서직을 맡은 사람(讀經士; 성경봉독자) 같은 교회 지도자들을 심문했다고 나온다. 그는 특히 '사본들' 즉 기독교 성경에 관심을 보였다. 그 책들을 찾아서 폐기해야 하기 때문이었다. 두 집사 마르쿠클리우스(Marcuclius)와 카툴리누스(Catullinus)는 순순히 협조하지 않았다. 그들은 책 한 권만 내놓고 다른 책들은 도시의 다른 지역에 있는 이들이 보관하고 있다고 말한다. 펠릭스는 그 대답에 만족하지 못했다. 공식 기록에는 이렇게 나와 있다.

> 종신 사제이자 행정관인 펠릭스가 …… 말했다. "왜 사본 하나만 내놓느냐?"
> 카툴리누스와 마르쿠클리우스가 말했다. "우리에겐 더 이상 없습니다. 우리는 한낱 부집사입니다. 독서직을 맡은 사람들이 사본들을 갖고 있습니다."
> 펠릭스가 말했다. "그들이 어디 있느냐?"
> 마르쿠클리우스와 카툴리누스가 말했다. "어디 사는지 모릅니다"(선의의 거짓말이 분명하다).
> 펠릭스가 카툴리누스와 마르쿠클리우스에게 말했다. "어디 사는지

모르거든 그들의 이름이라도 말하라.”

카툴리누스와 마르쿠클리우스가 말했다. “우리는 배신자가 아닙니다. 우리가 여기 있으니, 우리를 죽이십시오.”

펠릭스가 말했다. “이자들을 가둬라.”[38]

이것이 용감한 두 사람에 대한 마지막 기록이다. 아마도 이후 누구도 그들의 소식을 듣지 못했을 것이다.

펠릭스는 키르타에서 심문을 계속했고, 그 내용도 기록에 상세히 남아 있다. 그는 집집마다 다니면서 독서직을 맡은 다른 사람들과 집사들을 만났는데, 다행히 그들은 좀 더 협조적이었다. 그들의 명단도 기록되어 있다. 에두시우스, 유니우스, 빅토리누스, 재봉사 펠릭스, 프로익투스, 문법교사(라틴문학 교사) 빅토르, 에우티키우스, 끝으로 코데오. 코데오는 당시 집에 없었지만 아내가 명령에 순응하여 여섯 권의 사본을 내놓았다고 나온다. 행정관 펠릭스는 이 한 교회에서 총 스물일곱 권의 성서 사본을 압수했다. 이제는 세상에서 사라져 버린 헤아릴 수 없을 만큼 값진 보물들이다(대 박해 때 사라진 수천 권의 다른 사본들과 함께).

이 황제 칙령들은 기독교인들이 모이는 것을 금지했다. 그리스도를 “주”(主)로 고백한 해방 노예들은 다시 노예가 되었고, 교수직을 포함해 사회 상류층에 있던 신자들은 직위와 사회적 지위를 잃었다. 이 조치들은 가혹했지만 효과는 제한적이었다. 같은 목적의 두 번째, 세 번째 칙령이 나온 후에도 마찬가지였다. 기독교는 결코 죽지 않았다.

304년에 네 번째 칙령이 반포된 후 상황은 위기 국면에 이른다. 이 법령은 전통적인 그리스·로마의 신들에게 바치는 희생제사에 모든 시민이 참여할 것을 명령한다. 기독교인들처럼 희생제사 참여를 거부한 사람들은 뜻을 돌이킬 때까지 고문을 받거나 처형을 당했다. 이 조치가 제국의 모든 곳에서 똑같이 엄격하게 시행된 것은 아니었다. 그러나 소아시아, 팔레스타인, 이집트, 북아프리카는 직격탄을 맞았다. 대다수의 기독교인들이 살던 지역들이다. 하지만 서쪽의 갈리아(오늘날의 프랑스)와 브리타니아(오늘날 영국의 그레이트브리튼섬) 지역은 충격이 덜했다.

박해는 특히 동방 지역에서 무려 8년 동안 이어졌다(303-312). 디오클레티아누스는 305년에 퇴위했지만, 그의 부제 갈레리우스가 정제 '아우구스투스'가 되었고 빠른 속도로 박해를 이어 갔다. 갈레리우스는 311년에 고통스러운 질병에 걸렸고 기독교인들을 향한 관용령을 반포했다. 관용령 안에는 기독교인들에게 자기를 위해 기도해 달라고 청하는 문구가 있었다(311년 4월 30일). 그러나 그의 후계자 막시미누스 다이아(Maximinus Daia, 270-313)는 아무런 거리낌 없이 제국 동방에서 박해를 계속했다. 이 8년 동안 사회 모든 계급에서 수많은 기독교인이 순교했다.[39] 이 박해는 기독교인의 결의에 대한 궁극의 시험대였다.

어떻게 그런 선택을 할 수 있었을까?

대 박해 중간에 기독교인들이 기록한 몇 편의 기록물이 남아 있다. 그중 하나는 당시 로마제국 동방의 수도가 된 지 얼마 되지 않은 터키 북서부 니코메디아의 아카데미에서 수사학 교수가 쓴 것이다. 그의 이름은 루키우스 락탄티우스(Lucius Lactantius, 240-320)다. 그는 이 시기에 세속 학교에서 가르친 많은 기독교인 중 한 명이었다. 303년에 박해가 시작되자 락탄티우스는 교수직을 포기할 수밖에 없었고 비교적 안전한 제국 서방으로 달아났다. 그는 숨어 있으면서 The Divine Institutes(거룩한 가르침)를 썼는데, 이 책은 포르피리오스 같은 교육받은 로마인 기독교 훼방자들의 논증에 맞서 기독교 진리를 옹호하기 위한 시도였다. 디오클레티아누스가 대박해를 계획하고 추진한 시기에 제국 도시에서 살면서 가르쳤던 락탄티우스는 기독교 비판자들의 주장을 반박하기 좋은 위치였다.[40]

그는 The Divine Institutes(거룩한 가르침)의 '참된 예배'라는 항목에서 '기독교 윤리의 논리'와 '그리스·로마의 도덕 이론들에서 발견되는 논증'들을 대조한다. 그는 기독교가 하나님을 향한 경건과 인간을 향한 긍휼을 분명하게 연결시킨다고 설명한다. 왜 그럴까? 인간은 이마고 데이(하나님의 형상)를 지니고 있기 때문이다. 락탄티우스는 이렇게 말한다. "인간에 대한 의무는 곧 하나님에 대한 의무다. 인간은 하나님을 닮은 모양이기 때문이다." 우리가 창조주께 사랑을 바쳐야 한다면, 그분의 자녀들, 우리와 같은 피조물인 형제자매들에게도 사랑을 베풀어야 한다. "우리가 동일한 한 분 하나님께 생명의 호흡을 받았다면, 우리 모두는 형제가 분명하고 형제보다도 더 가까운 것이 분명하다. 우리는 육신이 아니라 영의 형제이기 때문이다." 이 "형제 관계 때문에 하나님은 우리에게 결코 악을 행하지 말고 늘 선을 행하라고 가르치신다."[41] 이 관계는 복수가 아니라 자비와 용서를 요구한다.

의로운 사람은 자비롭게 행동할 기회를 결코 포기하지 않을 것이다. 저주에 축복으로 답해야 하고 남을 저주해서는 절대 안 된다. 그의 입에서는 어떤 악한 말도 나와서는 안 된다. 또한 그는 자신의 잘못으로 원수를 만들지 않도록 대단히 주의해야 한다. 착하고 의로운 사람에게 해를 끼칠 만큼 공격적인 사람이 있다면, 착하고 의로운 사람은 용서하고 자제하는 마음으로 그것을 참아야 하고 스스로 복수해서는 안 되며 하나님의 심판에 맡겨야 한다.[42]

당시 독자들의 바람대로 락탄티우스는 철학적 용어로 글을 썼고, 자신이 그것을 즐긴 것이 분명하지만, 그 안에는 그의 사고방식의 성경적 근거인 '이마고 데이'(하나님의 형상)와 '원수 사랑'이 분명히 드러나 있다. 하나님은 모든 피조물을 사랑하시므로 기독교인들은 자신을 박해하는 자라도 사랑해야 한다.

다음 장에서 락탄티우스를 다시 언급할 것이다. 모든 시민에게 '종교적 자유'가 주어져야 한다는 그의 논증(포르피리오스에 대항한 논증)을 살펴보려 한다. 이 논증은 1,500년 후에 미국의 종교적 자유를 확립한 건국 시조 토머스 제퍼슨에게 전해졌다.

현시점에서 나는 한 가지 거부할 수 없는 결론을 내리고자 한다. 기독교의 설립 문서들(신약성경)과 기독교 역사의 설립 시대(30-312)는 모두 '규범적 기독교'라고 부를 만한 것의 분명한 초상화를 제시한다. 그 규범의 한 가지 핵심적 측면은 내 원수까지 사랑하겠다는 결의다. 내 원수도 하나님의 형상을 지니고 있기 때문이다. 이후 교회가 저지른 잘못된 행동에 대해 우리가 무슨 말을 하건 간에 우리는 그 증오와 폭력에 대한 설명을 기독교의 기원에서 발견하게 되지는 않을 것이다.

———

처음 300년 동안 기독교인들은 '훌륭한 패배자들'로 보였다. 그들은 최고의 상을 이미 받았다고 믿었다. 최고의 상은 그리스도의 죽음과 부활을 통해 주어진 '하나님의 사랑'이었다. 그리고 그들은 그 정당성이 입증된 그리스도의 고난 이야기가 자신들의 이야기라고 확신했다. 그들은 패배했을 때조차 승리할 것이었다. 아니, 그들은 이미 승리했다. 하나님 나라를 기다리는 그들에게 요구되는 것은 기도, 섬김, 설득, 그리고 고난을 견디는 일이 전부였다. 예수님은 그들에게 아름다운 곡조를 주셨고, 그들은 그 곡을 따라 불렀다.

앞서 말한 대로, 이 모든 것을 아는 일의 유익은 향후 교회의 모든 행동을 판단할 올바른 기준을 가질 수 있다는 데 있다. 곡조를 아는 곡이라면 연주자의 음이 틀렸을 때 대개 알아차릴 수 있다.

대 박해가 끝나고 거의 바로, 불협화음의 첫 번째 조짐이 나타났다. 이후 벌어지는 일은 아무도 예측하지 못했을 것이다. 기독교인들은 더더욱 몰랐으리라. 교회의 고난이 절정에 달한 순간, 당시 제일가는 권력자가 느닷없이 자신은 기독교인이라고 선언을 한다.

기독교인들의 종교를 따르기 원하는 모든 사람은
아무 염려나 고민 없이 서둘러 그렇게 해도 좋다.
—콘스탄티누스 대제

6

콘스탄티누스와
'종교의 자유'
선언

300년대 초
최초의 기독교인 황제

미국 국내 문제를 주로 다루는 칼럼니스트 데이비드 폰 드렐(David Von Drehle)은 2018년 "교회는 권력의 유혹을 받고 성(性)에 집착한다"는 제목의 〈워싱턴 포스트〉(Washington Post) 기사에서 기독교가 시작 시점부터 오늘날까지 보여 준 부패상의 이력을 제시했다. 그는 그 글에서 이 책이 다루는 주요 장면 중 일부를 언급한다. 종교재판, 30년 전쟁, 갈릴레오 재판, 그리고 최근의 아동성폭행 추문과 은폐를 그는 이렇게 평가했다. "교회 지도부는 교황부터 맨 아래까지 옳고 그름을 분간할 수 없었다." 그는 이 모든 일의 출발점이 교회와 제국의 불경한 결혼이라고 진단한다. 그러나 가톨릭의 위계 체제는 "4세기에 로마제국의 콘스탄티누스 황제와 손을 잡은 이후부터 권력의 유혹을 받아 왔다"라는 폰 드렐의 말은 절반은 맞고, 절반은 틀렸다.

콘스탄티누스의 회심

예수님 시대 이후 약 300년이 지난 시점인 312년, 훗날 콘스탄티누스 대제로 널리 알려지게 되는 플라비우스 발레리우스 콘스탄티누스(Flavius Valerius Constantiuns)가 '기독교인들의 하나님'에 대한 충성을 선언한다. 우리가 아는 바로는, 그가 황제 자리를 놓고 경쟁하던 막센티우스(Maxentius)를 상대로 놀라운 승리를 거두면서 이런 마음의 변화가 일어났다.

앞서 말한 것처럼, 이 시기 로마의 정치 상황은 매우 복잡했다. 제국의 동방과 서방 지역에 정제(아우구스투스)와 부제(카이사르)가 각각 존재하는 상황이었다. 그들은 모두 최고 통치자 자리를 차지하려고 다투었고, 그 땅의 유일한 통치자가 되고 싶어 했다. 막센티우스는 로마제국의 서방에서 콘스탄티누스의 가장 강력한 경쟁자였다. 막센티우스가 폭군처럼 다스린다는 소문이 이미 로마에 돌고 있었다. 그 시대와 가까운 한 자료에 따르면, 심지어 그는 일부 원로원 의원들의 명문가 출신 아내들에게 정기적으로 자신과 잠자리를 같이 할 것을 요구했다. 그 여성들 중 일부는 기독교인이었던 것으로 보이며, 그의 침실로 가느니 스스로 목숨을 끊는 쪽을 택했다.[2] 하지만 막센티우스의 통치는 곧 막을 내린다.

312년 10월, 서방 지역에서 많은 승리를 거둔 콘스탄티누스와 그의 군대는 이탈리아로 들어가 로마에서 북쪽으로 5킬로미터 정도 떨어진 티베리스강의 밀비우스 다리에서 막센티우스의 군대와 대결했다. 콘스탄티누스는 완전한 승리를 거두었고, 막센티우스는 그 유명한 강에 수장되었다.

콘스탄티누스가 예수 그리스도의 도움으로 전투에서 이겼다는 충격적인 선언을 하면서, 312년 10월 28일의 이 승리는 역사상 로마가 치른 수천 개의 전투 중에서도 아주 특별한 싸움이 되었다. 콘스탄티누스는 막센티우스와의 대결을 며칠 앞두고 학자이자 감독이었던 카이사레아(가이사랴)의 에우세비우스(Eusebius)에게 자신이 경험한 일을 이야기한다. 콘스탄티누스는 그리스·로마 신들의 부족함을 떠올리면서 단일신에 대한 아버지 콘스탄티우스 1세(Constantius I)의 신앙에 관해 곰곰이 생각하고 있었다. 콘스탄티우스 1세는 기독교인은 아니었지만 철학적 일신론자였다.

콘스탄티누스는 어느 날 정오 무렵 하늘에서 순수한 빛으로 된 십자가 모양의 표지를 보았다. 그 십자가에는 "이 표지로 이기리라"(In hoc signo vinces)라는 글이 새겨져 있었다! 그날 저녁 콘스탄티누스는 자신이 본 것 때문에 혼란스럽고 불안한 상태로 잠이 들었다. 꿈속에서 누군가 그를 찾아왔다.

에우세비우스의 말을 들어 보자. "하나님의 그리스도께서 황제가 하늘에서 본 것과 같은 표지를 갖고 잠든 그에게 나타나셨고 그와 똑같은 표지를 만들어 적군과의 모든 전투에서 보호 장치로 쓰라고 명령하셨다."[3]

황제는 꿈에 순종했고 그것은 효과가 있었다. 일주일 만에 그는 수가 훨씬 많았던 막센티우스의 군대를 무찔렀다. 제국의 서방 통치권은 이제 콘스탄티누스의 손에 들렸다.

우리가 앞서 보았던, 같은 시대의 또 다른 작가 락탄티우스는 황제가 낮에 하늘에서 본 표지에 관해서는 말이 없고 꿈 이야기만 전한다.[4] 이 모든 내용을 어떻게 이해해야 할지 알기는 어렵다. 하지만 에우세비우스의 책을 다시 읽는 지금, 나는 그의 말을 어쨌든 한번 믿어 보고 싶은 마음이 든다. 그의 어조에는 주저하는 기운이 역력하다. 그는 황제 본인이 "자신의 진술이 사실임을 맹세했기" 때문에 자신이 그 사건을 다소 편안한 기분으로 말할 수 있음을 인정한다.[5] 내 생각에 에우세비우스는 자신이 들은 대로 이야기를 전한 것 같다. 믿기 어려운 부분은 콘스탄티누스가 말한 사건이다. 어쩌면 사건에 대한 그의 해석이 믿기 어려운 것인지도 모르겠다. 그런데 콘스탄티누스 전문가인 탁월한 영국의 역사가 아널드 존스(Arnold H. M. Jones)는 이렇게 주장한다. "에우세비우스나 콘스탄티누스의 진실성(bona fides)을 의심할 이유는 없다."

> 콘스탄티누스가 본 것은 아마도 드문 현상이지만 잘 입증된
> '햇무리'(halo phenomenon)였을 것이다. 이 현상은 무지개와 유사하고
> 국지적이고 일시적으로 나타나지만 무지개와 달리 비가 내려서가
> 아니라 빙정(氷晶)이 태양빛을 가로질러 내리면서 발생한다. 이것은
> 흔히 무리해(幻日) 또는 해를 둘러싼 빛의 고리 형태로 나타나는데,
> 중심에 태양이 있는 빛의 십자가가 몇 차례 과학적으로 관찰된 바
> 있다. 그 광경은 짧고 대단하지 않았겠지만, 잔뜩 흥분한 상태의
> 콘스탄티누스의 상상력에는 굉장히 의미심장하게 다가왔을 것이다.[6]

312년 10월 말의 이상한 사건들을 어떻게 이해하건 간에, 이것은 뜻밖에 나타난 세계 역사의 진정한 전환점이었다. 제국에서 가장 심하게 박해를 받던 사람들이 이제 가장 막강한 권력자인 서로마제국의 위대한 '아우구스투스'를 후원자로 두게 되었다. 그는 장차 324년, 동방과 서방을 통틀어 로마제국의 단 한 명의 황제가 될 사람이었다. 조롱과 사회적 배제와 심한 박해를 당하던 사람들이 이제 권력의 중심으로 들어오라는 초대를 받는다. 그리고 어쩌면 가장 괴이한 부분으로, 기독교의 겸손한 자기희생의 표지가 이제 로마 군대의 공식적인 일부분이 되었다.

에우세비우스는 콘스탄티누스가 자신의 새 종교를 기념하기 위해 만든 새로운 로마의 '군기'(군대가 내걸고 싸우는 깃발)를 살펴보았다고 덧붙인다. "금박이 입혀진 긴 창 위에 가로대를 올려 십자가 모양을 만들었다. 기의

가장 윗부분에 황금과 보석을 박았고, 그 안에 구세주의 상징으로 그리스도 이름의 첫 두 글자를 새겼다." 이것이 유명한 키로(Chi-Rho) 상징이다. 키는 그리스도를 뜻하는 그리스어(헬라어) "크리스토스"($XPI\Sigma TO\Sigma$)의 첫 번째 문자로서 영어 알파벳의 'X'처럼 생겼고, 로는 두 번째 문자로서 영어 알파벳의 'P'처럼 생겼다. 에우세비우스는 이 문자들이 서로 겹쳐져서 ☧처럼 보인다고 묘사했다(이 상징은 이후 제국의 동전들에 등장하게 된다). 그는 이렇게 결론을 내린다. "황제는 이후에 이 글자들을 투구에 버릇처럼 새겨 넣었다. …… 황제는 부정적이고 적대적인 모든 힘에 대한 안전장치로 이 구원의 표지를 끊임없이 사용했고 이 같은 표지를 군대의 선두에 반드시 세우라고 명령했다."[7]

당시 기독교인들을 포함한 모든 사람에게 이런 사태의 변화가 얼마나 이상하게 보였을까? 고작 1년 전만 해도 기독교는 불법 종교였으며, 믿다가 발각되면 사형이었다. 그런데 이제 기독교는 황제가 쏟아붓는 보호와 은택을 받게 되었다. 몇 년 후, 한 성직자는 마침내 기독교인 황제가 나타났다는 사실이 너무나도 기뻐서 콘스탄티누스가 있는 자리에서 황제는 "내세에서 하나님 아들의 제국을 함께 다스릴 운명"이라고 선언했다. 그 자리에 있던 다른 성직자들이 숨을 멈추는 소리가 들리는 듯하다. 나는 콘스탄티누스가 그에게 화를 내며 입을 닫고 돌아가서 황제를 위해 기도하라고 말했다고 전할 수 있어서 기쁘다.[8] 좋은 조언이었다.

기독교의 합법화

어떤 이들은 이때부터 기독교 역사의 모든 것이 잘못되었다고 말할 것이다. 이 시점에서 교회의 권력 집착과 권리 주장의 태도가 눌렸던 용수철이 튀어 오르듯 용솟음쳤다고 말할지도 모른다. 괴롭힘을 당하던 교회가 악당이 되어 복수할 순간을 맞이했다는 것이다.

오늘날 로마 역사 연구자들은 이런 내용에 대해 좀 더 조심스러운 경향이 있다. 추후 자세히 설명할 기회가 있을 테지만, 콘스탄티누스가 기독교를 받아들인 사건은 분명히 교회의 전환점이었다. 하지만 교회의 권력, 부, 폭력이 과도하게 커진 것은 훨씬 이후의 일이다. 콘스탄티누스의 개혁 조치 중 상당 부분은 그의 후계자 중 한 명인 율리아누스(Julianus, 재위 361-363) 황제에 의해 25년 만에 뒤집혔다. 8장에서 살펴보겠지만, 율리아누스 황제는 기독교인들을 힘 있는 자리에서 쫓아냈고, 교육기관에서 가르치는 일을 중지시켰으며, 제국 전역에서 이교를 부활시키는 조치들을 취했다. 스스로를 나름의 철학자로 인식한 율리아누스는 기독교인들에 반대하는 책들을 출간하기까지 했다.

칼럼니스트 데이비드 폰 드렐이 〈워싱턴 포스트〉 기사에서 말한 것과 달리, 콘스탄티누스의 긴 통치(306-337)는 즉각적인 교회의 도덕적 붕괴를 가져오지 않았다. 하지만 그 기간에 권력 및 특권과의 탄식할 만한 타협의 문이 교회에 일부 열린 것은 사실이고, 로마 사회 전체로 볼 때는 몇 가지 행복한 변화도 나타났다. 인류사의 많은 부분이 그렇듯, 이 이야기는 복잡하고 때로는 모순적이다.

콘스탄티누스가 시행한 첫 번째 일이자 가장 분명한 일은 기독교인들에 대한 모든 탄압 명령을 폐지하고 기독교의 완전한 합법성을 선언한 것이었다. 그는 로마제국 동방 지역의 정제였던 리키니우스(Licinius) 황제와 함께 '밀라노칙령'(Edict of Milan)을 준비한다. 그것은 엄격히 말해 칙령이 아니었으며, 밀라노에서 반포되지도 않았다. 그러나 종교에 대한 새로운 접근 방식의 세부내용이 두 황제가 만난 밀라노에서 타결되었기 때문에 그런 이름이 붙게 되었다. 이후 313년 6월 13일에 콘스탄티노폴리스 근처의 니코메디아에서 두 황제의 이름(콘스탄티누스의 이름이 먼저였다)으로 정책이 발표되었다. 밀라노칙령은 모든 신앙에 대한 관용을 보장했다. 이 주목할 만한 문서는 이렇게 시작된다. "우리는 기독교인들 및 모든 사람에게 무엇이든 각자가 선택하는 종교를 따를 자유를 부여해야 한다고 믿는다." 이것은 "하늘에 있는 어떤 신이든 우리와 우리의 통치 아래 사는 모든 사람에게 은혜와 자비를 베풀게" 하기 위함이다. 칙령의 또 다른 단락은 마치 현대 문서처럼 느껴진다.

> 우리가 각 사람이 스스로 옳다고 여기는 대로 예배의 대상을 자유롭게
> 선택할 권리를 부여하는 이유는 이것이 제국의 평화를 유지하는 데
> 효과적이라고 판단하기 때문이다. 어떤 신이나 종교도 그 명예와
> 존엄성이 훼손되어서는 안 된다고 생각한다.[9]

이 시기 기독교는 제국의 국교가 되지 않았다. 그때까지 주류였던 이교들과 동등한 법적 지위를 부여받았을 뿐이다. 콘스탄티누스는 자신의

종교인 기독교를 공개적으로 편애했다. 이전의 모든 황제가 자신이 선호하는 신이나 여러 신들을 후원했던 것과 같았다. 그러나 25년의 통치 기간 내내 이교는 대체로 번영하든 실패하든 혼자 힘으로 알아서 하도록 내버려 두었다.

종교의 자유를 선언하다

콘스탄티누스는 모든 사람을 위한 종교적 자유라는 개념을 어디서 얻었을까? 이때로부터 오랜 세월이 지난 현재, 우리는 국가가 개인의 신앙 문제에 관해 완전한 자유를 부여할 것이라는 사실을 당연하게 믿는다. 그러나 역사상 대부분의 시기, 세계 대부분의 지역에서는 사정이 달랐다. 종교는 사회의 건강에 너무나 중요한 역할을 했기에 규제 바깥에 둘 수 없는 대상이었다. 종교의 중요성은 사람들이 신들을 제대로 공경한다는 전제하에, 주로 국가의 번영과 전쟁의 승리를 보장하는 데 있었다. 앞서 말한 대로, 이것이 철학자 포르피리오스가 국가의 교회 탄압을 정당화하며 내세운 주장 이면의 논리였다. 그는 기독교인들이 전통적인 신들을 불쾌하게 함으로써 모두를 위험에 빠뜨렸다고 주장했다.

우리는 밀라노칙령에 제시된 종교에 관한 비교적 '계몽된' 견해를 콘스탄티누스가 어디서 배웠는지 추측할 필요가 없다. 콘스탄티누스가 막센티우스를 무찌르고 자신이 기독교인임을 선포하기 훨씬 전에 두 명의 기독교인 사상가들이 종교의 자유를 옹호하는 놀라운 논증을 제시했다.

둘 중 한 사람은 당시 먼 과거의 사람이었지만, 그의 글은 여전히 잘 알려져 있었다. 그리고 또 다른 사람은 콘스탄티누스의 친구가 되었다.

콘스탄티누스 시대로부터 한 세기 전, 수사학자 출신의 신학자 테르툴리아누스는 카르타고의 총독 스카풀라에게 보낸 편지에서 기독교인들은 박해를 두려워하지 않으며 무슨 일을 만나도 원수를 계속 사랑할 것임을 분명히 전했다(이 내용은 앞 장에서 살펴보았다). 테르툴리아누스 논증의 일부는 기독교인들이 종교의 본질을 전혀 다르게 이해하고 있다는 것이었다. 예배는 문화나 정치의 문제가 아니라 정신과 의지의 문제다. 테르툴리아누스는 자신이 이교를 인정할 수 없다는 점을 분명히 한다. 지적으로, 그는 이교에 대해 조금도 너그럽지 않다. 그러나 그는 모두가 스스로 합당하다고 여기는 대로 예배해야 한다고 주장한다. 그의 말을 들어 보자.

> 우리는 한 분 하나님을 예배하는 자들입니다. 자연은 그분의 존재와 성품을 모든 사람에게 가르쳐 줍니다. 그분의 천둥과 우레에 사람들이 떨고, 그분의 혜택은 우리 행복에 도움을 줍니다. 총독님은 다른 신들도 신이라고 생각하십니다만, 우리는 그들이 악마임을 압니다. 하지만 모든 사람이 자신의 확신에 따라 예배해야 한다는 것은 근본적인 인권이자 본성적 특권입니다. 한 사람의 종교는 다른 사람을 해롭게 하지도, 돕지도 못합니다. 종교를 강요하는 것은 종교의 역할이 결코 아닙니다. 사람을 종교로 이끄는 것은 자유의지여야지 무력이어서는 안 됩니다.[10]

'권리'와 '자유로운 예배'를 말하는 테르툴리아누스의 표현은 대단히 현대적으로 들리지만 고대의 것이고, 기독교의 것이었다.

비슷한 논증을 제기한 또 다른 기독교인 사상가가 있다. 그는 콘스탄티누스에게 직접 영향을 주었다. 바로 락탄티우스다. 나는 그가 *The Divine Institutes*(거룩한 가르침)에서 제시한 사랑에 관한 논증을 앞에서 언급했다. 그 책은 락탄티우스가 대 박해(303-312)가 일어나고 니코메디아의 교수직을 떠난 직후에 쓴 것이었다. 그는 박해의 세월을 살아남았고 콘스탄티누스가 권좌에 오르면서 원래 자리를 되찾았다. 사실, 콘스탄티누스는 317년에 그를 자신의 장자이자 상속자인 크리스푸스(Crispus)의 개인 교사로 삼았다. 락탄티우스는 갑자기 대단히 영향력 있는 인물이 되었다.

락탄티우스의 *The Divine Institutes*(거룩한 가르침)는 기독교를 향한 이교의 비판을 반박하고, 성경의 선(善) 개념이 그리스·로마 세계에서 제시된 어떤 사상보다 철학적이고 도덕적으로 우월한 이유를 설명하려는 시도였다. 그는 일부 논증에서 기독교가 문화적 특징이나 국가의 일부가 아니라 마음의 종교라고 주장했다. 그 책에서 '정의'를 다룬 긴 장(章)은, 서구 역사에서 모든 종교에 대한 상호 관용을 내세우는 일관된 논증을 제시한 첫 번째 시도였을 것이다. 밀라노칙령의 지적 원천을 찾는다면 그것은 바로 락탄티우스다.[11]

락탄티우스는 강요된 종교는 참된 종교의 정반대이기에 비논리적이라고 추론했다. 자신의 종교를 내세우기 위해 무력을 써야 한다면 그 종교를 뒷받침하는 논증이 상당히 취약한 것이 분명하다고 지적했다. "그 논변이 건전하다면, 그들이 그것을 내세우게 하라! 우리는 들을 준비가 되어 있다." 그는 폭력을 쓴다는 것은 이미 졌다는 뜻이라고 주장한다. 반면, 기독교인들은 자신이 이미 진리를 얻었음을 알기 때문에 신앙을 위해 기꺼이 죽는다.

다음 내용은 그의 포괄적인 논의를 짧게 발췌한 것이다.

> 폭력과 잔인한 행위는 아무 필요가 없다. 예배는 강요될 수 없다.
> 종교의 전파는 무력이 아니라 말로 이루어져야 한다. 그래야 그 안에
> 자유의지가 존재할 것이다. …… 우리〔기독교인들〕는 아무도 억지로
> 붙잡지 않는다. 경건함과 믿음이 없는 사람은 누구든 하나님께 아무
> 쓸모가 없다. 그러나 진리가 붙잡으면 아무도 떨어져 나가지 않는다.
> 그들〔이교도들〕이 자신들의 진리를 확신한다면, 그것을 우리에게
> 가르치게 하라. 그들로 말하게 하고, 발언하게 하고, 배짱이 있다면
> 우리와 토론을 벌이게 하라. 종교는 죽임이 아니라 죽음으로써,
> 폭력이 아니라 인내로써 변호해야 한다. …… 종교에 있어서는 그
> 무엇보다 자발성이 중요하다.[12]

엘리자베스 드팔마 디지저(Elizabeth dePalma Digeser)는 〈로마 연구 저널〉 (*Journal of Roman Studies*)에서 락탄티우스가 "진정한 관용 이론"을 제시했다고 썼다. "그는 기독교인들과 전통 종교 추종자들이 서로에게 강하게 반대하고 각기 생각이 다르다는 것을 이해한다. 그러나 어느 집단도 상대편에게 무력을 사용해서는 안 된다고도 주장한다. 그는 더 큰 선을 이루기 위한 인내를 옹호한다."[13] 이 논증은 하나님이 인간과 관계하시는 방식에 대

한 락탄티우스의 기독교적 이해에 깊이 근거하고 있다. 하나님은 군주가 신민을 대하는 방식이 아니라, 아버지가 자녀를 대하듯 인간을 대하신다. 사랑, 특히 하나님과 이웃을 향한 사랑이 목표라면 종교는 결코 무력에 의존할 수 없다.[14]

기독교인들이 종교의 자유를 주창하는 자세를 늘 견지한 것은 아니다. 역사에는 기독교인 통치자들이 '거짓' 예배를 금지하고 신민들의 개종을 강요한 시기도 있다. 락탄티우스 시대에서 80년이 흐른 뒤 리바니우스(Libanius)라는 이교 웅변가가 테오도시우스 1세(Theodosius, 재위 379-395)에게 이교도 신전과 관리들에게 기독교적 관용을 베풀어 달라고 탄원한다. 그는 열성파 기독교인들에 맞서 설득의 중요성을 말한 락탄티우스의 논변을 구사했다. 리바니우스는 "그들의 규칙 자체가" 즉, 앞선 기독교인들의 가르침이 "설득에 찬성하고 강요를 비판한다"는 것을 상기시켰다. "따라서 여러분이 무력을 쓴다면 …… 자신들의 규칙을 어기는 일이 될 것입니다."[15] 그러나 기독교인들은 이후 수 세기 동안 그 규칙을 자주 깨뜨렸다.

반反 이교적 종교개혁?

콘스탄티누스는 대체로 이교에 간섭하지 않았는데, 몇 가지 예외의 순간이 있었다. 첫째, 그는 황제숭배를 위한 희생제사들을 중단시켰다. 현대인에게는 이상하게 느껴지겠지만, 황제를 신으로 섬기는 신전과 제사장들의 체계가 수 세기 동안 제국 전역에 존재했다. 콘스탄티누스는 보위에 오르자마자 이 황제숭배를 중단시켰다.[16]

둘째, 318년 5월 23일자의 서신에서 콘스탄티누스는 '마법'을 사용하는 이들을 공개적으로 질타한다. 그는 사람들을 해치는 마법에 대해서는 엄하게 판결했지만 사람들을 돕거나 작물을 잘 자라게 하기 위한 마법은 허용했다. 그는 마법이 기독교인에게는 도덕적 잘못이지만, "백마법"(white magic)은 아무에게도 피해를 주지 않는다고 생각했다.[17]

셋째, 콘스탄티누스는 323년, 회심한 지 13년 후에 쓴 또 다른 서신에서 로마의 주요 이교 제사인, 도시를 정화하는 정결제사(Lustral Sacrifice)를 혹평했다. 그의 평가가 겨냥한 대상은 제사 자체가 아니라, 기독교인들에게 제사 참여를 강요한 관리들이었다. 그는 그런 일이 다시 있으면 태형과 벌금을 내리겠다고 위협했다.[18] 일련의 사건만 봐도 콘스탄티누스는 부드럽고 만만한 기독교인 통치자가 아니었음을 알 수 있다.

324년 콘스탄티누스가 동방 지역의 아우구스투스였던 리키니우스를 무찌르고 동로마와 서로마를 통틀어 로마제국 전역의 유일한 통치자가 되었을 때, 그는 분명 이교를 타도하고 싶은 유혹이 컸을 것이다.[19] 콘스탄티누스가 승리를 거둔 후에 쓴 공개 서신이 남아 있다. 그는 그 서신에서 자신은 전통적 관행을 제거하지 않을 것이라고 설명한다. 그가 제시하는 논거가 흥미롭다. 그는 "모든 사람에게 〔이교를〕 제거하라고 참으로 진지하게 권하고 싶은" 심정이라고 솔직히 인정하지만, 그런 예배가 일부 사람들의 "마음에 박혀 있는" 상황에서 (종교는 양심의 문제이므로) 강제 조치의 실시는 "인류 전체가 진리의 길로 돌아오게 하려는 소망에 방해만 될 것"

임을 안다. 다시 말해, 이교 금지는 역효과만 낳고 모든 사람이 기독교인이 되기를 바라는 그의 소망에 불리하게 작용할 것이었다.

　콘스탄티누스의 생각을 들어 보자. "이처럼 모든 사람에 대한 동등한 〔종교적〕특권을 회복시키는 일이 그들〔이교도들〕의 마음을 움직여 바른 길로 이끌지도 모르기 때문이다. 아무도 다른 사람을 괴롭히지 말고, 모두가 자기 영혼이 원하는 대로 하게 하라."[20]

　당시 상황을 생각해 본다면, 324년에 작성된 이 서신은 매우 놀랍다. 이 시점에서부터 10년 전에 리키니우스는 공동 황제로서 밀라노칙령을 함께 작성했었다. 하지만 320년경에 이르러 그는 동방 속주들에서 기독교인들에게 등을 돌렸다. 그는 이교 제사를 공직의 시험대로 삼는 교묘한 방식으로 황실과 공직에서 신자들을 쫓아냈다. 그리고 도시의 건물 안에서 드리는 기독교의 예배 행위를 금지했다. 표면상으로는 공중보건 조치라는 이유를 댔다. 그는 감독들(주교)의 여행을 제한했고 그중 몇몇을 처형하기까지 했다.[21] 이 3-4년의 기간이 어떤 사람들에게는 대 박해가 가해지던 303-312년의 고통스러운 시절로 상황이 회귀하는 것처럼 느껴졌을 것이다. 그러나 이 기간은 그리 오래가지 않았다. 콘스탄티누스와 리키니우스는 영토 분쟁으로 충돌했고 리키니우스가 곧 폐위되면서 콘스탄티누스가 유일한 통치자로 남았기 때문이다.

　콘스탄티누스는 바로 이런 정황에서 앞서 인용한 서신을 썼다. 그 내용은 자신은 기독교를 사랑하지만 리키니우스가 기독교인들을 괴롭혔던 것처럼 이교도들을 괴롭히지 않을 것이라며 동방 속주들을 안심시키는 일이었다. "모두가 자기 영혼이 원하는 대로 하게 하라."

종교에 관한, 아니 다른 어떤 것에 대해서도 콘스탄티누스 황제가 계몽된 다원주의의 본보기라고 말할 사람은 없을 것이다. 하지만 콘스탄티누스와 그를 둘러싼 교회는 밀라노칙령의 이상을 대체로 충실하게 유지했다. 모든 신앙을 향한 이런 관용의 법제화는 정치사에서 놀라운 발전이었다.

콘스탄티누스에서 토머스 제퍼슨까지

종교의 자유로 나아가는 현대 진보사에서 가장 유명한 인물 가운데 한 사람은 십 수 세기를 뛰어넘어 테르툴리아누스와 락탄티우스, 그리고 밀라노칙령의 사상을 활용했다. 그는 종종 미국의 '종교의 자유' 개념의 정치적 창시자로 여겨지는 미국 제3대 대통령 토머스 제퍼슨이다. 그는 1786년에 버지니아 종교자유령(Virginia Statute for Religious Freedom; 미국 혁명 당시 영국의 통치를 받던 버지니아 식민지에서 영국 국교회를 철폐하고 모든 사람이 종교적 행위를 자유롭게 하도록 만든 법령-옮긴이) 관련 논쟁을 이끌었는데, 이 법령은 "의회는 종교를 만들거나, 자유로운 종교 활동을 금지하는 어떠한 법률도 만들 수 없음"[22]을 확실히 하는 미국수정헌법 제1조의 전신이었다.

제퍼슨이 직접적인 영향을 받은 인물들은 존 로크(John Locke) 같은 바로 앞 시대의 정치철학자들과 18세기의 여러 침례교 사상가들이었다.[23] 그러나 제퍼슨은 종교의 자유를 지지하는 서구 최초의 논증이 락탄티우스와 테르툴리아누스까지 거슬러 올라간다는 사실을 잘 인지하고 있었다.

제퍼슨의 개인 장서에는 락탄티우스와 테르툴리아누스의 여러 저서가 있다. 버지니아대학교의 로버트 윌켄은 2019년에 책 *Liberty in the Things of God: The Christian Origins of Religious Freedom*(하나님의 일에서의 자유: 종교적 자유의 기독교적 기원)의 집필을 준비하는 과정에서 제퍼슨 장서의 이용 허가를 받았다. 거기서 그는 제퍼슨이 본인의 책 *Notes on the State of Virginia, query XVII*(버지니아 주에 대한 비망록, 질문 17) 소장본에다 테르툴리아누스의 다음 글을 라틴어로 적어 놓은 것을 발견했다(이 책은 제퍼슨이 당시 미국에 거주하던 프랑스 외교관 프랑소와 마보아의 23가지 질문에 답변하는 형식으로 쓰였으며, 이 질문 17은 종교의 자유를 다룬 부분이다-옮긴이). "모든 사람이 자신의 확신에 따라 예배해야 한다는 것은 근본적인 인권이자 본성적 특권입니다. 한 사람의 종교는 다른 사람을 해롭게 하지도, 돕지도 못합니다. 종교를 강요하는 것은 종교의 역할이 결코 아닙니다. 사람을 종교로 이끄는 것은 자유의지여야지 무력이어서는 안 됩니다."[24]

그것이 다가 아니다. 윌켄 교수는 제퍼슨이 소장한 테르툴리아누스의 책을 열람하게 해 달라고 요청했다. 그의 말을 들어 보자. "서가에 있던 그 책을 받았다. 1686년 잉글랜드 케임브리지에서 출간된 작은 가죽 정장의 책이었다. 아드 스카풀람(*Ad Scapulam*; '스카풀라에게' 보낸 서신) 2장에 이르자, 놀랍게도 제퍼슨이 그 대목에 밑줄을 치고 빈칸에 크게 엑스(x) 표시를 해 둔 것이 눈에 들어왔다."[25] 윌켄은 제퍼슨이 테르툴리아누스와 락탄티우스에게 직접적으로 영향을 받았다고 주장하지 않는다. 그가 말하려는 것은, 이 위대한 계몽주의 정치가이자 미국 대통령이 현대 세계가 '종교의 자유'를 주장한 첫 번째 세대는 아니라는 사실을 알고 있었다는 것뿐이다.

콘스탄티누스의 회심과 밀라노칙령은 지속적으로 엄청난 유익을 미칠 수도 있었을 것이다(앞으로 보겠지만, 몇 가지 유익은 분명히 있었다). 신약성경, 테르툴리아누스, 락탄티우스, 그리고 다른 많은 이에게서 발견되는 만인을 향한 긍휼과 종교의 자유 원리는 제국을 전혀 다른 방향으로, 빠르게 바꿔 놓을 수도 있었을 것이다. 콘스탄티누스는 종종 복음 전도의 수장으로 행동했지만, 개종을 이끌어 내려는 그의 성향이 제국에서 '무력'으로 나타나지는 않았다.[26] 처음에는 그러했다.

콘스탄티누스가 기독교인들을 다른 이들보다 우대한 몇 가지 조치를 살펴보기 전에, 나는 그의 회심으로 모든 사람이 한 가지 중요한 유익을 얻었음을 대략적으로나마 알려 주고 싶다. 곧, 그가 교회의 자선 활동을 크게 증진시켰다는 부분이다.

눈먼 자들, 병자들, 저는 자들과 궁핍한 자들에게 나누어 주라.
그대가 그렇게 하지 않으면 저들은 죽는다.
사람들은 저들을 무시할지 몰라도 하나님은 다르시다.
— 락탄티우스

7

세상에 스며든
'기독교적 자선'의
첫 단추

300년대 초
로마법의 재정적 변화들

기독교인들은 콘스탄티누스 황제의 회심이라는 엄청난 상황에서 전쟁 기계인 로마와 함께하게 되었다. 그 결과는 복합적으로 나타났다. 우선, 여러 입장에서 관용을 베푸는 놀라운 정책이 불안정하게나마 생겨났다. 하지만 그 정책이 지속되지는 않았다. 콘스탄티누스가 회심하면서 교회는 처음으로 특권과 자격을 누리게 되었으며, '기독교 세계'(Christendom; 그리스도의 영토)라는 방대하고도 세계적인 초강대 세력이 등장할 무대가 마련되었다. 이 모든 것을 나쁘게만 보는 일은 역사적으로 옳은 평가가 아니다. 그중 일부는 아주 좋은 것이었다. 그러나 교회의 눈 속에서 점점 커져가는 "들보"의 존재를 부인하는 것은 엄연히 잘못이다.

나는 콘스탄티누스가 교회에 제공한 특권과 선물에 많은 지면을 할애하고 싶다. 그 이유는 분명하다. 그의 재위 기간 중 313년 밀라노칙령 이후 25년 동안에 이루어진 법적·문화적 변화의 상당수가 이후 천 년 이상 이어진 기독교 최고의 모습과 최악의 모습을 모두 설명하기 때문이다.

예를 들면, 교회는 일정한 세금 혜택에 힘입어 이후 1,500년 동안 사회복지의 주요 원천이 될 수 있었다. 반면, 주교들이 갖게 된 정치적 영향력은 결국 그들 중 일부를 로마의 어떤 원로원 의원 못지않게 부유하고 강력하게, 때로는 그만큼 사악하게 만들었다. 콘스탄티누스의 많은 친(親)기독교 조치들은 도화선에 불을 붙였고, 그것은 수 세기에 걸쳐 서서히 타올라 기독교 역사에서 무수히 많은 성자와 악당을 폭발적으로 양산했다.

막대한 건축 사업

콘스탄티누스의 회심 이후 기독교인들에게 주어진 엄청난 혜택은 매우 실용적이었다. 황제는 훼손되거나 철거되거나 몰수된 교회 건물들을 "원래의 주인, 즉 기독교인들의 모임과 집회에 아무것도 묻지 말고 되돌려 주라"고 명령했다.[1] 이 칙령은 기독교인들의 개별 주택이 아닌 공적 교회 건물에만 해당했다.

특히 흥미로운 부분이 있다. 콘스탄티누스는 교회 건물을 반환하는 일이 비기독교 시민들의 비용으로 이루어지지 않도록 주의하길 강조했다. 일부 건물들은 박해 도중에 국가 관리들이 강탈하여 다른 사람에게 팔거나 선물로 준 상태였다. 그 건물들을 교회에 돌려주려면 국가가 시민들에게 변상을 해야만 했다.[2] 콘스탄티누스는 교회 건물의 반환이 시민의 다수를 차지하는 이교도들에게 손해가 되길 원하지 않았다.

그는 막대한 건축 사업도 새롭게 시작했다. 이는 놀라운 일이 아니었다. 수 세기 동안 황제들은 화려한 재개발 사업으로 여러 도시에 자신의 흔적을 남겼고, 그중 상당수는 종교적 성격을 띠고 있었다. 예를 들어, 아우구스투스(Augustus, BC 63-AD 14) 황제는 유명한 포로 로마노(라틴어로는 포룸 로마눔)와 인근에 있는 마르스 울토르(복수자) 신전을 건축했는데, 둘 다 지금도 로마에서 볼 수 있다. 여행객들은 포로 로마노에서 콜로세움으로 가는 길에 티투스(Titus, 39-81) 황제가 지은 웅장한 티투스 개선문도 볼 수 있다. 70년, 로마가 유대인들과 예루살렘 성전을 상대로 거둔 승리를 기념하기 위해 세운 것이다. 고대 로마의 지도자들은 스스로를 최고의 건축가로 여겼다.

콘스탄티누스의 주요 사업 하나는 로마제국의 수도를 로마에서 북쪽으로 1,300킬로미터 떨어진 비잔티움으로 옮기는 일이었다. 그는 자신의 이름을 따서 그 지역의 이름을 콘스탄티노폴리스로 바꿔 불렀는데, 오늘날의 이스탄불이다. 그는 도시 전역에 큰 교회들과 많은 주택, 행정 중심 건물, 휴양 시설, 도로, 수로교(水路橋), 하수 시설 같은 사회 기반 시설을 건설하도록 명령했다.

콘스탄티누스는 먼 예루살렘과 그 주변 지역에 방대한 기념물들을 세우고 싶어 했다. 기독교인들을 포함한 많은 사람이 놀랐을 것이다. 대부분의 로마 시민은 물론이고 콘스탄티누스조차 방문한 적이 없었던 곳이었기 때문이다.[3]

326년에 콘스탄티누스는 기독교인들의 경건한 후원자였던 자신의 어머니 헬레나가 "거룩한 성" 예루살렘을 방문하고 그리스도께 바치는 새로운 기념물들의 건축을 추천하는 일을 허락했다. 오늘날에도 그곳에 서 있는 가장 화려한 두 건물은 예수 탄생지를 기념하는 베들레헴의 예수탄생기념교회와 지금은 성묘교회로 더 잘 알려져 있는 아나스타시스(부활)교회다. 성묘교회는 당시 그 지역 기독교인들이 예수의 성묘(聖墓), 즉 예수의 무덤이라고 주장했던 1세기의 무덤 바로 위에 건축되었다. 현대의 고고학 조사를 통해 1세기(에 바위를 뚫어서 만든) 무덤의 존재가 확인되었는데, 이 무덤이 자리한 고대 채석장 옆에는 AD 30년에 세워진 예루살렘 성벽 바깥으로 고작 30미터 지점의 동산이 있다.[4] ("바위 속에 판 …… 새 무덤", 마 27:60; "예수께서 십자가에 못 박히신 곳에 동산이 있고 동산 안에 아직 사람을 장사한 일이 없는 새 무덤이 있는지라", 요 19:41 - 옮긴이).

나는 매년 그곳으로 역사 투어를 간다. 투어 참가자들이 현재는 각기 다른 다섯 종파가 관리하는, 거대한 미로처럼 얽혀 있는 건물들과 과도한 종교성에 시선을 빼앗기지 않고 고대 도시의 혼잡함 너머에 있는 고요한 정원의 무덤을 상상하도록 돕는 일을 하는데 이는 대단히 어렵다. 그 현장에서 모두가 예수님의 임재를 느끼지는 않지만, 콘스탄티누스가 남긴 영향은 모두가 본다.

주교, 행정 관리가 되다

황제는 주교(bishop; 감독), 즉 주어진 지역의 성직자들과 교회들을 책임지는 성직 감독자(이것이 '주교'라는 단어의 의미다)에게 특정한 사법권을 주었다. 이는 매우 이상한 혁신이었다. 몇 세기에 걸쳐 로마가 기독교를 그토록 탄압했건만, 300년경 제국의 총 인구 5억 중 기독교인들의 비중은 아무리 적어도 10퍼센트는 되었을 것이다. 그래서 주교들이 많은 사람에게 영적·도덕적 권위를 행사할 수 있었다.[5]

기독교인들은 신약성경의 촉구에(고전 6:1-6) 따라 신자들 사이의 다양한 민사 분쟁을 교회 지도자들에게 맡겨 해결했다. 당시 로마의 법체계는 잘 기능하지 않고 대단히 위계적인 데다 종종 기독교인들은 배제되었기 때문에, 교회 내 대다수의 천한 고소인들에게 이런 방식은 하늘이 내린 선물과도 같았다. 콘스탄티누스는 회심한 지 5년이 된 318년 6월 23일에 기독교인들의 이 관행을 법제화하여 주교들이 노예를 해방시키는 것을 포함해 일정한 사건들을 공식적으로 재판할 수 있게 했다. 이 법은 세속 법정의 소송 당사자가 자신의 사건을 교회 법정으로 옮겨 주교 앞에서 재판받을 수 있다고 아예 명시했다.[6] 좋은 의도에서 만든 법이었지만 이후의 교회사가 보여 주다시피 이는 오용될 여지가 있었다.

성경 사본 제작 사업 후원

콘스탄티누스는 긍정적 혹은 부정적으로 대단히 의미심장한 신학적·사회적 발전의 길을 열었다. 우선 그는 대형 성경 사본 제작 사업을 후원했다. 그것은 그에게 최소한의 성의 표시 같은 일이었다.

303년 대 박해 시절, 디오클레티아누스는 기독교인들을 상대로 성경을 파기하라는 칙령을 내렸다. 이것은 기독교인들에게 큰 피해를 안겼다. 그리스·로마의 다른 많은 종교와 달리, 교회는 종교 집단보다는 학교나 철학 클럽에 더 가까웠다. 이것은 유명한 로마 역사가 에드윈 저지 (Edwin Judge)가 강력하게 내세운 주장이기도 하다.[7] 성경을 제거하는 일은 기독교의 심장부에 타격을 주었다. 대 박해 이전에 만들어진 일부 사본, 곧 복음서와 바울 서신의 사본들이 살아남긴 했지만 디오클레티아누스의 전략이 아니었다면 수천 부의 사본이 남아 있었을 것이다.

어쨌든, 콘스탄티누스는 이런 상황을 뒤집었다. 그는 기독교인들에게 나름의 사본을 만들 수 있는 자유를 부여했을 뿐 아니라, 50권의 화려한 성경 사본을 만들어 제국의 수도로 가져오게 하고, 그 비용을 지불했다. 그가 이 성경들의 제작을 명령하는 서신을 보면 현대 음모론의 주장과 달리 성경의 내용에는 일절 관여하지 않았다는 사실이 분명히 드러난다. 그의 선물은 대단히 의미심장했다.[8]

성경 사본 제작에는 놀랄 만큼의 많은 비용이 들었다. 나는 미시건대학교 파피루스컬렉션의 큐레이터 브렌든 하우그(Brendan Haug)를 인터뷰한 적이 있다. 그곳에는 역사상 가장 귀중한 사본들이 15,000개 이상 보관되어 있다. 삼중의 금고실 안에 자리 잡은 이 공간에는 30쪽에 이르는 양면으로 된 바울 서신들의 가장 초기 파피루스 사본도 있다. 그 사본은 콘스탄티누스보다 100년 이상 앞선 것으로 추정된다. 대화 중에 브렌든은 46쪽으로 알려져 있고 원래는 총 104쪽 분량이었던 이 바울 서신 사본에 일반 노동자의 3년 치 봉급에 해당하는 제작 비용이 들었을 것이라고 말했다.[9] 바울 서신 사본을 만드는 데만 그 정도 비용이 드는데, 바울 서신은 성경 전체 분량의 10퍼센트도 안 된다. 한마디로 성경 한 권의 제작 비용은 노동자의 30년 치 봉급과 맞먹었을 정도다. 게다가, 콘스탄티누스가 제작한 성경 사본 50권에 투입된 재료와 수고에 비하면, 더 이른 시기의 46쪽(둘의 차이를 보려면 검색 사이트에서 "Images of Papyrus 46"과 "Images of Codex Sinaiticus"를 찾아보라) 제작에 들어간 재료와 수고는 아무것도 아니라고 할 만하다. 물론, 대 박해 시대에 다양한 성경 사본이 손실된 것은 무엇으로도 보상할 수 없는 일이지만, 콘스탄티누스가 선물한 50권의 성경은 길이 남을 중요한 선행이었다.

니케아 공의회 325년

콘스탄티누스는 신학에 간접적인 기여를 했다. 전임자들의 잔혹 행위와 사회 불안을 본 그는 자신의 제국이 (그의 표현을 빌리면) "평화롭고 흔들림 없이 조화로운 삶"을 누리기를 바랐다.[10] 그러나 교회 자체를 찢어 놓을 조짐을 보였던 문제가 그에게까지 넘어왔다. 예수 그리스도의 지위에 관한 교리 논쟁은 325년 5-6월에 니케아 시(터키 북서부)에서 열린 교회 지도자들의 전체 모임에서 해결할 수밖에 없었다. 니케아 공의회는 니케아 신경으로 알려진 기독교 교리의 요약을 제시한다. 이것은 오늘날까지 가톨릭, 정교회, 주류 개신교가 수용하는 믿음의 보편적 진술이다.

공의회의 실제 역사는 댄 브라운(Dan Brown)이 2003년에 집필한 베스트셀러 소설 《디빈치 코드》(The Da Vinci Code)보다 훨씬 재미가 덜하다.[11] 니케아 공의회에 대한 이 가상의 이야기는 콘스탄티누스가 국가 통제의 수단으로 미천한 인간 예수를 신으로 드높이기를 원했다고 말한다. 하지만 콘스탄티누스가 6-8주 동안의 회의를 후원하고 환영 연설을 한 것 외에는 어떠한 간섭도 하지 않았다는 것이 사건의 진실이다. 심지어 그가 공의회에서 펼쳐진 논증들의 세세한 내용과 의미를 이해했을 것 같지도 않다.

공의회의 논쟁은 아리우스(Arius)라는 알렉산드리아의 기독교 사제가 얼마 전 내놓은 견해를 중심으로 이루어졌다. 그는 예수님이 하나님의 온전한 성육신이 아니라 인성과 신성을 잇는 다리였다고 말했다. 이는 획기적인 주장이었다. 기독교인들은 1세기 이후로 줄곧 예수님을 하나님으로 불러 온 터였다. 그들은 창조주를 가리키는 구약성경의 구절들을 예수님에게 바로 적용했다.[12] 예수님을 하늘과 땅의 주인으로 여기고 그분을 찬양하는 노래를 불렀다.[13] 그리고 가끔은 대놓고 그분이 하나님이시라고 선포했다.[14] 그러나 그런 일들은 철학적 정신을 가진 이교도들을 어리둥절하게 만들었다. 그들은 절대적 무한(신)이 어떻게 유한(예수라는 유대인)과 연결될 수 있는지 이해할 수 없었다. 이에 아리우스는 예수님이 실제로 하나님이 아니라 신 같은 피조물이라고 말하는 것을 해결책으로 삼았다. 그는 자신의 생각을 "탈리아"(Thalia; '잔치')라는 제목의 시와 대중적 노래들에 담아 사람들이 교회나 다른 여러 곳에서 부르게 했다.[15]

점점 아리우스의 생각이 퍼져 나갔다. 그 기세가 이어졌다면 이후 30년이 지난 어느 시점에는 아리우스주의(Arianism)가 다수의 입장이 되었을지도 모른다.[16] 콘스탄티누스는 그저 온갖 논쟁을 멈추게 하고 싶었다.[17] 250명에서 320명 사이의 교회 지도자들, 주로 주교들이 니케아 공의회에 참석했다. 그들 중 겨우 두 명만 아리우스의 제안에 찬성표를 던졌다. 나머지는 공의회의 결과로 나온 니케아신경의 표현과 같은, 다음의 내용을 긍정했다. "우리는 한 분 주 예수 그리스도를 믿는다. 그분은 하나님의 독생자시고, 영원히 아버지로부터 태어나셨고, 하나님으로부터 오신 하나님이시며, 빛으로부터 오신 빛이시며, 참하나님으로부터 오신 참하나님으로서 창조되지 않고 태어나신 분이며 아버지와 동일 본질이시다."

콘스탄티누스의 인도주의와 반反유대주의

콘스탄티누스는 종교적 문제로 특별히 바쁘게 움직였지만, 다른 많은 일도 했다. 첫째, 콘스탄티누스는 모든 사람에게 일주일에 하루의 휴식을 명했다. 유대교의 안식일(모세의 유명한 십계명의 제4계명) 개념을 제외하면, 고대 세계에는 정기적이고 예정된 휴식이 사실상 알려져 있지 않았다. 농민들은 매일 일했고, 엘리트들은 할 수 있는 한 적게 일했다. 콘스탄티누스는 유대인 성경에 근거하여 모두에게 적용 가능한 휴일을 명했다. 법령이 시행된 것은 321년이다.[18] 정기적 휴일을 전혀 몰랐던 이들에게는 대단한 사건이었다. 서구의 주말 개념이 있는 것은 모세와 콘스탄티누스 덕분이다.

둘째, 오늘날의 우리 기준으로 보자면 콘스탄티누스는 여전히 가혹한 통치자이지만, 사실 그는 당시의 특정한 공식 처벌을 중단시킨 인물이다. 그런 처벌들이 정의에 대한 모욕이라고 믿었기 때문이다. 그는 십자가 처형을 불법화했다.[19] 그리고 316년 3월에는 유죄판결을 받은 범죄자 얼굴에 낙인을 찍거나 문신을 새겨서는 안 된다고 결정했다. 사람의 얼굴이 하늘의 아름다움과 비슷한 모습으로 만들어졌다는 것이 그 이유였다. 이것은 세속법에서 '하나님의 형상'을 처음으로 언급한 대목이다.[20] 이후, 범죄자들은 얼굴 대신 손이나 허벅지에 표시를 했다.

이와 유사하게, 325년에는 검투사 경기의 금지를 시도했다. 그의 칙령은 이렇게 시작된다. "피가 낭자한 구경거리는 짐을 불쾌하게 한다. 짐은 검투사의 존재를 전면 금지한다."[21] 이 법은 제국의 동방 지역에서는 즉시 시행된 것으로 보인다. 하지만 로마와 제국의 서방 지역에서는 이로부터 수십 년이 지난 뒤에야 검투가 근절되었는데, 이 이야기는 따로 소개할 만한 가치가 있다.

콘스탄티누스가 세상을 떠나고 오랜 시간이 지난 404년에도 검투 경기의 완전 금지는 이루어지지 않았다. 결국 그 일을 이루어 낸 사람은 텔레마쿠스(Telemachus)라는 기독교인이었다. 그는 동로마제국 속주들 중 한 곳에 살던 경건한 수도사였다. 그는 한 번의 극단적인 행동으로 수 세기 동안 지속되었던 산업을 무너뜨렸다. 오늘날 우리는 수도사를 기도하고 찬양하는 것 외에는 별다른 일을 하지 않는 외톨이 정도로 생각한다. 하지만 3-4세기의 수도사들은 기독교의 큰 공적 자산이었다. 그들은 내세를 지향했지만 거리에서 자선 활동을 열심히 수행했고, 학식이 어느 정도 있으면서도 동전 한 푼 없이 지냈다. 죄에는 단호했지만 죄인들은 어떻게든 잘 불러 모았다.[22]

어쨌든, 어느 날 로마로 간 텔레마쿠스는 유혈 스포츠에 반대하는 기독교의 가르침을 완전히 새로운 차원으로 끌어올렸다. 검투사가 싸우던 경기장에 나타난 그는 난간을 뛰어넘어 투기장으로 달려 들어가 싸움을 중지시켰다. 한 자료에 따르면, "관중이 분개하여 그 평화의 사자에게 돌을 던져 죽였다." 이 소식을 전해 들은 호노리우스(Honorius, 재위 395-423) 황제는 텔레마쿠스를 '순교자'로 선언했고 마침내 500년 된 전통을 중지시켰다.[23] 18세기 유명한 역사가 에드워드 기번(Edwrad Gibbon)은 "텔레마쿠스의 죽음은 그의 삶보다 인류에 더 유용했다"고 비꼬았다.[24] 기번은 종교를 흉보는 농담을 할 기회를 놓치지 않았다. 나는 그에게 이렇게 대답하고 싶다. 텔레마쿠스가 인류의 가치를 위해 죽음을 무릅쓸 수 있었던 것은 바로 그가 살아온 삶 때문이었다고.

셋째, 콘스탄티누스는 가족법을 인도적인 방식으로 바꾸었다.[25] 320년 1월 31일에 그는 결혼하지 않은 사람들이나 자녀를 낳지 않는 부부를 처벌하는 오래된 로마법을 폐기했다. 그들은 다양한 상속법과 증여 관련법에서 배제되고 있었다. 콘스탄티누스는 그 모든 상황을 중단시키고 독신자와 자녀가 없는 이들도 "동등한 지위를 갖게 될 것"이며 더 나아가 "동일한 규정이 여자들에게도 유효할 것"이라고 선언했다.[26]

또한 그는 로마법 아래에서는 이혼이 더 어려워지게 만들었다. 이혼녀가 분명히 불리했던 시기였기에 이 조치는 많은 이들에게, 특히 남자보다 여자에게 더욱 하늘이 내린 선물처럼 느껴졌을 것이다. 새로운 법령은 "남편이 아내와 이혼하는 것을 허용하는 사유가 제한될 것"이라고 분명하게 진술했다. 만약 남편이 어쭙잖은 근거로 아내와 이혼했다는 사실이 밝혀지면, "그는 아내의 지참금 전액을 돌려주어야 하고, 다른 여자와 결혼할 수 없다. 만약 그가 그렇게 한다면(즉 사소한 이유로 이혼하고 다른 여자와 재혼한다면), 전처는 그의 집에 들어가 그 집을 빼앗고 자신이 당한 일에 대한 보상으로 재혼한 아내의 지참금 전액을 가져올 권리를 얻게 될 것이다."[27]

콘스탄티누스는 313년, 315년, 322년에 또 다른 일련의 법령 선포를 통해 유기의 관행에 따라 부모가 영아들을 내다 버리게 하는 경제적 원인을 해결하려고 시도했다. 법령의 내용은 이러했다. "어떤 부모든 가난해서 자녀를 기르기 힘들다고 신고하면, 지체 없이 식량과 의복을 제공해야 한다."[28] 콘스탄티누스는 교회를 이 사업을 위한 복지물품 배급의 중심지

로 활용했다.[29]

넷째는, 이렇게 말하기 좀 그렇지만 전혀 인도주의적이지 않았다. 콘스탄티누스는 유대인들에게 불리한 법을 제정했다. 그는 유대인들이 기독교인 노예를 소유하는 것을 금지했다. 그러나 "구세주께서 값 주고 사신 자들이 선지자들과 주님을 살해한 민족을 위해 노예의 멍에를 매는 일은" 부적절하다는 종교적 근거는 터무니없었다.[30] 유대인들의 기독교인 노예는 자유를 얻었다. 유대인들이 비유대인 노예들에게 할례를 행하는 일도 금지되었다. 그런 일을 하다 발각되면, 노예를 잃게 될 뿐 아니라 극형에 처해졌다.

노예제 자체가 오랜 세월 대부분의 교회의 맹점으로 남아 있었다는 비극은 10장에서 다루기로 하고, 지금은 이 법령에 선명하게 드러난 최초의 제도화된 '기독교적' 반유대주의에 주목해 보자. 기독교는 유대교 쇄신 운동으로 시작했다. 그러나 3세기 만에 한 기독교인 황제가 유대 민족을 2등 시민이자 "그리스도 살해자"로 규정한 것이다. 이 반(反)유대주의 법령은 336년 5월 8일, 즉 콘스탄티누스가 사망하기 1년 전에 재가되었다. 이 법령은 향후 수십 년, 수 세기 동안 이어질 일들의 불길한 징후였다.

교회와 과세

콘스탄티누스가 가장 의미심장한 법률적 변화를 일으킨 것은 아마도 재정 정책과 조세 감면 부분일 것이다. 이 두 가지는 교회와 사회에 막대한 영향을 끼쳤다. 이번 장의 나머지 지면은 이 부분에 할애하려고 한다.

321년 7월 3일, 작지만 의미심장한 재정 변화가 일어났다. 그날 콘스탄티누스는 "누구나 사망 시에는 가장 거룩하고 공경할 만한 기관인 가톨릭 교회에 자신이 원하는 어떤 재산이든 이양할 자유를 가진다"고 규정했다.[31] 여기 나오는 "가톨릭"은 전체 교회를 가리키는 단어일 뿐이다. 어쨌든, 다른 집단에는 이미 허락되었던 비과세 증여를 교회에 허용하는 이 법령은 결국 교회가 자급자족을 넘어 그 이상의 부를 쌓게 되는 데 막대한 영향을 미치게 된다! 시간이 가면서 교회의 보유 재산은 헤아릴 수 없이 늘어났다. 321년 여름에는 작은 세금 혜택으로 보였던 것이 교회의 주 수입(재산)원이자 교회를 향한 납득할 만한 비판의 주요 원인으로 자리 잡는다.

또 다른 재정 혜택은 성직자의 '공공 업무' 면제였다. 제국의 많은 중산계급 시민들은 다양한 종류의 공공 업무를 수행해야 했다. 이를 세금의 일종으로 생각할 수 있다. 여기에는 방문하는 군인과 관리를 위한 숙소 제공, 도시에 필요한 물품 공급, 시의회 참석이 포함되었다. 시민들에게 이런 공공 업무는 부담스러운 일이었다. 그 때문에 생업에 쓸 시간을 줄여야 하는 경우는 특히 더 그랬다. 현대식으로 말하면 호주의 배심원 의무나 이스라엘의 군복무가 여기에 해당할 것이다. 프랑스 정부가 최근 발표한 바에 따르면, 16세가 된 모든 시민은 한 달 동안 봉사 훈련, 이를테면 응급처치 같은 훈련을 받아야 하고, 그 후에는 석 달 동안 공익을 위한 자원봉사를 하도록 장려한다.

어쨌든, 밀비우스 다리에서 승리를 거둔 지 겨우 6개월이 지난 313년 봄, 콘스탄티누스는 아프리카의 총독 아눌리누스(Anulinus)에게 서신을 보내 속주의 성직자들은 "모든 공공 업무에서 절대적으로 면제되어야 한다"고 전했다. "왜냐하면 그들이 신에게 최고의 봉사를 다할 때 국사에도 헤아릴 수 없는 유익을 주기 때문이다."[32]

로마 사회에서 [기독교] 성직자들만 시민의 의무를 면제받은 것은 아니었다. 모든 이교 사제들, 교수들, 의사들, 유대교 회당의 지도자들이 동일한 특권을 이미 누리고 있었다. 콘스탄티누스는 그 특권을 기독교 성직자들에게까지 확장한 것이었다.[33] 콘스탄티누스는 교회와 관련된 성직자들의 활동은 이미 귀중한 공공 업무라는 논리를 가졌다. 성직자들의 활동에는 문병, 자선물품 분배 등의 일들이 일어나도록 설교를 통해 가르치는 일이 포함되었다. 이런 면제 규정들은 이후 15년 동안 일련의 법령을 통해 제국 전역에서 더 광범위하게 공식화되었다.[34]

여기엔 영리한 단서 조항이 있었다. 중요한 공공 업무를 수행할 수 있는 부유한 시민들은 성직자가 되는 것이 명시적으로 금지되었다. 그들이 교회를 핑계로 삼아 공공 업무 형태의 과세에서 빠져나가지 못하게 하기 위함이었다. "데쿠리오네스(decuriones; 고대 로마의 중산계급부터 상류계급에 이르는 시민-옮긴이)나 그 후손" 또는 충분한 재산이 있는 사람은 누구도 성직자의 직책과 봉사를 피난처로 삼아서는 안 된다." 또한 성직자는 '재산이 적은' 사람들 중에서만 뽑아야 했다.[35] 이 법령은 콘스탄티누스 이후 적어도 한 세대를 살아남았고 346년의 법률에 재차 포함되었다.[36] 프린스턴대학교의 피터 브라운(Peter Brown)은 이 기간의 로마법이 기독교 성직자들을 다소 깔보는 견해를 갖고 있었다고 말한다. "주교들과 성직자들이 특권을 받은 것은 정확히 그들이 부자들과 동등하지 않다고 여겨졌기 때문이다."[37] 물론, 곧 시대가 달라질 터였다!

우리는 콘스탄티누스의 법령 중 하나에서 제국의 다른 단체들과 종교들이 누렸던 것과 동일한 특권을 교회에 제공한 근거를 찾을 수 있다. 황제가 회심하고 15년이 지난 329년 6월 1일자의 법령은 부자들이 성직자가 되는 것을 금지하는 규정을 재가한다. 그렇게 함으로써 이 법령은 부자들과 교회의 역할을 명확하게 구분한다. "부자들은 〔세금과 공공 업무를 통해〕 세속적 책무를 감당해야 하고, 가난한 사람들은 교회의 부로 지원받아야 한다."[38] 다시 말해, 부유한 시민들은 국가의 문제를 챙겨야 하고, 기독교인들은 가난한 자들을 계속 도와야 한다는 것이다. 교회가 비과세 지위를 받은 이유는 사실상 제국의 자선 사업을 담당했기 때문이었다. 이것은 전에 없던 완전히 새로운 현상이었다.

그리스·로마 사회의 자선

오늘날 우리는 자선 서비스를 널리 이용 가능한 상황을 당연하게 여긴다. 하지만 고대 세계에는 상황이 달랐다. 부유한 시민들이 가난한 이들을 돌볼 도덕적 의무가 있다는 생각은 이 시기의 그리스·로마에서는 거의 존재하지 않았다. 거의 존재하지 않았다고 말하는 이유는 남아 있는 문헌에 지역사회에서 인도주의적 형태의 보살핌을 실천한 개인들에 대한 언급이 가끔 보이기 때문이다.[39] 하지만 자선은 플라톤, 아리스토텔레스, 에피쿠로스, 세네카, 에픽테토스, 플루타르코스를 막론하고 그 시대의 주요 도덕 담론의 어떤 부분도 차지하지 않았다.

유명한 델포이의 금언을 생각해 보라. 147개의 간결한 명령으로 '선한 삶'을 요약한 이 격언은 대단히 인기가 있었다. 여기에 담긴 보석 같은 명령에는 "친구를 도우라", "은혜를 갚으라", "선한 사람을 예우하라", "자신을 존중하라", "운을 믿지 말라", "아무도 멸시하지 말라", 그리고 현명한 원리인 "살인하지 말라"도 있다. 그러나 "가난을 바로잡으라", "궁핍한 자들과 나누라", 또는 그 비슷한 내용은 전혀 없다.[40]

고대 세계에서 자선에 대한 기록이 이처럼 드문 한 가지 이유는 실용적인 면 때문이다. 당시에는 나눌 것 자체가 많지 않았기 때문에 여분의 것을 가족이나 친구, 피후견인이 아닌 사람들과 나누는 일은 이치에 맞지 않았다. 보다 이론적인 이유들도 있었다. 가난은 종종 신들의 형벌로, 덜 종교적인 표현으로는 우주의 균형을 잡는 원리로 여겨졌다. 많은 이는 세상이 끝없이 반복되고 순환한다고 믿었으며 우주의 '이성적 원리'는 전생의 불의를 바로잡는 경향이 있다고 생각했다.

콘스탄티누스 한 세대 전에 대단한 영향력을 행사했던 신플라톤주의 철학자 플로티노스(Plotinus, 205-270)는 이렇게 표현했다.

> 이성적 원리는 각 상황에서 현재만 보는 것이 아니라 과거의 주기들과
> 미래까지 보는데, 그것을 통해 인간의 가치를 결정하고 지위를
> 변경하기 위해서다. 이전에 나쁜 주인이었던 사람은 노예로 만들고

재산을 잘못 사용한 사람들은 가난하게 만드는 것이다. …… 우리는
우주의 질서가 영원히 이런 모습일 것이라는 결론을 내려야 한다.[41]

플로티노스는 당대의 상당히 고매한 철학자였다. 하지만 그조차 궁
핍한 사람들은 그런 궁핍함을 겪어야 마땅한 이들일 거라고 생각했다. 그
런 관점에서 보면, 사람들이 친지의 경계 너머에 있는 이들을 보살펴야
할 충분한 근거는 없다.

BC 4세기에 플라톤은 어려운 시기에 무너진 덕스러운 시민들은 공
동체 전체의 지원을 받을 만하지만, "무가치한 가난뱅이"들은 추방해야
한다고 주장했다. 그리고 지혜로운 입법자라면 거지들이 "땅에서 완전히
제거될 수 있도록" 그들을 도시에서 제대로 추방할 거라고 말했다.[42] 로마
제국의 관리들은 플라톤의 현명한 조언을 따랐다. 로마 원로원은 기근의
때에 비시민들을 도시에서 추방했다. 곡물 배급은 도시의 가난한 대중이
아니라 현대의 시민증 또는 여권에 해당하는 청동이나 납으로 된 테세라
(tessera)를 제시할 수 있는 시민들에게만 이루어졌다.[43]

물론, 부자들의 '선행'은 고대 로마의 삶에서 볼 수 있는 중요한 특
징이었다. 황제들과 다른 엘리트들은 오로지 시민들에게만 선물을 제공
하곤 했는데, 이를테면 기근 시의 식량 공급은 물론이고, 건물과 기념물
건축, 공공경기 개최 등이었다. 이에 해당하는 단어가 에우에르게티즘
(euergetism; 좋은 일)이었고, 이 단어는 필로티미아(philotimia; 명예에 대한 사랑)의 덕
과 긴밀히 이어져 있었다. 고대의 공적 선행은 인간의 필요에 의거한 자
선이 아니라, 사회계약이었다.

프린스턴대학의 피터 브라운에 따르면, 이런 민간의 에우에르게티즘에는 "가난한 자들을 향한 긍휼이 전혀 담기지 않았다."[44] 이런 이유로, 당대의 기독교 저술은 그리스·로마 윤리의 이 기이한 측면을 자주 비판했고 보상이나 명예를 얻기 위한 친절은 "자선"(charity), 즉 사랑이라고 불릴 자격이 없다고 주장했다.[45]

기독교적 자선의 탄생

테레사 모건(Teresa Morgan)은 옥스퍼드대학교에서 그리스·로마 역사를 가르치는 교수다. 그녀는 로마 세계의 주류 윤리를 다룬 책을 썼다.[46] 2019년의 인터뷰에서 나는 그녀에게 기독교가 고대인들의 삶에 가장 독특하게 기여한 것이 무엇인지 물었다. 그녀는 '자선'과 '사랑'을 말했다.

기독교인들은 하나님이 그들을 절대적으로 사랑하신다고 배웁니다. 그렇기 때문에 하나님을 신뢰할 수 있고 사랑할 수 있다고 배웁니다. 그리고 그런 풍성한 사랑을 받았기 때문에 거리낌 없이, 아주 관대하게 서로를 사랑할 여유가 있다고 배웁니다. 이것은 하나님과 우리의 관계가 다른 사람과 우리의 관계에 영향을 미친다고 보는 전혀 새로운 인간관계 모델입니다. 이런 생각은 유대교를 제외하면 고대 종교의 사고방식에서는 전반적으로 찾아볼 수 없습니다. 이것은 당시의 대중적 윤리의식에 자리 잡은 어떤 생각과도 완전히 다릅니다.

그런 사랑 개념은 약자에 대한 보살핌을 이끌어 냅니다. 고대 세계는
사회안전망이 전혀 없었습니다. 그러나 기독교인들이 사회안전망을
만들어 냅니다. 그들은 과부와 가난한 사람들, 고아들, 대부분의
사회에서 그냥 거리로 내쫓기는 사람들을 보살피는 일로 명성이
높았습니다.[47]

모건 교수는 서구 세계 속 자선의 기원에서 볼 수 있는 중요한 특징
하나를 짧게 언급한다. 그것은 기독교적인 것이기 이전에 유대교적인 것
이었다. 유대교 성서, 즉 기독교의 구약성경은 여러 대목에서 거듭 신자
들에게 가난한 이방인, 고아와 과부를 도우라고 촉구한다.[48] 심지어 어떤
본문들은 가진 자들의 남는 것은 실제로 신성한 권리에 따라 '가진 것 없
는 자들의 소유'라고까지 말한다.[49] 유대인들은 서로를 너무나 잘 돌보았
고 어느 황제의 표현처럼 "어떤 유대인도 구걸할 필요가 없었다."[50]

예수님도 초대 기독교인들도 모두 유대인이었다. 유대인들은 가난
한 사람들을 보살피는 일을 당연하게 여겼다. 하지만 다른 많은 사안의
경우처럼, 예수님은 유대인들의 자선 관행을 더 철저하게, 즉 모든 사람
에게 실천하라 하셨다. 그분은 도발적인 '선한 사마리아인' 비유(눅 10:30-
37), 즉 한 유대인이 예루살렘과 여리고를 오가는 길에서 강도를 만난 후
방치되어 죽음의 위기에 처한 이야기를 들려주신다. 성전 제사장이 그를
보았지만 도울 마음이 없어서 그냥 지나친다. 성전 일을 하던 레위인도
똑같이 한다. 그다음 사마리아인이 등장한다. 그는 가던 길을 멈추고 그
사람을 보살핀다. 상처를 싸매고 근처 여관으로 데려가 숙박비를 지불하

고 나중에 돌아와 환자의 상태를 확인한 뒤 추가 비용을 지불한다.

오늘날 '선한 사마리아인'은 그와 유사한 사랑의 행동을 하는 사람을 뜻한다. 그러나 당시 이 이야기의 핵심은 사마리아인들이 유대 민족의 민족적·종교적 원수라는 점이었다. 예수님은 유대인이 아니라 사마리아인을 비유의 주인공으로 삼으셔서 하나님의 명령에 충실하게 살지 못하는 자기 민족을 비판하시며, 동시에 민족적·종교적 경계를 뛰어넘어 긍휼을 베풀어야 한다고 주장하셨다. 그분은 "가서 너도 이와 같이 하라"라는 엄중한 말씀으로 이 비유를 마무리하신다.[51] 기독교인들은 정말 가서 이와 같이 했다. 그들은 유대교의 자선 전통을 이어받아 유대인과 이교도, 신자와 비신자에게 똑같이 베풀었다. 이에 관한 몇 가지 증거를 살펴보자.

1세기 중엽, 40-50년대에 사도 바울은 역사에 기록된 첫 번째 국제 원조 사업을 수행했다. 그는 기근에 시달리는 유대인들을 위해 그리스와 소아시아(터키)의 비유대인 기독교인들로부터 후원금을 모았다.[52] 위대한 사도 베드로는 제국 전역으로 선교에 나선 바울에게 "가난한 자들을 기억"(갈 2:10)해 달라고 이미 당부했다. 바울은 그 말대로 가난한 자들을 기억했다. 그의 아름다운 몇몇 가르침은 더 부유한 지역의 기독교인들에게 자선의 원동력을 상기시켰다. "여러분은 우리 주 예수 그리스도의 은혜를 알고 있습니다. 그리스도께서는 부요하나, 여러분을 위해서 가난하게 되셨습니다. 그것은 그의 가난으로 여러분을 부요하게 하시려는 것입니다. …… 나는 다른 사람들을 편안하게 하고, 그 대신에 여러분을 괴롭게 하려는 것이 아니라, 평형을 이루려고 하는 것입니다"(고후 8:9, 13, 새번역).

우리는 여기서 다시 한 번 아름다운 곡조가 울려 퍼지는 것을 볼 수 있다. 우리를 향한 그리스도의 희생적 사랑은 다른 이들을 향한 실천적 사랑의 영감을 제공한다. 사도 요한은 1세기 말엽에 거의 동일한 주장을 펼친다. "그가 우리를 위하여 목숨을 버리셨으니 우리가 이로써 사랑을 알고 우리도 형제들을 위하여 목숨을 버리는 것이 마땅하니라 누가 이 세상의 재물을 가지고 형제의 궁핍함을 보고도 도와줄 마음을 닫으면 하나님의 사랑이 어찌 그 속에 거하겠느냐"(요일 3:16-17).

신약 시대 이후, 기독교인이 교회 예배를 묘사한 가장 오래된 글은 공적 기독교 신앙의 옹호자로 유명한 순교자 유스티누스(Justinus, 100-165)의 글이다. 그는 예배 모임의 다섯 가지 고정적 요소를 요약한다. 사도들이 작성한 글 읽기, 정해진 지도자의 가르침, 빵과 포도주를 나누는 감사의 식사, 공적 기도, 끝으로 "고아와 과부, 그리고 질병이나 또 다른 이유로 어려움에 처한 이들과 감금된 이들"을 위한 헌금(collection)이다.[53]

이와 비슷한 시기에 우리는 기독교 지도자들이 교회의 부자들에게 권고한 내용을 엿볼 수 있다. 150년경 로마에서 기록된 *The Shepherd of Hermas*(헤르마스의 목자서)는 이렇게 선언한다. "누구든 할 수 있는 대로, 밭이 아니라 어려움에 처한 영혼을 사고, 과부와 고아를 찾아가십시오. 그들을 소홀히 여기지 마십시오. 여러분이 하나님께 받은 부와 모든 소유를 이런 종류의 밭과 집을 사는 데 쓰십시오."[54]

기독교가 법적으로 공인되기 오래전이었던 250년, 로마 교회는 엄청나게 많은 수의 가난한 사람을 지원하는 일에 최선을 다하고 있었다. 로마의 주교(감독) 코르넬리우스(Cornelius)는 먼 안티오키아의 한 교회 직분자에게 쓴 편지에서 교회의 다양한 사역자들과 활동을 짧게 언급한다. 교회에는 "46명의 장로(즉 사제 또는 교사), 7명의 집사" 등이 있고 "1,500명이 넘는 과부와 어려움에 처한 사람들이 있는데, 그들 모두가 주님의 은혜와 자비로 부양을 받고 있습니다."[55] 그들의 복지 프로그램에 속한 1,500명은 로마에서 가장 규모가 큰 장인(匠人)협회의 규모와 맞먹는다.[56]

기독교인들은 가장 어려운 상황에서도 이런 프로그램들을 유지했다. 같은 시기, 즉 3세기 중엽에 팬데믹이 지중해를 덮쳐 10년 동안 여러 도시를 피폐하게 만들었다. 역사가들은 이것을 "키프리아누스 역병"(Cyprian Plague)이라고 부르는데, 이 질병의 성질에 대한 가장 분명하고도 직접적 기록을 남긴 북아프리카 카르타고의 주교 이름에서 따왔다. 252년 키프리아누스는 팬데믹이 발생했을 당시에 이런 기록을 남겼다. "계속되는 설사, 기력이 떨어짐, 골수에 생긴 염증이 심해지면서 상처가 생김. …… 끊임없는 구토로 장이 불안정하여, …… 눈이 충혈되고 화끈거림."[57] 환자가 어떤 상태인지 감이 올 것이다. 어떤 이들은 키프리아누스가 묘사한 것이 에볼라 같은 필로바이러스(filovirus)일 것이라고 추측했다.[58]

키프리아누스 역병의 의학적 세부내용이 어떻든 간에, 당시 기독교인들은 병자들을 보살필 의무가 있다고 느꼈고 그에 관한 놀라운 증거가 남아 있다. 그때는 가족들이 질병의 첫 징후가 보이는 가족의 일원을 버리는 경우가 많았다. 그들이 감염 관리에 무지했을지는 몰라도, 병자와 접촉하면 거의 죽는다는 것은 분명히 알았다.

이 시기에 이집트 북부 지중해변에 위치한 도시, 알렉산드리아에서 온 편지는 역병이 덮쳤을 때 그 도시를 가득 채운 무서운 공포를 기록하고 있다. "그들은 질병의 첫 단계에 접어든 사람들을 쫓아냈고 사랑하는 이들을 피해 달아났다. 역병이 퍼져 전염되는 것을 막기 위해 거반 죽은 사람들을 도로에 내던졌고 매장되지 않은 시체들을 더러운 쓰레기 취급했다."[59] 이 편지를 쓴 사람은 알렉산드리아의 주교 디오니시우스(Dionysius, 200-264)였다. 그는 팬데믹의 한복판에서도 두려움을 이기고 그리스도의 길을 따랐던 기독교인들을 칭찬한다.

> 우리의 많은 형제가 자신을 돌보지 않고 넘치는 사랑과 효성 같은
> 친절함으로 서로를 붙들어 줍니다. 위험을 개의치 않고 병자들을
> 방문하고 그들을 부지런히 돌보고 그리스도 안에서 보살핍니다.
> 병자에게서 질병이 옮아도 이웃의 아픔을 짊어지고 그들의 고통을
> 기꺼이 떠안습니다. 최고의 형제들이 이렇게 하다 이 세상을
> 떠나갔습니다. 그중에는 장로와 집사들이 있고 평신도들도
> 있습니다.[60]

우리가 사는 이 시대가 팬데믹으로 몸살을 앓고 있다(나는 2020년 후반에 이 글을 쓰고 있다). 나는 디오니시우스가 '사회적 거리두기' 조치를 거부한 것이 잘한 일이라고 말하려는 게 아니다. 내가 볼 때 거리두기는 돌봄의 핵심적 측면이다. 그럼에도 불구하고, 그의 기록에선 의학적 지식은 부족할지 몰라도 영웅적인 면모가 드러난다. 예수님이 승천하시고 200년이 지난 시점에서도 기독교인들은 여전히 선한 사마리아인의 비유를 읽고 있었던 것 같다. 그 비유에는 상처를 씻어 주고 다친 사람을 안전한 곳으로 데려다주라는 말씀이 들어 있다. 그들은 "가서 너도 이와 같이 하라"는 명

령에 주의를 기울이고 있었다.

마지막 증거 자료는 그로부터 50년 후, 대 박해(303-312) 시기에서 찾을 수 있다. 당시 자료에는 키르타(북아프리카) 시에 있는 한 교회의 자선 프로그램이 세세하게 담겨 있다. 로마 관리들은 숨겨진 귀중품을 압수하기 위해 키르타의 교회로 들어갔다. 5장에서 나는 당시의 심문 기록을 인용했는데, 그 자료에 따르면 관리들은 기독교 성경 사본 스물일곱 권을 압수하여 폐기했다. 그들은 금전적 가치가 있는 물품도 찾으려 했다. 교회가 이교 신전과 비슷하다고 생각했던 것 같다. 이교 신전에는 종종 귀중품 보관실에 여러 가지 보물이 있었고 신전은 때때로 은행의 기능도 했기 때문이다.

키르타 교회에 몇 가지 귀중품이 있었는데, 주로 교회 예배에 사용되는 그릇이었다. 보고서에 그 품목이 나열되어 있다. 황금 성배 둘, 은 성배 여섯, 청동 촛대 일곱 등이 적혀 있다. 그다음 그보다 값어치가 덜한 물품들의 목록이 죽 이어지는데, 교회 창고에서 가져온 가난한 사람들을 위한 옷가지였다. "여성용 튜닉 82벌, 망토 38벌, 남성용 튜닉 16벌, 남자 신발 13켤레, 여자 신발 47켤레, 페전트 버클 19개"라고 적혀 있다. 관리들은 건물을 더 수색하고 식당을 발견했다. 기록에는 이렇게 적혀 있다. "거기서 병 4개와 항아리 6개를 찾았다."[61] 로마 당국이 발견한 것은 교회의 진정한 '보물', 즉 자선 프로그램이었다.

지난 몇 쪽에 걸쳐 소개한 내용은 예수님 시대 이후부터 콘스탄티누스 회심 이전까지 초대 기독교인들 사이에서 폭발적으로 증가한 자선 활동에 대한 남아 있는 증거 중 극히 일부에 불과하다. 황제가 마침내 교회를 박해에서 해방시키고 세금을 면제해 준 일은, 세상이 이후에 보게 될 최대 규모의 자선 활동을 풀어 준 것과 다름없었다. 이것은 결코 사라진 적이 없었던 기독교인들의 행동의 한 측면이다. 교회사의 가장 부유하고 태만하고 폭력적인 시기에도 가난에 대처하는 자세는 세상 속 교회의 중심적 소명으로 남아 있었다. 복지를 상당 부분 국가와 기타 세속적인 인도주의 단체들도 제공하는 오늘날의 서구에서도 여전히 그렇다.

4세기에 자선 활동이 폭발적으로 증가한 이유는 그리스도의 가르침이 서구 사회의 역사에 영향을 줌으로써 나타난 분명한 결과였다. 피터 브라운이 쓴 고대의 부와 자선을 다룬 권위 있는 저서의 마지막 문장을 빌리자면, 4세기 로마는 "우리 세계 이전의 세계"였지만, "부와 가난에 대한 우리 견해의 매우 많은 부분이 이 세계에서 유래했다."[62]

300년대 초에 콘스탄티누스가 교회에 면세 혜택을 준 일로 교회는 더 많은 자선 활동을 할 수 있게 되었다. 이는 이후 대부분의 서구 국가들에서 시행된 비슷한 조치의 예고편이라고 할 수 있었다. 조세 감면 조치가 그 일의 영웅적인 면모를 좀 덜하게 만들었을지는 몰라도, 자선 활동이 보다 널리 퍼지게 해 준 것도 사실이다. 오늘날에도 호주 같은 나라에서는 재정 규모 상위 50개 자선단체의 대부분이 기독교 관련 단체들이다.[63] "가서 너도 이와 같이 하라"는 그리스도의 명령과 "교회의 세금을 감면하라"는 콘스탄티누스의 명령이 결합하여 우리 세계를 중요한 방식으로 새롭게 변화시켰다.

337년 부활절 직후 콘스탄티누스 황제는 큰 병이 들었다. 그는 기력이 회복되기를 바라며 온천 도시인 헬레노폴리스로 향했다. 자신의 병세가 회복 가능성 없이 나빠지고 있음을 분명히 알게 된 후, 그는 니코메디아로 가서 그곳의 주교에게 세례를 요청했다. 콘스탄티누스가 회심하고 25년 만에 세례를 받는 것이 이상하게 보일 수도 있지만, 4세기에 이런 일은 드문 경우가 아니었다. 세례는 때로 신앙의 입문이라기보다는 신앙의 인침으로 여겨졌기 때문이다. 그래도 콘스탄티누스는 '세례준비자'(catechumen), 즉 기독교 신앙의 학생으로 통치 기간 내내 기독교인으로 여겨졌다. 어쨌든, 그는 자주색 의복을 벗고 제자의 소박한 흰옷으로 갈아입은 뒤 세례를 받았다. 며칠 후 그는 죽었고 콘스탄티노폴리스에 장사되었다.

콘스탄티누스 같은 인물을 그가 죽은 지 17세기나 지난 이 시점에서 정신 분석한다는 것은 불가능한 일이다. 현대 역사가들에게 그의 동기와 내면의 삶은 불분명한 채로 남아 있다. 하지만 그가 기독교인으로서 구사한 표현에는 신앙에 대한 그의 접근 방식과 그것이 제국 시민들에게 미친 영향을 설명하는 데 어느 정도 도움이 되는 주목할 만한 특징이 있다. 케임브리지대학교의 아널드 존스(Arnold H. M. Jones)는 깊은 연구의 산물인 *Constantine and Conversion of Europe*(콘스탄티누스와 유럽의 개종)에서 황제가 하나님을 주로 능력의 신으로 말했다고 지적했다. 그가 즐겨 쓴 표현들은 "능하신 분, 지존하신 하나님, 만유의 주님, 전능하신 하나님" 등이었다.

존스의 말을 들어 보자. "그가 하나님을 구세주라고 말한 경우는 아주 드물었고 하나님이 사랑이 많다거나 긍휼이 풍성하다고 말한 적은 한 번도 없다." 남아 있는 콘스탄티누스의 서신, 연설문, 칙령을 볼 때, "그와 하나님의 관계를 규정한 것은 사랑이 아닌 두려움과 소망이었다."[64]

처음 300년 동안의 초기 기독교 문헌의 가장 중요한 특징이었던 한결같은 사랑의 언어와 비교할 때, 하나님에 관한 콘스탄티누스의 표현은 웅장하고 근엄하다. 그것이 좋은 기독교 신학은 아니었을지 모르나, 제국 종교로서는 탁월했고 로마인들의 열망에 잘 부합했던 것 같다. 많은 선량한 로마인은 기독교에 대한 이런 식의 사고방식과 표현방식에 매력을 느꼈을 것이다. 그리고 많은 기독교인은 기꺼이 같은 목소리를 냈다.

콘스탄티누스는 자신이 살아 있을 동안 교회를 변화시키지는 못했다. 기독교의 로마화와 로마의 기독교화는 참으로 긴 과정이었다. 그러나 330년대의 모든 사람은 뭔가 극적으로 바뀌고 있음을 감지했다. 로마 군기에 십자가 문양이 등장했고 시장의 동전에는 '그리스도'의 첫 두 글자인 ☧가 찍혔다. 그 의미는 너무나 분명했고 거절하기 어려운 기회로 다가왔다. 당시의 기독교인들은 그리스도께서 온 땅을 다스리기 시작하셨다고 감히 믿기 시작했다.

———

콘스탄티누스의 기록은 '중재'와 '폭력', '인도주의적 개혁'과 '편협함', '종교적 자유의 법제화'와 '유대인 및 이교도에 대한 불관용의 증가'의 기묘한 조합이다. 콘스탄티누스가 그리스도의 길로 회심한 사건은 교회가 '그리스도의 이름으로' 세상의 길, 권력과 부와 심지어 폭력의 길로 전향하는 문을 열었다. 서서히 등장한 기독교 세계는 전례 없던 선물들과 말할 수 없는 폐해 모두를 세상에 제공했다. 훌륭한 패배자였던 이들이 때때로 아주 못난 승자들로 변했다.

그러나 교회가 그 온전한 축복과 가장 심각한 죄를 드러내기 전에, 콘스탄티누스의 유산이 거의 뒤집힐 만한 상황이 닥친다. 최초의 기독교인 황제가 세상을 떠나고 25년 후, 그의 후계자 중 한 사람이 기독교를 주변부로 밀어내고 제국에서 이교의 지위를 다시금 최고로 격상시키려 한 사건이다. 만약 그가 성공했다면 서구의 역사는 완전히 달라졌을 것이다. 이는 곧 정신없이 펼쳐진 율리아누스 황제의 통치를 가리킨 말이다.

신들을 위한 예배는
그간의 모든 기도와 바람을 뛰어넘는
화려하고 위엄 있는 규모로 진행한다.
—율리아누스 황제

8

배교자
율리아누스의
반기독교 노선

360년대 기독교
시계를 거꾸로 돌린 황제

330-350년대에는 모든 일이 교회에 유리하게 펼쳐지는 것만 같았다. 대를 이은 황제들과 공동 황제들(콘스탄티누스 2세, 콘스탄티우스 2세, 콘스탄스 1세, 갈루스 카이사르)이 콘스탄티누스 대제의 전통을 이어 갔다. 이들은 대부분의 이교를 용인했고 제국에서 기독교의 위치를 굳건히 했다. 그러다 360년대 초, 한 젊고 총명한 황제가 기독교의 운명을 빠르게 뒤집으면서 이 과도기가 얼마나 취약한 것이었는지 드러났다. 주교들은 하룻밤 사이에 권력의 자리에서 쫓겨났고 자신의 사람들이 철저히 불리한 위치에 놓인 것을 알게 되었다. 옛 종교들이 다시 한 번 중심 무대를 차지하게 될 참이었다.

율리아누스의 이교 부흥 정책

플라비우스 클라우디우스 율리아누스(Flavius Claudius Julianus, 331-363)는 콘스탄티누스 통치 말년에 콘스탄티노폴리스에서 태어났다. 그는 306년부터 337년까지 통치한 콘스탄티누스의 조카이자, 콘스탄티누스에 이어 337년부터 361년까지 통치한 콘스탄티우스 2세의 사촌이었다. 율리아누스는 기독교 가정에서 자랐지만 스무 살에 기독교 신앙을 버렸다. 그는 기독교 문학과 이교 문학을 다 폭넓게 읽었는데, 이것은 당대 그리스 지식인들 사이에서는 일반적인 일이었다. 그에게 고전 이교 전통의 저술들을 소개해 준 사람도 그의 기독교인 개인 교사였던 카파도키아(갑바도기아)의 게오르기우스(Georgius)였다. 훗날 율리아누스는 게오르기우스의 장서가 "아주 방대하고 충실하여 모든 학파의 철학자들을 다 담고 있다"라고 회상했다. 율리아누스는 361년에 황제가 되면서 게오르기우스의 장서 전체를 한 권도 빠짐없이 자신에게 가져오라고 명령했다. 그 일을 맡은 가엾은 사람은 임무수행에 문제가 있을 경우 "가장 엄중한 처벌"을 각오해야 했다.[1]

어쨌든 율리아누스는 아테네 및 다른 곳에서 한동안 공부한 뒤 그리스 철학과 문학을 열렬히 받아들였고, 그리스의 오래된 종교들에 입문했으며, 인간의 영혼을 신령과 연결시키는 마법인 '강령'(降靈, theurgy)의 신봉자가 되었다. 심지어 그는 "신들의 어머니[키벨레]에게 바치는 찬양"까지 발표했다. "모든 로마인이 불경[기독교]의 얼룩을 깨끗이 씻어 내게 하소서. 그들에게 복된 운명을 주시고 제국을 수천 년 넘게 이끌도록 도우소서!" 그의 찬양은 이런 간청으로 이어진다. "제게 미덕과 행운을 주소서. 제 인생의 마지막이 고통 없고 영광스럽게 하소서. 신들에게로 떠나간다는 선한 소망 가운데 마지막을 맞게 하소서!"[2]

그러나 우리는 그가 기도로 구했던 "고통 없고 영광스러운" 죽음을 맞지 못했다는 것을 곧 보게 될 것이다.

율리아누스는 361년에 30세의 나이로 황제의 자리에 오르자마자 사회에서 교회의 지위를 허물기 시작했다. 그는 자신이 "갈릴리인들"이라고 부르는 사람들을 이전 황제들처럼 박해하지는 않았지만 할 수 있는 다른 모든 방법을 동원했다. 기독교인들을 제국 궁정에서 몰아냈고, 교회에 대한 콘스탄티누스의 조세 감면 혜택을 철회했으며, 기독교인 학자들이 가르치는 일을 금지했다. 이 문제는 이따가 좀 더 살펴볼 텐데, 심지어 그들을 조롱하는 책자들을 출간하기까지 했다.

또한 그는 옛 종교의 영광을 되살리는 일에 매진했다. 신전들을 건축하고 새로 꾸미고 다양한 도시들의 이교 사제들을 후원했다. 뉴캐슬대학교의 롤랜드 스미스(Rowland Smith)에 따르면 "임명과 판결에 있어서 이교도 개인과 공동체를 공공연히 우대했다."[3] 기독교인을 압제하는 그의 '신중한' 접근 방식은 아타르비우스(Atarbius)라는 제국 행정관에게 보내는 짧은 편지에 잘 담겨 있다. "신들에게 맹세코 나는 갈릴리인들이 죽임을 당하거나 부당하게 얻어맞거나 다른 부상을 당하기를 원하지 않는다. 그렇지만 신들을 두려워하는 이들이 그들보다 대접받아야 한다고 절대적으로 주장하는 바다."[4]

율리아누스는 자신의 말에 충실했다. 그는 분명 기독교인들에 대한 폭력적 박해를 명령하지 않았다. 하지만 때때로 폭력 사태를 모른 체한 것은 분명하다. 그가 통치를 시작한 첫해에 이집트 북부 알렉산드리아 시에서 기독교인들을 상대로 학살이 벌어졌다. 기독교인들이 이교의 신들을 공개적으로 조롱한 것에 자극을 받은 폭도가 "손에 잡히는 대로 무기를 집어 들어 그들을 공격했고 분노에 못 이겨 다양한 방식으로 …… (본문은 그 끔찍한 방법들을 나열한다) 숱한 기독교인을 죽였다." 이어서 그들은 알렉산드리아의 주요 교회를 습격하여 게오르기우스 주교를 끌어냈다. 그들은 "그를 낙타에 붙들어 매어 찢어 죽인 후 낙타와 함께 불태웠다."

이 사건을 기록한 기독교인 학자 소크라테스 스콜라스티쿠스(Socrates Scholasticus, 380-450)는 대체로 공정한 사람이었기에 게오르기우스의 죽음은 그가 자초한 것이었다고 반쯤 인정한다. "그는 모든 계층의 사람들에게 지나칠 정도로 고약했다. 이 사실은 그를 향한 대중의 불타는 분노를 설명하기에 충분하다."[5] 당시 이교도 작가 암미아누스 마르켈리누스 (Ammianus Marcellinus)도 게오르기우스 주교가 "정의와 온유함만을 조언한다는 자신의 소명(좋은 시절의 기독교의 모습을 잘 묘사해 준다)을 망각하고" 있었다고 밝혔다. 그리고 지역의 기독교인들마저 "게오르기우스를 향한 증오에 휩싸였다"고 덧붙였다.[6] 어쨌든, 내 요지는 율리아누스 황제가 게오르기우스 외에도 많은 희생자가 발생한 그 학살에 대해 듣고도 거의 아무 조치도 취하지 않았다는 점이다. 그는 그 도시로 서신을 보내 그토록 큰 도시의 위엄에 걸맞지 않은 무질서한 행동을 꾸짖었다.[7] 그러나 그에 따른 추가적인 결과는 없었고 법의 심판을 받은 사람도 없었다.

한번은 안티오키아 근처 다프네의 아폴로 대신전에서 큰불이 났다. 율리아누스는 이를 기독교인 탓으로 돌렸다. 남아 있는 이교도 자료(암미아누스)는 그 소문이 사실이 아님을 인정하고 있지만, 율리아누스는 화재에 대한 형벌로 안티오키아의 가장 큰 교회를 폐쇄했다.[8] 또 다른 경우, 율리아누스는 에데사(시리아와 터키 국경 근처의 오래된 기독교 도시)의 교회에서 모든 재산과 물품을 강탈한 뒤 자신은 기독교인들이 그들의 고귀한 이상을 달성하도록 돕고 있을 뿐이라고 잔뜩 빈정거렸다. "기독교인들의 가장 존경스러운 법은 그들이 가진 모든 것을 팔아 가난한 사람들에게 주라고 명령하고 있으니, 나는 그들의 노력을 돕기 위해 에데사 사람들의 교회에 속한 모든 자금을 군인들에게 나누어 줄 수 있도록 넘겨받고, 교회의 재산은 몰수하여 내 개인 자금으로 예치하게 했다."[9]

율리아누스의 재치와 기백이 대단하다 싶다. 무엇보다 그는 로마 사회에서 기독교인들이 지적으로 성장하는 데 결정타를 가하고자 특단의 명령을 내린다. 362년 6월 17일, 율리아누스는 모든 "학문의 스승들"은 황제의 직접 승인을 받아야 한다는 칙령을 내렸다.[10] 오늘날로 치면 이들은 교사와 대학 강사에 해당한다. 이 조치로 말미암아 기독교 신앙을 가진 교사들을 모든 학교에서 효과적으로 몰아낼 수 있게 되었다. 기독교인들은 160년 후 유스티니아누스(Justinianus, 재위 527-565) 대제가 이교도 교수들을 해고하면서 이 일에 대한 앙갚음을 제대로 하게 된다. 이에 관해서는 18장에서 다룰 것이다. 다시 본론으로 돌아가, 율리아누스는 한 서신에서 자신의 이 조치에 대해 설명했다. 그는 그리스 신들을 인정하지 않으면서 그리스인의 신성한 전통을 가르치는 교수들이 있다는 것은 수치스러운 일이라고 생각했다. 그는 이렇게 썼다. "그것이 장사꾼의 처사가 아니면 무엇이란 말인가. 나는 이 (그리스) 저술가들이 공경하던 신들을 모욕하는 자들이 이들의 저작을 설명하는 것은 터무니없는 일이라고 생각한다."[11]

　　결국 중요한 자리에 있던 기독교 신앙을 가진 많은 교수들이 이 일로 물러나야 했다. 그중 한 사람이 로마 수사학교의 저명한 빅토리누스(Victorinus)인데, 그는 이때로부터 10년 전에 공개적으로 기독교로 회심하면서 세간의 큰 주목을 받았었다. 또 다른 사람은 아테네 아카데미의 유능한 아르메니아인 철학자 프로하이레시오스(Prohaeresius)다.[12] (오늘날에는 많이들 모르지만, 많은 고난을 겪은 아르메니아가 기독교를 국교로 받아들인 첫 번째 나라였다.)[13] 교회가 '세속' 학문에 반(反)한다는 오늘날의 인식은 이렇듯 남아 있는 고대 증거들과 맞지 않는다. 기독교 철학자들은 이교 엘리트 사이에서 교회가 성공하게 되는 중요한 요인이었다. 그래서 율리아누스 황제는 그것을 없애려고 한 것이다.

율리아누스의 이교 복지 사업

율리아누스는 기독교가 가난한 자들에 대한 자선 활동을 사실상 독점하고 있는 상황도 중단시키려고 했다. 그는 교회가 운영하는 복지 사업이 4세기에 널리 퍼져 있었다는 최고의 증거 몇 가지를 보여 준다. 율리아누스는 한편으로 기독교인들의 박애주의를 혹평하면서 다른 한편으로는 이교 신전에서 교회의 모델과 유사한 자선 프로그램을 확립하여 그들을 모방하려고 했다. 그는 알려지지 않은 어느 이교도 사제(일종의 사제장)에게 보낸 편지에서 기독교라는 질병과 그 해독제에 관해 이야기했다.

> 우리는 이 부분에 특별히 주목하고, 바로 이것을 활용해 해결책을
> 내놓아야 하오. 나는 〔이교 신전의〕 사제들이 가난한 자들을 외면하고
> 소홀히 한 틈을 타서 불경한 갈릴리인들〔기독교인들〕이 박애 활동에
> 전념했다고 생각하오. 그리고 그들은 그런 실천으로 얻은 신뢰를
> 바탕으로 최악의 행위들 가운데서도 우세한 지위를 얻었소. …… 또한
> 갈릴리인들은 이른바 애찬〔愛餐; 공개 식사〕 또는 환대나 식탁 예배 등
> 다양한 방식을 통해 많은 사람들을 무신론으로 이끌고 있소.[14]

율리아누스가 자주 기독교인을 "갈릴리인"이라고 부른 이유는 기독교의 기원이 촌구석 팔레스타인이라는 점을 드러내기 위함이다. 또 그가 그들을 "무신론자"라고 부른 이유는 그들이 그리스·로마의 '고귀한' 신들을 거부했기 때문이다. 어쨌든, 황제는 이교 사제들이 기독교인들처럼 자선 활동에 적극적으로 나서기를 바랐다. 그는 교회의 전술을 이용해 교회를 이기고 싶어 했다.[15] 율리아누스는 로마 원로원에서의 연설에서 귀족들을 나무란다. 가난한 자들을 먹이기 위한 기독교 프로그램을 그들의 아내들이 후원하도록 내버려 두고 있다는 이유에서였다. "여러분은 아내가 집 안의 모든 물건을 갈릴리인들에게 갖다 바치는 것을 허용하고 있소. 아내들이 여러분의 재물로 가난한 자들에게 먹을 것을 제공하는 일은 그 지원을 받는 사람들 안에 불경함(기독교)을 크게 존경하는 마음을 불러일으킨단 말이오."[16]

이 주제는 율리아누스가 죽기 1년 전, 갈라티아(갈라디아)의 대사제 아르사키우스(Arsacius)에게 보낸 편지에서 한층 분명하게 드러난다. 그 편지에서 황제는 자신이 1년 전부터 추진한 이교 신앙의 귀환이 이토록 빠르게 이루어진 것을 놀라워한다. 그는 그럼에도 불구하고 기독교가 자선 활동 덕분에 여전히 번창하고 있음에 탄식하면서, 전통 신전에서 이와 비슷한 복지 사업을 수행할 것을 해결책으로 요구했다.

> 얼마 전까지만 해도 그런 변화(지난 1년 동안 자신이 한 일을 가리킴)가 그토록 짧은 시간에 완료되리라고 기대하는 이는 없었소. 감히 기도하지도 못했겠지. 그런데 왜 우리는 이 정도면 충분하다고 생각하는 거요?

그들(기독교인들)이 낯선 이들에게 자비를 베풀고 죽은 자들의 무덤을 돌보고 거룩한 생활을 가장하는 것이 무신론을 증가시키는 데 가장 큰 역할을 하고 있음을 왜 보지 못하는 거요? 나는 우리가 그들이 행하는 그런 미덕들을 정말로, 진정으로 실천해야 한다고 믿소. 그대만 실천하는 것으로는 충분하지 않고, 갈라티아의 모든 사제가 예외 없이 그렇게 해야 하오. 창피를 주든 설득을 하든, 그들이 의롭게 행하도록 만드시오. 그렇지 않으면 사제직에서 물러나게 하시오.[17]

이 글은 고대 기독교의 자선을 말할 때 자주 간과되는 측면을 스치듯 언급하고 있다. 율리아누스는 기독교인들이 "죽은 자들의 무덤을 돌보는 것"을 지적한다. 그것은 2-4세기에 있었던 교회의 비범한 장례 서비스를 말한다.

장례상조회 교회

오늘날 로마를 여행하는 사람들은 종종 고대 제국의 수도 변두리에 있는 몇몇 주요 지하 카타콤(초기 기독교인들의 지하 묘지-옮긴이)을 방문한다. 현대를 사는 우리에게 카타콤은 어쩐지 으스스하게 느껴진다. 줄지어 벽을 파낸 공간에 시신이 안치된 동굴이 몇 킬로미터씩 이어지는 광경은 영 낯설다.

고대인은 죽고 나서 자신이 제대로 매장되지 못할까 봐 두려워했다.

바깥에 방치되어 비바람을 맞거나 야생동물의 먹이가 될까 봐 염려했다. 매장지를 구할 만큼 부유하지 않거나 장례협회에 월 회비를 내지 않으면 바로 그와 비슷한 일이 벌어졌다. 사람이 죽으면 시신을 수습해서 제대로 매장해 주는 것이 장례협회 일이었다. 그들은 먼 곳까지 출장을 가서 시신을 수습해 주었다. 장례협회에 대한 기록이 지금도 남아 있고, 그 비용은 결코 적지 않았다. 가입비만 해도 일용직 노동자의 한 달 수입에 맞먹었고 월 회비는 반나절 일당에 해당했다.[18]

기독교인들은 해결책으로 그들만의 무료 장례 서비스를 제공했다. 그 일부를 로마의 방대한 카타콤들을 통해 지금도 엿볼 수 있다. 말 그대로 수십만 명이 그곳에 묻혔다. 몇 년 전 나는 로마의 프리실라 카타콤 안을 걸어가면서 다큐멘터리의 한 장면을 촬영했다. 으스스한 분위기에 적응하고 나자 묘지의 매장 방식에서 드러나는 '가족'의 느낌이 놀랍게 다가왔다.

나이가 많든 적든, 부자든 가난하든, 그들은 동료 신자들 사이에 똑같이 안치되었다. 전통적인 로마의 매장지는 로마인들의 삶과 마찬가지로 흔히 엄격한 계급 구분을 지켰고 벽이나 울타리, 경계석 등으로 귀족과 서민을 분리했다. 그러나 기독교인들의 카타콤은 달랐다. 그곳에는 일부 부유한 기독교인들도 묻혀 있다. 무덤의 디자인과 장식을 보면 분명히 드러난다. 그러나 놀랍게도 빈부에 따른 분리는 전혀 없다. 2008년에 존 보델(John Bodel)은 중요한 고고학적 분석 결과를 이렇게 밝힌다. "카타콤의 새로운 점은 두 종류의 무덤(부자 무덤과 빈민의 무덤)이 분리되지 않고 같은 공간에 수용된다는 것이다." 우리가 본 것은 "특권 표시에 관한 일관된 민음을 찾아볼 수 없는, 서로 다른 재산과 지위를 가진 사람들이 이질적으로 섞인 매장지"였다. 이처럼 기독교의 카타콤은 "통상적인 조건에서 벗어난, 고유한 세계"였다.[19]

율리아누스 황제가 말한 것처럼, 교회가 "죽은 자들의 무덤을 돌보는 것"은 실제적인 필요를 채운 일만이 아니었다. 기독교인들은 그것이 유대-기독교의 가장 기본적인 실재관을 제대로 드러내는 실천이라고 보았다. 모든 남자, 여자, 아이는 '하나님의 형상'(이마고 데이)으로 만들어졌다는 생각 말이다. 락탄티우스는 로마의 지식인들을 위해 쓴 기독교 신앙 해설서에서 몇몇 이교 철학자들의 견해와 기독교의 요구를 대조한다.

> 경건의 마지막 의무이자 가장 큰 의무는 낯선 이들과 극빈자들의
> 시신을 거두는 일인데, 정의와 덕의 〔이교도〕 전문가들은 이 사안을 한
> 번도 논한 적이 없다. …… 이 의무의 근저에는 한 가지 생각〔인간은
> 하나님의 형상이다-옮긴이〕이 깔려 있다. 그러므로 우리는 하나님의
> 형상으로 만들어진 피조물이 야생 짐승이나 새의 먹이가 되도록
> 허락하지 않을 것이다. 우리는 그 몸을 근원인 땅으로 돌려줄 것이다.
> 〔죽은 이가-편집자〕 우리가 모르는 사람일 수도 있지만, 그래도 우리는
> 친족의 의무를 다할 것이다.[20]

이것은 흥미로운 논증이다. 낯선 이와 극빈자까지 제대로 묻어 주는 기독교인의 이 의무가 고인에게는 실질적 혜택을 제공하는 건 아닐지도 모른다. 그러나 이것은 인간이 하나님의 형상으로 지음받은 피조물이며

적어도 창조하신 아버지께는 귀중한 존재라는 시각에 합당한 경의를 표하는 것이다.

율리아누스의 최후

율리아누스는 기독교적 자선이 교회 성장과 "무신론의 증가"의 열쇠임을 감지했고 나름의 복지체계를 만들려고 했다. 앞서 인용한 아르사키우스에게 보낸 편지에서 율리아누스는 이 체계의 성공을 보장하기 위해 국고에서 오늘날의 수백만 달러에 해당하는 금액을 집행했음을 알린다.

> 나는 그대가 이 일에 필요한 자금을 충분히 공급받을 수 있도록 이제
> 막 계획을 세웠소. 매년 갈라티아 전체에 3만 모디〔59,400갤런. 2톤이 넘음〕의
> 곡물과 6만 파인트〔28,000리터〕의 포도주를 배정하라고 지시를 내렸소.
> 이 중 5분의 1은 사제들을 섬기는 가난한 자들을 위해 쓰고 나머지는
> 낯선 이들과 거지들에게 나누어 줄 것을 명령하오. 유대인은 아무도
> 구걸할 필요가 없고〔유대인들의 복지체계 때문에〕, 불경한 갈릴리인들은
> 자기네 가난한 사람뿐 아니라 우리 중에서도 가난한 이를 찾아서
> 돕는데 우리는 우리 쪽 가난한 사람들을 돕지 않고 그저 바라만 보고
> 있으니 이 얼마나 수치스러운 일이오.[21]

율리아누스의 복지체계는 오래가지 못했다. 363년 6월 23일, 그의

군대가 동쪽의 페르시아를 침공한다는 목표로 전진하던 중 그는 화살에 맞았고 그날 저녁 허망하게 세상을 떠났다. 그의 갑작스러운 죽음은 이교를 부흥시키고 기독교를 다시 사람들의 뇌리에서 지우려던 운동의 종말을 알렸다. 신전을 활용한 그의 복지 사업은 시작되지 못했다. 아르사키우스에게 보낸 돈과 물자들이 어떻게 되었는지는 아무도 모른다!

안티오키아의 테오도레투스(Theodoretus)라는 기독교인이 심술궂게 기록한 고대 자료에 따르면, 율리아누스는 전장에서 자신의 상처를 붙들고 "피에 흠뻑 젖은 손을 하늘 높이 든 채 이렇게 외쳤다. '오, 갈릴리인이여, 그대가 승리했도다!'"[22] 이 기록이 사실이든 아니든, 율리아누스의 죽음은 실제로 그 "갈릴리인"의 승리를 알렸다.

율리아누스의 다음 후계자는 그의 장군 요비아누스(Jovianus)였다. 그런데 요비아누스도 이듬해인 364년에 사망하고 만다. 사인은 숯불 난로 연기 과다 흡입으로 추정된다. 하지만 그전에 그는 이미 율리아누스의 반기독교 정책들을 공식적으로 뒤집었다.

제국은 다시 나뉘었고 서방 제국은 발렌티니아누스(Valentinianus), 동방 제국은 그의 동생 발렌스(Valens)가 다스렸다. 발렌티니아누스가 통치한 10년(364-375)은 "이교도들과 대부분의 이단들에게 관용적"[23]이었다고 평가되고, 밀라노의 암브로시우스가 주교직을 맡은 첫해, 374년과 겹치는 시기다.

———

300년대 말에 이르렀을 때, 기독교인 황제들과 교회들은 더는 또 다른 율리아누스의 출현을 감수할 의향이 없었다. 이제 기독교인들은 사회적 사다리를 타고 올라 궁전 꼭대기에서 사회에 대한 비전을 선포하게 된다. 이전 세대에는 사회 엘리트층에서 주교들을 뽑는 일이 금지되었지만, 얼마 지나지 않아 교회 지도자들은 로마 원로원에 의해 낙하산 식으로 임명되었다. 그리고 그들은 그렇게 임명된 주교답게 행동하기 시작했다.

한 세대 전만 해도 상당히 벌어져 있었던
로마광장과 교회의 간격이 좁혀졌다.
—피터 브라운

9
힘센
근육질 기독교의
등장

300년대 후반
주교가 된 '원로원 의원'

십자군 원정으로 연결되는 수 세기 동안의 매우 불운한 흐름은 콘스탄티누스 황제가 자신의 식탁으로 교회를 초대하면서 일어나기 시작한 변화에서 그 뿌리(혹은 적어도 그 전조)를 찾을 수 있다. 나는 콘스탄티누스가 교회의 도덕적 붕괴를 초래했다는 진부한 말을 인정하는 것이 아니다. 그와 같은 깔끔한 패턴은 이야기를 그려 내는 데 도움이 될지 몰라도 역사의 우둘투둘한 궤적에는 잘 들어맞지 않는다. 콘스탄티누스가 한 일들은 많은 부분 이전의 상황을 개선한 것이었다. 앞선 장들에서 내가 이 부분을 잘 드러냈기를 바란다. 율리아누스가 통치하게 되면서 큰 측면에서는 중단되었지만, 인도주의적 궤도를 유지하는 것은 가능해 보였다. 그러나 상황은 변수가 많았다.

로마제국은 콘스탄티누스 이후 한 세기 정도는 대체로 이교적인 분위기를 유지했다. 그러나 교회가 복음화를 위한 사업(사역) 및 황제에 대한 영향력이라는 연성권력을 얻는 데 점점 성공하면서 한때 괴롭힘을 당하던 이들이 서서히 괴롭히는 존재들로 변해 갔다. 시간이 지나면서 구세주의 십자가는 몇 가지 중요한 전이점들을 거쳐 중세 검객의 어깨에 아주 잘 어울리는 문장(紋章)처럼 보이게 된다.

그리고 300년대 말, 중요한 전환기의 인물이 등장한다. 콘스탄티누스처럼 그 인물도 약 25년간 통치했다. 하지만 그는 황제가 아니라 최초의 로마 원로원 의원 출신 주교(감독) 암브로시우스였다. 그는 엘리트 정치가이자 경험 많은 입법자, 황제들의 친구, 기독교 회심자, 시인, 설교자였다. 암브로시우스를 소개하기 전에, 그때껏 수십 년 동안 기독교인들이 어떤 식으로 계층 이동의 사다리를 올랐는지 살펴볼 필요가 있다.

교회는 어쩌다 막대한 부를 축적하기 시작했나

콘스탄티누스 시대 이후에 교회는 부유하고 강력해졌다. 여기에 우리가 제대로 이해해야 하는 깊고 미묘한 역설들이 있다. 가장 분명한 역설은 가난한 자들의 옹호자가 결국 막대한 부를 축적하게 되었다는 것이다. 어떻게 이런 일이 일어났을까?

교회 자체는 대체로 하류계급의 사람들로 구성되었다. 물론 1세기에도 예외는 있었다. 사도 바울은 56년경 고린도 교인들에게 쓴 편지에서 이렇게 밝혔다. "형제들아 너희의 부르심을 보라 육체를 따라 지혜로운 자가 많지 아니하며 능한 자가 많지 아니하며 문벌 좋은 자가 많지 아니하도다"(고전 1:26). "많지 하니하도다"라는 말은 약간은 있었다는 의미다. 그리고 초기에는 그 소수가 정말 두드러져 보였을 것이다.

바울 시대 이후 50년 정도 지난 시점인 112년경의 기록은 초기 기독교인들이 사회적으로 어떤 범위에 속했는지 더 잘 보여 준다. 2세기 초에 비티니아(비두니아)의 총독 소(小) 플리니우스는 트라야누스 황제에게 기독교가 "모든 연령과 계급의 수많은 개인"을 "감염시켰다"고 불평했다.[1]

이후 "모든 계급"에서 기독교인 수가 점점 늘어났지만, 다음 세기에도 로마인 속물들은 여전히 교회를 사회의 "찌꺼기"로 규정했다. AD 200년 어느 날, 세 명의 엘리트 남성 미누키우스, 카이킬리우스, 옥타비우스가 로마에서 30킬로미터 떨어진 아름다운 항구 도시 오스티아의 해변을 거닐고 있었다. 옥타비우스는 최근 기독교인이 된 인물이다. 종교가 화제에 오르자, 그의 박식한 친구 카이킬리우스는 기독교에 대한 자신의 생각을 털어놓는다. 그의 말에는 신학적 비판과 사회적 비판이 모두 담겨 있었다. 미누키우스는 카이킬리우스의 장황한 비난을 기록하여 후대에 남겼다. 카이킬리우스에 따르면, 기독교인들은 "타락하고 불법적이고 막가는 파당"이었다. 그리고 "최하층 찌꺼기들 가운데서도 더 기술이 없는 자들과 여자들을 한데 모은" 교회는 "불경한 음모"를 꾸미길 좋아했다. "그자들은 신전을 시체 안치소라고 멸시하고, 신들을 거부하고, 신성한 것들을 비웃지. 헐벗고 다니면서도 명예와 자색 옷을 멸시한다니까. 오, 경이로운 어리석음과 믿을 수 없는 뻔뻔함이라니!"[2]

기독교의 구성원은 "최하층 찌꺼기들"로만 이루어진 게 아니었다. 옥타비우스가 생생한 증거였다. 그리고 이 시기(3-4세기) 로마의 카타콤과 묘비문에는 놀랄 만큼 다양한 신자들의 직업이 나온다. 장인, 상인, 하급 공무원, 비단 짜는 여인, 거울 제작자, 미용사, 말 조련사, 심지어 비탈리스라는 이름의 코미디언도 있다. 그의 비문에는 "나는 익살을 부려 멋진 집과 수입을 얻었다"고 적혀 있었다. 그리고 그는 초조한 마음을 이렇게 남겼다. "오, 죽음아, 너는 익살을 이해하지 못하는구나."[3]

기독교인들이 "자색 옷을 멸시하는" 사회의 "찌꺼기"에 불과하다는 공격은 아마도 가난한 자들의 옹호자라는 당시의 평판에 기인했을 것이다. 세속적이고 진보적인 현대 사회에서는 그런 표현이 명예롭게 여겨지겠지만, 사회적 가치를 귀족 신분 및 부와 독단적으로 연결 짓던 문화에서 그것은 칭찬이 아니었다.

그러나 상황은 서서히 바뀌었다. 콘스탄티누스가 교회에 건넨 선물들과 조세 감면 혜택은 기독교의 자선 활동에 힘을 보탠 동시에 재정 독립성과 그로 인한 영향력도 향상시켰다. 귀족들이 교회를 받아들이고 교회가 귀족들을 받아들이는 것은 시간문제였다. 프린스턴대학교의 피터 브라운은 "부, 로마의 몰락 그리고 서구 기독교의 형성"을 다룬 책을 썼다. 그는 그런 전환이 불가피했다고 보았다. "후기 로마 기독교의 역사에서 나타난 모든 사건 가운데, 부자들과 권력자들이 교회로 들어온 것은 많은 측면에서 가장 예측 가능한 현상이었다." 사람들은 교회를 여전히 가난한 사람들과 연결해 생각하고 소박하고 가난한 곳으로 여겨 자주 무시했지만, 브라운의 설명에 따르면, 4세기 초중반의 교회는 대체로 "잘사는 서민들", 요즘 말로 하면 하위중산층으로 채워졌고 사회의 스펙트럼 양극단에 다 열려 있었다. 다시 말해, 극빈층과 상류층을 모두 환영한 것이다. 그래서 브라운은 이렇게 말한다. "350년 무렵, 부자들은 이미 교회에서 자신들의 존재감을 드러내기 위해, 말 그대로 무대 옆에서 대기하고 있었다."[4]

우리가 제대로 이해해야 할 미묘함과 역설은 더욱 커진다. 조세 감면을 받고 부유한 후원자들이 생긴 교회가 갑자기 악당이 된 것은 아니다. 대부분의 다른 민간단체와 이교 신전도 교회와 비슷한 특권을 누렸고, 교회는 여전히 로마 세계에서 유일한 자선 제공 기관이었다. 최근에 나는 옥스퍼드대학교의 학자이자 기독교 옹호자인 어떤 이(이름은 밝히지 않을 것이다)와 점잖게 논쟁하면서, 교회의 부와 권력이 커지면서 로마 사회의 가장자리에 있는 수백만 명에게 더 많은 사회적 유익을 주었음을 상기하게 되었다. 이것은 부인할 수 없는 사실이다. 내가 그 학자 앞에서 인정할 수밖에 없었던 것처럼, '부유한 교회=타협한 기독교'라는 대중적 도식은 지나치게 단순화된 것이다.

콘스탄티누스가 죽고 6년이 흐른 뒤, 부자들이 여전히 "무대 옆에서 대기하던" 시기에, 한 주교 회의가 부자들이 교회 지도부에 들어오는 일을 어렵게 만들기 위한 작업에 착수했다. 앞에서 살펴본 것처럼, 콘스탄티누스는 이미 320년, 엘리트 계층의 성직 합류를 금지했다. 그런데 343년에 주교들이 제국의 수도 콘스탄티노폴리스에서 북서쪽으로 500킬로미터 가까이 떨어진, 오늘날의 불가리아에 해당하는 세르디카에 모였다. 그들은 부자들이 더 낮은 지위에서 '장기간' 섬기는 일 없이 주교가 되는 것에 반대하는 의견을 표명했다.

오시우스(Ossius) 주교가 발언에 나섰다(이 공식 회의는 자세한 회의록이 남아 있다). "이 안건을 더없이 신중하게 고려해야 한다고 생각합니다. 부자나 원로원 의원이나 행정관이 주교가 되도록 요청을 받는 일이 일어난다면, 그는 주교 서품을 받기에 앞서 독서직을 맡은 사람(성경봉독자)의 역할, 집사의 임무와 장로(사제)의 사역을 먼저 감당해야 할 것입니다. …… (그리하여) 그의 믿음, 겸손, 품위와 경건을 증명할 수 있도록 해야 합니다." 기쁘게도, 회의 참석자 전원이 한목소리로 "좋습니다"라고 화답했고 이 규정은 교회법에 입성했다.[5] 주교들은 한동안은 부와 권력의 위험이 자신들의 조직 안에 들어오는 일을 걱정했던 것 같다.

하지만 그들의 결정은 오래가지 않았다. 4세기가 흘러가면서 기독교는 온전한 합법성을 가지게 되었고 완전히 자리 잡았다. 무대 옆에서 대기하던 부자들은 천천히 걸어 나와 교회의 중앙에 들어섰다. 그들이 앞에 나서고 싶었기 때문만은 아니었다. 이 시기에는 다른 더 많은 시민단체나 종교단체에 합류함으로써 얼마든지 더 쉽게 앞서 나갈 수 있었다. 피터 브라운은 엘리트들이 기독교 안에서 "사회적 도심 공원 …… 위계 의식을 잠시나마 내려놓고 경쟁의 속도를 늦출 수 있는 장소"를 발견했다고 주장한다.[6] 로마는 엘리트들끼리의 경쟁, 엘리트와 비엘리트 사이의 경쟁이 치열했다. 브라운의 표현을 빌리자면, 교회는 "보다 부드러운 얼굴을 한" 사회를 제공했다.[7] 그리고 부자들은 교회의 대의를 위해 자신의 돈과 영향력을 행사함으로써 신선한 공기를 호흡하게 해 준 것에 보답하게 된다. 앞서 언급한 세르디카 주교 회의가 열린 지 30년 만에, 밀라노 교회는 처음으로 로마 원로원 의원이자 집정관을 주교로 받아들이게 된다. 이것은 기독교 역사에서 매우 중요한 변화다.

암브로시우스, '원로원 의원' 출신 주교

아마도 "무대 옆에서 대기하던" 엘리트 기독교인 가운데 일부가 결국 교회의 리더십을 차지하게 된 것은 불가피한 일이었을 것이다. 그리고 그 일을 이룰 수 있는 가장 부유하고 강력한 사람은 의심의 여지없이 아우렐리우스 암브로시우스(Aurelius Ambrosius)였다. 374년, 그는 이탈리아 북부의 중요한 도시 밀라노의 주교가 되었다. 4세기 초의 콘스탄티누스가 제국 내 교회의 법적 위치가 변하는 전환점이었다면, 4세기 말의 암브로시우스의 회심과 주교 서품은 교회 안에서 엘리트 세력이 활동하는 새로운 시대와 그에 따른 사회 속 교회의 역할에 대한 새로운 비전을 알리는 중요한 사건이었다. 로마 원로원 의원이자 집정관 출신인 암브로시우스는 때때로 오만하고 엘리트적이며 훈계를 일삼는 주교의 전형으로 묘사되곤 했다. 물론 그것이 사실일 수도 있다. 그러나 당시 그런 인물상은 진부한 이미지일 수 없었다. 암브로시우스가 처음이었기 때문이다.[8]

암브로시우스가 교회사에서 유명한 몇 가지 이유가 있다. 그는 현대 판본으로 두꺼운 책 다섯 권 분량에 이르는 저작들을 남겼고, 이후 사람들은 그의 저작을 줄곧 연구했다. 사실, 현대의 가톨릭교회는 암브로시우스를 히에로니무스(Hieronymus, 345-420), 아우구스티누스(Augustinus, 354-430), 그레고리우스 1세(Gregorius I, 540-604)와 더불어 전통적인 4대 '교회 박사'(즉, 교사)로 꼽는다(모두 남자다. 최근 이 목록에 여자들이 추가되었다[9]). 암브로시우스는 기독교인과 비기독교인을 통틀어 이 시기의 가장 위대한 서방 지성인이었던 아우구스티누스의 회심에 영향을 준 인물로도 널리 알려져 있다. 아우구스티누스의 저작들은 현대 가톨릭 신자들과 개신교 신자들이 모두 귀하게 여긴다.

나는 암브로시우스가 기독교의 중요한 사회적·정치적 흐름을 대표한다는 부분에 특별히 더 관심이 있다. 그의 주교 서품으로 인해 엘리트들이 이제 교회 지도부의 최고위층으로 환영받게 될 것임이 분명해졌고, 암브로시우스 자체가 새로운 근육질 기독교로 가는 길을 보여 주었다. 그것은 예수님과 사회의 유익을 위해 사람들을 쥐고 흔드는 일을 두려워하지 않는 힘센 기독교였다.

370년, 암브로시우스는 집정관의 신분으로 밀라노에 왔다. 그는 귀족이자 정치가, 라틴어와 그리스어에 능통한(이 시기에는 흔하지 않았다) 웅변가로서, 독실한 기독교인이었다. 이후 3년 만에 밀라노의 기독교인들은 그를 주교로 삼고자 로비를 한다. 이것은 새롭고 놀라운 일이었다. 암브로시우스와 교회 지도부는 마침내 이 초청을 수락했고, 374년에 집사나 사제로 먼저 경력을 쌓는 일 없이 곧장 그는 주교 자리로 직행했다. 암브로시우스가 주교가 되면서 자신의 재산과 토지를 다 포기한 것은 아니지만, 이 시기에 그 정도 지위의 사람이 주교가 되는 일은 봉급 삭감과 사회적 지위의 큰 하락을 감수해야 하는 결정이었다. 그의 선택을 냉소적으로 해석할 이유는 없다. 이 시기는 아직도 제국 안에 기독교인보다 이교도들이 더 많을 때였다.

암브로시우스는 유창하게 설교하고 교회에 개인적으로 헌금하고 가난한 자들을 보살피는 일을 강조함으로써 큰 인기를 얻었다. 한마디로 그는 "서민들에게 인기 있는" 상류계급의 로마인이었다. 자신이 관할하는 교회들을 밀라노에서 일종의 대안사회로 만들고자 노력하면서 주교의 역할을 '공적 기독교인'으로 보는 새로운 관념의 기초를 닦았다. 그는 성인(聖人)과 시장(市長)이 뒤섞인 존재였다. 그의 절기 예복들은 지금까지도 남아 밀라노의 성암브로시우스대성당에 보관되어 있다. 그 예복들은 그 이전까지의 교회사에서 볼 수 없던, 귀한 비단옷과 사자 사냥 장면을 짜 넣은 다마스크직(damask) 망토로 이루어져 있다(검색 사이트에서 robes of Saint Ambrose를 찾아보라).[10]

밀라노에서 자신의 위상이 높아지고 그가 보살피는 교회의 교인 수가 늘어나자 암브로시우스는 이 도시에서 자신의 근육을 과시하기 시작했다. 380년대에 그는 아리우스파(니케아 공의회의 신학을 거부한 이들)를 주변부로 몰아내는 데 자신의 힘을 사용했다. 381년에는 아리우스파 지도자 팔라디우스(Palladius)를 자신의 거처로 소환하여 집정관이 범죄자를 심문하듯이 심문했다. 범죄자 심문은 그가 집정관으로 있을 때 해 본 일이었을 것이다. 홀에는 속기사들까지 있었고 잘못을 추궁하는 그의 모든 말을 기록했다.

2년 후인 383년에 밀라노에서 제국 회의가 열렸다. 관리들은 암브로시우스에게 도시의 교회 가운데 한 곳을 아리우스파가 사용하도록 허락해 줄 것을 요청했다. 하지만 암브로시우스는 이를 거절한다. 그리고 교회는 시민회관이 아니라고 설명한다. 교회는 예배를 위한 장소였다. 밀라노에서는 몇 달 동안 긴장 속 대치가 이어졌다. 결국 로마 당국이 굴복했는데, 암브로시우스의 배경과 개인적 위엄 때문만이 아니라 주교가 도시의 기독교인들을 규합하여 대규모 시위를 열었기 때문이었다. 거리와 교회에 군중이 가득했고 다 같이 암브로시우스가 지은 반(反)아리우스파 찬양들을 불렀다. 다음은 그중 한 곡의 가사다(라틴어를 운을 맞춰 영어로 번역했고, 이를 다시 한국어로 옮긴 것이다-편집자).

> 오, 예수여, 하늘의 은총의 주님이시여
> 성부의 얼굴의 환한 빛이시여
> 영원한 빛의 원천이시도다
> 그 빛이 밤의 그늘을 흩으시도다."

원로원 의원 출신의 주교는 찬양과 설교와 정치적 공작으로 아리우스주의를 사회의 주변부로 몰아냈다.

암브로시우스는 제국의 다양한 조치들에 공개적으로 반대하기 시작했고, 심지어 황제의 말을 반박하기까지 했다. 예를 들면, 388년에 로마의 국경 도시 칼리니쿰(시리아의 락까)에서 기독교인들이 지역 주교의 부추김으로 유대교 회당을 공격했다. 그들은 회당을 불살랐다. 칼리니쿰 회당이 파괴되었다는 소식을 전해 들은 당시의 황제 테오도시우스 1세는 방화자들을 처벌하고 해당 교회의 비용으로 회당을 즉시 재건하라고 명령했다. 이는 정당한 명령이었다. 그러나 제국의 은밀한 사정까지 대부분 파악하고 있던 암브로시우스는 이 사실을 알고 나서 황제에게 그 조치에 대한 중지 명령을 요구했다.

테오도시우스는 밀라노의 암브로시우스 교회에 정기적으로 출석했는데, 암브로시우스 주교는 비꼬듯이 공개적으로 이렇게 물었다. "유대인들이 회당 정면에 이런 글자를 새겨야 하겠습니까? '기독교인들에게서 탈취한 재물로 지은 불경건의 전당.'"[12] 암브로시우스는 25년 전 유대인들이 율리아누스 황제 치세 기간에 불태운 교회들을 열거했다. 다마스쿠스의 두 교회, 가자(가사), 아스칼론, 베이루트의 교회들이다.[13] 그는 당시 아무도 그 범죄에 대해 처벌받지 않았다고 말했고, 기독교인들은 알아서 건물들을 재건해야 했다. 따라서 지금 교회가 그 회당을 재건하도록 강요하는 것은 그리스도를 배신하는 일이었다. 암브로시우스는 한 걸음 더 나갔다. 테오도시우스의 명령은 "율리아누스가 내린 명령과 같다"고 말한 것이다![14]

암브로시우스의 글(그의 유명한 《서간집》 74번 서간에서 전문을 읽을 수 있다)을 보고 있으면, 유대인들을 향한 복수심과 황제를 향한 대범함에 등골이 서늘해진다. 결국 테오도시우스는 굴복했다. 황제가 주교에게 순종한 것이다!

2년 후 암브로시우스는 다시 한 번 근육을 과시한다. 390년에 테오도시우스는 [폭동을 일으켜 총독을 살해한 일에 대한] 보복으로 그리스 도시 테살로니카(데살로니가)의 민간인 7천 명을 학살하라고 명령했다. 이 충격적인 소식을 접한 암브로시우스는 테오도시우스에게 책임을 물었고 황제가 공개적으로 회개하기 전까지 성찬 참여를 금지했다. 테오도시우스는 황제의 의복을 입지 않은 상태로 몇 달 동안 밀라노의 교회에 출석했으며(이는 대단한 일이었다) 마침내 암브로시우스는 만족하고 그를 신자들의 무리에 다시 받아들였다.[15]

이것은 언뜻 우리가 중세 말기의 교황들을 생각할 때 떠올리는 고압적 행동의 기미일 수도 있겠지만, 당시에는 암브로시우스가 처음 보여 준 완전히 새로운 풍경이었다. 이는 단순한 권력 행사가 아니라 그로서는 일종의 도박이었다. 그리고 모든 경우가 그렇지는 않지만, 이런 경우에는 주교의 순전한 도덕적 권위와 대중적 호소력이 승리했다.

암브로시우스의 기독교 사회

"서민들에게 인기 있는 공인"이라는 암브로시우스의 면모는 그가 (당시 제국의 수도였던) 밀라노 시에서 거둔 많은 성공의 열쇠였다. 그는 활기차게 설교 사역을 진행했고, 자신이 관할하는 다른 성직자들에게 앞으로 나서서 '공적 기독교인'이 되라고 촉구했다. 암브로시우스에 비하면 이탈리아 전역의 다른 사제들과 주교들은 지극히 평범한 사람이었다. 자신의 역할이 사회적 영향력 행사까지 포함한다고 생각한 사람은 별로 없었을 것이다. 교회의 전통적 도구는 기도, 섬김, 설교, 고난이었다. 그것은 좋은 결과를 냈다.

그러나 암브로시우스는 388년, 《성직자의 의무》(De officiis ministrorum)라는 저작에서 사회의 유익을 위해 사회 안에서 활발히 활동하는 주교의 비전을 제시했다. 당시의 기독교인들은 아직 제국 안에서 다수가 아니었다. 하지만 가장 영향력 있는 단일 연합체였다. 그들은 상당한 재산을 보유했고 주요한 후원자들도 있었다(물론 영적 소명감도 있었다). 그들 안에는 노예부터 원로원 의원까지 사회의 다양한 계층이 공존했다. 암브로시우스는 이 모든 자원을 로마 사회의 깨진 부분을 고치는 데 사용해야 한다고 생각했다. 교회는 서로 경쟁하는 계급의 사람들, 특히 잊힌 계급의 사람들을 그리스도께서 다스리시는 새 인류로 한데 모아야 했다.

암브로시우스는 다른 성직자들도 같은 목적으로 그들의 (상당히 더 작은) 근육을 과시하도록 도왔다. 한 부유한 여성이 교회에 바친 고액의 헌금을 압수하려는 지역 세금 공무원들의 시도를 거절하도록 인근 파비아의 주교를 격려하기도 했다.[16] 암브로시우스 시절에 이미 교회의 특권 의식이 점차 커지는 것을 분명히 볼 수 있다.

암브로시우스는 이 시기 이교도들 사이에서 아주 인기 있던 교회관에 대항하여 대안적 사회 비전을 세웠다. 많은 비기독교인은 군사적 패배, 분열된 제국, 정체된 부와 같은 제국의 불행이 신들이 전통 로마 종교의 쇠퇴를 불쾌하게 여기는 증거라고 오랫동안 주장해 왔다. 암브로시우스는 그러한 불행은 사실 인간 죄의 결과요, 정의를 내버린 결과라고 진단했다. 그러므로 로마의 문제들에 대한 진정한 해답은 이교 신전들이 아니라 교회 안에 있었다.

그는 교회만이 인류의 슬픔, 죄, 부서진 것들을 보살핀다고 말했다. "교회가 자신의 이익을 위해 소유하는 것은 믿음 외에는 없습니다." 암브로시우스는 이교도 고위 관료였던 심마쿠스(Symmachus)의 주장을 반박하는 연설에서 이렇게 말했다. "교회는 이런 지대와 수입을 나누어 줍니다. 교회가 소유하는 것은 가난한 자들에게 쓰이는 비용이 됩니다." 그는 이런 상황과 대조시켜 말했다. "[이교도에게 자신들의] 신전이 얼마나 많은 포로들의 몸값을 지불했는지, 가난한 사람들에게 어떤 음식을 제공했는지 헤아려 보라고 하십시오."[17]

사회 속 교회에 대한 암브로시우스의 접근 방식의 첫 시험대 중 하나는 383-384년에 로마 원로원 의사당에서 빅토리아 여신(그리스의 니케 여신) 동상을 철거해야 한다고 주장한 사건이었다. 그것은 뉴욕에서 자유의 여신상을, 런던에서 넬슨 기념탑을 철거하라는 요구와 같다. 이 주장 때문에 그는 고위 관료 심마쿠스와 직접적으로 충돌한다. 심마쿠스는 여신상 철거는 로마의 기억과 수 세기 동안 로마를 지켜 준 신들에 대한 모욕이라고 주장했다. 이에 암브로시우스는 이교도들은 그들의 신전에서 가짜 신들을 충분히 예배할 수 있으나 원로원 의사당에서 우상숭배가 일어나서는 안 된다고 반박했다. 이 논쟁은 지면과 공개적 웅변으로 진행되었다. 결국 암브로시우스가 승리했고, 황제 발렌티니아누스 2세(Valentinianus

II)는 그의 설득을 받아들여 동상을 철거하게 했다.[18]

로마 정치의 중심지에서 빅토리아 여신상이 철거된 것은 옛 방식이 힘을 잃어 가고 있으며 로마제국은 기독교를 끝까지 지지할 것임을 나타내는 하나의 신호였다. 피터 브라운의 말을 들어 보자. "황제들(과 그들이 선택한 관리들)의 정치는 여전히 대체로 종교 중립적으로 남아 있었지만, 궁정에 기독교인 황제가 버티고 있다는 사실이 상류층 사회에 가한 '부드러운 폭력'을 과소평가해서는 안 된다."[19] 암브로시우스의 힘센 근육질 기독교, 곧 그의 '부드러운 폭력'이 승리하기 시작했다.

암브로시우스는 자신과 자신이 관할하는 성직자들이 이교도들과 이단들을 배제하고, 교회의 부를 축적하며, 널리 사회적 영향력을 행사하는 것이 전적으로 정당하다고 생각했다. 이것이 이 모든 상황에서 우리가 놓쳐서는 안 되는 핵심이다. 암브로시우스는 자신들만이 이 세상에 그리스도의 새로운 인류를 수립하여 사회를 치료할 수 있다고 보았다. 그에게 예수님을 위해 '악당'이 되는 것(어쩌면 부당한 표현일 수도 있겠다)은 모두의 유익을 위한 일이었다. 그리고 가난한 자들의 옹호자라는 교회의 평판은 사회 전반의 많은 사람이 이런 힘센 근육질 기독교를 환영하게 만들었다.

374년부터 397년에 이르기까지 20년이 넘는 암브로시우스의 주교 활동은 두 세대 전에 있었던 콘스탄티누스의 회심만큼이나 기독교를 기반으로 서구 사회가 형성되는 데 중요한 의미가 있다. 피터 브라운은 이것이 "유럽의 기독교회"를 향한 진정한 "전환점"이었다고 평가한다.[20] 암브로시우스 덕분에 "한 세대 전만 해도 상당히 벌어져 있었던 로마광장 (the Forum; 로마제국 정치의 중심지-옮긴이)과 교회의 간격이 좁혀졌다."[21] 이는 엘리트들이 갑자기 교회를 점령하거나 교회의 주요 구성원이 되었다는 말이 아니다. 그보다는 분할된 로마 세계에서 교회가 이전에는 볼 수 없던 유일무이한 '조직'이 되었다는 의미에 가깝다. 교회는 다양한 모든 사회 계층이 하나의 가족(공동체)으로 묶인 공적 공간이었다. 그것은 새로운 인류였다.

———

암브로시우스의 임기가 끝나 가던 4세기에서부터 5세기로의 전환기에 기독교는 처음으로 스스로를 '다수 집단'으로 생각하기 시작했다. 그것이 수치상으로 기정사실이 되려면 반세기가 더 흘러야 했지만, 교회의 분위기가 그랬던 것은 분명하다. 암브로시우스의 말을 빌리자면, 기독교는 어두운 밤에 점점 차오르는 달과 같았다. "마침내 그것은 환한 광채로 온통 빛난다."[22] 그리스도께서 교회를 통해 "지상에서 통치"하기 시작하셨다. 이런 시각은 향후 몇 세기 동안 악당들과 성자들 모두에게 영감을 주었다.

이 전환기에 벌어진 최악의 행패들을 소개하기에 앞서, 잠시 멈춰 정확히 같은 시기의 성자들을 다음 장에서 살펴보고자 한다. 암브로시우스가 서방에서 근육을 과시하던 바로 그 시기에, 동쪽으로 3천 킬로미터 넘게 떨어진 곳에서는 세 명의 비범한 주교들이 가난한 사람들을 위한 설교를 하고, 노예제의 관행을 비판하고, 세계 최초로 공공 병원을 세우고 있었다.

그러므로 한 인간이 매물로 나올 때,
다름 아닌 세상의 주인이 경매장으로 끌려가는 것입니다.
—니사의 그레고리우스

10
카파도키아
3대 교부의
실천적 복음

300년대 후반
최초의 공공 병원
노예제

암브로시우스 같은 대단한 개인에게 초점을 맞추면, 그를 이 시기의 교회가 나타내는 '모든 것'의 본보기로 이해하게 될 수 있다는 문제점이 있다. 원로원 의사당의 여신상을 제거하고, 회당 파괴를 옹호하고, 영향력 있는 사람들 사이에서 자리를 요구하고, 황제에게까지 이래라저래라 하는 모습 말이다. 나는 암브로시우스를 한쪽으로 치우치게 다루었다고 할 만큼 그의 활동 가운데 몇 가지 측면을 자세히 다루는 쪽을 선택했다. 그 이유는 많은 역사가들이 그를 '300년대 후반 서방 교회가 자신감을 갖게 되는 전환점'으로 보기 때문이다.

그런데 주의 사항이 있다. 하나는 암브로시우스의 힘센 근육질 기독교가 제국의 삶의 중심에 인도주의 윤리를 밀어 넣었고, 그것이 로마와 유럽 사회의 약자들에게 지속적인 혜택을 안겨 주었다는 점이다. 이 책에서 계속 보게 되겠지만, 공격적인 기독교가 온갖 추한 모습에도 불구하고 자선단체를 세우고, 학교를 짓고, 피터 브라운이 말하는 "사회적·도덕적으로 숨통을 틔워 줄 도심 공원"을 제공했다는 것은 역사의 역설 중 하나다. 교회는 "도덕적 관용을 찾아볼 수 없는 곳"이었던 동시에 "경계의 파괴를 의미하는 용서의 장소였다." 교회는 지적인 면에서는 너그럽지 못했지만 사회적으로는 박애주의를 실천했다. 이것은 "가난한 사람들에게 다가감으로써 사회적 경계를 허무는 방식으로 매일매일 생생하게 구체화된 사실이다."[1]

또 다른 주의 사항이 있다. 암브로시우스와 같은 시대의 여러 다른 주교(감독)들은 정치보다는 신자들에게 설교하고, 이교도들의 지적 공격에 맞서 기독교를 변호하고, 사회적 약자들을 옹호하는 기존의 사역에 더 초점을 맞추었다는 것이다. 그리고 그들은 원로원 의원 출신의 주교가 쓸 수 있었던 구조적 권력의 도움 없이 이 일들을 해냈다. 이 놀라운 사례들은 밀라노에서 동쪽으로 3천 킬로미터 넘게 떨어진 카파도키아(갑바도기아; 오늘날의 터키 중부)의 유명한 세 명의 주교를 통해 확인할 수 있다. 오늘날 카파도키아의 3대 교부로 불리는 나지안주스의 그레고리우스(Gregorius, 330-390), 카이사레아의 바실리우스(Basilius, 330-379), 니사의 그레고리우스였다. 다만 바실리우스가 암브로시우스에게 보낸 편지가 한 통 이상 남아 있는 걸로 보아, 그들이 서로 아는 사이였음은 분명하다. 카파도키아 주교들이 고위직 출신의 서방 주교 암브로시우스를 직접 만나지는 못했다고 해도 말이다.[2]

행함으로 보여 준 사랑

오늘날 신학계에서 카파도키아 교부들은 삼위일체 교리를 변호한 일로 널리 알려져 있다. 기독교의 가르침과 세속 학문을 두루 깊이 배운 이들은 성부, 성자, 성령의 신비를 설명하는 글을 쓰고 설교를 하도록 정기적인 요청을 받았다.

그들은 가난하고 병든 사람들의 열정적인 옹호자들이기도 했다. 나지안주스의 그레고리우스의 *Oration 14*(설교집 14번), "가난한 자들을 향한 사랑에 대하여"는 기독교의 사랑 중심성을 탁월하게 체계적으로 설명했다. 이 설교는 "가난한 자들을 향한 사랑"이 가장 중요하다는 논점을 생생하게 전달하는 1만 단어 분량의 성경적·신학적·논리적 논증이다. 단락들이 이어지면서 훌륭한 수사적 구조물이 쌓여 올라간다. "믿음, 소망, 사랑은 좋은 것입니다." 그는 이렇게 말을 꺼낸 다음 그 주제에 대한 한두 문장을 내놓는다. "환대는 좋은 것입니다." 다시 여기에 한두 문장을 덧붙인다. "열정은 좋은 것입니다. ……" "겸손은 좋은 것입니다. ……" 이쯤 되면 무슨 말인지 알 것이다.

설교를 시작하고 나서 1,000개 단어 정도가 지날 무렵 그는 논점에 이른다. "우리는 사랑을 가장 중요하고 큰 계명으로 여겨야 합니다. 이것이 율법과 선지자의 가르침의 요약이기 때문입니다. 제가 볼 때 사랑의 가장 필수적인 부분은 같은 인간을 향한 긍휼, 연민과 더불어 가난한 자들에 대한 사랑입니다. 그렇다면 우리는 모든 가난한 이와 어떤 원인으로든 재난을 당한 피해자들에게 마음을 열어야 합니다."[3] 이 단락 이후 그레고리우스는 풍부한 논증을 펼쳐서 무관심한 부자들이 피할 곳이 없게 만든다.

이것은 그냥 말뿐인 설교가 아니다. 나지안주스의 그레고리우스의 *Oration 14*(설교집 14번)는 368-372년, 현대 터키 중앙의 도시 카이세리에 해당하는 카이사레아 외곽 인근에 거대한 복지를 위한 복합단지를 건설하는 일과 관련해 한 설교였다. 이 복합단지는 그레고리우스의 좋은 친구인 카이사레아의 바실리우스[그리스어로는 바실레이오스-옮긴이]의 이름을 따서 바실레이아스(Basileias)로 알려졌다.

바실리우스는 역사상 최초의 전문 복지 시설이자 공공 병원의 건설을 감독했다. 물론 당시 로마 군인들은 의료 서비스를 받고 있었고, 부자들은 언제나 의사들을 고용할 수 있었다. 치료의 신 아스클레피오스(Asclepius)의 신전은 사람들이 성지에서 잠자는 것을 허용했고, 기부금을 내고 아스클레피오스의 위대함을 공적으로 선포하면 그 대가로 사제들의 기도와 관심을 받게 해 주었다. 그러나 바실리우스 이전에는 모든 사람에게 열린 무료 의료 같은 것은 없었다.

바실리우스가 구상한 프토케이온(Ptocheion), 즉 '빈민 보호 시설'은 최고의 전통을 가진 세속 그리스 의술로 병자들을 보살피는 입주 의료진을 고용했다. 이 보건 진료 센터(달리 표현할 말이 없다)는 여섯 개의 독립 부서로 이루어졌다. 가난한 이들을 위한 부서, 노숙자들과 이방인들을 위한 부서, 고아와 버려진 아이들(4세기의 교회는 여전히 버려진 영아들을 모아서 길렀다)을 위한 집, 나병 환자들을 위해 완전히 분리된 구역, 노약자들을 위한 방들, 그리고 병자들을 위한 제대로 된 병원이었다.[4]

고대 유대인의 전통을 따랐던 바실리우스는 재물을 가지고 있으면서도 어려운 사람들과 나누지 않는 것은 실제로 그들의 것을 도둑질하는 일과 같다고 믿었다. 그는 어리석은 부자에 대한 예수님의 비유(눅 12:13-21)를 다룬 통렬한 설교에서 이렇게 선언했다. "여러분이 보관해 둔 빵은 배고픈 사람들의 것입니다. 여러분이 상자에 안전하게 넣어 둔 외투는 헐벗은 사람들의 것입니다. 여러분이 신지 않고 묵혀 둔 신발은 맨발로 다니는 사람들의 것입니다. 여러분이 마당에 묻어 둔 은화는 가난한 사람들의 것입니다. 여러분은 여러분이 도울 수 있는 사람들을 이런저런 방식으로 부당하게 대우했습니다."[5] 바실리우스의 설교는 이후 수 세기 내내 울려 퍼진다. 그리고 바로 이 단락은, 이로부터 900년 후 토마스 아퀴나스

(Thomas Aquinas, 1225-1274)의 '사랑'에 대한 영향력 있는 분석에서 권위 있는 인용문으로 등장한다.[6]

바실리우스는 379년에 죽었다. 그의 친구였던 나지안주스의 그레고리우스가 장례 설교를 맡았다. 그레고리우스는 이 설교에서 당시 10년이 된 보건 진료 센터를 사실상 하나의 도시로 묘사한다. "이곳에서 조금 나가서 저 새 도시를 보십시오. 그곳은 경건의 창고, 부자들의 공동금고입니다. …… 다른 사람들은 요리사와 풍성한 식탁, 황홀하고 세련된 요리들, 우아한 태도, 부드럽게 하늘거리는 옷을 가졌습니다. 하지만 바실리우스에게는 병자들과 그들의 상처를 덮는 붕대, 그리스도를 본받음이 있었고, 그는 말이 아니라 행동으로 나병을 깨끗하게 해 주었습니다."[7]

바실레이아스는 역사상 최초의 공공 병원이었고, 다른 여러 공공 병원을 세우는 일에 영감을 주었다. 오리건주립대학교 역사 교수인 게리 펀그린(Gary Ferngren)은 이렇게 썼다. "4세기 후반과 5세기에 동로마제국 전역에 걸쳐 병원 설립이 빠르게 확산되었는데, 주교들이 그 일에 주도적으로 나섰다."[8]

동로마제국(비잔티움제국 또는 비잔틴제국)은 고유의 역사를 가지고 있었고 400-500년대에 이루어진 게르만족의 로마 장악과 갈리아(프랑스) 및 기타 여러 로마제국 속주의 붕괴에 별다른 영향을 받지 않았다. 바실리우스 시대 이후 천 년 동안, 터키부터 시리아, 팔레스타인부터 이집트에 이르는 이 비잔티움 기독교 사회는 상업적·예술적·학문적으로 번창했고, 자선 활동도 폭넓게 진행되었다(더 자세한 내용은 18장에서 다루겠다).

로마, 프랑스 등의 제국 서방에서는 병원들을 설립한 시기가 그보다

늦었지만, 제국의 옛 수도[로마를 의미; 이미 286년부터 디오클레티아누스 황제는 제국을 동서로 나누고 제국 서쪽의 수도를 로마가 아니라 오늘날의 밀라노인 메디올라눔으로 삼았다. 또한 디오클레티아누스 황제는 제국의 중심을 '동쪽'에 두려고 니코메디아를 제국 동방의 중심으로 정했는데, 콘스탄티누스 황제가 330년에 수도를 니코메디아에서 가까운 비잔티움으로 천도했다. 그는 새 수도의 이름을 새로운 로마라는 뜻의 '노바 로마'라고 이름 붙였으나 사람들은 황제의 이름을 따서 '콘스탄티노폴리스'라고 불렀다-옮긴이]에는 서방 최초의 바실레이아스에 해당하는 시설이 390년에 이미 세워졌다. 설립자는 당시 제국에서 가장 부유한 여인이었을 파비올라(Fabiola)였다. 그녀는 로마 건국에 공을 세운 유서 깊은 가문 출신이었다. 남편의 학대를 이겨 내고 황제의 이혼 허가를 얻은 그녀는 어느 날 기독교를 받아들였다. 그녀는 자신이 많은 재산을 소유한 것에 죄책감을 느꼈고 보석과 비단옷을 버리고 대신에 평민의 옷과 노예의 옷을 입었다. 그녀는 교회에서 가장 박식하고 성자와 같은 학자인 베들레헴의 히에로니무스의 친구이자 막역한 벗이 되었다. 히에로니무스가 파비올라에게 보낸 두 통의 편지와 399년에 파비올라가 죽었을 때 히에로니무스가 남긴 추도문을 통해 우리는 그녀의 활동 중 일부를 알 수 있다.

파비올라는 자신의 방대한 재산을 모두 팔아서 가난한 사람들에게 나누어 주었다. 그중 일부는 히에로니무스가 "진료소"(infirmary)라고 부른 시설을 세우는 데 쓰였다. 그 시설은 20년 전에 바실리우스가 설립한 시설의 모든 특징을 다 지니고 있었고, 그중에는 손으로 상처를 씻어 내는 일(명문가 태생의 로마 여성에게는 상상도 못할 일이었다)의 중요성도 포함된다. 히에로니무스의 기록에 따르면, 파비올라는 "거리에서 고통받는 사람들을 진료소에 모아들였고 손상된 코, 시력을 잃은 눈, 나병에 걸린 팔, 부풀어 오른 배 등 질병과 배고픔에 시달린 가엾은 이들의 육신을 보살폈다. 간질로 고통받는 가엾고 불결한 사람들을 셀 수 없이 업어 날랐다! 다른 사람들은 감히 쳐다보지도 못하는 상처의 화농고름을 숱하게 직접 씻어 냈다! 제 손으로 환자에게 음식을 먹였고, 간신히 숨만 붙어 있는 시체 같은 이들을 위해서도 물을 가져다 입술을 축여 주었다."9

파비올라가 운영하는 시설의 명성은 이탈리아에서 브리타니아까지 퍼져 나갔다. 시간이 지나면서 동로마제국처럼 서방에도 많은 병원이 생겨났고 이에 관한 기록이 지금도 남아 있다. 병원의 설립자들은 모두 지역의 주교, 사제, 수도사였다. 지금은 당연하게 여기는 병원 시설에 대해 우리는 바실리우스와 파비올라에게 감사해야 한다.10

어쩌면 바실리우스의 누나인 마크리나(Macrina, 327-379)에게 감사해야 한다고 말하는 것이 더 정확할지도 모른다. 그녀의 생애에 관해 알려진 몇 가지 사항은 그녀가 놀라운 여성임을 알게 해 준다. 그녀의 지성과 본보기는 바실리우스와 니사의 그레고리우스 형제에게 큰 영향력을 행사했다.11

그녀는 어머니에게 읽기를 배웠고 공부에 전념했다. 약혼자가 갑자기 죽자 다른 구혼자들을 모두 거절하고 수도원 생활에 헌신했다. 일찍부터 동생들을 가르쳤고 그들에게 학문에 대한 사랑을 불어넣었다. 그로 인해 바실리우스와 특히 니사의 그레고리우스는 학문적으로 유명한 인물이 된다. 여러 해가 지난 뒤 바실리우스가 아테네의 엘리트 아카데미에서 공식 교육을 마치고 돌아오자, 마크리나는 학자로서의 경력을 추구하지 말고 하나님과 교회를 섬기는 일에 헌신하라고 동생을 설득했다. 바실리우스는 누나의 말에 따랐고 그 결과 역사가 바뀌었다. 마크리나도 수중의 많은 재산을 팔아 가난한 사람들에게 모두 나누어 주고 다른 여인들과 수도공동체를 이루어 살면서 함께 공부하고 기도하고 농장을 일구며 자급자족했다. 이 여인들은 길에 버려진 유아들을 거두는 일도 했다. 그들은 공동체 안에서 그 아이들을 길렀다.[12] 이 일도 바실리우스와 니사의 그레고리우스가 인생의 행로를 그리는 데 분명히 기여했을 것이다.

379년 말에 마크리나가 세상을 떠난 뒤, 니사의 그레고리우스는 *Life of Macrina*(마크리나의 생애)를 썼는데, 그 책에서 그녀를 가리켜 "위대한 사람"이자 자신의 가장 큰 스승이라고 거듭 말했다. 니사의 그레고리우스는 그녀가 죽었을 때 많은 젊은 여인이 큰 소리로 애도했다고 언급한다. "그들은 길가에 버려졌던 이들이었다. 마크리나가 그들을 거두어 돌보고 양육하고 거룩하고 흠 없는 삶으로 손수 이끌었다."[13]

니사의 그레고리우스는 또 다른 저작에서 누나가 죽기 직전에 둘이 나눈 긴 대화를 들려준다. 린 코힉(Lynn Cohick)과 에이미 브라운 휴즈(Amy Brown Hughes)가 *Christian Women in the Patristic World*(교부 시대 기독교인 여성들)에 기록한 바에 따르면, 그 대화에서 그레고리우스는 "마크리나에게 소크라테스의 역할을 맡기고 자신은 학생이 되어 철학적 대화를 나누었다"[14]고 밝혔다. 많은 이에게 '동방 기독교의 가장 뛰어난 지성인'이라고 인정받는 사람의 입에서 나온 대단한 찬사였다.

마크리나와 바실리우스의 동생 그레고리우스에 관해 조금만 더 말해 보겠다. 니사의 그레고리우스(335-395)의 생몰년은 밀라노의 암브로시우스(339-397)의 생몰년과 거의 겹친다. 두 사람이 주교가 된 시기도 아주 비슷하다. 그레고리우스는 371년, 암브로시우스는 374년이다. 니사의 그레고리우스는 초기 기독교의 지적 거인 중 한 사람이었다. 그가 형 바실리우스와 유명한 아테네 아카데미를 같이 다녔는지는 알 수 없다. 바실리우스는 장래의 황제이자 회의론자인 "배교자 율리아누스"와 동급생이었다. 그런데 니사의 그레고리우스는 철학적 세련됨과 수사적 스타일 면에서 바실리우스를 능가했다. 신앙 초심자를 가르치기 위한 그의 *Catechetical Lectures*(교리문답 강의)는 믿기 어려울 정도의 치밀함과 철저함을 드러낸다.[15] 그는 다른 많은 저서도 집필했고, 그의 사상은 현대 철학사에서 여전히 연구 주제로 남아 있다. 몇 년에 한 번씩 모이는 "니사의 그레고리우스 국제 콜로키움"도 있다.[16]

지역의 주교였던 니사의 그레고리우스는 매주 설교를 전했다. 그 설교 중 한 편은 노예제 관행에 대한 역사상 최초의 본격적인 공격이었다. 물론, 기독교는 노예제에 관해 복잡한 역사를 가지고 있다. 그레고리우스의 유명한 설교를 다루기에 앞서 기독교와 노예제에 대해 짧게라도 몇 마디를 해야 할 것 같다.

기독교와 노예제

현대 노예제 폐지 운동의 지도자들이 스스로 기독교인임을 분명히 드러내고 공공연한 종교적 논증을 펼쳤다는 것은 잘 알려진 사실이다. 영국의 토머스 클락슨(Thomas Clarkson, 1760-1846)과 윌리엄 윌버포스(William

Wilberforce, 1759-1833), 미국의 윌리엄 로이드 개리슨(William Lloyd Garrison, 1805-1879)
과 프레더릭 더글러스(Frederic Douglas, 1818-1895)가 그런 사람들이었다. 노예
제 폐지 운동은 세속 운동이 아니었다. 캔터베리 대주교를 역임한 케임브
리지대학교의 로완 윌리엄스(Rowan Williams) 교수는 이렇게 말한다. "만약 노
예제 폐지가 18세기의 계몽된 세속주의자들에게 맡겨졌다면, 우리는 아
직도 기다리고 있을 것이다."[17]

너무 지나친 말일지도 모르겠지만, 어쨌든 윌리엄스의 주장은 일리
가 있다. 18-19세기의 노예제 폐지 운동이 종교적 프로젝트가 아니라 세
속적 프로젝트였다고 생각하는 것은 오류다. 노예제를 찬성하는 쪽과 반
대하는 쪽의 논거 모두 종교가 들어 있었던 것은 분명하다. 하지만 노예
제에 반대하는 논증은 거의 전적으로 종교적이거나 유사종교적이었던
반면, 노예제를 지지하는 논증은 종교적인 내용과 경제적·과학적·실용
적인 내용이 섞여 있었다.

노예제 관련해 미국 최고 전문가인 예일대학교 역사학과 석좌교수
데이비드 브리온 데이비스(David Brion Davis)는 이 주제의 포괄적 역사를 다룬
저서에 In the Image of God(하나님의 형상으로)이라는 제목을 붙였다. 이 책에
서 그는 "잉글랜드와 미국의 일부 지역에서 거의 동시에 생겨난 노예제에
대한 대중의 적대감은 자연법 전통과 인간 안에 있는 하나님의 형상에 대
한 새로운 인식에 근거한 것이었다"[18]라고 지적했다.

노예 출신의 미국 위대한 노예제 폐지 운동가 프레더릭 더글러스는
노예제를 지지한 많은 교회를 신랄하게 비판했다. 그는 영국과 미국에서
행한 공개 강연에서 그런 교회들을 "미국 노예제의 방어벽"이라고 불렀

다. 더글러스가 볼 때, 노예제를 지지하는 교회들과 신학자들은 특히 비난받아 마땅했다. 그들은 사악한 경제체제에 대한 도덕적 평계를 제공했고 창조주께서 "영원하신 하나님을 닮은 모양이 찍힌" 모든 사람을 사랑하신다는 그들의 중심 교리를 부정하는 행동을 하고 있었다. 더글러스는 윌리엄 로이드 개리슨에게 보낸 편지에서 이런 생각을 밝혔다.[19]

더글러스의 연설을 들어 보면, 그런 교회들이 "진보적" 인생관을 가지기를 요구한 것이 아니라 모든 남자와 여자는 "공통의 창조주"를 공유하고 형제자매로서 사랑과 존경을 받을 자격이 있다는 근본 교리로 돌아가라고 촉구했음을 분명히 알 수 있다.[20] 더글러스 및 여러 사람의 주장에 따르면, 교회가 노예제를 용인한 것은 많은 기독교인이 보기에 변명의 여지가 없는 맹점이었다. 하지만 그런 노예제 용인은 기독교 가르침의 귀결이 아니었다. 이 모든 것을 고대의 상황에서 생각해 보자.

신약성경의 어디에도 기독교인들에게 노예제를 끝내라고 말하는 대목이 없는 것은 사실이다. 심지어 신약성경은 노예제를 암묵적으로 용인한 상태에서 노예들에게 주인을 위해 열심히 일하라고 촉구하고, 동시에 주인들에게는 "너희는 주 그리스도를 섬기"고 있으니 노예들을 정당하고 공정하게 대하라고 촉구한다(골 3:22-4:1). 하지만 이는 노예제를 승인하는 것이 아니다. 변할 수 없는 것처럼 보이는 로마제국의 체제 안에서 사는 방법을 가르친 것이다. 황제를 존경하고 그에게 복종하라는 신약성경의 가르침(벧전 2:17)도 이와 비슷한 맥락에서 볼 수 있다. 이 가르침이 이교도의 세습 독재 체제를 암묵적으로 용인하긴 하지만, 이것이 그 체제를 지지하는 증거라고 보는 것은 오산이다.

그런데 신약성경은 "인신매매를 하는 자"들에 대해서는 "경건하지 아니"하고 "거룩하지 아니"하고 "바른 교훈을 거스"른다고 분명하게 정죄한다(딤전 1:9-11). 그리고 노예들에게 할 수 있으면 자유를 얻으라고 격려하고, 누구도 노예가 되는 것을 선택해서는 안 된다고 주장한다(고전 7:21-23). 고대 세계에는 경제적 이유 때문에 자발적으로 노예가 되는 일이 가끔 있었기 때문이다.[21]

믿기 어려울 정도지만, AD 96년의 오랜 증거에 따르면, 기독교인들은 가끔 자신의 몸값을 가난한 자들에게 기부하기 위해 자신을 노예로 팔았다.[22] 2-3세기의 기독교인들은 그 내부에서부터 노예제를 완화하기 위한 혁신적 조치들도 취했다. 115년, 교회들은 노예 해방(manumission; 공식 방면)에 쓸 전용 기금을 설립했다. 이 사역은 점차 성장하여 기독교 초기 몇 세기 동안 기독교적 자선 활동의 중요한 축을 이루게 된다.[23] 콘스탄티누스는 부분적으로 이런 사역을 인정하여 321년 4월 18일의 칙령에서 주교들에게 교회의 지출로 노예들을 해방할 권위를 부여했다. 그렇게 해방된 경우에는 온전한 로마 시민권이 부여되었다.[24]

안타깝게도, 상황이 그보다 더 진척된 경우는 드물었다. 기독교인들은 대략 6세기부터 노예제를 폐지할 이론적 역량을 얻었으면서도 그렇게 하지 않았다. 신약성경에는 노예제를 폐지하라는 분명한 명령이 없는데다가 로마 사회와 이방 사회 어디에나 노예제가 있다 보니 세계 대부분의 지역에 있는 기독교인들은 노예제를 타락한 세상에서 일어나는, 불행하지만 불가피한 일로 받아들였다.

로완 윌리엄스는 기독교야말로 "[노예제에 관한] 논증과 발견의 긴 도화선에 불을 붙였고, 그것이" 18-19세기에 "결국 폭발했다"고 말했다. 그 말이 옳을 수도 있다.[25] 그러나 그 도화선이 너무 길었다는 데는 모두가 동의할 것이다.

니사의 그레고리우스, 노예제를 정면으로 비판하다

상황이 이렇기 때문에 프레더릭 더글러스보다 무려 1,500년이나 앞서서 노예제에 반대한 니사의 그레고리우스의 설교가 그토록 놀라운 것이다. 그것은 인류와 교회의 어두운 역사를 밝히는 한 줄기 환한 빛이었다. 그의 논증은 명백했다(어쨌든, 지금의 우리에게는 명백하다). "인간은 하나님의 형상으로 창조되었다. 그러므로 모든 인간은 똑같이 헤아릴 수 없이 귀중하고 어느 누구의 소유가 될 수 없다." 이것이 바로 18세기에 잉글랜드의 노예제 폐지, 19세기에 미국의 노예제 폐지를 이끌어 낸 전제다. 니사의 그레고리우스는 4세기에 하나님과 인간의 이 연관성을 알아보았다. 여기 그의 놀라운 설교 중 일부를 소개한다.

> 본성이 자유롭고 자유의지를 가진 인간을 노예로 삼을 때, 우리는
> 하나님과 경쟁하여 법을 만들고 그분이 인류에게 주신 율법을 뒤집게
> 됩니다. 세상의 주인이 되라는 특별한 조건으로 만들어진 인간,
> 세상을 다스릴 존재로 창조주께서 임명하신 인간을 노예의 멍에
> 아래 가두는 것은 하나님의 법령에 저항하고 맞서 싸우는 일입니다.

인류라는 종을 '노예'와 '주인'으로 양분함으로써, 여러분은 인간이 인간의 노예가 되고 주인이 되게 만들었습니다. 도대체 무엇을 위해서였습니까? 무엇이 이 인간의 본성만큼 가치 있습니까? 인간의 이성에 어떤 가격을 매겼습니까? 하나님의 모양에 걸맞은 값을 치르려면 얼마의 오볼[동전]이 필요합니까? 하나님이 빚으신 존재를 파는 대가로 얼마의 스타테르[더 값진 동전]를 받았습니까? 하나님은 이렇게 말씀하셨습니다. "우리의 형상을 따라 우리의 모양대로 우리가 사람을 만들고"(창 1:26). 그러므로 한 인간이 매물로 나올 때, 다름 아닌 세상의 주인이 경매장으로 끌려가는 것입니다. 쪽지, 작성된 계약서, 오볼 계산에 속아서 여러분이 '하나님의 형상'의 주인이 되었다고 생각했습니까? 그 얼마나 어리석은 일입니까![26]

나는 밀라노의 암브로시우스가 아니라 니사의 그레고리우스가 제국에서 단연 두각을 드러내어 황제에게 영향력을 행사할 수 있었다면 역사가 얼마나 달라졌을지 궁금하다. 그레고리우스가 이 설교를 전했던 380년 무렵, 암브로시우스는 이단자들을 반대 심문하고, 제국이 교회 건물을 사용하지 못하도록 시위를 이끌고, 기독교인들이 불태운 회당 재건 비용을 기독교인들이 지불하게 한 결정을 불평하고 있었다.

나는 암브로시우스에게 가혹하게 굴 생각은 없다. 그에게 내가 심한 말을 했다면 가톨릭 신자들이 용서해 주길 바란다. 그러나 여기에는 역사를 공부하는 내게 중요한 교훈이 있다. 내가 이 책을 쓰는 동안 자주 떠올렸던 교훈이다. 교회사의 가장 어두운 순간과 밝은 순간은 때때로 동시에 찾아온다는 것이다. 다만, 초기 300년 동안에는 적용되지 않을 것이다. 그 기간은 그리스도의 원 곡조를 길고 조화롭게 연주한 시기로 보인다. 그러나 4세기부터는 아름다움과 불화가 동시에 존재하는 것을 본다. 오늘날에도 분명 그렇다. 물론 둘이 늘 같은 비율로 있는 것은 아니다.

니사의 그레고리우스와 밀라노의 암브로시우스는 둘 다 위대한 사람이었다. 내가 볼 때 그레고리우스는 그리스도의 가르침의 정수를 구현했다. 암브로시우스는 기독교인이었던 것만큼이나 철저히 로마인이었다. 암브로시우스는 좋은 쪽으로든 나쁜 쪽으로든(나는 둘 다라고 본다) 향후 수십 년 혹은 수 세기 동안 지속될 서방의 교회와 국가 관계의 본을 제시했다.

———

교회사에는 마크리나, 니사의 그레고리우스, 바실리우스 같은 이들이 많다. 그들이 측면에서, 때로는 중앙에서 큰 소리로 기독교인들에게 그리스도의 말씀의 아름다운 곡조를 기억하라고 외치는 것을 들을 수 있다. 앞으로의 내용에서 우리는 그들을 더 만나게 될 것이다. 암브로시우스 같은 이들도 많이 있었다. 힘센 근육질 기독교를 밀어붙였던 총명하고 재능 있는 이들 말이다. 그들은 기도하고 설득하고 섬기고 고난받는 것 이상의 일을 했다. 그들은 필요한 모든 수단을 동원하여 영구적인 사회를 형성하고 싶어 했다. 그리고 슬프게도, 때로는 거기에 예수님을 위한 폭동과 폭력까지 포함되어 있었다. 이제 우리는 그것을 살펴볼 것이다.

희생제사를 수행할 권리는 아무에게도 허용되지 않는다.
아무도 신전 주위를 돌지 못한다.
아무도 이교 신당을 모시지 못한다.
―테오도시우스 황제

11

폭력을 동원한
이교 탄압과
이교의 불법화

380-415년
기독교인의 폭동
이교 신전들의 폐쇄

내가 이 책을 쓰는 도중, 미국 미네소타 주 미니애폴리스에서 조지 플로이드(George Floyd)라는 아프리카계 미국인이 체포 과정에서 경찰에게 살해당했다. 그의 죽음을 계기로 미국 전역과 내 고향 호주 시드니를 포함한 세계 여러 지역에서 경찰의 과잉진압과 인종차별에 반대하는 시위 운동이 벌어졌다. 미국 일부 도시의 시위가 폭력적으로 변하자 미국 대통령 도널드 트럼프(Donald Trump)는 폭동을 진압하기 위해 군대를 배치할 수 있다고 위협했다. 미국 대통령은 백악관 길 건너에 있는, 시위로 훼손된 역사적 교회 앞에 서서 무력 과시를 시사했다. 그는 한 손으로 성경을 다소 어색하게 들고 사진 촬영을 위해 포즈를 취했다. 대부분의 사람들이 이 사진에 깊은 인상을 받았다. 여기 담긴 메시지가 분명하기 때문이다. 바로 이 지도자는 기독교를 옹호하는 인물이고 하나님이 그와 함께하실 것이라는 의미다.

좌우를 막론한 많은 기독교 지도자가 트럼프 대통령의 행동을 비판했다. 그러나 기독교의 정치화는 딱히 새로운 현상이 아니다. 호주의 신학자 로빈 휘터커(Robyn J. Whittaker) 박사는 학술적 논평을 제공하는 뉴스 사이트 〈컨버세이션〉(The Conversation)에 기고한 글에서 이렇게 물었다. "그가 강력한 '기독교' 지도자들이 지난 몇 세기 동안 하지 않았던 일을 했는가? 대답은 그렇지 않다는 것이다. 기독교를 끌어들여 권력에 봉사하게 하는 것은 거의 기독교 자체만큼이나 오래된 일이다. 서구 기독교에는 하나님이 자기들의 대의를 지지하신다고 주장하는 강력한 통치자들이 대대로 있었다. 서구 사회에서 어떤 새로운 미국 대통령도 자신의 기독교 신앙을 명시적으로 드러내지 않고서 당선된 적이 없다는 사실은 의미심장하다."

초기 기독교 300년 동안에는 아마 휘터커의 비관적 설명이 적용되지 않을 것이다. 그러나 그의 말은 일리가 있다. 콘스탄티누스 이후 얼마 지나지 않아 '종교의 자유' 시대에 대한 희망은 꺾였다. 프린스턴대학의 피터 브라운은 "콘스탄티누스의 이교 불간섭 정책은 그가 촉진한 사회적 혁명으로 단호하게 부정되었다"[2]고 썼다. 이것은 우리가 이 시기의 역사에서 마주하는 많은 역설과 아이러니 중 하나에 불과하다. 4세기 초의 콘스탄티누스는 4세기 말의 암브로시우스를 하나의 가능성으로, 심지어 불가피한 존재로 만들었다. 그리고 앞서 말했지만, 암브로시우스는 로마 원로원 의원의 정치적 자신감과 기독교 고유의 고결한 사명감을 모두 가진 새로운 기독교, 힘센 근육질의 기독교를 대표했다. 이 강력한 결합에는 분명한 역사적 결과가 따라왔다.

예수를 위한 폭동?

4세기 말에 이르면서 기독교인들은 목회적 정치라는 "온유한 폭력" 이상의 힘을 점점 더 강하게 발휘하려 했다.[3] 앞서 나는 388년에 칼리니쿰(시리아 락까)의 회당이 불에 타 버린 일을 언급했다. 이와 비슷한 기독교인 폭도들과 방화 공격이 여러 문건에 기록되어 있다.

이집트의 대도시 알렉산드리아는 고대에도 이미 폭동의 장소로 유명했다. 당대의 한 문건은 알렉산드리아를 "고유의 충동을 가진 도시, 별다른 근거도 없이 자주 반역과 폭동에 선동되는 곳"이라고 직설적으로 묘사하고 있다.[4] 4세기 무렵 그곳에는 많은 기독교인이 있었다. 인근의 상부 이집트 지역은 수도원 운동의 중심지 중 하나였고, 여러 수도사 공동체들이(남녀가 별도로 생활했다) 공동소유, 육체노동, 자급자족, 연구, 매일 기도와 더불어 지역 내 가난한 사람들을 대상으로 널리 자선 활동을 실천했다.[5]

이렇게 말하게 되어 유감이지만, 수도사들도 제대로 성난 폭도가 될 수 있었다. 알렉산드리아 내 기독교인들, 유대인들, 이교도들 사이의 갈등은 4세기 내내 꾸준히 높아졌다(율리아누스 재위 첫해였던 361년에 벌어진 기독교인 대학살을 떠올려 보라). 피터 브라운은 300년대가 끝나 갈 무렵, "알렉산드리아의 거대한 신전들의 타격 가능 거리 안에 약 2천 명 정도의 수도사들이 있었다"고 말한다.[6] 그리고 391년, 수도사들은 공격을 감행했다!

알렉산드리아의 주교 테오필루스(Theophilus)는 사용하지 않는 신전을 교회로 변경해서 쓸 수 있도록 테오도시우스 황제에게 허가를 요청했다(당시에는 기독교가 성장하면서 사용 중단된 신전들이 많았다). 황제는 이를 허가했고, 건물 복구공사 과정에서 몇 개의 지하실과 이교 예배 물품이 발견되었다. 지역 내 비기독교인 주민들은 이것을 옛 종교에 대한 신성모독으로 여겼고 폭동이 일어났다. 그들은 기독교인에게 몽둥이와 검을 휘둘렀다. 이 사건들이 기록된 기독교의 주요 문헌에는 다음과 같이 기록되어 있다. "우리 편은 상대편보다 수도 훨씬 많고 힘도 강했지만 우리 종교의 온화한 특성상 사나움이 덜했다." 나는 이 말을 정말로 믿고 싶다. "그 결과, 거듭된 충돌로 우리 편 사람들이 부상을 많이 입었고, 일부는 사망하기까지 했다."[7] 비기독교인 군중이 고대 세계의 건축학적 경이 중 하나인 세라피스 신전으로 몰려왔고 기독교인들을 인질로 삼았다. 폭도들은 입구에 방어벽을 쳤고 길고 긴장된 대치 상태가 시작되었다.

기독교인 아퀼레이아의 루피누스(Rufinus)가 쓴 문헌은 이 지점에서 잠시 멈추어 신전과 세라피스 신상의 웅장함을 자세히 묘사한다. 그는 거기서 행했던 의식들을 경멸했을지 모르지만, 그 양식만은 훌륭하다고 생각했다. 이어서 그는 군인 가운데 한 기독교인이 거대한 세라피스 신상을 난도질했다고 말한다. 신전은 순식간에 아수라장이 되었다. 수도사들과 기독교인 폭도들(둘은 사실 동일한 집단이었다)이 구조물을 부수기 시작했다. 그들은 신전을 완전히 파괴했다. 그 안에는 약간의 보물과 도서관이 있었다. 이것은 국제적인 사건이었다. 루피누스의 저작들을 현대어로 번역한 필립 애미던(Philip Amidon)은 이렇게 썼다. "가장 화려한 고대 신전의 파괴는 제국 전역에 충격을 안겼다."[8]

이번 장을 시작하며 언급한 조지 플로이드의 죽음은 '블랙 라이브스 매터'(Black Lives Matter; 흑인의 생명도 소중하다) 운동이 되살아나게 했으며, 미국 전역에서 (정도는 그보다 약하지만 잉글랜드와 호주에서도) 동상 철거의 흐름이 일어나는 계기가 되었다. 〈뉴욕 타임스〉는 이것이 "노예제와 식민지배의 역사에 대한 상징적 봉기"라고 보도했다.[9] 남부연합군 동상들은 당연히 철거되었다. 그런데 조지 워싱턴(George Washington)과 토머스 제퍼슨 기념비들도 철거되었고, 런던에서는 윈스턴 처칠(Winston Churchill) 동상이 철거를 요구하는 시위대의 공격을 받았다. 시드니에서는 1770년에 호주의 동부 해안을 발견한 영국의 뱃사람 제임스 쿡(James Cook) 선장의 기념비가 위협을 받는 바람에 경찰이 지켜야만 했다. 미국의 법원 건물을 포함한 여러 정부 청사까지 폭도들의 표적이 되었다.

　이 사건들은 적어도 내게는 대중운동이 '의로운 마음'에 불을 지피고, 그 마음이 어두운 과거의 기념물들에 대항하는 폭력 사태로 표출될 수 있음을 다시 떠올리게 했다. 물론 나는 2020년의 정치적 분노와 4세기의 기독교 우상 파괴 운동을 동일시할 마음은 없다. 그러나 역사를 제대로 이해하려면 자신이 연구하는 이들의 관점에서 상황을 보려고 시도해야 한다. 알렉산드리아 및 다른 곳곳의 기독교인 폭도들은 자신들이 공공장소에서 어두운 문화적 과거를 씻어 내고 있다고 믿었고, 이 부분에 주목하는 것이 중요하다.

　논점으로 다시 돌아가 보면, 테오도시우스 황제는 세라피스 신상을 파괴하는 데 찬성했던 것으로 보인다. 그가 그 일을 부추겼을 가능성도 있다. 그는 자신이 기독교를 선호한다는 것을 드러내고 싶어 했던 독실한 기독교인이었다. 그러나 그는 포위와 폭동 기간에 기독교인들을 살해한 모든 시민에게 사면을 선언한다. 문헌에는 이교도들이 "보다 쉽게 기독교를 받아들이도록 유도하기" 위해 그렇게 했다고 나온다.[10] 나로서는 그런 폭력 사건들, 특히 세라피스 신전의 파괴를 보고 누가 됐든 기독교 신앙을 더 높이 평가하게 되는 상황을 상상하기는 어렵지만, 보아하니 그런 일이 일어난 것 같다![11] 그리고 우상 파괴 운동은 계속 이어졌다. 이집트 및 다른 지역의 수도사들이 이교 신전을 파괴하는 운동을 벌였다. 적어도 이론적으로는 예배자들을 해치지 않았지만 '그리스도의 통치'는 사탄에게 바친 여러 기념물을 박멸하는 것을 의미했다.

　그러는 동안에도 한편에서 수도사들은 대규모의 자선 활동을 계속했다. 친숙한 역설이다. 그들은 그 와중에도 공공 병원과 식량 배급소를 지었으며, 죽은 자들을 자비롭게 묻어 주었다. 몇 년 후 야만인들이 침략한 기간에 이 폭도 수도사들은 부상자들을 데려다 간호하는 응급 의료 서비스를 지역 주민들에게 제공했다.[12]

히파티아, 세속 순교자?

25년 후, 알렉산드리아는 내가 지금까지 연구한 기독교인들의 광신적 행동과 폭력 사례 중에서 가장 악명 높은 사건이 일어나는 현장이 된다. 히파티아(Hypatia)라는 여성은 5세기 초에 알렉산드리아에서 가장 유명한 수학·철학교사였다. 그녀는 다른 지역의 학자 테온(Theon)의 재능 있는 딸이었다. 그런데 415년, 그녀가 기독교인들에게 살해당하는 사건이 일어난다.

히파티아 이야기는 세속 철학(정확히 말하면 신플라톤주의)을 가르쳤다는 이유로 교회의 미움을 받은 뛰어나고 영향력 있는 여성의 이야기로 자주 소개된다. 기독교인 폭도들이 그들의 주교 키릴루스(Kyrilios; 혹은 키릴로스)의 명령을 받고 그녀를 덮쳐 발가벗기고 잔인하게 살해한 후 이집트 해안에서 유해를 불태웠다. 교회가 이 사건을 통해 전달한 메시지는 여자들 또는 교육을 용인하지 않겠다는 것이었다.

이 사건은 수 세기 동안 이어진 기독교의 여성혐오와 반지성주의의 시작을 알렸다. 적어도, 이것은 18세기 계몽주의 이래로 사람들이 이 이야기를 설명하는 방식이다. 아카데미상을 수상한 여배우 레이첼 와이즈(Rachel Weisz)가 히파티아 역으로 분한 2009년의 영화 〈아고라〉(Agora)도 마찬가지였다. 고등학교 고전교사 출신의 저널리스트 캐서린 닉시(Catherine Nixey)가 2017년에 출간한 책 *A Darkening Age*(어둠의 시대)도 비슷한 설명을 한다.[13]

현재까지 이 주제를 다룬 가장 권위 있는 저술은 캘리포니아대학교 역사학 교수 에드워드 와츠(Edward J. Watts)의 *Hypatia: The Life and Legend of an Ancient Philosopher*(히파티아)이다. 대부분의 역사가들처럼, 와츠도 독보적인 탁월성을 보인 고대 철학자의 생애가 그녀의 죽음에 관한 암울한 이야기와 그것이 종교에 대해 말해 주는 내용 정도로 축소된 것을 탄식한다. 히파티아는 기독교인 폭도에게 살해당했다. 이것만큼은 분명한 사실이다. 그러나 에드워드 와츠는 히파티아의 끔찍한 운명이 그녀가 여성이라는 사실 또는 교육을 받았다는 사실과는 아무 관련이 없었다고 단호하게 말한다. 그것은 심지어 종교와도 별 상관이 없었다.

도시의 대표 지성인이었던 히파티아는 지방정부와 당시 임명된 지얼마 안 된 알렉산드리아의 주교 키릴루스 사이의 긴장 완화를 도와 달라는 로마인 총독 오레스테스(Orestes)의 요청을 받았다. 오레스테스 총독과 키릴루스 주교는 잘 지내지 못했다. 그 부분적인 이유는 키릴루스가 주교 선출 과정에서 오레스테스가 자신의 경쟁자 티모테우스(Timotheus)를 지지했다고 생각했기 때문이었다. 알렉산드리아의 큰 유대인 공동체도 키릴루스를 반대하고 티모테우스를 후원했다. 키릴루스는 많은 사람들을 바깥으로 밀어냈다. 그는 고압적인 지도자였다. 이후의 교회 전통에서는 그를 '성인'으로 선포했지만, 내가 볼 때 그의 뜻을 거스르는 것은 달갑지 않은 일이었을 것이다.

그들의 갈등은 414년 하필이면 알렉산드리아 극장에서 열린 춤 공연 도중에 폭발한다. 공연에 참석한 유대인 공동체는 청중에서 키릴루스를 공적으로 후원하는 핵심 인물을 발견했다. 그 지역에 사는 기독교인 교사 히에락스(Hierax)였다. 유대인들은 히에락스가 말썽을 일으키려고 그 자리에 왔다고 생각하고 반감을 표출했다. 총독은 유대인 공동체의 편을 들었고 극장에서 바로 히에락스를 고문하도록 명령했다. 키릴루스 주교는 이 모든 일에 격분했고, 오레스테스 총독과 유대인 공동체를 향한 그의 적개심은 더욱 깊어졌다.

오레스테스 총독은 바로 이런 상황에서 지역의 스타 철학자에게 지혜로운 조언을 구한 것이다. 총독은 그녀의 지혜와 높은 인지도가 키릴루스와 정부, 유대인들과 기독교인들 사이의 긴장을 완화시킬 수 있을 것이라고 생각했다. 와츠는 "히파티아가 최고의 중립적 중재자처럼 보였다"고 말한다.[14]

그러나 불행히도 키릴루스는 히파티아의 역할이 자신에게 맞서 오레스테스를 지지하는 것이라고 해석했다. 키릴루스의 후원자인 암모니우스(Ammonius)가 어느 날 이런 상황에 분개하여 흥분한 나머지 총독에게 돌멩이를 던져서 머리를 맞췄다. 다행히, 기독교인들이 포함된 지역민 군중이 황급히 총독을 안전한 곳으로 데려갔다. 총독은 암모니우스를 체포해 고문했고 암모니우스는 그로 인한 부상으로 결국 숨졌다. 키릴루스는 재빨리(그리고 의심스럽게도) 수도사 암모니우스를 신앙의 순교자로 선포했다.

하지만 이 내용을 기록한 기독교인 저술가를 포함해 대부분의 사람들에게 암모니우스는 그저 성급한 폭력배에 불과했다.[15]

오레스테스 총독과 알렉산드리아의 다른 많은 지도자급 기독교인은 키릴루스 주교가 인도하는 모든 교회 예배에 참석하지 않기로 결정한다. 이 부분이 사람들이 자주 간과하는 이 사건의 또 다른 세부내용이다. 오레스테스는 세례받은 기독교인이었다. 그는 도시를 결속시켜 더 심한 혼란이 일어나는 것을 막으려고 노력했다. 그러나 히파티아가 평화를 확립하도록 도울 수 있을 것이라는 오레스테스 총독의 희망은 금세 꺾여 버렸다. 키릴루스 주교의 광적인 지지자들 사이에서 히파티아가 총독에게 "마법을 걸었다"는 소문이 퍼지기 시작했기 때문이다. 그 때문에 오레스테스 총독과 지역 내 다른 엘리트들이 교회 출석을 중단했다는 것이었다. 그렇게 생각하면 모든 것이 설명이 되었다.

415년 3월, 페테르라는 사람이 이끄는 한 무리의 키릴루스 지지자들이 히파티아에게 맞섰다. 와츠는 그들이 히파티아를 죽이려고 나선 것 같지는 않다고 말한다.[16] 그러나 양측의 만남은 통제 불능의 상태로 변해 버렸다. 남아 있는 최고의 일차 자료에 따르면, "그들은 히파티아를 마차에서 끌어내려 카이사레움(Caesareum)이라 불리던 교회로 끌고 갔고, 그곳에서 그녀의 옷을 완전히 벗기고 타일 조각으로 살해했다. 그들은 그녀의 몸을 갈기갈기 찢은 후 심하게 훼손된 시신을 키나론이라는 곳으로 가져가 불살랐다."[17]

존경받던 히파티아가 살해되자 제국 전역의 사람들이 분개했다. 이 사건에 관한 사료를 모두 읽어 본 나도 기독교인을 자처하는 이들이 그런 일을 저지를 수 있다는 사실에 충격을 받았고 부끄러움을 느꼈다. 히파티아 사건은 사람들이 수치스러운 폭력 행위에 가담하는 것을 기독교 신앙이 막지 못한다는 사실을 깨닫게 한다. 아마도 키릴루스가 직접 히파티아를 공격하라는 명령을 내리지는 않았겠지만, 에드워드 와츠는 "그는 그런 사건을 초래한 분위기를 만든 것에 대한 최종 책임이 있었다"라고 결론을 내린다.[18] 키릴루스 주교는 알렉산드리아에서 자신의 영향력을 확고히 하려고 시도하는 과정에서 편협함과 불신의 분위기를 조성했다.

히파티아의 죽음은 '여성과 세속 학문'을 경멸한 교회 탓?

히파티아의 생애와 죽음이 여성과 세속적 지식을 경멸하는 교회의 태도에 대해 전반적으로 말하는 바가 있는가? 없다. 그 이유는 다음과 같다. 첫째, 총독은 기독교인이었고 히파티아를 깊이 존경했다. 사실, 알렉산드리아의 많은 주요 기독교 인사는 자신의 주교에게 등을 돌리고 오레스테스와 히파티아를 지지했다.

둘째, 제국 전역의 기독교인들도 일반 대중만큼이나 (어쩌면 그보다 더) 히파티아의 죽음에 분개했다. 우리가 이 사건에 대해 확실하고 자세한 당대의 기록을 가지고 있는 이유도 기독교인들이 키릴루스와 그의 지지자들을 정죄하는 데 두루 동참했기 때문이다. 당대의 선도적 기독교 지성인이던 소크라테스 스콜라스티쿠스는 이 사건을 냉철하게 기록했고, 그 기록에서 히파티아의 학문에 찬사를 보내고 살인자들과 키릴루스 주교를 비난했다. 소크라테스에 따르면, 히파티아는 "문학과 과학에서 당대의 모든 철학자들을 훌쩍 뛰어넘는 뛰어난 성취를 이루었다. 모든 사람이 그녀의 비범한 위엄과 덕 때문에 그녀를 흠모했다." 이어서 그는 그 유감스러운 이야기를 들려준다.

> 〔총독〕 오레스테스와 주교〔키릴루스〕가 화해하지 못하게 막은 인물이
> 그녀라는 비방성 소문이 기독교인들 사이에 돌았다. 그래서 그들
> 가운데 일부가 격렬하고 편협한 열정에 휩쓸렸고 페테르라는
> 독서직을 맡은 사람이 주동하여 집으로 돌아가는 그녀를 불러
> 세우고 마차에서 끌어내렸다. ······ 〔그는 앞에서 인용한 살인 장면을 묘사한다.〕
> 이 사건으로 인해 일부 교회만이 아니라 알렉산드리아 교회 전체가
> 막대한 맹비난을 받았다. 학살, 싸움, 그런 유의 악행을 허용하는 것은
> 기독교 정신과 완전히 동떨어진 일이기 때문이다.[19]

히파티아 살해가 여성이나 이교적 학문에 대한 기독교의 반대와 연관되어 있다는 모든 주장은, 그 사건에 대한 가장 초기 증거이자 최고의 증거가 어째서 히파티아가 다른 모든 (남성) 철학자들보다 지적으로 뛰어나다고 칭송하는 기독교인의 증언인지 설명해야 한다.[20]

히파티아의 학생 중 많은 수가 기독교인이었다는 사실도 못지않게 중요하다. 리비아의 귀족 시네시우스(Synesius), 그의 형제인 에우트로피우스(Eutropius)와 알렉산드로스(Alexandros), 철학자 아타나시우스(Athanasius)와 시네시우스의 친구 올림피우스(Olympius)가 있다.[21] 이후 시네시우스는 나일

강을 따라 남쪽으로 800킬로미터 떨어진 프톨레마이스(돌레마이)의 주교가 되었다. 시네시우스가 히파티아에게 보낸 일곱 통의 흠모의 편지가 남아 있고, 이 편지들에서 그는 히파티아를 자신의 "어머니, 누나, 스승이자 은인"이라고 표현한다.[22] 그는 히파티아가 살해되기 한 해 전인 414년에 죽었다. 역시 히파티아의 학생이었던 동생 에우트로피우스가 주교 자리를 계승했다.

히파티아의 죽음은 터무니없는 비극이었지만, 알렉산드리아의 지성의 진보는 이슬람시대(이집트는 642년에 무슬림들이 점령했다)가 닥칠 때까지 계속 이어졌다. 와츠가 지적한 대로, "5-6세기의 알렉산드리아 플라톤주의자들은 가장 많은 저작을 펴내고 영향력을 끼친 고대 교사들의 명단에 이름을 올렸다."[23] 그리고 그중 일부는 기독교인들이었다. 한 사람만 소개하자면 전설적인 수학자, 문법학자, 철학자였던 요하네스 필로포누스(Johnannes Philoponus, 490-570)가 있다. 그의 그리스어 저술들은 아랍의 기독교인 학자들이 보존하여 이슬람 문명에 전해 주었고, 무슬림에 의해 중세에 서방으로 다시 전해졌다. 필로포누스의 저술들은 결국 갈릴레오(Galileo) 같은 초기 과학자들에게 영향을 주게 된다(이에 대한 더 자세한 내용은 18장에서 다루겠다).

이교 신전들의 폐쇄

이제 우리는 옛 방식에 대한 기독교의 관용이 고갈되어 가던 시기에 이르렀다. 때로는 폭동이라는 비공식적 형태로, 때로는 공식적 형태로 나타났다. 우리는 4세기를 관통하고 5세기까지 이어진 제국 정책의 분명한 진화 또는 퇴화를 볼 수 있다. 361-363년 동안 기독교를 주변부로 몰아내려 한 율리아누스 황제의 짧은 활동이 끝나고, 대를 이은 기독교 황제들이 반포한 새로운 법들이 이교 의식들을 엄하게 단속하기 시작했다.[24] 그라티아누스(Gratianus, 359-383) 황제는 오랫동안 이어졌던 폰티펙스 막시무스(Pontifex Maximus), 즉 고대 로마 국가 사제단의 최고 사제 직책에 오르기를 거부했다. 이로써 그는 이교 신전들에 대한 국가의 후원을 효과적으로 중단했다.[25]

진정한 전환점은 390년대에 테오도시우스 황제와 함께 찾아왔다. 재위 초기에 그는 신전에서 기도와 분향, 신들을 공경하는 다양한 의식들을 허용했지만,[26] 후기에는 희생제사를 불법으로 선포하고 신전 폐쇄를 명령했다. 아마도 암브로시우스의 영향을 받았을 것이다. 그는 이렇게 반포했다. "희생제사를 수행할 권리는 아무에게도 허용되지 않는다. 아무도 신전 주위를 돌지 못한다. 아무도 이교 신당을 모시지 못한다." 391년 6월 16일자의 이 법령에 따르면, 그런 활동에 참가했다가 발각된 모든 제국 관리는 "6.8킬로그램의 금"을 벌금으로 내야 했다.[27]

로마제국에서 이교 제사를 최종적으로 금지하는 법률이 늘 엄격하게 지켜진 것은 아니었고, 이후의 정권에서는 이 법률을 뒷받침하는 다양한 행정적 조치가 이루어지게 된다. 하지만 벨파스트 퀸스대학교의 존 커랜(John Curran)에 따르면, 391년의 이교 제사 금지는 "4세기 로마의 역사에서 콘스탄티누스의 회심 다음으로 가장 의미심장한 법적 사건이었다."[28] 콘스탄티누스 대제가 죽은 지 54년 만에, 그리고 예수님 시대 이후 360년이 지난 시점에 마침내 고대 그리스·로마 종교는 공식적으로 불법이 되었다.

———

우리는 서구 역사에 대한 머릿속 시간표에서 AD 400년을 기독교가 그리스·로마 종교를 주변부로 성공적으로 몰아내고 곧 잊히게 만든 순간으로 표시할 수 있다. 변화는 천천히 이루어졌지만 결국 완성되었다. 이것을 보여 주는 현대의 한 가지 분명한 증표는 이제는 서구 모든 곳에서 그리스인들과 로마인들의 '다신론'이 아니라 기독교의 '일신론'을 가정한다는 것이다. 오늘날의 유명한 무신론자들조차도 신들(gods)이 아니라 하나님(God)에게 반대하는 책을 출간한다. 이 관점은 시리아에서 브리타니아까지, 5세기부터 계속해서 지배적인 위치를 차지했다.

기독교인들이 서서히 제국의 다수가 되고 국사를 다루는 제국의 관리들이 주교들의 지도를 바라게 되면서 몇 가지 아주 중요한 변화가 나타났다. 그중 매우 의미심장한 것은 국가 폭력에 대한 신학적 정당화였다. 이것이 바로 다음 장에서 이야기할 대단히 흥미로우면서도 당황스러운 주제다.

지혜로운 통치자는
정당한 전쟁을 수행해야만 하는 상황에 이른 것을
슬퍼할 것이다.
─히포의 주교 아우구스티누스

12
국가 폭력에 대한
신학적
정당화?

400년대 초
기독교 전쟁론

미국 드라마의 고전이라 부를 수 있는 〈웨스트 윙〉(The West Wing) 이야기를 좀 해 보겠다. 드라마의 시즌 1 앞부분에서 바틀렛 대통령은 그가 아끼는 주치의와 57명의 미국인 의료진을 실은 미국 군용기가 시리아군의 공격을 받은 일에 대한 올바른 반응을 놓고 초조해한다. 복수심으로 괴로워하는 독실한 가톨릭 신자 대통령과 보다 경험이 많은 비서실장이자 오랜 친구인 리오 맥게리 사이에 격렬한 대화가 오간다.

> 바틀렛: 우린 아무것도 안 하고 있어.
>
> 맥게리: 우린 아무것도 안 하고 있지 않네. 네 곳의 중요한 군사적
>
> 표적이……
>
> 바틀렛: 그거면 충분한가?
>
> 맥게리: 물론 충분하지 않아. 충분한 대응은 없어. 그냥 그렇게 하는
>
> 거야. 세계에서 가장 강력한 나라는 그렇게 행동하는 거라고.
>
> 그것이 적절하고, 합리적이고, 책임 있고, 자비로운 일이야.
>
> 아무것도 아닌 게 아니야. 그건 선조들이 우리에게 가르친
>
> 거야.

이 에피소드의 제목인 "적절한 대응"은 고대의 정전론(just war theory; 정당한 전쟁 이론)의 핵심 신조다. 이 에피소드에서 맥게리가 말하는 "선조"(fathers)가 누구인지 나는 잘 모르겠지만, 현실 세계에는 정전론을 처음으로 제시한 교부(church father)가 있다.

앞 장에서 나는 4세기 말과 5세기 초 알렉산드리아에서 수도사들과

기타 기독교인들이 벌인 폭동 행위들을 언급했다. 물론 핑계가 될 수는 없지만, 폭동 행위의 대부분은 큰 사회적·종교적 변화의 시기에 발생한 군중의 히스테리로 묘사될 수 있다. 그런 폭력 사태는 흔하지 않았고, 전반적인 교회 정책의 일부도 아니었다. 이 시기 기독교인들의 말과 글에서 폭력을 용인하는 내용은 전혀 발견할 수 없다. 하지만 상황이 곧 달라질 터였다.

5세기 교회 지도자들은 국가 폭력에 대한 분명한 기독교적 이론을 고안하기 시작했다. 기독교가 맞이한 첫 번째 천 년에 정치적으로 가장 중대한 지적 흐름 하나는 그 시기에도 손꼽히는 폭넓은 지성의 소유자 성 아우구스티누스에게서 나왔다. 그는 "정당한 전쟁"을 이론화하기 시작했다.[1]

점점 더 많은 기독교인이 제국 내 행정직을 채우고 점점 더 많은 주교가 (밀라노의 암브로시우스의 본을 따라) 황제의 '귀'에 대고 말할 수 있게 되면서, 기독교 지성인들이 기독교 제국은 전쟁을 어떻게 수행해야 하는지 통치자들에게 조언을 하도록 요청받는 일은 불가피하게 되었다. 여기에는 상당히 정교한 사고가 필요했다. "원수를 사랑하라"고 가르치는 종교, 십자가를 지라는 종교가 세상에서 가장 성공적인 군대를 보유한 제국을 향해 뭐라고 조언을 건넬 것인가?

초기 400년, 기독교인의 전쟁관

전쟁은 로마 문화의 가장 오래된 특성일 것이다. 우리가 탐구해 온 모든 시기에 걸쳐 로마의 황제들은 동쪽으로는 페르시아, 북쪽으로는 발트해 연안, 서쪽으로는 게르마니아 등 여러 전선에서 거의 끊임없이 전쟁을 치렀다. 적어도 BC 3세기 북아프리카의 포에니전쟁 이후부터 정복은 로마인의 의식의 중심을 차지했다.

하지만 기독교인들에게는 전쟁에 관해 생각하는 것이 새롭고 이질적인 일이었다. 구약성경은 성전(聖戰)의 이야기들을 담고 있었지만, 이 시기(2-4세기) 유대인들은 여호수아의 정복이 이스라엘이 세워지면서 땅을 확보하기 위해 이루어진 유일무이한 경우였다고 오래전부터 믿어 왔다. 그것은 대규모 정복의 모델이 아니었고, 이스라엘 국경을 지키는 데 필요한 근거 정도로만 사용되었다.[2]

2-4세기 기독교 신학은 구약성경의 전쟁을 흔히 풍유적으로 해석했다. 물론 기독교인들은 그 전쟁들을 진짜로 일어난 역사적 사건으로 인식하고 있었지만, 그들에게 그 의미는 전적으로 상징적인 것이었고 죄와 죽음을 이기신 그리스도의 승리 또는 신자가 자신이 다루기 힘든 영혼과 치르는 싸움과 관련이 깊었다.[3]

설상가상으로 (관점에 따라서는 바람직하게도) 신약성경은 전쟁 수행에 대해 어떤 지침도 제시하지 않았다. 사도 바울은 "하나님의 갑옷"이라는 은유를 사용했다. 여기서 "의"는 "호심경"(가슴막이)이요, "믿음"은 "방패", "하나님의 말씀"은 "검"이었다(엡 6:10-17). 그러나 2-4세기에 이런 이미지들을 구체적 방식으로 해석하기는 불가능했다. 바울은 성경의 다른 책에서 이교 국가는 나쁜 일을 하는 자들을 벌하기 위해 "칼을 가지"고 있을 권리가 있다고 가르쳤다(롬 13:3-5). 그러나 그 구절 바로 앞에서 그는 기독교인들에게 이렇게 명했다. "너희를 박해하는 자를 축복하라 …… 아무에게도 악을 악으로 갚지 말라 …… 너희가 친히 원수를 갚지 말고 하나님의 진노하심에 맡기라"(롬 12:14-19). 무엇보다, 그리스도께서 로마인들에 의해 십자가에 달려 죽으신 일이 폭력에 대한 궁극적 비판이자 고난 앞에서 인내하는 본이 되었다.

AD 100년부터 400년에 이르는 이후 몇 세기 동안, 기독교 사상가들은 고문과 사형에 반대했고, 대부분의 경우 군 입대에도 반대했다. 200년경 문헌에 로마 군인으로 복무하는 기독교인들을 이따금씩 언급한 내용이 남아 있다.[4] 이스라엘 메기도(므깃도)의 한 교회 바닥에 같은 시기의 모자이크 글귀가 남아 있는데 이제껏 발견된 것들 중 가장 오래된 것이다. 그 글귀는 "가이아누스"라는 로마의 "백부장"을 언급한다. 그는 교회를 후원한 기독교인으로 짐작된다.[5]

반면, 히폴리투스(Hippolytus)의 *The Apostolic Tradition*(사도전승)으로 알려진 이 시기의 상세한 교회 매뉴얼은 공식 신앙 교육(여기에는 3년간의 주 1회 수업 과정이 포함되어 있다)을 받을 수 없는 직업들을 나열한다. 이 블랙리스트에는 검투사, 경기장 사냥군(재미로 짐승을 죽이는 사람), 검투쇼 관리자와 훈련사, 다른 사람들을 처형해야만 하는 군사령관, 사형을 선고하는 행정관이 올라 있었다. 매뉴얼은 정규 군인이 신앙 교육을 받는 일은 허용하는 듯한데(적어도 명시적으로 배제하지는 않았다), 신앙 교육을 다 받고 세례까지 받은 기독교인이 "군인이 되고 싶어 한다면, 그는 쫓아내야 한다. 그가 하나님을 멸시했기 때문"이라고 규정한다."[6]

한 세기 후인 300년 무렵 락탄티우스는 단도직입적으로 이렇게 썼다. "의로운 사람은 군인이 되어서는 안 되고, 다른 사람에게 사형을 언도해서도 안 된다."[7] 그리고 콘스탄티누스가 참석한 가운데 작성된 니케아 공의회 12번 규칙은 군인 신분으로 돌아간 기독교인은 "자신의 토사물로 돌아가는 개"와 같고, 그런 군인이 (다시) 마음을 바꾸어 교회로 돌아온다면, 3년의 신앙 교육 과정을 추가로 이수해야 한다고 선언했다.[8] 기독교의 설립 문서들과 초기 몇 세기에 나온 모든 가르침은 교회가 기독교 신학과 국가 폭력의 결혼을 이끌어 내도록 준비시키지 않은 듯하다.

재능 있는 수사학자에서 기독교 주교가 된 아우렐리우스 아우구스티누스(Aurelius Augustinus; 영어명은 어거스틴)가 이 시점에 등장한다. 교회와 국가 문제에 대한 그의 생각은 '십자가에 못 박혀 죽으시고 부활하신 주님'이 받아 주실 만한 방식으로 전쟁을 수행할 방법을 찾아야 했던 기독교 정권에 돌파구를 제공했다.

성 아우구스티누스와 정전론

354년에 태어난 아우구스티누스는 로마의 속주였던 북아프리카(오늘날의 알제리)에서 자랐다. 그의 아버지는 이교도였고 어머니는 독실한 기독교인이었다. 그는 열일곱 살에 기독교에 대한 모든 흥미를 잃었고 연인과 동거하며 아이를 낳았으며 자신의 뛰어난 라틴어와 라틴문학 실력만 믿었다. 수사학 교수로서 명성과 부를 추구했고 국제적 도시였던 카르타고, 로마, 밀라노에서 교수로 일했다(375-385).

이 기간에 아우구스티누스는 키케로(Cicero)와 플로티노스 같은 고전 철학자들의 책을 읽었는데, 이들은 우주에서 인간의 위치를 알고 싶다는 그의 내면의 욕구를 일깨웠다. 그는 마니교로 알려진 금욕적 철학에 오랫동안 관심을 가졌으나 밀라노에서 기독교인들의 영향을 받게 되었다. 그러다 얼마 후에는 마니교는 진부하고 교조적인 철학이며, 기독교는 지적으로 활기차고 폭이 넓다고 판단하게 되었다(서구 현대인들이 받는 인상과 거의 정반대다).

심플리키아누스(Simplicianus, 320-400)라는 나이 많은 기독교 철학자가 아우구스티누스에게 특히나 많은 영향을 끼쳤다. 심플리키아누스는 암브로시우스 주교의 개인 교사였고, 존경받는 이교도 철학자 빅토리누스의 친구이기도 했다. 빅토리누스는 그의 경력의 정점이었던 350년대에 기독교인이 되고 싶다고 선언하여 로마에 충격을 안겨 준 인물이다. 아직 회심하지 않았던 아우구스티누스는 "모든 학문에 박학했고 많은 철학 서적을 탐독하고 비평했으며 유명한 원로원 의원들의 스승이었던 인물, 탁월한 가르침의 공적을 기념하여 사람들이 포로 로마노에 동상을 세우기까지 한" 위대한 빅토리누스가 결국 기독교인이 되었다는 이야기를 심플리키아누스를 통해 듣고 강한 호기심을 느꼈다![9]

수사학과 문학에 집착하던 아우구스티누스는 늘 성경이 천박하고 단순하다고 생각해 온 터였다. 그러나 이제 그는 고상한 라틴어 운문과 산문이라는 신성한 영역 너머에서 진리를 발견할 가능성을 고려하게 되었다.

　　이 무렵부터 아우구스티누스는 밀라노의 암브로시우스 주교의 설교에 영향을 받기 시작했다. 처음에는 암브로시우스의 수사력과 인격에 깊은 인상을 받는 정도였으나, 결국에는 그 "수수한" 성경 안에 모든 인류가 추구해 온 해답이 담겨 있음을 느끼게 되었다. 386년 여름의 어느 날, (세들어 살던) 집의 정원에 있던 그는 "집어 들고 읽으라"(톨레 레게)라고 거듭해서 노래하는 아이의 소리를 들었다. 그것이 어떤 신호일지도 모른다고 생각한 그는 근처에 있던 사도 바울의 서신서를 집어 들었다. 그리고 임의로 책을 펼쳐서 눈에 들어오는 대목을 읽었다. "오직 주 예수 그리스도로 옷 입고 정욕을 위하여 육신의 일을 도모하지 말라"(롬 13:14).[10] 현대인에게는 이 말씀이 대단하게 들리지 않을 수도 있다. 하지만 당시의 아우구스티누스는 이렇게 고백한다. "이 구절을 읽자마자 의심의 어두운 그림자가 모두 사라졌다. 마치 평화의 빛이 내 마음속에 밀려들어 온 것 같았다.'"[11]

　　그는 "이성적 인간이 동물의 열정을 넘어 우주의 이성적 영혼에 따라 살 방법은 무엇일까?"라는 당대의 철학적 질문의 해답을 찾았다고 느꼈다. 아우구스티누스가 복음서와 바울 서신에서 발견하고 이후 45년 동안 설명했던 그 해답은 그가 386년에 본 로마서의 구절에 담겨 있었다. 신성의 완전한 현현이신 예수 그리스도께서 우리를 위해 자신을 내주시고 다시 살아나시고 기독교인의 삶에 그분의 성령을 부어 주셨기에 우리가 "주 예수 그리스도를 옷 입음"으로써 육체적 본능을 뛰어넘고, 참되고 선한 것을 올바르게 욕망할 수 있게 되었다는 것이다.

　　많은 이들이 역사상 최초의 심리적 자서전이라고 여기는 《고백록》

(*Confessions*; 혹은 참회록)의 서두 몇 문장에서 아우구스티누스는 우주 속 인간의 위치를 이렇게 요약한다. "주님의 피조물의 한 부분에 불과한 인류가 주님을 찬양하기 원합니다. 주님은 당신을 찬양하는 데서 기쁨을 얻도록 우리 마음을 움직이십니다. 주님은 우리가 당신을 향하여 살도록 창조하셨으므로 우리 마음이 당신 안에서 안식할 때까지는 평온하지 못합니다."[12]

아우구스티누스는 387년에 밀라노에서 암브로시우스에게 세례를 받았다. 391년에 사제가 되었고 395년에는 중요한 상업 항구 도시였던 히포 레기우스(오늘날 알제리의 안나바)의 주교가 되었다. 그는 비교적 길었던 남은 생애(그는 76세에 세상을 떠났다) 동안 생각하고, 가르치고, 글을 썼다. 아우구스티누스의 생애와 사상은 오늘날까지 전 세계 주요 대학교와 신학교에서 독립된 연구 주제로 남아 있다.

북아프리카의 노예 해방

아우구스티누스의 영향력 있는 정전론을 살펴보기에 앞서, 그가 대단히 목회적인 주교였다는 사실을 분명히 밝혀야겠다. 그가 쓴 300통의 서신이 남아 있고, 이는 오늘날 여섯 권의 책으로 출간되었다.[13] 이 서신들은 그가 다른 이들의 삶에 깊이 관여했고 그들의 영적·물질적 행복에 관심을 가졌음을 보여 준다. 그는 또한 상당한 규모의 자선 사업을 감독했는데, 교회의 농장들은 가난한 이들을 위한 식량을 생산했고 교회의 자금은 노예를 해방시키는 데 쓰였다.

10장에서 설명한 대로, 기독교인들은 노예제를 그 내부에서부터 완화시키려고 노력했다. 슬프게도, 니사의 그레고리우스를 제외하고는 노예제를 전면적으로 비판한 사람을 우리는 알지 못한다. 그러나 기독교인들은 노예들을 도와야 한다는 의무감을 느꼈고, 도울 형편이 될 때, 특히 누군가의 몸값을 지불하고 해방시킬 충분한 자금이 있을 때 더 부담을 느꼈다. 물론 많은 초기 기독교인들이 노예였거나 노예 출신이었고, 200년대 초 로마의 주교였던 칼리스투스(Callistus)도 그중 하나였다.[14]

아우구스티누스는 히포에서 특별한 문제와 마주하게 된다. 노예 상인들, 특히 소아시아(터키) 갈라티아에서 온 상인들이 노예들을 북아프리카에서 제국 전역과 그 너머에 이르는 다양한 목적지로 실어 나르는 편리한 항구로 히포를 이용하고 있었다. 아우구스티누스는 여러 해 동안 교회 기금을 통상적인 방식으로 사용하여 노예들을 풀어 주고 있었다. 그러나 420년대에 이르면서 아우구스티누스의 교회들이 더 이상 손쓸 수 없을 만큼 상황이 점점 더 악화되고 있었다.

아우구스티누스는 인근 도시 타가스테(오늘날 알제리의 수크아라스)의 주교로 있던 친구 알리피우스(Alypius)에게 보낸 편지에서 히포의 항구를 통해 많은 성인 남녀와 아이가 납치되어 팔리고 있음을 알린다.[15] 그에 따르면, 부모들이 자녀를 노예 상인들에게 팔았다. 히포의 한 여성은 도시 남쪽의 숲이 많은 산간지대인 기다바(오늘날의 체타바)의 여성들을 목재 구입을 명목으로 꾀어내어 감금하고 구타해 노예로 파는 방식으로 수지맞는 인신매매 사업을 만들어 냈다. 히포 수도원의 한 수도사가 납치되어 노예로 팔렸다. 아우구스티누스는 가난한 이들을 위해 농작물을 기르던 교회의 한 소작인이 아내를 노예로 팔았다고 말한다. 그것은 "오로지 (탐욕이라는) 이 과열된 전염병에 휩쓸린 탓"이었다. 설상가상으로, 폭력배들까지 북아프리카의 시골을 다니며 사람들을 납치하고 노예 상인들에게 팔고 있었다. 아우구스티누스는 이렇게 탄식한다. "그자들이 아프리카에서 상당수의 인구를 빼내어 그들의 '상품'을 바다 건너 다른 속주들로 옮기고 있는 것 같네."[16]

아우구스티누스는 교구민들이 이 문제를 직접 해결하기 위해 나선 이야기를 들려주는데, 그것이 이 편지의 가장 비범한 대목이다. 인간 화물을 실은 큰 배 한 척이 떠날 채비를 하고 정박 중이었다. 아우구스티누스에 따르면, 우리가 노예들에게 자비를 베푸는 사역을 한다는 것을 알고 있는 한 신실한 기독교인이 그 사실을 교회에 알렸고, 교인들은 즉시 그 배와 인근의 감금 장소를 급습했다. 아우구스티누스는 "우리 교인들이 120명가량의 노예들을 풀어 주었다"고 말한다. 안전한 장소에 도착한 노예들은 각자의 이야기를 교회에 들려주었고, "사기와 납치 등의 온갖 방식으로 갈라티아인들에게로 끌려온 사연에 모든 사람이 눈물을 흘렸다." 어떤 이들은 가족에게 돌아갈 수 있었고, 어떤 이들은 교회에서 지내면서 식사를 해결했다. 그 외의 다른 사람들은 히포 주변에 있는 지역 기독교인들의 가정에서 머물렀다. "교회가 풀려난 모든 노예들에게 식사를 제공할 수는 없었기 때문이다."

서신을 쓸 당시 아우구스티누스는 도시의 상황이 긴박해지고 있음을 우려했다. 노예 상인들에겐 고위직의 친구들이 있었고 자신들의 "상품"을 모두 되찾겠다고 소란을 부리기 시작했다. 구출작전은 합법적인 일이 아니었고 아우구스티누스는 지역 기독교인들의 사정이 나빠질 것을 염려했다. 아우구스티누스가 알리피우스에게 편지를 쓴 이유 중 하나는 그가 이탈리아에 머무는 동안 영향력 있는 사람들의 도움을 얻을 수 있도록 노력해 달라고 부탁하기 위해서였다.

그는 서신을 끝마치면서 말한다. "하나님의 자비로 교회가 각성하여 잔뜩 경계하고 있기에 가엾은 사람들이 억울한 노예 상태에서 해방될 수 있는" 히포의 상황도 이 지경이라면, "다른 해안 지역들에서는 불운한 영혼들을 상대로 한 불법거래가 얼마나 많이 진행되고 있겠는지" 생각해 보라고 경고를 남긴다.[17]

아우구스티누스는 노예제 폐지론자가 아니었다. 그가 생각하는 노예제는 타락한 세상의 불행하고 영구적인 특징이었다. 노예제에 대해 할 수 있는 일이라곤 주인들에게 노예를 잘 대우하라고 촉구하고, 교회의 자금으로 몸값을 지불해 사람들을 자유롭게 해 주고, 가끔 노예선을 급습하는 것이 전부였다.

잠시 들여다본 아우구스티누스의 이런 목회적 사고는 정전론에 관한 그의 영향력 있는 개념을 살펴볼 때 염두에 둘 만한 의미가 있다.

하나님의 도성

이번 장의 목적을 생각할 때, 아우구스티누스의 많은 저작 중 우리가 관심을 가져야 하는 책은 한 권이다. 로마 역사상 최악의 재난이 일어난 뒤 집필한 책,《하나님의 도성》(*The City of God*)이다.

410년 8월 24일에 알라리크(Alaric)가 이끄는 소위 서고트족(게르만족)이 이탈리아의 방어를 뚫고 로마 약탈이라는 생각도 못할 일을 저질렀다. 도시의 식량 보급을 차단하는 오랜 포위 공격 끝에, 서고트족은 도시의 거대한 성벽을 뚫고 거리를 누비며 공격을 이어 갔다. 그들은 포로 로마노까지 밀고 들어가면서 도중에 있는 건물과 기념물들을 약탈했다. 그 공격에서 살아남은 한 사람은 친구에게 보낸 편지에서 "전쟁 나팔의 날카로운 소리와 고트족의 외침들"을 이야기했다. 그는 두려움이 도시를 사로잡았고, "모든 것이 혼란과 무질서에 빠졌다"고 썼다. "모든 집에 통곡이 있었고 모두에게 똑같이 두려움이 퍼졌네. 노예와 귀족들이 같은 처지였지. 모두가 똑같은 죽음의 이미지를 보았어."[18]

서고트족은 며칠 동안 약탈하면서 자신들의 목소리를 충분히 전달한 후 이탈리아 서부로 진군했다. 하지만 로마를 정복한 지 얼마 되지 않아 알라리크가 병으로 사망하자 이탈리아에서 물러나고 말았다. 그들은 안정적 통치를 유지하는 일보다는 정복하는 쪽에 능했다.

그럼에도 불구하고 많은 이가 어떻게 로마가 함락될 수 있는지 궁금증을 가진다. 오랜 세월이 지난 지금의 우리로서는 이 사건이 얼마나 갈피를 잡을 수 없는 엄청난 문화적 재난이었는지 가늠하기 어렵다. 로마제국에는 제2의 수도(콘스탄티노폴리스)가 있었고, 로마제국의 동방 지역(동로마제국 또는 비잔티움제국)은 이후 다시 천 년 동안 유지되다가 1453년에 오스만제국에게 함락된다. 그러나 로마라는 도시가 야만인들에게 약탈당한 것은 로마 역사에서 유례 없는 일이었다. 콘스탄티노폴리스에서 3일간의 공적 애도 기간이 선포되었지만, 서로마제국의 수도를 돕기 위한 별다른 조치는 없었다(이후 콘스탄티노폴리스에서는 같은 일이 벌어지지 않게 하려고 도시를 둘러싼 큰 성벽을 강화하는 많은 공사가 이루어졌다).

이런 참사는 누구 탓이었을까? 많은 사람이 분명히 기독교인의 탓이라고 생각했다. 고대 신들은 그 오랜 세월 로마 시민들을 지켜 주었다. 그런데 첫 번째 기독교인 황제가 등장하고 한 세기만에 제국의 역사적 수도가 함락되었다. 5세기 초에도 여전히 수가 많았던 이교도 비판자들은 로마인들이 신들을 버렸기 때문에 신들도 그들을 버렸다고 단호하게 주장했다. 이제 그들 앞에 놓인 것은 어둠, '암흑시대'였다.

아우구스티누스는 서구 역사에서 가장 주목할 만한 문화적(그리고 신학적) 분석서 중 한 권을 내놓음으로써 이런 도전에 정면으로 맞섰다. 그 책의 분량은 지금 이 책의 서너 배에 이르며 40만 단어가 넘었다. 416-422년 사이에 나누어 쓴 《하나님의 도성》은 이교도들의 비판을 완전히 뒤집어 놓았다. 그 책은 로마라는 '지상의 도성'의 윤리, 정치, 종교를 절묘하고 파괴적으로 자세하게 비판하면서 '그 도성'과 '그리스도의 통치, 하나님의 참되고 영원한 도성, 인류의 유일한 소망'을 대비시킨다.

《하나님의 도성》은 로마제국을 지상의 기독교 세계로 치환하는 식의 지나치게 단순한 주장을 내세우지 않았다. 아우구스티누스는 국가기관을 기독교화하면 지상에 평화가 찾아올 거라고 믿지 않았다. 그는 그런 말을 믿기에는 너무 현실적이었다. 어떤 이들은 그가 너무 비관적이라고 말할 것이다. 그는 기독교로 회심하면 사회에, 특히 가난하고 소외된 사람들에게 어느 정도의 개선이 이루어진다고 믿었다.

하지만 "이후 중세의 교회법학자(canonists; 후대의 church lawyers)들의 아우구스티누스 해석을 그가 미리 알았다면 깜짝 놀랐을 것이다. 그들은 그가 교황을 머리로 하는 주교들이 제국을 다스려야 한다고 암시한 것으로 해석했기 때문이다." 옥스퍼드대학의 헨리 채드윅의 말이다. 아우구스티누스는 기독교인들의 약점을 너무 잘 알고 있었다. 그는 교회를 사랑했지만, "성직자와 평신도 할 것 없는 구성원들의 실패 때문에 어둡고 우울한 순간들을 맞아야 했다."[19] 나도 그 느낌을 안다.

우리는 바로 이런 맥락에서 정당한 전쟁에 대한 아우구스티누스의 생각을 이해해야 한다. 여기서 정당한 전쟁이란 '하나님의 도성'의 이상에 근접하는 방식의 국가 폭력 사용을 말한다. 정당한 전쟁에 대한 그의 생각은 대작 《하나님의 도성》의 주요한 부분이 아니고, 기독교인 통치자가 따라야 할 정치적 방침이라기보다는 로마적 가치관에 대한 비판의 일부로 제시된 것이었다. 그러나 아우구스티누스는 이후 800년 동안 기독교인과 비기독교인을 통틀어 가장 영향력 있는 사상가였기 때문에 그가 이 특정 주제를 다룬 방식은 《하나님의 도성》에서 할당한 지면에 비해 지나치게 큰 영향을 미치게 된다. 후대의 사상가들은 전쟁이 정당한 일이 될 수 있다고 가정하고는 그들이 원하는 전쟁을 아우구스티누스 원칙의 경계 안에 있게 하려고 노력하게 된다.

5세기 초, 아우구스티누스 시대에는 기독교인들이 군대에 가지 않는 일이 사실상 불가능했다. 기독교 신앙을 가진 시민이 너무나 많았고 그중 일부는 장군의 자리에까지 올랐다. 418년, 《하나님의 도성》을 집필하던 기간에 아우구스티누스는 아프리카의 호민관이자 기독교인이던 보니파키우스(Bonifacius, 675-754)에게 편지를 썼다. "군인으로 전쟁 무기를 든 사람은 누구도 하나님을 기쁘시게 할 수 없다고 생각하지 마십시오."[20] 아우구스티누스는 싸움이 절대적으로 필요하고 평화를 목표로 하는 한 전쟁은 선한 것일 수 있다고 말했다. "당신의 의지는 평화를 목표로 삼아야 합니다. 하나님이 우리의 곤경을 해결해 주시고 우리를 평화 가운데 보존하시는 데 꼭 필요한 경우에만 전쟁을 해야 합니다. 우리는 전쟁을 일으키기 위해 평화를 추구하는 것이 아니라 평화를 얻기 위해 전쟁을 하기 때문입니다."[21]

그로부터 10년 후, 427년 아우구스티누스는 보니파키우스에게 다시 편지를 썼다. 북아프리카의 로마 도시들을 사하라 부족 도적들의 공격에서부터 보호하기 위한 군사 개입을 부드럽게 촉구해야 할 필요를 깨달았기 때문이다. "아프리카의 야만인들이 어떤 저항도 없이 아프리카를 약탈하는 일에 대해 내가 무슨 말을 하겠습니까? 당신은 자신의 어려움에 묶여 있고 사람들이 이 재난을 면하게 해 줄 어떤 준비도 하지 않는데 말입니다." 아우구스티누스는 위대한 보니파키우스가 뻔히 보는 가운데 사하라의 베르베르족이 "그토록 대담해지고, 그토록 깊숙이 들어오고,

사람들이 가득한 그토록 넓은 땅을 파괴하고 약탈하고 황폐하게 만들 수 있으리라고" 누가 생각이나 했겠느냐고 비꼬듯이 묻는다.[22] 이것은 전에 없던 모습이다. 기독교 지도자가 국가권력을 향해 싸우라고 직접 촉구하고 있는 것이다.

우리는 《하나님의 도성》과 이 시기의 다양한 서신들을 통해 아우구스티누스의 정전론의 폭넓은 원칙을 조합할 수 있다. 그는 로마가 전쟁을 정당화할 때 내놓던 통상적인 근거들을 완전히 거부했다. 제국의 확장, 명예 보호, 사악한 민족들의 제거, 로마의 예속하에 있는 것 자체가 일종의 "평화"라는 생각까지 모두 거부했다.[23]

아우구스티누스의 위대한 해석자이자 전기 작가인 헨리 채드윅은 정당한 전쟁에 대한 아우구스티누스의 생각을 이렇게 요약한다. 군사력은 다음의 경우에만 "정당하다"고 말할 수 있다.

1. 당사국들 사이의 상호 평화를 확립하는 것이 목표일 때.
2. 자국을 방어하기 위해서나 빼앗긴 영토를 되찾기 위해서만 군사력을 행사할 때.
3. 군인들이 극도의 자제력을 발휘하는 경우(적절한 대응).
4. "적군이 모욕을 당하고 적개심을 품는 일이 없도록 인간성을 존중하면서" 진행하는 경우.
5. 포로를 (자주 벌어졌던 상황과 달리) 처형하지 않고 살려 주는 경우.[24]

아우구스티누스는 모든 전쟁을 "지상의 도성"에서의 불가피한 비극으로 여긴 것이 분명하다. 전쟁은 방금 제시한 5대 원칙을 통해서 부분적으로 기독교화될 수 있을 뿐이다.[25]

《하나님의 도성》의 끝부분에는 아래와 같은 감동적인 대목이 등장한다.

> 그러나 지혜로운 사람은 정당한 전쟁을 수행하는 법이라고들
> 이야기한다. 맞는 말이다. 하지만 그가 자신이 인간임을 기억한다면,
> 정당한 전쟁을 수행해야만 하는 상황에 슬퍼할 것임이 훨씬 더 분명한
> 사실이다. 정당하지 않은 전쟁이라면 수행할 필요가 없을 테니,
> 지혜로운 사람 쪽에서 보자면 전쟁의 이유가 없을 것이다. 지혜로운
> 사람에게 정당한 전쟁을 수행할 의무가 생기는 것은 상대편의 사악함
> 때문이다. 인간들은 이 사악함을 탄식해야 하는 것이 분명하다.[26]

아우구스티누스의 견해에 따르면, 정당한 전쟁조차도 "거룩"하지 않다. 그리고 정당한 전쟁에서 승리한다 해도 결코 행복하지 않을 것이다.

하지만 아우구스티누스의 논증은 그가 국가적 폭력의 불가피성을 짤막하게 인정한 대목의 분량에 비해 너무나 과한 영향력을 행사하게 된다. 아우구스티누스의 바람이 무엇이었건 간에, 그의 저술은 이후 수 세기 동안 서방 세계에서 엄청난 영향력을 발휘했고, 그것은 그가 십자군 전쟁으로 정점에 이르는, 기독교적 성전(聖戰)으로 가는 문을 열어 주었음을 의미한다.

교회사에서 이어지는 사건들의 대부분은 좋은 것이든 나쁜 것이든 기독교의 처음 500년 동안 나타난 사건들 및 사상들에서 모종의 선례를 찾을 수 있다. 이후 교회가 저지른 행패는 암브로시우스가 본보기가 된, 교회와 국가의 관계에 대한 근육질 비전에서 이미 엿볼 수 있다. '죄인들'을 향한 교회의 악명 높은 편협함은 이교 신당을 공격한 수도사들의 폭동에서 예고된 일이다.

중세 교회의 금고(와 현대의 대형 교회)로 홍수처럼 흘러든 부(富)는 4세기의 황제들이 연달아 교회에 제공한 후원금, 토지 기부, 조세 감면에서 근원을 찾을 수 있다. 그리고 11-15세기에 무슬림과 이단자들을 상대로 이루어진 대규모의 성전들은 아우구스티누스의 정전론에 약간의 상상력을 보태는 식으로 정당화되었다.

하지만 이 모든 시간 내내, 교회는 자선의 유일한 원천이자 약자들의 진정한 보호자, 예수 그리스도의 본을 따르는 주기적 개혁과 갱신의 가장 깊은 샘이기도 했다.

아우구스티누스는 교회의 역설을 드러내는 인물이었다. 그는 국가의 폭력을 신학적으로 정당화한 장본인이며 동시에 노예를 해방시키려고 노력한 인물이다. 사실 이런 현상은 모든 시대에 나타났다. 알렉산드리아의 키릴루스(히파티아 살해 사건 당시의 주교) 같은 사람이 있는가 하면 카이사레아의 바실리우스(최초의 공공 병원 설립자) 같은 사람이 반드시 있다. 이교적 유럽을 난도질한 기독교인 군벌이 있었지만, 죽이기보다는 죽기를 택하며 그의 길을 막고 선 초라한 설교자도 있었다. 우리는 다음 몇 장에 걸쳐 이들 모두와 다른 더 많은 사람들을 만나게 될 것이다.

싸움을 멈추십시오, 여러분! 전투를 포기하십시오!
믿음직한 증인인 성경은 악을 악으로 갚지 말고
선으로 악을 상대하라고 가르칩니다.
— 보니파키우스 주교

13

무너진
서로마제국,
교회의 성장

400-1100년
유럽의 바바리안과 기독교인들

AD 410년 로마가 약탈당한 이후의 수 세기는 복잡하면서도 단순하다. 복잡한 부분은 역사와 정치다. 세력을 크게 떨치던 서로마제국은 그로부터 한 세기가 못 되어 476년, 무너지고 만다. 단순하다고 말할 수 있는 부분은 교회에 관한 이야기다. 교회는 우리가 그 이전 수십 년 동안 보았던 근육질 과시와 자선 활동을 계속해서 병행해 보여 준다.

당시의 역사가 더 혼란스러워 보이는 건 로마제국의 서방과 동방, 양쪽의 이야기를 따로 해야 해서다. 서로마제국은 이탈리아, 북아프리카, 갈리아(프랑스), 히스파니아(스페인)에서 바바리안이 연달아 침략에 성공하며 혼돈에 빠졌다. 이후에 일어난 바바리안 왕국들은 자신들이 로마제국의 연장이라고 주장했다. 그러나 그것은 위안과 정당성을 확보하기 위한 허구적 주장일 뿐이다.

동로마제국의 이야기는 이와 전혀 다르다. 이제 우리는 동로마제국을 "비잔티움제국"(비잔틴제국)이라고 부른다. 비잔티움은 콘스탄티누스가 330년에 제국의 수도이자 '새로운 로마'로 삼았던 콘스탄티노폴리스의 원래 그리스 이름이다. 이 비잔티움제국은 실제 로마제국의 동방 지역이 고스란히 이어진 활기찬 제국이다. 로마의 붕괴는 이탈리아의 서쪽 지역 모든 곳에 재앙으로 다가갔다. 반면 동쪽 지역, 즉 소아시아(터키), 시리아, 유대, 이집트에 살던 사람들은 삶을 계속 이어 갈 수 있었다. 로마제국 안에서도 가장 범세계적이었던 절반은 여전히 건재했다.

오늘날 서구인들은 동로마제국 역사에 관해 잘 모르지만, 거기에는 놀라운 이야기가 있다. 그것은 부와 안정, 학문과 종교, 건축, 예술, 자선 활동에 관한 이야기이자 (물론) 계속되는 전쟁의 이야기다. 이들과 서방의 기독교인들의 처지는 비교할 수 없을 만큼 달랐다.

　하지만 교회가 이 두 제국의 이야기를 이어 주는 한 가지 고리가 되었다. 기독교는 두 환경 모두에서 성장을 이어 갔고, 당대의 극적인 사건들에 영향을 주고 영향을 받았다. 이제부터 나는 다섯 장에 걸쳐서 로마의 붕괴 이후 500년 동안 서방에서 벌어진 일을 간략하게 설명하려 한다. 그러고 나서 18장에서 잘 간수된 비밀인 비잔티움제국의 약사를 소개할 것이다. 이 작업은 소위 "암흑시대"라고 불리는 중간기를 거쳐 고대 세계와 현대 세계를 이어 주는 좋은 머릿속 다리가 되어 줄 것이다.

공포스러운 고트족

　여러 고트족들이 한 세기가 넘도록 로마 세계를 동방과 서방에서 압박했다. 앞서 보았다시피, 알라리크가 이끄는 서고트족이 410년에 결국 로마 시를 약탈하고 떠났다. 피터 브라운은 이렇게 말한다. "그들은 머릿수와 군사력으로 싸움에서 이길 수 있었지만 평화를 이룰 위치에 있진 못했다." 알라리크가 죽고 그의 부하들이 북쪽으로 돌아가자 로마 시민들은 자신들의 영광스러운 문화를 재건하거나 재구성하려고 시도했다. 하지만 시작부터 실패의 연속이었으며, 허수아비 황제들만 이어졌다. 이런 혼란기에 교회는 유일하게 안정된 세력으로 보였다. 흥미롭게도, 알라리크는 사도 베드로와 사도 바울의 이름이 붙은 두 개의 거대한 대성당을 로마에 그대로 남겨 두었다. 굳건히 버티고 선 이 건물들은 기독교의 지속적 존재감과 리더십의 상징으로 보였을 것이다.

　5세기 말, 서로마제국은 허울뿐인 안정마저 잃어버렸다. 게르만족 용병대장 오도아케르(Odoacer)는 473년(서로마제국이 공식적으로 종말을 맞은 해로 여겨지기도 한다)에 소년 황제 로물루스 아우구스툴루스(Romulus Augustulus, 460-476)를 폐위시켰다. 그로부터 20년 후인 493년, 고트족의 새로운 지도자 테오도리쿠스(Theodoricus)가 여러 바바리안들을 연합시켜 동고트족을 결성했다. 이전의 서고트족은 하지 못한 일이었다. 그들은 오도아케르를 죽인 후 이탈리아를 점령했고, 자신들의 통치를 확립했으며, 서로마제국을 역사에서 영원히 사라지게 만들었다. 그들은 스스로를 "로마제국의 후속"[2]으로 제시했지만, 납득하기 어려운 말이었다. 암흑시대를 말하는 오늘날의 사람들은 흔히 암흑시대가 이 시점에 시작되어 14세기 이탈리아 르네상스 이전까지 이어졌다고 본다. 이에 대해서는 19장에서 살펴볼 것이다.

　바바리안 통치 계급은 절대 다수를 차지하는 이탈리아 로마인 대중의 "꼭대기에 불안하게 자리 잡았다."[3] 대부분의 지역 주민들은 더 나은 날을 바라며 세금을 내고 삶의 노력을 이어 갔다. 이것은 정복당한 사람들이 흔히 하는 일이다. 고트족 전사, 곧 귀족들은 로마 교회와 놀랄 만큼 좋은 관계를 유지했다. 당시 로마 교회는 도시 동쪽, 로마 주교가 사는 유명한 라테라노궁과 테베레강 서안의 '바티칸'으로 알려진 구 제국공원의 큰 건물들과 토지를 보유했다. 콘스탄티누스는 150년 전에 이 땅들을 기부했고 거기에 여러 교회를 건축했다. 오늘날의 '바티칸'은 가톨릭의 본부를 의미하지만, 이 시기 바티칸은 도로에서 벗어난 도시 변두리의 교외였다.

5세기라는 불확실한 시대에 로마인들은 교회의 인물들, 특히 교황인 로마의 주교를 이전 몇 세기 전부터 적법성을 유지해 온 사회적 권위의 원천으로 바라보았고, 이런 현상은 점점 심화되었다. 주민들은 암브로시우스가 한 세기 전에 직접 보여 준, 일종의 시장(mayor)과 같은 주교 모델을 널리 받아들였다. 이는 많은 주교들이 원로원 계급 출신이었기 때문에 용이했다. 주교들은 이전 시대 로마의 집정관이 도시를 행진했던 것처럼 교회로 행진했고, 촛불로 인사를 받고 대중에게 선물을 나누어 주고 원로원 의원처럼 비단 신발을 신었다.[4] 교회의 '제후들'(주교, 추기경 등의 고위 성직자의 별칭-옮긴이)은 새로운 원로원 계급이었다.

이런 일은 5세기 후반, 제국의 서쪽 끝자락이 허물어지던 시기의 먼 갈리아(프랑스)에서도 일어났다. 그곳의 박식한 로마인 귀족이자 정치가였던 시도니우스 아폴리나리스(Sidonius Apollinaris, 430-486)는 클레르몽의 주교가 되었다. 클레르몽은 600년 후에 우르바누스 교황이 십자군 원정의 시작을 알리게 된 바로 그 도시다. 시도니우스는 "갈리아 고전 문화의 마지막 위대한 대변인"[5]이었고 사랑받는 박애주의자였으며 수도원들의 후원자였다. 여러 면에서 살펴보면, 로마의 정치가였던 그가 주교가 된 것은 강등이었다. 그러나 그는 그 역할에 전념했고 설교하고 글을 쓰고 담당 교구들을 방문했다. 그가 남긴 100여 통의 서신은 그의 사역을 생생하게 보여 준다.[6]

시도니우스의 지역은 475년에 고트족에게 정복당했고, 그는 한동안 유폐되었다가 476년에 다시 주교직으로 복귀한다. 지역사회는 신분고하를 막론하고 시도니우스 주교를 중심으로 한데 뭉쳤다. 그러나 이 가엾은 노주교는 결국 그의 교구에 있던 두 명의 드센 사제에게 휘둘려 초라한 신세로 전락했다. 흥미로운 반전이다. 그 사제들은 어떻게든 자신들의 주장을 관철시켰고 교회 토지의 대부분을 좌우할 수 있게 되었다. 이 시기의 사제들은 자신들의 주교가 가진 힘과 부에 대해 불평하는 경우가 많았다. 그러나 나약해서였는지 다정다감해서였는지, 시도니우스의 경우는 상황이 정반대였다.[7]

어쨌든, 로마가 허물어지고 유럽이 신음하는 이 깨어진 상황에서, 이전 서로마제국의 마지막 비기독교인들은 안정, 자선, 영적 위안을 얻기 위해 교회로 모여들었다.[8] 5세기 말에 이르러서는 좋은 로마인이 되는 것과 기독교인이 되는 것이 같은 의미라고 말할 수 있을 정도가 되었다. 그리고 그것은 고트족 덕분(또는 탓)이라고 할 수 있다.

프랑크족의 발흥

교회는 시도니우스와 거의 같은 시기에, 유럽의 이교도 지역에 진출한다.[9] 로마가 지배하던 갈리아 지방은 486년경 프랑크족(프랑스 북부의 게르만족)에게 넘어갔다. 그리고 얼마 후, 프랑크족들의 왕 클로비스 1세(Clovis I, 466-511)가 갑자기 기독교에 충성하겠다고 선언하고 500년경에 세례를 받았다.

클로비스의 개종 이유는 정확히 모른다. 그의 아내 클로틸데(Chlothild)가 기독교인이 된지는 꽤 되었고, 랭스(Reims; Rheims로도 알려짐)의 주교 레미기우스(Remigius)가 클로비스에게 "기독교 통치자의 덕과 의무"를 들려주었다는 것도 사실이다.[10] 그러나 클로비스의 개종이 누군가 설득한 결과인지, 아니면 가장 강력한 신을 따져 본 정치적 계산의 산물인지, 아니면 둘 다였는지는 구별할 수 없다. 어느 쪽이든, 그 일을 계기로 시작된 광대한 메로빙거 왕조는 이후 250년 동안 서유럽의 상당 부분을 통치하다가 8-9세기 카롤링거 왕조에 밀려났다.[11]

메로빙거 왕조와 카롤링거 왕조는 모두 교회의 열렬한 지지 세력이 되었다. '열렬한'을 강조하고 싶다. 이제 우리는 암흑시대로 알려진 시기에 들어섰다. 그러나 이 시기에는 재미있는 일도 상당히 많았다. 앞으로 살펴보겠지만 무지와 폭력이 전부가 아니었다.

이 시기는 남은 이교도 지역을 대상으로 위대한 교육 '선교'가 이루어진 때였다. 이를테면, 교황 그레고리우스 1세는 로마의 수도사 아우구스티누스(이전 시대의 아우구스티누스와 혼동하지 말 것)를 40명의 협력자 무리와 함께 잉글랜드로 파송하여 그곳 사람들에게 복음을 전하게 했다. 아우구스티누스는 복음 전도에 성공했다. 이교도였던 켄트의 왕 에텔베르트(Æthelbert)가 기독교를 받아들였고, 아우구스티누스는 최초의 캔터베리 대주교가 되었다. 당시 그 자리는 8,500만 명에 달하는 전 세계 성공회 신자들의 수장인 오늘날의 캔터베리 대주교의 명망과는 아무 상관이 없는 직책이었다. ("켈틱" 기독교인들은 갈채를 받아야 마땅하다. 그들은 그레고리우스 교황의 선교 계획이 있기 훨씬 전인 무려 3세기에 잉글랜드와 아일랜드로 진출했다.)[12]

엘리기우스 주교: 금세공인, 노예 해방자

캔터베리의 아우구스티누스 이후 한 세대가 지나서 프랑크족의 땅에선 프랑스 북부 누아용의 주교 엘리기우스(Eligius, 588-660)라는 걸출한 인물이 나왔다. 엘리기우스는 오늘날 잘 알려져 있지 않지만, 당대에는 유럽에서 가장 사랑받는 사람 중 하나였다. 그의 명성에는 이중의 기원이 있다. 그는 보석을 만드는 장인이었고, 노예들을 풀어 주는 사람이었다.

엘리기우스는 프랑스 중부 남서쪽에 위치한 리모주 근처의 샵털라에서 태어나 금세공 장인으로 훈련을 받았다. 뛰어난 기술 덕분에 곧 클로비스의 계승자 중 한 명[클로비스는 왕국을 아들들에게 4개로 분할 상속했다-옮긴이]이던 프랑크족의 왕 클로타르 2세(Chlothar II)의 눈에 들었다. 클로타르와 그의 후계자 다고베르(Dagobert)는 엘리기우스를 고용해 왕궁의 모든 보석 및 장신구 제작을 감독하게 했다. 그것은 대단한 고위직이었고 엘리기우스는 많은 부를 모았다. 엘리기우스와 동시대인이자 친구였던 루앙의 주교 다도(Dado)가 쓴 그의 전기에는 엘리기우스의 복장에 대한 생생한 묘사가 나와 있다. "황금과 여러 보석과 우아한 귀금속이 박힌 지갑으로 구성된 허리띠, 황금과 비단을 포함한 매우 귀한 직물로 단 처리한 금박 주머니와 황동으로 장식한 리넨 옷." 그와 동시에, 엘리기우스는 더없이 경건한 사람이었고 "일하는 중에도 하나님의 명령을 받고자" 종교 서적을 늘 "눈 앞에 펼쳐 놓았다."[13]

그런 신의 '명령' 중 하나가 그의 여생에 큰 영향을 끼쳤다. 엘리기우스는 짓밟힌 자들을 도우라는 그리스도의 부르심에 사로잡혔다. 예수님은 세상을 위해 자신을 주셨고, 우리도 그와 똑같이 해야 한다는 것이 그의 인생 논리였다. 그는 곧 자신이 걸친 황금과 보석을 사람들에게 거저 주기 시작했다. 그의 호화로운 복장은 은행 또는 이동식 자선단체의 기능을 하게 되었다. 그는 어려움에 처한 사람을 만날 때마다 옷에서 보석이나 귀금속을 빼서 건넸다. 왕족 같은 모습으로 출장을 떠나서는 "맨살에 '헤어 셔츠'(hair shirt; 말이나 낙타 등의 털을 섞어 짠 마소직 셔츠로 고행자나 회개자가 입는다 - 옮긴이) 차림 또는 거친 옷에 벨트 대신 밧줄을 두른 채로" 돌아오곤 했다.[14]

유럽 전역에서 명성을 얻게 한 그의 가장 놀라운 자선은 노예를 사서 풀어 준 일일 것이다. 7세기 골(갈리아) 지방에는 로마 노예제의 잔재와 고트족과 이교도들이 노예를 대하는 관행이 그대로 남아 있었다. 엘리기우스는 속박된 사람들의 모습을 보는 것을 견딜 수가 없었다. 다도에 따르면, "그는 그 일을 크게 마음에 두었고, 어디서든 노예가 팔린다는 소식을 들으면 불쌍한 마음에 서둘러 가서 바로 노예의 몸값을 지불했다." 그는 "성별과 국적"을 가리지 않았다. "로마인, 골족(갈리아인), 브리튼인, 무어인을 모두 똑같이 풀어 주었는데 당시에 양 떼처럼 많았던 색슨족들을 특히 많이 풀어 주었다." 노예 시장에 나온 사람들의 수가 너무 많아 현금이 떨어지면 "포로들을 돕기 위해 벨트와 망토부터 자신에게 필요한 음식과 심지어 신발까지 몸에 지닌 것들을 다 벗어서 내놓았다." 그는 대가로 아무것도 요구하지 않았다. 풀려난 사람들이 그의 지역에 머물고 싶어 하면 숙소와 생계 수단을 찾아 주었다. 그들이 고국으로 돌아가고 싶어 하면, "여정에 필요한 돈을 건네곤 했다."[15]

엘리기우스는 곧 사제가 되었고 프랑스 전역에 영향을 미치는 강력한 설교자로 자리를 잡았다. 641년에 그는 파리에서 북쪽으로 100킬로미터 정도 떨어진 누아용의 주교가 되었다. 그러나 그는 개인 재산과 교회 기금을 적절히 전용하여 가난한 사람들에게 먹을 것을 주고 노예를 해방시키는 일을 결코 멈추지 않았다.

그는 "사회 정의 옹호자"만이 아니었다. 열성적인 "복음 전도자"였고 그리스도의 메시지를 새로운 지역에서 전하고 새로운 수도원과 교회를 건설하길 갈망했다. 그의 전기에는 플랑드르와 안트베르펜의 이교도들이 "적대감과 반감을 가지고 그를 맞았다"는 내용이 있다. 하지만 그는 포기하지 않았다. "그리스도의 은혜로 그들 안에 서서히 하나님의 말씀이 들어가기 시작했고" 마침내 많은 사람이 "우상을 떠나 개종했다."[16] 개종자들은 엘리기우스가 불렀던 것과 같은 곡조를 부르도록 배웠다. 곧 우리는 "많은 사람들이 서둘러 회개하고, 자신의 재산을 가난한 사람들에게 나누어 주고 노예들을 풀어 주고 그의 가르침에 순종하여 다양하게 선을 행하는 것을 보게 된다."[17]

660년, 엘리기우스의 죽음은 중요한 사건이었다. 충분히 이해할 만하다. 선 왕비였던 아스카니아 가문의 바틸드(Balthild)도 그의 시신을 보려고 달려왔다. 그녀는 많은 사람이 보는 가운데 시신에 입 맞추고 큰 소리로 울었다. 그리고 엘리기우스의 시신을 셀에 있는 그녀의 수도원에 묻게 해 달라고 했다. 하지만 누아용 사람들이 크게 반발했고 그녀는 지역민들의 뜻에 따랐다. "시신은 모든 시민이 눈물로 경의를 표하는 가운데 매장지로 옮겨졌다."[18] 매섭게 춥고 폭우가 내리는 겨울날(12월 1일)이었지만, 그 무엇도 군중을 막지 못했다. 선 왕비조차도 왕실 마차를 거절하고 애도자들과 함께 무덤까지 걸어갔다.

보니파키우스 주교: 설득하는 전도자, 순교자

엘리기우스로부터 한 세대 후, 캔터베리의 아우구스티누스로부터 두 세대 후에, 잉글랜드는 유럽 북부의 이교 지역으로 자체 선교사를 보내고 있었다. 학자이자 수도사인 보니파키우스가 716년에 프리슬란트(오늘날의 네덜란드)로 설교 원정에 나섰지만 성공하지 못했다.[19] 그는 로마로 가서 자신의 사역에 대해 교황 그레고리우스 2세(Gregorius II)의 축복을 받은 후, 719년에 프리슬란트로 돌아가 예수 그리스도를 따르도록 게르만 전사 부족들을 설득했고 성공을 거두었다. 이는 결코 쉬운 일이 아니었다! 이후 수십 년 동안 보니파키우스는 로마의 지원을 받으며 프리츨라, 오어드루프, 옥센푸르트와 기타 독일의 여러 도시에서 기독교 공동체를 세웠다. 그것은 비범한 활동이었고, 그 일로 인해 그는 "독일의 사도"로 기억된다.

보니파키우스가 택한 방법은 설득이었다. 친구이자 조언자였던 윈체스터의 대니얼(Daniel) 주교가 724년 보니파키우스에게 보낸 다정한 편지가 지금까지 남아 있다. 그 편지에서 대니얼은 보니파키우스가 이교도들을 개종시키려 할 때 택해야 하는 방법을 요약한다. 바로 부드러운 가르침과 논증이었다. 서신은 이렇게 시작된다. "존경하고 사랑하는 성직자 보니파키우스에게, 하나님의 사람들의 종 대니얼이 씁니다. 사랑하는 형제요 동료 사제여, 나는 당신이 최고로 훌륭한 덕을 누릴 만한 사람임을 기쁘게 생각합니다. 당신은 풍성한 믿음에 의지하여 돌 같고 메마른 이교도들의 마음에 다가갔고 복음 전파라는 보습으로 그 마음 밭을 일구는 일을 지치지 않고 해 왔습니다." 대니얼은 이교도의 다신론에 맞서 사용할 다양한 논증을 조언하지만 처음부터 끝까지 그의 핵심 논점은 "다신론을 반박하고 많은 문서와 논증으로 그들을 설득하려 힘써야 한다"는 것이었다. "이런 문서와 논증, 그리고 유사한 많은 내용을 그들 앞에 제시하되 무례하거나 분노를 자아내는 방식이 아니라 차분히 절제하면서 그렇게 해야 합니다." 대니얼은 이런 말로 서신을 끝맺는다. "그리스도 안에서 당신의 행복을 위해 기도합니다."[20] 보니파키우스도 그런 기도들이 필요할 터였다!

같은 해 보니파키우스는 교황 그레고리우스 2세의 서신을 받는다. 그 서신에서 교황은 "그대가 전하는 설교를 통해 믿지 않는 사람들이 회심하고 있다"고 말하며 기뻐한다. 여기서도 단연코 초점은 마음을 변화시키는 설득의 힘에 있다.

> 주님의 능력에 감사하고 모든 선의 근원이시며 모든 사람이 진리를
> 아는 데 이르기 원하시는 그분이 그대와 함께 일하셔서 그분의
> 능력으로 그들을 어둠에서 빛으로 인도하길 기도합니다. 어떤
> 위협에도 놀라지 말고 어떤 두려움에도 낙심치 말며 믿음을 굳게
> 붙들고 말씀을 선포하십시오. …… 하나님은 죄인의 죽음을 원치
> 않으시고 죄인이 불의에서 돌이켜 살고 범사에 성장하기를 원하시기

때문입니다. 하나님이 그대를 안전하게 지켜 주시길 원합니다.[21]

보니파키우스, 대니얼, 교황 그레고리우스 1세와 2세가 보여 준 선교의 열정이 맘에 들지 않는 독자들도 있을 것이다. 그럴 수 있다. 나의 요지는 600-700년대 이교 유럽을 상대로 한 주요 선교 활동이 설득, 섬김, 기도, 고난이라는 본래 기독교의 무기로 이루어졌다는 것이다. 이 말은 "주로 정치적 인물들이었던" 일부 엉터리 주교들의 존재를 부정하는 것이 아니다. 이안 우드(Ian Wood)는 본인의 메로빙거 왕조 역사서에서 그런 주교들에 대해 썼다. 일부 주교들은 심지어 "성직자라기보다 전사처럼 행동" 했다. 하지만 우드는 이렇게 결론을 내린다. "일부 개인의 행동에 눈이 쏠려 교회 전체의 기준을 놓쳐서는 안 된다."[22] 보니파키우스는 교회의 이상적 기준들을 구체적으로 제시했는데, 그중에는 그리스도의 대의를 위해 해를 가하기보다 고난을 기꺼이 감수하는 것이 포함된다. 그는 곧 그 기준을 실천하는 법을 힘들게 배우게 된다.

보니파키우스는 746년에 마인츠(프랑크푸르트 부근)의 대주교로 임명을 받았지만, 몇 년 후 그 자리에서 물러난다. 프리슬란트에서 설교를 재개하기 원했기 때문이다. 그 지역은 그가 30년 전에 신통치 않게 사역을 시작했던 곳이었다. 하지만 복귀는 계획대로 이루어지지 않았다. 754년에 그는 지역 도적들의 공격으로 죽음을 맞는다. 네덜란드 북부 보른 강둑에서 야영을 하고 있을 때, "창과 방패로 무장한 다수의 적들이 무기를 번뜩이며 달려들었다"고 전기는 기록한다. 호위대가 무기를 들고 싸우려 하자 보니파키우스는 이렇게 소리쳤다. "싸움을 멈추십시오, 여러분! 전투를 포기하십시오! 믿음직한 증인인 성경은 악을 악으로 갚지 말고 선으로 악을 상대하라고 가르칩니다."[23] 예수님 시대 이후 700년이 지난 시점에서도 일부 기독교 지도자들이 아름다운 원 곡조를 노래하고 있었다는 사실을 알게 되어 기쁘다.

보니파키우스를 공격한 자들의 반응은 그가 바랐을 만한 것과 달랐다. "미친 듯이 날뛰는 이교도들이 칼과 온갖 전투 장비를 가지고 그들에게 달려들었고 성도들을 피로 물들였다." 이 장면이 담긴 보니파키우스의 전기는 그의 사후 5-6년 만에 동시대인이자 영국인 사제였던 윌리볼드(Willibald)가 썼다. 보니파키우스가 죽으며 남긴 말에 담긴 평화를 사랑하는 태도는 그가 남긴 90통가량의 서신이 보여 주는 모습과 완벽히 일치한다.[24] 700년대에 그는 선교사가 어떻게 살고 죽어야 하는지 모든 사람에게 보여 주는 본이었다.

500년부터 900년까지 4세기가 지나는 동안, 복음 전파, 교회와 수도원의 설립, 복음 사역을 감독할 주교들의 임명을 통해 유럽은 기독교로 서서히 개종해 나갔다. 서로마제국의 붕괴는 먼 기억이 되었다. 교회는 문화적·지적·영적 에너지의 주된 원천으로 자리 잡고 있었다.

=

캔터베리의 아우구스티누스, 엘리기우스, 보니파키우스, 교황 그레고리우스 1세와 2세, 대니얼 주교 등이 보여 준 부드럽고 희생적인 선교 활동은 중세 유럽에서 우리가 아는 유일한 선교의 모습은 아니다. 751-

752년 보니파키우스가 죽을 무렵, 카롤링거 왕조가 메로빙거 왕조를 대체하고 프랑크왕국을 다스렸다. 카롤링거 왕조에서 가장 유명한 왕은 카롤루스 대제(Carolus Magnus, 742-814)였다(독일에서는 카를 대제, 프랑스에서는 샤를마뉴로 불린다-편집자). AD 800년 성탄절에 로마의 교황 레오 3세(Leo III)는 카롤루스 대제의 정치력과 종교적 열정을 인정하여 그에게 '황제'의 관을 수여했다. 이 일은 소위 "신성로마제국"(Holy Roman Emperor)의 시작이었다. 하지만 신성로마제국은 실제 로마제국이 아니었고 유럽에서 점점 더 강력해지는 교회를 가리키는 명칭도 아니었다. 끊임없이 국경 싸움을 했던 여러 유럽 왕들이 신성로마제국의 대를 이었고, 대체로 로마 교회에 경건하게 충성했다. 이 제국은 1806년까지 살아남았다.[25]

700년대 말의 카롤루스를 시작으로, 교회를 향한 국가의 헌신은 한편으로는 터무니없는 강압과 폭력 행위를, 다른 한편으로는 학문과 문화의 '르네상스'를 낳았다. 이 역설이 다음 두 장의 초점이다.

믿음은 자발적인 것이고 강압할 문제가 아닙니다.
사람을 믿음으로 이끌 수는 있지만
억지로 그 안에 밀어 넣을 수는 없습니다.
— 요크의 앨퀸

14
터무니없는
강압과 폭력,
기독교 '지하드'

700년대 후반
유럽의 강제 개종

잊지 못할 어느 금요일, 시드니의 한 시끄러운 펍에서 나는 한 사람 앞에 두고 기독교를 옹호한답시고 바보짓을 했다. 상대는 자수성가한 발모랄의 사업가였다("Balmoral Beach, Sydney"를 검색해 보면 그가 얼마나 성공한 사람인지 감이 올 것이다). 그는 내 직업을 물었고 나는 역사적 기독교에 관해 생각하고 글을 쓰고 강연을 한다고 답했다. 보통 이 대답은 대화를 중단시키거나 대화에 불을 붙인다. 역시나 내 답변에 그는 기독교 신앙의 온갖 잘못된 점들을 나열하는 것으로 응수했다. "과학의 발전으로 신에 대한 믿음이 신빙성을 잃었고, 기독교인들은 대체로 위선자들이다" 식의 지적이었다. 나는 잠시 동안 화기애애하게 대화를 주고받았을 수 있어서 기뻤다.

그러다 그는 결정적이라고 생각하는 비판을 내놓았다. 기독교는 초기 몇 세기 동안 무력으로 전 세계에 퍼진 종교라는 주장이었다. 나는 그에게 기독교 이야기가 확실한지, 제대로 기억한 게 맞는지 물었다. 그는 그렇다고 장담했다. 그런데 그가 사용한 표현이 나의 흥미를 끌었다. "그 문제를 다룬 책이 많이 나와 있습니다. 교회는 칼로 뭇 나라를 개종시켰어요." 세례와 죽음 중에서 하나를 선택하길 강요한 것이 초대 교회의 성장 방식이었다는 말이었다.

그때 내 머릿속에서 뭔가가 폭발했다(나는 그것을 부끄럽게 생각한다). 나는 그의 주장을 비웃었고 언성을 높였다. 내가 이 주제로 두 개의 학위를 받은 사람이라는 점을 상기시키고 그가 들어 본 적도 없는 저자들의 말을 인용했다. 그런데 그런 말들이 내 입에서 쏟아져 나오는 와중에도, 내 귀에는 신약성경의 속삭임이 들리는 것 같았다. "대답할 것을 항상 준비하되 온유와 두려움으로 하고"(벧전 3:15). 그때의 나는 온유하지 않았고 두려운 마음도 없었다. 그의 얼굴 표정이 모든 것을 말해 주었다. 그는 실례한 다고 말하고 더 유쾌한 대화 상대를 찾아 떠났다. 그럴 만도 했다.

그날 저녁을 생각하면 얼굴이 화끈거린다. 여기에는 두 가지 이유가 있다. 우선, 나는 재수 없게 행동했다. 그 회의론자의 '거만한 기독교인' 명단에 내 이름이 추가되었을 것이 분명하다. 거북한 점은 또 있다. 그가 말한 내용이 시기적으로 몇 세기 빗나갔을지는 몰라도, 완전히 틀린 이야 기는 아니었다는 점이다. 기독교의 처음 몇 세기 동안에는 강제 개종의 기미조차 없었다. 5장에서 본 것처럼, 그 기간에 교회 지도자들은 못난 승자보다는 훌륭한 패배자가 되는 쪽을 선택했다는 분명한 증거가 있다. 그러나 그 회의론자의 과장된 표현 이면에는 기독교 역사의 몇몇 기간에 대한 엄연한 진실이 절반 정도 자리 잡고 있다. 기독교 강제 개종이라는 신화는 대부분의 신화가 그렇듯 일말의 진실을 담고 있다.

기독교 지하드

8세기 말에서 9세기 초, 카롤루스 대제 치하의 북유럽은 이전과 달 랐다. 군사 정복 이후에 선교사들이 들어가 새로운 땅에 수도원과 교회들 을 세우고 이교도들 사이에서 설교 사역과 구호 사역을 시작하는 것이 통 상적인 일로 자리 잡았다. 이런 변화는 클로비스와 그 후계자들이 다스리 던 메로빙거 왕조 기간에 이미 형성되었다.[1] 카롤루스를 포함한 카롤링거 왕조의 왕들에게도 이런 정책이 전반적으로 이어졌지만, 이전과 두 가지 큰 차이가 있었다.

아헨(독일 서부)에 궁전을 둔 카롤루스는 메로빙거 왕조의 왕들보다 교회를 더 열렬히 지원했다. 교황은 그 수고를 인정하여 그에게 최초의 "신성로마제국 황제"의 관을 수여하게 된다. 이 일의 의미는 분명했다. 서로마제국의 영광을 되살리고 교회의 대의를 옹호하고 장려하도록 하나님이 카롤루스를 선택하셨다는 것이었다(그래서 "신성"이 붙었다). 바티칸이 카롤루스에게 지시하지 않았던 것은 분명하다. 아무도 카롤루스에게 이래라저래라 하지 않았다! 그러나 로마 교회는 카롤루스가 바라던 사회적 정당성을 제공했다. 카롤루스는 450년 전의 콘스탄티누스보다 더 진지하게 신적 소명 의식을 가졌던 것이 분명하다. 하지만 우리가 봤다시피, 예수 그리스도에 대한 깊은 헌신이 그분의 곡조를 따르는 일을 보장하진 않는다.

카롤루스는 하나님이 자신에게 지배권을 주신 곳이라면 어디에나 '구원'을 전하는 것이 자신의 의무라고 생각했다. 그는 전형적인 유럽의 전사이자 왕이었고, 자신의 싸움 실력을 하나님의 영광을 위해 쓰고자 하는 진실한 갈망이 있었다. 그는 다양한 친기독교적 법 개정을 도입했다. 케임브리지대학의 중세사 교수 로자먼드 맥키터릭(Rosamond McKitterick)에 따르면, "법령집"(Admonitio generalis, General Admonition)에 담긴 많은 입법 조치들은 "하나님의 백성에 대한 왕의 책임"과 "구원에 걸맞은 질서와 행정 조직을 만들기 위해 왕국의 모든 사람, 특히 세속 엘리트와 교회 엘리트가 일할 필요성"을 밝히고 있다.[2] 카롤루스의 방법은 클로비스의 방법과 비슷하게 자신의 영토 전역에 수도원과 교회 건설을 지원하는 것이었다. 그러나 그 외에도 한 가지가 더 있었다. 카롤루스는 색슨족을 상대로 기독교 '지하드'라고 불린 방침을 채택했다.

색슨족은 현재의 독일 북서부에 해당하는 지역의 게르만족 전사 민족이었다.[3] 카롤루스는 그들을 상대로 772년부터 804년까지 30년 넘게 잔혹한 정복 전쟁을 치렀다. 그는 색슨족을 커져 가던 자신의 프랑크제국에 통합하기 원했고, 결국 그의 제국은 유럽의 대부분을 아우르게 된다. 그러나 색슨족을 통합하는 과제는 대단히 어려웠다. 이것은 앞서 로마인들이 이 북구인들을 상대하면서 이미 알게 된 사실이기도 했다. 성공을 거두었다 싶었으나 금세 색슨족이 반란을 일으켜 수포로 돌아가는 일이 여러 번이었다. 고고학자들이 이 지역에서 찾아낸 8세기의 무기, 방패, 사슬갑옷의 양은 이 충돌의 규모를 암울하게 증언한다.[4]

카롤루스는 이런 계획 차질에 잔혹함으로 응수했다. 782년, 그는 하루에 색슨족 4,500명의 머리를 베라고 명령한다. 그 전쟁 후반부에 몇 번이나 추가 합의가 이루어지고도 반란이 계속되자, 카롤루스는 "처자식과 함께 살고 있던 만 명의 남자들을 쫓아냈다"고 그의 신하이자 전기 작가인 아인하르트(Einhart)가 기록했다. 그는 "그들을 소규모로 나누어 갈리아와 게르마니아 전역으로 흩어 버렸다."[5]

많은 수의 전사들(과 가족들)을 제국 영토 안의 먼 지역으로 추방하는 것은 영리한 작전이었다. 그리고 그 정책은 결국 효과가 있었다. 30년 넘는 전투 끝에 804년, 색슨족은 제압되었다. 그들은 개종도 했다. 아인하르트의 기록을 보자. "그리하여 그토록 오랜 세월 지속된 전쟁이 끝났고 색슨족은 왕이 제시한 조건을 수용했다. 그들은 귀신 숭배를 거부하고,

조상의 이교 의식을 버리고, 기독교 신앙과 성사들을 받아들이고 프랑크족과 연합하여 하나의 민족을 형성하기로 했다."[6]

색슨족을 완전히 정복하기 전, 카롤루스는 색슨법령집(Capitulatio de Partibus Saxoniae)이라는 악명 높은 일련의 법을 반포했다. 말을 잘 듣지 않는 색슨족을 겨냥한 특별법규에는 이런 내용이 있었다. "이제부터 색슨족 사이에 숨어서 세례받지 않은 사실을 감추고 세례를 우습게 여기고 이교도로 남기를 원하는 자는 누구든 사형에 처할 것이다."[7] 이 법규가 개종을 유도하려는 의도로 만든 것인지, 아니면 앞서 카롤루스의 종교와 통치에 굴복하겠다는 약속(서늉)을 지키지 않은 지역을 처벌하기 위한 수단이었는지 전문가들 사이에서도 논란이 있다.[8]

어느 쪽이건, 이것은 내가 앞서 소개한 그 회의적인 사업가의 경멸을 받아 마땅한 강압적 기독교의 모습이다. 위트레흐트대학교의 로버트 플리어만(Robert Flierman)은 이것을 노골적으로 표현한다. "색슨족의 종교적 순응은 '세례냐 죽음이냐'라는 으스스한 구호로 달성되었다."[9]

카롤루스는 여기서 그치지 않고 모든 색슨족의 가정에 '십일조', 즉 종교세를 부과했다. 문화적 파괴와 재정적 멍에라는 이중의 타격을 가한 것이다. 예루살렘 히브리대학의 이츠학 헨(Yitzhak Hen)은 이런 조치가 참으로 기독교 '지하드'의 모든 특징을 가졌다고 말한다. 이 주제를 다룬 그의 흥미로운 논문 제목은 "샤를마뉴의 지하드"다.[10]

카롤루스 이전의 선교 방식

카롤루스가 색슨족에게 부과한 정책은 두말할 필요 없이 끔찍했다. 이 정책은 700년대 후반의 '선교' 확장 과정에서 나타난 치명적 실험의 증거다. 앞의 몇 단락을 쓰면서 나도 모르게 고개를 가로저었다.

하지만 색슨족의 강제 개종은 내가 만났던 그 회의적인 사업가가 내세운 주장을 확고히 뒷받침하지 않는다. 카롤루스의 접근법은 기독교 전통에서 악명 높았던 특이한 사례다. 이츠학 헨이 말한 것처럼, 색슨족에 대한 카롤루스의 법령은 "기독교 선교 역사에서 전례가 없는 것이었다."[11]

예수님과 신약성경이 제시한 높은 이상과 그 이후의 2세기는 논외로 하더라도, 우리는 313년의 밀라노칙령을 제시할 수 있다. "각자 합당하다고 여기는 대로 예배를 자유롭게 선택할 …… 자유를 온전히 인정한다."[12] 그리고 한 세기 뒤, 이후 천 년에 걸쳐 가장 큰 영향력을 발휘한 서방 기독교 사상가인 히포의 주교 성 아우구스티누스는 "누구도 자신의 뜻과 다르게 신앙을 받아들이도록 이를 강제해서는 안 된다"는 원리를 제시했다.[13] 우리가 살펴본 바 그는 정전론을 믿었지만 이교도를 개종시키는 것은 그 원리가 아니었다.

6세기의 잉글랜드 선교에서 교황도 이와 같은 정책을 따랐다. 교황 그레고리우스 1세는 수도원장 멜리투스(Mellitus)에게 편지를 썼다. 멜리투스는 영국제도(British isles)에서 기독교를 굳게 세우려는 캔터베리의 아우구스티누스를 지원하러 나선 참이었다. 교황은 이 서신에서 그 땅이 그리스도께 돌아오는 것을 보고 싶은 마음을 표현하면서도 이교도 신전을 훼손해서는 안 된다고 주장한다. 우상을 치울 수는 있지만 건물을 파괴해서는 안 된다는 것이었다. 그는 이교도들이 적개심을 품지 않고 하나님께 대한 참된 예배를 받아들이는 데 더 마음을 열게 하기 위함이라고 썼다. 그는 많은 수의 황소를 신들에게 희생제물로 바치는 이교도들의 고대 관습이 지속되는 것을 허용하라고 조언한다. 다만, 이제 그들이 "하나님을 찬양하는 새로운 마음을 얻기 위해" 그 일을 하고 "모든 것을 풍성하게 허락하신 하나님께 감사를 돌리도록" 권면하라고 당부한다.[14]

그리고 앞 장에서 소개한 보니파키우스와 그의 선교 팀도 있다. 그는 카롤루스의 '지하드'가 실시되기 몇 십 년 전에 게르만족 사이에서 설득과 순교를 통한 선교의 본을 완벽하게 보여 주었다.

대담한 조언자, 앨퀸

카롤루스가 대단히 신뢰한 어느 고문이 쓴 두 통의 편지는 의미가 있다. 그는 왕을 납득시켜 설득 정책으로 되돌리게 하려고 시도했다. 이 위대한 유럽인은 잉글랜드 교회의 부제였던 지성인 요크의 앨퀸(Alcuin, 735-804)이다. 그는 중요한 성서학자이자 자유과목(수사학, 논리학, 산술, 천문학 등)을 가르치는 교사였다(앨퀸은 다음 장에서 더 자세히 다룰 것이다).

앨퀸이 왕궁을 떠나 있던 796년, 그는 색슨족과 새로 정복한 오스트리아-헝가리의 아발족(Avars; 6세기에 기마 부대를 이끌고 유럽의 중부·동부에 들어와 대제국을 건설한 동양 민족이다. 아발제국은 비잔티움제국과 프랑크왕국에 맞서는 거대한 규모였다. 아발족은 카롤루스의 프랑크왕국에 무너진 뒤 갑자기 역사에서 사라졌다 - 옮긴이)에 대한 카롤루스의 접근 방식을 수정하려 시도했다. 그는 두 가지 방향에서 접근했다.

첫째, 친구이자 동료 조신(朝臣)인 메긴프리트(Meginfrid)에게 편지를 써서 "왕에게 가는 앨퀸의 중개자" 역할을 부탁했다.[15] 앨퀸은 참된 신앙의 전적인 자발성을 상기시키며 이렇게 썼다. "먼저 신앙을 가르치고 세례를 이해하게 해야 합니다. 그런 다음에 복음의 가르침을 전해야 합니다. 사람을 믿음으로 이끌 수는 있지만 억지로 그 안에 밀어 넣을 수는 없습니다. …… 사람들이 신앙을 받아들이고 세례를 받은 뒤에도, 더 약한 마음을 가진 이들에게는 더 부드러운 명령이 주어져야 합니다."[16]

앨퀸은 색슨족이 "거친 자들 중에서도 가장 거친" 이들임을 인정했지만, 강제 개종, 강제 세례, 강제 '십일조'는 기독교 정신에 맞지 않다고 주장했다. 그는 십일조를 징수하고 처벌을 가하는 열정으로 "그리스도의 쉬운 멍에와 가벼운 짐"을 선포했더라면, "그들이 지금처럼 세례를 안 받겠다고 물러서는 일은 없었을지도 모릅니다"[17]라고 말했다. 색슨족 사이에서든 아발족의 새로운 땅에서든 신앙의 교사들은 국세 징수원이 되어서는 안 된다. 앨퀸은 그들이 "사도들의 본"을 따라야 한다고 말했다. "그들이 약탈자가 아니라 설교자가 되게 하십시오."[18]

둘째, 같은 해인 796년에 카롤루스에게 훨씬 더 부드러운 어조의 편지를 보내어 동일한 우려를 표명했다. 앨퀸 전문가인 요크대학교의 메리 개리슨(Mary Garrison)은 요크셔 사람 앨퀸이 "카롤루스에게 반박할 수 있었던 유일한 사람"이었다고 설명했다.[19] 앨퀸은 겸손하고 듣기 좋은 말로 편지를 시작한다. 그는 세상의 구원에 관심을 가진 카롤루스에게 찬사를 보낸 다음, 이츠학 헨의 표현대로, "천천히, 아주 조심스럽게 폭탄을 떨어뜨린다."[20] 선교의 핵심은 강압과 십일조 징수가 아니라 "더 부드러운 가르침"을 통한 설득이라는 내용이었다.

> 폐하께서는 지혜롭고 경건한 관심을 갖고 계시니, 새로운 백성에게 좋은 교사들을 보내소서. 행실이 건전하고 신앙에 박식하며 복음의 가르침을 온전히 알고 하나님의 말씀을 전파함에 있어서 사도들의 본을 따르는 데 열심 있는 교사들 말이옵니다. 사도들은 듣는 자들에게 우유, 다시 말해 부드러운 가르침을 전했나이다. ……
> 새로운 개종자들에게는 아기에게 젖을 먹이듯 부드러운 가르침을 먹여야 하옵니다. 그렇지 않으면 어려운 가르침을 감당하기에 너무 약한 마음을 가진 이들은 자신들이 받아먹은 것을 토하고 말 것입니다. 설교와 세례의 올바른 방법에도 세심한 주의를 기울여야 하옵니다. 영혼이 신앙을 이해하지 못하여 몸을 씻는 세례가 쓸모없게 되지 않도록 말이옵니다.[21]

그리고 놀라운 상황 변화가 일어난다. 카롤루스는 색슨족에 대한 가혹한 정책을 실제로 중단하고 797년 10월 28일에 새로운 법령, 즉 색슨족법령(Capitulare Saxonicum)을 공포한다. 이 법령은 '세례냐 죽음이냐'를 다룬 모든 언급을 삭제했고 기독교와 정면으로 모순되지 않는 한 지역의 이교적 관습을 많이 허용했다.

결과적으로 앨퀸이 옳았던 것으로 증명되었다. 선교에 대한 자발적 접근법이 더 효과적이었다. 색슨족은 결국 기독교 신앙을 온전히 받아들이게 되었고 이후 수 세기 동안 기독교를 주도하는 핵심 세력이 된다.

교회사에는 스페인에서 볼 수 있었던 것과 같은 강제 개종 시기들도 종종 등장한다. 그중 카롤루스의 정책이 가장 선명하고 악명이 높다. 그의 강제 개종 정책은 내가 역사를 공부하면서 계속 배우게 되는 핵심 내용의 좋은 본보기다. 교회는 주기적으로 수준이 저하되긴 하지만, 그래도 스스로를 개혁하는 모습을 꾸준히 보여 주었다. 전도의 수단이라는 이 사안에 대해 교회법은 *Decretum*(교령집)을 통해 해결 방안을 찾았다. *Decretum*(교령집)은 이탈리아인 수도사 그라티아누스(Gratianus)가 1140년 어간에 편찬한 교회법령집이다. 교회법전 3조는 이렇게 진술한다. "다른 사람들을 신앙으로 초대할 때는 가혹한 수단이 아니라 부드러운 말로 해야 한다." 교회법전 3조는 교황 그레고리우스 1세를 근거로 제시하며 계속된다. "기독교 바깥에 있는 이들을 올바른 신앙으로 이끌기를 진심으로 원하는 사람이라면 가혹한 수단이 아니라 부드러운 방법으로 그 일을 이루도록 노력해야 할 것이다. 합리적 논증에 이끌릴 수도 있는 사람들이 역경 앞에서 마음이 멀어지는 일이 없게 하기 위해서다."[22]

다음 세기의 토마스 아퀴나스는 이 법령을 뒷받침하는 주장을 제시했다. 그는 5세기 성 아우구스티누스 이후로 가장 영향력 있는 서방 기독교 사상가로 꼽힌다. 그는 기독교 신앙을 여러 권의 책으로 진술한 방대한 저서인 《신학대전》(*Summa Theologiae*)에서 특유의 정밀함으로 이렇게 썼다. "불신자들을 믿게 하려고 그들에게 신앙을 강요해서는 안 된다. 믿는 것은 의지에 달린 일이기 때문이다." 이어지는 그의 말에 따르면, "그리스도에 대한 믿음을 저해하는 것을 막고자 이교 국가들과 전쟁을 벌이는 일은 적법하지만", 그 전쟁을 "그들에게 믿도록 강요하기 위한 목적으로 치러서는 안 된다. 그들(기독교인들)이 그들(이교도들)을 정복하고 포로로 잡는다고 해도, 그들(이교도들)이 원한다면 자유롭게 믿을 수 있게 해야 한다."[23]

━━

　오늘날에도 그렇듯, 중세 초기 기독교에는 어두운 면이 많았다. 하지만 기독교 안에는 자기비판과 개혁의 강한 전통도 있다. 기독교인들은 종종 인간 본성의 최악의 면모를 드러냈지만, 기독교의 설립 문서들과 초기 몇 세기의 전통은 언제나 어둠 속에서 다시 영향력을 발휘할 방법을 찾아냈다. 그것들은 악을 집중 조명하고 그리스도의 길을 따르는 새로운 노력을 격려했다. 유럽의 기독교 선교에서도 이것은 분명한 사실이었다. 카롤루스의 견해가 아니라 앨퀸의 견해가 결국 승리했다.

　요크의 앨퀸이 끼친 영향력은 폭력보다 설득을 옹호한 정도가 아니다. 그는 거의 혼자 힘으로 유럽 최초의 위대한 '르네상스'를 안겨 준 것이다. 앨퀸은 악당과 성자를 다루는 이 역사서에서 별도로 한 장을 할애할 만한 인물이다.

통치의 가장 본질적인 요소,
도덕적 삶을 사는 데 가장 도움이 되는 요소는
아름다운 지혜, 배움을 귀히 여기는 자세,
학식이 선사하는 이로움입니다.
—요크의 앨퀸

15

'르네상스'를
꽃피운
지성적인
중세 교회

암흑시대 한복판
교육자 요크의 앨퀸

하버드대학교 출신의 셰익스피어 학자 스티븐 그린블랫(Stephen Greenblatt)은 2011년 퓰리처상 수상작인 《1417년, 근대의 탄생: 르네상스와 한 책 사냥꾼 이야기》(The Swerve: How the World Became Modern)에서 포조 브라촐리니(Poggio Bracciolini, 1380-1459)라는 영웅적인 이탈리아 학자가 교회가 중세 세계에 드리웠던 무지의 베일을 찢는 과정을 흥미진진한 이야기로 들려주었다.[1]

그린블랫에 따르면, 교회는 수 세기 동안 그리스·로마의 고전 문헌들을 은폐하려고 시도했다. 기독교인들은 이 이교 문서들 때문에 유럽에 대한 자신들의 영향력이 약화될 것을 염려했다. 그린블랫의 말을 들어 보자. "수도사들은 칼, 붓, 헝겊을 가지고 베르길리우스(Vergilius), 오비디우스, 키케로, 세네카, 루크레티우스(Lucretius) 같은 저자들의 옛 글들을 지우고 그 자리에 상급자들에게 지시받은 텍스트들을 필사해 넣었다."[2] 그러나 포조는 단념하지 않았다. 그는 "미신적이고 무지하고 가망 없이 게으른" 수도사들이 감추려 드는 것을 구하기로 단단히 마음먹은, 궁극의 인문주의자요 책 사냥꾼이었다. 충실한 초기 세속주의자였던 포조는 수도원이 "세상에서 사는 데 부적합하다고 여겨진 이들을 모아 두는 곳"이라고 보았다.[3]

그러다 1417년의 어느 운명의 날, 한 음울한 독일 수도원에서 방치된 두루마리들을 넘겨 보던 포조는 세상을 바꿔 놓을 만한 것을(그린블랫의 이야기에서는 그렇다) 발견했다. 그것은 BC 1세기 고대 로마의 철학자 겸 시인 루크레티우스의 사본이었다. 에피쿠로스 철학을 옹호하는 7,400행의 이 서사시는 신들은 세상에서 중요한 역할을 하지 않고, 죽음은 두려워할 것이 아니며, 합리성이 고통과 무질서 가운데서 우리를 평화로 이끌 것이라고 주장했다. 교회가 그런 텍스트를 두려워한 것은 당연했다. 그린블랫의 말을 더 들어 보자. "포조는 자신의 필경사에게 사본을 만들라고 지시하고 서둘러 그것을 수도원 밖으로 빼내었다." 그렇게 "세상에 풀려난 책은 때가 되어 그를 둘러싼 온 세상이 해체되는 데 도움이 되었다."[4]

수 세기 동안 교회는 루크레티우스 및 그의 동료 에피쿠로스 철학자들의 합리주의 전통을 "공격하고 조롱하고 불태우거나, 가장 치명적으로는 무시하여 마침내 망각"했다.[5] 그러나 포조의 재발견은 일종의 세속적 기적이었고 이 '방향 전환'을 계기로 사건들의 자연적 경로(이 경우에는 지식을 억압하려는 교회의 시도)가 바뀌고 세상에 새로운 길이 열렸다. 그 길이 바로 14-15세기의 이탈리아 르네상스였고 근대 학문의 탄생이었다.

그린블랫이 들려주는 이야기는 매혹적이다. 이 이야기는 500년경 로마 사회의 붕괴와 함께 시작되어 이후 800년 동안 가차 없이 이어진 무지의 암흑시대라는 장대한 이야기와 잘 들어맞는다. 1300-1400년대가 되어서야 르네상스의 이탈리아 인문주의자들이 고대의 고전 문헌 연구를 되살렸고 예술과 학문의 부흥으로 가는 궤적에 유럽을 올려놓았다.

그러나 그린블랫의 이야기는 부분적으로 사실이다. 다시 말하면, 대부분이 거짓이다. 《1417년, 근대의 탄생》의 핵심 내용은 충분히 타당하다. 포조는 1417년 독일의 한 수도원에서 루크레티우스의 《사물의 본성에 관하여》(On the Nature of Things) 사본을 발견했다. 하지만 그 외에는 역사적으로 충실한 내용이 별로 없다. 그 에피쿠로스 철학자의 시가 발견된 일이 르네상스 학자들에게 중요했던 것은 사실이지만, 그 무렵의 르네상스는 이미 반세기 동안 진행 중이었다. 어떤 의미에서도 《사물의 본성에 관하여》는 우리를 '근대'로 접어들게 한 '방향 전환의 계기'가 아니었다.

많은 서평자가 지적한 대로,[6] 그린블랫이 제시한 중세에 대한 생각은 중세 전문가들이 아는 것과 다르다. 그의 책의 핵심에 '거짓'이라는 단어가 포함되어 있다. 포조 브라촐리니 같은 학자들은 만약 귀중한 고사본을 찾게 된다면 그 장소는 기독교 수도원일 것임을 잘 알았을 것이다. 수도원에서는 그로부터 적어도 600년 전인 카롤루스 시대부터 루크레티우스의 글과 같은 텍스트들을 보존하고 연구하고 필사해 왔기 때문이다. 사실, 코넬대학교의 위대한 중세학자 브라이언 타이어니(Brian Tierney)가 지적한 대로, "오늘날 우리가 아는 고대 로마의 저작 중 90퍼센트 이상의 자료가 카롤링거 왕조의 필사본 안에 가장 초기 형태로 존재한다." 즉, 카롤루스 시대(8-9세기)의 기독교인 학자들이 연구하고 필사한 사본에 그런 자료들이 남아 있다는 것이다. 그들의 꼼꼼한 노력은 로마 고전 문헌의 "거의 모든 현대 판본의 토대를 이룬다."[7] 중세의 수도사들이 자기들을 위해 고대 고전들을 쌓아 두었다고 비판할 수 있을지는 몰라도, 그들이 그 텍스트들을 숨겼다고 말할 수는 없다. 파괴하려 했다는 비판이 부당하다는 것은 더 말할 나위가 없다.

어둠 속의 빛

앞 장에서 나는 700년대 후반에 색슨족을 잔인하게 다루다가 (아마도)

요크의 앨퀸의 영향을 받고 나중에야 정책을 완화한 카롤루스의 모습을 소개했다. 그런데 여기서 그가 다스린 카롤링거제국의 한 가지 중요한 측면을 언급해 둘 필요가 있다(486년경 프랑크족이 세운 프랑크왕국은 지배왕조에 의해 전반기 메로빙거 왕조와 후반기 카롤링거 왕조로 이루어졌고, 이후 여러 나라로 분할되면서 독일, 프랑스, 이탈리아의 기반이 되었다. 카롤링거 왕조를 대표하는 왕인 카롤루스가 800년에 황제 대관을 받음으로써 카롤링거제국이 시작되었다. 카롤루스제국, 프랑크제국이라고도 부른다-옮긴이). 카롤루스가 수립한 학교 및 기타 교육 시설로 이루어진 방대한 교육 프로그램 덕분에 애초에 포조 브라촐리니 같은 후대 학자들의 작업이 가능했다는 점이다. 카롤루스가 학자이자 시인 오를레앙(프랑스 중부 도시)의 테오둘프(Theodulf), 부제 파울루스(Paul the Deacon), 요크의 앨퀸 같은 당대의 가장 박식한 사람들을 열정적으로 후원했다는 점이 핵심이다. 카롤루스는 이런 인물들의 도움을 받아 여러 세대의 교육을 받은 성직자, 궁정 관리, 전문 학자들을 길러 냈다. 그들은 포조와 그의 친구들의 르네상스보다 600년 앞선, 오늘날의 학자들이 "카롤링거 르네상스"라고 부르는 성과를 이룬다. 뉴욕대학교의 중세 학자 메리 개리슨은 비꼬듯이 이렇게 말한다. "서구 문화의 진정한 '방향 전환'의 계기는 근대 초기에 이루어진 루크레티우스의 재발견이 아니라 앨퀸이었다."[8]

카롤루스가 북쪽의 색슨족을 괴롭혔던 700년대 후반, 이 왕은 또한 유럽을 법, 문학, 예술, 학술적 번영의 최고점으로 끌어올리려 시도하고 있었다.[9] 정형시의 편수가 한 문화의 미적 확신의 증표라면, 카롤링거 르네상스는 우리 시대를 훌쩍 앞선다.[10]

요크학교의 성경적 교육 철학

요크의 앨퀸은 사람들에게 잘 알려지지 않았으나 위대한 유럽인이 분명하다. 그가 색슨족들에게 보다 부드러운 선교 방식을 적용하도록 카롤루스를 설득했기 때문이 아니라, 이후 수 세기 동안 유럽 전역으로 퍼져 나간 교육 개혁의 설계자이기 때문이다. 그가 방대한 지식과 천재적 행정 능력이라는 두 재능을 교육에 적용하여 만들어 낸 교육제도는 유럽을 새롭게 했다.[11] 앨퀸이 죽은 직후, 한 전기 작가는 그를 "모든 지역을 통틀어 가장 박식한 사람"이라고 묘사했다.[12]

앨퀸은 735년경 요크에서 태어났다. 그 무렵 요크는 학문의 중심지로 이미 명성이 높았다. 당시 요크대성당 학교장은 재능 있는 엘베르흐트(Ælberht)였는데, 이후 요크의 대주교가 되는 인물이다. 그는 학교가 성경 읽는 법과 교회력의 날짜 계산법(이전의 많은 학교 교육의 중심이었다) 이상의 것을 가르쳐야 한다고 주장했다. 그는 학생들이 배움 자체를 위해 배우기를 원했고, 그런 다음에야 하나님의 일을 이해하는 데 그들의 지식을 적용하길 바랐다. 소년 앨퀸은 이 요크학교에 입학했다. 준귀족이었던 그의 부모는 아들이 최고의 교육을 받고 사회에 기여하기를 바랐다.

앨퀸은 공부를 잘했고 기독교 신앙을 열렬히 사랑했다. 공부와 기독교는 이후 오랜 세월 동안 그의 경력에 생기를 불어넣어 주었다. 앨퀸은 이 학교의 교사가 되었고 엘베르흐트의 대륙 출장길에 동행할 수행자로 뽑혀서 먼 이탈리아까지 갔다. 그는 거기서 기독교 서적과 고전 서적을 가리지 않고 새 책 또는 옛날 책의 새로운 필사본을 수집했다. 요크대성당 도서관은 신학 서적과 일반 서적을 모두 갖춘 그 지역의 자랑거리가 되었다. 766년에 스승 엘베르흐트는 대주교가 되었고, 앨퀸은 30세의 나이에 당시 세계 최고의 명문이었을 요크학교의 교장이 되었다. 거기에 더해 얼마 후 그는 교회 부제로 서품을 받았는데, 이것을 보면 그가 자신의 뛰어난 지적 재능을 그리스도를 섬기는 데 쓰고자 했음을 알 수 있다.

요크대성당은 "지혜-신학"으로 알려진 교육 철학을 채택했다.[13] 이상한 느낌의 명칭이지만 내용은 그렇지 않다. 이 철학은 성경시대에서 기원을 찾을 수 있는 생각이다. 지혜-신학은 하나님이 그분의 천재성, 즉 지혜로 우주를 만드셨다고 말한다. 그 결과, 세상은 되는대로 작동하는 것이 아니라 심오한 합리적 원리에 따라 기능하고, 하나님의 은혜로 우리는 훈련된 지혜로 이 원리를 발견할 수 있다(적어도 부분적으로는). 이 생각은 예수님 시대보다 몇 세기 앞선 시대의 구약성경 잠언 8장에 처음 등장한다. 이 교육 관점에 따르면 하나님의 세계에 관한 배움은 그 자체로 예배 행위다. 그것은 창조세계에 새겨진 하나님의 지혜의 흔적을 탐구하는 일이기 때문이다. 행성의 운행, 동물, 논리 등에 관한 배움은 "생각(mind, 지성)을 …… 다하여 주님이신 너의 하나님을 사랑하라"(막 12:30, 현대어성경)는 성경의 명령에 순종하는 일이었다. 그 결과, 요크에서는 문법, 논리, 수학, 음악, 그 외의 많은 과목을 포함하는 아주 폭넓은 교육이 이루어졌다.

요크의 이런 접근 방식이 전혀 새로운 것은 아니었다. 이것은 초대교회 어디서나 볼 수 있었던 오래된 학문 접근법을 재발견한 것이었다.

고대 교회의 교육

혼히 비판자들은 고대와 중세 교회가 '세속 지식'을 멀리했고 성경을 배우는 일과 신학적 사변에만 몰두했다고 주장한다. 그들은 한 교부가 특정 시기에 남긴 말을 문맥에서 뚝 떼어 내어 증거로 제시한다. 4-5세기에 큰 영향력을 발휘했던 기독교 교사 성 히에로니무스가 그 사례다. 히에로니무스는 최고의 이교 로마 교육을 받고 자랐지만 30대에 한 꿈을 꾸고 나서 고전 문헌을 거부하게 된다. 그 꿈에서 천사가 나타나 그가 복음서보다 위대한 라틴 작가 키케로를 더 좋아한다고 꾸짖었다. "너는 기독교인이 아니라 키케로를 따르는 사람이다. 네 보물이 있는 곳에 네 마음도 있는 것이다."[14]

히에로니무스는 이후 15년 동안 이교 저술가들의 글을 읽지 않았다. 대신에 성경 번역과 주석 및 기독교 논문 집필에 전념했다. 이 시기에 그는 자주 인용되는(회의론자들이 자주 인용한다) 글을 썼다. "빛이 어둠과 교류합니까? 그리스도와 벨리알(마귀)이 어떻게 어울립니까? 호라티우스와 시편 기자가 공통점이 있습니까? 베르길리우스와 복음서, 키케로와 사도 사이에 무슨 공통점이 있습니까?"[15] 이것은 세속 학문을 신학적으로 거부하는 말로 들린다.

그러나 히에로니무스는 389년경에 고전으로 돌아갔고 그로부터 30년 후인 420년에 죽음을 맞기까지 고전에 머물렀다. 이 성숙한 시기에 그는 특히 교육받은 남녀들과 교회 권위자들에게 보내는 편지에서 자신의 가르침과 교훈에 종종 키케로, 호라티우스, 베르길리우스, 기타 이교 작가들의 인용문을 곁들였다.

일리노이대학교의 아서 스탠리 피즈(Arthur Stanley Pease)는 여러 해 전에 히에로니무스에 대한 중요한 논문에서 고전을 대하는 그의 태도가 3단계를 거쳤다고 설명했다. 성장기부터 청년기까지 로마인으로서 고전에 편협할 만큼 보수적으로 헌신한 단계, 어느 날 한 꿈을 꾼 뒤 고전에 근본적 환멸을 느끼고 등을 돌린 단계, 인생의 마지막 30년 동안 견지했던 "참되고 성숙한 자유주의" 단계. 마지막 이 시기에는 신약성경의 한 구절을 일관되게 해설하고, 그것의 예시로 베르길리우스의 서사시 《아이네이스》(Aeneid)의 한 구절을 제시할 수 있었다.[16]

신약성경 이후 시기의 기독교 신학자들은 지식에 대한 '지혜-신학'의 접근법을 표준적인 것으로 받아들였다. 2세기(순교자 유스티누스, 알렉산드리아의 클레멘스)부터 3세기(카르타고의 테르툴리아누스, 알렉산드리아의 오리게네스), 4세기(나지안주스의 그레고리우스, 카이사레아의 바실리우스, 니사의 그레고리우스, 니코메디아의 락탄티우스), 5세기(히포의 아우구스티누스, 베들레헴의 히에로니무스), 6세기(보에티우스와 로마의 카시오도루스)까지 그러했다. 검색 사이트에 이 이름들을 찾아보기만 해도 이들 모두가 세속 학문을 세상에 새겨진 하나님의 지혜를 들여다볼 창으로(비록 종종 조금 흐릿하지만) 귀하게 여겼다는 사실을 알 수 있을 것이다.

고대 교회의 스타 지성인들만 교육의 가치를 인정한 것은 아니었다. 2세기만 해도 누구든 그리스도의 제자가 되기를 원하면(이때 제자는 '학생'을 뜻한다) 엄격한 교육 기간을 거쳐야 했다. 초기에는 주로 하류계급 사람들이 교회에 나왔다는 것을 고려하면, 남아 있는 증거는 참으로 놀랍다. 예를 들어, 200년경 로마에서 세례받은 교인이 되고 싶은 사람은 주일예배 이

외에 공인된 교사와 함께 주 1회씩 3년간 교육을 받아야 했다. 신앙생활을 시작하는 데만 최소한 144시간의 강의(1년에 4주는 쉬었다)가 필수였던 것이다. 물론 뛰어난 학생은 예외도 허용되었다.[17]

이 카테케시스(catechesis; 교리교육)는 속성으로 진행되기도 했다. 300년대 예루살렘에는 보다 빠르고 집중적인 교리교육 방법이 있었다. 부활절을 앞두고 주 6회씩 매일 3시간의 수업을 7주 동안 진행하는 것이었다. 여기에 대해서는 4세기에(갈리아에서, 어쩌면 히스파니아에서) 예루살렘을 방문한 명문가 태생의 에게리아(Egeria)라는 여인의 목격담이 남아 있다. "모두 40일 동안 매일 1시부터 3시간 동안 교리교육을 받습니다. 교리교육이 끝나면 곧장 주교를 모시고 찬송가를 부르며 아나스타시스교회(성묘교회)로 가는 것으로 일과를 마칩니다. 이렇게 7주간 하루 3시간씩 교육을 받습니다. 대주간(Great Week; 수난주간-옮긴이)이라 불리는 여덟 번째 주간에는 교육에 할애할 시간이 없기 때문입니다."[18] 이것은 총 126시간의 수업이다. 세례를 받기 위해서만 이 정도라는 것을 기억하자.

학생들이 배워야 했던 내용에 관한 충실한 증거도 있다. 처음 5주간은 성경 본문, 특히 창세기와 구약 율법서, 그다음엔 신약 복음서와 서신서에 집중한다. 내용은 상당히 '변증적'이었고 하나님의 진리가 유대교 및 이교 철학과 종교의 주장보다 어떤 식으로 뛰어난지 강조했다. 6-7주에는 창조주 성부 하나님, 구속주 성자 하나님, 교회에 생명을 주시는 성령 하나님을 세 단락으로 치밀하게 요약한 니케아신경을 한 줄씩 소개한다.[19] 자료가 남아 있는 이 시기의 교리교육 강의(예루살렘의 키릴루스 주교의 강의) 내용의 일부를 인용하면, 누구라도 이 시기 교회 지도자들이 신자들

에게 요구했던 높은 수준의 문학적·철학적 교양에 깜짝 놀랄 것이다.[20]

현대 기독교인들은 이런 고대 정책에 대해 비판할 수 있을 것이다. 사람들이 예수님을 따르고 싶어 한다면, 인위적인 공부를 강요하지 말고 그 자리에서 세례를 주어야 한다고 주장할 수도 있다. 그런데 고대의 이 교리교육은 두 가지 중요한 역사적 요인 때문에 생겨난 것이다. 첫째, 이 시기 기독교인들은 지배적인 이교 문화에 에워싸인 소수집단이었다. 배워야 할 것만큼이나 기존 지식에서 바로잡아야 할 부분도 많았다. 둘째, 기독교인들은 신자가 신앙의 내용을 잘 알고 있지 않으면 박해의 압박에서 살아남지 못할 것임을 어렵게 깨달았다. 오늘날 구도자 이웃들에게 신앙의 이해를 위해 126시간의 수업을 의무적으로 들어야 한다고 말하지 않아도 되어서 기쁘긴 하지만, 현대 교회의 어떤 부분들은 고대 교회의 철저함을 잃어버렸다는 느낌이 든다.

고대 교회의 교육에 대해서는 이 정도로 해 두고, 이제 700년대 잉글랜드와 유럽을 누볐던 앨퀸에게로 돌아가 교회와 사회에서 배움의 정신을 되살리려 한 그의 시도들을 살펴보자.

앨퀸이 강조한 자유칠과

앨퀸이 교회사에서 새로운 유형의 인물은 아니었지만, 그의 활동은 유럽의 매우 중요한 시기에 이루어졌다. 500년대에 바바리안이 갈리아에서 로마인들을 상대로 승리한 이후, 메로빙거 왕조와 카롤링거 왕조가 권력을 다투고 자신들의 왕국을 확장하고 강화하려 애쓰는 과정에서 유럽은 한 세기 이상 사회적 혼란을 겪었다. 이 시기에 로마식 정규 교육이 사라진 것은 아니었지만,[21] 그것은 왕궁에서 일하는 신하, 주교, 수도사들만 기대할 수 있는 일, 즉 엘리트만의 사치가 되었다. 700년 후반에 카롤루스 대제의 오랜 통치로 유럽에 상대적 안정이 찾아오면서 폭넓은 교육이 회복될 완벽한 조건이 만들어졌다.

잉글랜드에 있던 앨퀸은 유럽으로 향하던 어느 출장길에 카롤루스의 관심을 끌었다. 카롤루스는 그의 재능을 단번에 알아보았다. 카롤루스는 781년 파르마(이탈리아 북부)에서 앨퀸을 만나고 나서 그에게 궁정으로 들어와 개인 고문 및 일종의 교육부 장관 역할을 해 달라고 강권한다. 앨퀸은 동의했고 몇 년 후, 독일 서부의 아헨에 자리한 카롤루스의 궁정으로 들어갔다. 처음에는 그 궁전에서, 이후에는 프랑스 투르의 수도원에서 유럽의 여러 수도원과 대성당의 대규모 교육 프로그램을 지휘했다.

이 시기 카롤루스의 서신들과 법령들에는 분명한 요구가 등장한다. 786년에 그는 이렇게 썼다. "우리의 관심사는 교회들의 상태가 항상 더 나은 방향으로 나아가야 한다는 것이므로, 정신을 차리고 열정적으로 노력하여 우리 선조들의 나태로 망가진 학문의 공장을 보수하고, 심지어 스스로 본을 보여서라도 학생들이 자유과목들을 숙달하도록 최선을 다해 독려해야 한다."[22]

실제로 카롤루스는 본을 보임으로써 학생들을 이끌려고 열심히 노력했다. 그는 앨퀸 및 다른 이들에게 라틴어와 그리스어, 기타 다양한 과목을 가르쳐 달라고 요청했다. 하지만 카롤루스의 전기 작가에 따르면,

이는 그다지 성공하지 못했다. 카롤루스는 틈날 때마다 쓰기를 연습할 요량으로 베개 아래에 서판과 공책을 두고 잤지만, "그의 노력은 너무 늦게 시작된 터라 거의 성과가 없었다."[23]

카롤루스의 유명한 789년의 교육법 *Admonitio generalis*(법령집)는 이렇게 선포했다. "성직자들은 힘을 합쳐 비천한 신분의 아이들뿐 아니라 자유인의 아들들과도 어울리도록 하라. 소년들이 읽기를 배울 수 있도록 학교를 세우라."[24] 이것은 서방 역사의 분수령이 되는 법률이었다. 이 시기에 70개 정도의 학교들이 활동 기록을 남길 수 있을 만큼 활발히 활동했다.[25] 그중 일부(풀다, 투르, 생갈, 오세르, 리에주, 메츠, 라온, 잘츠부르크, 랭스의 학교들을 포함하여)는 유럽 전역에서 유명해졌고 많은 학생들을 끌어모았다.

미국 퍼듀대학교의 존 컨트레니(John Contreni)에 따르면, 이런 학문 중심지 중 일부에서는 "학생들의 인구가 성인의 26-49퍼센트까지 차지했다." 이 학교들 졸업생 중 상당수가 800년대의 교회와 세상에서 중요한 역할을 했다. 그중 한 사람인 오세르의 레미기우스(Remigius of Auxerre, 841-908)는 고대 그리스와 라틴 문학의 전문가로 활동했고, 10세기에 막대한 영향력을 행사한 개혁가 클뤼니의 오도(Odo of Cluny, 879-942)의 스승이 되었다. 오도는 17장에서 만나게 될 것이다.[26]

카롤링거 르네상스의 강조점은 분명히 소년 교육에 있었다. 그러나 소녀들이 배제된 것은 아니었다. 랭스의 대주교 힝크마르(Hincmar, 806-882)는 한 서신에서 소녀들이 소년들과 같은 장소에서 배우지 않게 하도록 권하는데, 이 대목에서 소녀들도 학교 교육을 받았다는 것을 알 수 있다.[27] 앨퀸이 남긴 200통이 넘는 편지의 상당수가 여자들에게 쓴 것으로 보아 그가 소녀들의 교육에도 관심이 있었다는 것은 분명하다. 카롤링거 궁정의 부인들 사이에서는 특히 천문학 공부가 유행했다.[28] 스티븐 스타퍼런 (Steven Stofferahn)은 이 주제를 다룬 논문에서 "프랑크제국의 귀족 여성들 사이에서 문예 활동이 널리 퍼져 있었다는 많은 증거"가 있다고 썼다.

익명의 여학생이 교사 "펠린 부인"에게 쓴 짧은 편지가 남아 있는데, 편지에서 학생은 다른 여학생과 함께 밤을 새면서 "우리 주님을 위해 읽고 노래하게" 허락해 달라고 요청한다.[29] 833년 쾰른대성당 도서관의 카탈로그에는 지역의 많은 평신도 여성에게 대출된 책들이 기록되어 있다.[30] 그리고 적어도 아홉 개의 프랑크 도시에 여성 필경사가 있었다는 분명한 증거가 남아 있다.[31]

당시의 교육은 엘리트에게만 초점을 맞춘 것이 아니었다. 가난한 아이들도 경우에 따라 학교에 다녔다. 앞서 언급한 789년의 법령집은 "비천한 신분의 아이들"을 언급한다. 그리고 카롤루스의 전기 작가인 생갈의 노트커(Notker of St. Gall; 그도 앨퀸 교육제도의 수혜자였다[32])는 왕이 가난한 아이들을 학교에 입학시키도록 직접 명령했으며 가끔 그들의 학업을 점검했다고 기록했다. 왕은 학교에 나타나 아이들의 글자와 시를 검사하곤 했는데, 학생들로서는 생각만 해도 무시무시한 일이었다. 왕이 학교를 찾은 날 한번은 하층민 아이들이 "사람들이 기대할 수 있는 정도를 뛰어넘는 지혜를 발휘하여" 귀족 학생들을 능가했다. 왕은 게으르고 재미만 쫓는 부유한 아이들을 꾸짖었다. 그 가난한 학생들 가운데 한 아이는 궁정 서기이자 작가가 되었다.[33]

앨퀸은 일곱 가지 자유과목을 강조했다. 첫 번째 세 과목인 문법(라틴어), 형식논리학, 수사학 또는 설득규칙 연구가 3학(trivium)이다. 3학을 마치고 나면 학생들은 4과(quadrivium), 즉 산술, 기하학, 음악, 천문학에 입문할수 있었다. 앨퀸은 성경의 한 구절을 인용하여 학문의 이 일곱 분야가 지혜로운 삶의 핵심 기초가 된다는 것을 보여 주길 좋아했다. "지혜가 그의 집을 짓고 일곱 기둥을 다듬고"(잠 9:1). 앨퀸은 이렇게 말했다. "이 일곱 기둥 또는 계단으로 올라가지 않으면 누구도 완전한 지식에 이를 수 없다."[34]

앨퀸은 학생들과 동료 학자들에게 최고 수준의 필체를 요구했다. 필체는 그다지 중요하지 않은 것으로 생각할 수 있지만 검색 사이트에 "카롤링거 소문자"(Carolingian Minuscule)를 찾아 아름답고 신기할 만큼 눈에 쏙 들어오는 서체의 이미지들을 보면 생각이 달라질 것이다. 앨퀸이 표준화시킨 서체는 현대 서구 알파벳 정서체의 기반이 되었다. 그것은 내가 이 글자들을 타이핑하면서 쓰고 있는 컴퓨터 폰트(Times New Roman)의 기반이기도 하다.

앨퀸이 주창한 자유칠과(自由七科, seven Liberal Arts)는 엘베르흐트, 앨퀸, 오를레앙의 테오둘프, 부제 파울루스, 그 외 많은 사람이 자신 및 그들의 뒤를 이어 교사와 학자가 된 모든 이에게 기대했던 진지한 학문 연구의 예비 과정에 해당했다. 학생들은 자유과목을 숙달하고 난 뒤 본격 과목인 역사, 자연사(물리과학), 그리고 신학으로 넘어갈 수 있었다. 이 시기의 성직자들을 위한 안내서를 보면 젊은 사제들이 자유칠과와 약간의 철학을 숙달한 상태에서 신학 및 목회 교육을 시작해야 한다는 점을 분명히 하고 있다.[35] 다른 고급 과목으로는 의학과 법학이 있었다.[36] 앨퀸은 삶과 통치에서 가장 중요한 것은 "아름다운 지혜, 배움을 귀히 여기는 자세, 학식이 선사하는 이로움"이라고 카롤루스에게 써 보냈다.[37]

문법, 논리학, 수사학, 수학, 음악, 천문학, 그리고 기타 과목들을 공부하는 것은 가장 지혜로우신 하나님을 섬기는 행위로 여겨졌다. 그것은 창조주께서 세상에 새기신 지혜를 배우는 일이었다. 앨퀸과 그의 동료들, 그리고 그들이 영감을 준 모든 이들은 이 일에 성경과 아우구스티누스, 교황 그레고리우스, 히에로니무스, 암브로시우스 같은 교부들, 그리고 그들이 구할 수 있는 고대 그리스·로마 고전 저자들 전부를 아는 것도 포함된다고 보았다. 이 기간에 앨퀸이 남긴 도서 목록, 서신, 사본들을 통해 우리는 이 저자들 중에 플라톤, 아리스토텔레스, 갈레노스(Galenos, 129-200), 대(大) 플리니우스(Plinius), 호라티우스, 키케로, 세네카, 베르길리우스, 리비우스(Livius), 오비디우스와 기타 60명의 저술가가 있음을 알 수 있다.[38]

그의 학문 폭은 놀라울 정도로 넓다. 나는 자료가 풍부한 국립대학에서 고대사 박사 학위를 받았지만, 솔직히 중세 대가들이 흡수한 이 저자들의 글을 다 읽지 못했다. 그들의 글을 자유자재로 인용할 수도 없다. 하지만 앨퀸은 그의 시와 서신에서 일상적으로 그런 글을 외워서 인용했다.

최고의 카롤링거 도서관들도 소장도서는 단행본 300-500권에 불과했을 것이다.[39] 그러나 800년대의 여러 작업장에서 적어도 7천 권의 책들이 필사되고 제작되었다는 사실이 알려졌다. 이 시기에 대한 남은 증거가 파편적이고 임의적이라는 것을 고려하면, 실제 숫자는 훨씬 컸을 것이 분명하고 어쩌면 5만 권에 이를 수도 있다.[40] 교회가 지식을 억압했다는 암흑시대 내러티브는 근대에 만들어진 허구다(여기에 대해서는 19장에서 자세히 살펴볼 것이다). 이 내러티브에 대한 반박을 찾아보기 힘든 이유는 중세 유럽에 대해 배우는 사람이 별로 없기 때문이다. 뭐 하러 신경을 쓰겠는가? 어차

피 암흑시대인데 말이다!

케임브리지대학교의 중세사 교수 로자먼드 맥키터릭(Rosamond Mckitterrick)은 앨퀸과 카롤링거 궁정의 여러 학자들의 기념비적인 영향력을 잘 서술해 놓았다.

> 8세기 후반과 9세기에 일어난 이 활기찬 신문화는 이후 유럽 문화의
> 본질적 토대가 되었다. 하지만 프랑크족이 로마의 상속자들이라는
> 점을 기억해야 한다. 그들은 예술과 학문에 대한 로마와 기독교의
> 사상과 기법을 자기들의 것으로 만들었다. 교회는 영적 · 도덕적 틀을
> 제공한 동시에 교육과 전례에서 구체적으로 필요한 부분을 알려 주어
> 카롤링거인들이 그것을 채우고자 힘쓰게 했다. 하지만 카롤링거
> 왕조기의 프랑크족들은 대단히 창의적이기도 했다. 그들은 자신들이
> 물려받은 것 위에 쌓아 올렸고 그것을 활발하게 사용하여 뭔가 새롭고
> 카롤링거의 독특성이 살아 있는 것을 만들어 냈으며, 그것이 이후
> 중세 유럽 문화 발전의 기반이 되었다.[41]

앨퀸과 카롤링거 르네상스의 포부는 이후 교령을 통해 새로운 추진력을 얻었다. 1079년, 교황 그레고리우스 7세(Gregorius Ⅶ)는 기독교 세계의 모든 대성당은 그 지역에 학교를 세워야 한다고 명한다. 그리고 1179년과 1215년의 공의회는 이 요구를 재확인했고, "무일푼의 학생들도 배울 수 있어야 한다"는 경제적 요건을 추가했다.[42] 앨퀸이 확립한 고등교육의 전통(문법, 논리학, 수사학, 대수학, 기하학, 천문학, 그다음에 이어지는 역사학, 과학, 신학)은 끊

어졌다 이어지기를 반복하며 이후 천 년 동안 유럽 교육의 모범이 되었다. 그리고 오늘날 미국의 고전 교육 운동은 여전히 이 틀을 본으로 삼고 있다. 끝으로, 1100년대에 볼로냐, 파리, 옥스퍼드와 케임브리지에 생겨난 최초의 유럽 '대학교들'은 모두 중세 교회의 교육적 포부에 빚지고 있다.[43] 실제로 옥스퍼드대학교의 모토는 여전히 "주님은 나의 빛"(Dominus illuminatio mea)이다. 옥스퍼드 같은 대학교들이 구체적으로 증언하는 교육 전통은 그 기원을 일차적으로는 앨퀸에게서, 그에 앞서 교부들에게서, 더 올라가면 그리스·로마의 고전들에서 찾을 수 있다. 앨퀸은 그를 후원한 카롤루스 대제에 힘입어 서구 문화의 진정한 '방향 전환'을 가져왔다.

———

지성의 삶을 무시했다는 비난은 중세 교회에 합당하지 않다. 감히 말하지만, 800년대의 투르학교의 재능 있는 상급생은 문법과 구문론, 제2언어의 유창성, 형식논리학 규칙, 수사학, 시학, 심지어 관측천문학(즉, 천체 움직임의 계산)에서 현대 영어권 대학생에 뒤지지 않았을 것이다. 그리고 필체는 월등히 뛰어났을 것이다!

하지만 그 모든 지식도 교회가 동일한 기간에 스스로의 어리석음에 희생되는 상황을 막을 수 없었다. 암흑시대 내러티브에서 부정할 수 없는 한 가지 요소는, 교회가 이교 유럽의 전사(戰士) 문화를 바꿔 놓으려다가 교회 자체가 천하의 악당으로 변해 버렸다는 사실이다. 이것이 다음 장에서 소개할 딱한 이야기다.

그러나 그리스도의 기사들은
적을 때리는 죄도, 영혼이 멸망할 위험도 두려워할 필요 없이
주님의 전투에서 안전하게 싸울 수 있습니다.
—클레르보의 베르나르

16 '그리스도의 기사'로 탈바꿈한 교회

1100년으로 가는 준비 기간
#'성전'(聖戰)의 서곡

처음부터 기독교는 기독교인이 되기 위해 달아야 하는 특정한 문화적 (식별용) 배지들이 비교적 적다는 특이점을 갖고 있었다. 물론 기독교에는 나름의 신학적·도덕적 확신과 필독 텍스트인 성경이 있었다. 그러나 신자들에게 배우라고 독려하는 신성한 언어가 따로 없고 음식법이나 복장 규정도 없다. 특정한 시대와 장소를 고집하지도 않는다. 타 종교에 비하면 성지 순례가 그리 중요하지 않고, 부도덕한 직업을 제외하고는 신자가 피해야 할 직업이 따로 있는 것도 아니었다. 신자들이 어울려서는 안 되거나 식사를 같이 할 수 없는 인종적·신념적·도덕적 범주의 사람들도 없다. 예수님 자체가 "세리와 죄인의 친구"(눅 7:33-34)로 알려져 있었다.

교회는 특정한 민족만의 전유물이 아니었다. 셈족의 여러 종족(갈릴리와 유대의 유대인들) 사이에서 시작되었지만, 20년 만에 소아시아의 인도-유럽인, 그리스인, 이탈리아인이 받아들였다. 그리고 200년 내에 아랍인, 북아프리카인, 갈리아인(프랑스인), 히스파니아인, 그리고 브리타니아의 켈트인 사이로 퍼져 나갔다. 오늘날에도 유럽(26퍼센트), 라틴아메리카와 카리브해 연안(24퍼센트), 사하라 사막 이남 아프리카(24퍼센트)에 비슷한 비율의 기독교인이 산다.[1] 미국에서 신앙을 고백하는 기독교인의 가장 큰 무리는 유색인 여성들이다.[2] 2세기에 이미 기독교인들은 이교 세계와 상호작용하면서 이런 특성을 보였다. AD 150년의 한 텍스트는 이렇게 선언한다. "우리는 각자에게 정해진 대로 그리스 도시와 이민족 도시를 가리지 않고 살고, 복장과 음식과 기타 생활의 여러 측면에서 지역의 관습을 따릅니다."[3]

이 모든 것은 기독교의 강점이면서 약점이다. 이런 특성 덕분에 기독교는 쉽게 다른 곳으로 전파될 수 있었다. 기독교는 프랑스와 미국에서 만큼이나 아프리카와 중국에서도 잘 받아들여졌다. 이것은 기독교가 역사상 최초의, 그리고 이제는 최대 규모의 '세계 종교'가 된 부분적 이유임이 분명하다.[4] 하지만 기독교 안에 고정된 사회적 패턴이 별로 없다는 특성이 그 선교적 열정과 만나면 매우 큰 취약점이 된다. 기독교인은 지역의 규범을 받아들이고 지역의 상황에 적응하는 경향이 있다. 주류 문화에 자신을 맞출 능력과 의지가 모두 있다 보니, 친구를 얻고 다른 사람들에게 영향을 주려고 애쓰는 과정에서 고유의 이상 중 일부를 희생시키고 싶은 유혹을 쉽사리 받는다(하지만 때로 기독교인들이 자기 지역의 기독교의 모습을 보편적인 것으로 규정하고 그런 모습을 세계 다른 지역의 기독교인에게 식민지배자처럼 강요하기도 했다는 사실을 부인할 수는 없다).

신약성경은 기독교의 사회적 유연성을 기뻐하는 동시에 기독교인들이 지역사회의 영향을 받을 가능성을 경고한다. 사도 바울은 55년에 고린도 교인들에게 보낸 편지에서 이렇게 썼다. "유대인들에게 내가 유대인과 같이 된 것은 유대인들을 얻고자 함이요 …… 율법 없는 자에게는 내가 하나님께는 율법 없는 자가 아니요 도리어 그리스도의 율법 아래에 있는 자이나 율법 없는 자와 같이 된 것은 율법 없는 자들을 얻고자 함이라 약한 자들에게 내가 약한 자와 같이 된 것은 약한 자들을 얻고자 함이요 내가 여러 사람에게 여러 모습이 된 것은 아무쪼록 몇 사람이라도 구원하고자 함이니"(고전 9:20-22). "그리스도의 율법 아래" 남아 있다는 언급(그리스도의 가르침 또는 원 곡조를 가리키는 말)은 기독교인들이 바울의 이 고백에서 때때로 간과하는 부분이다.

그리고 바울은 그로부터 1년 뒤 로마 교회들에 보낸 서신에서 이런 식의 도덕적 타협을 분명하게 경고한다. "여러분은 이 세상을 본받지 말고 마음을 새롭게 하여 변화를 받으십시오"(롬 12:2, 현대인의성경). 이것이 원칙이다.

그러나 솔직히 말해, 이런 경고들은 교회가 수많은 방식으로 "이 세상을 본받는 것"을 막는 데 충분하지 않았다. 기독교의 문화적 유연성은 쉽게 변형될 가능성을 만든다. 기독교는 지역 상황에 적응하려고 노력하다가 고유의 도덕 논리를 타협할 수 있다. 이와 같은 일이 중세에 대규모로 일어났다. 교회는 프랑스, 독일, 스칸디나비아에서 이교 전사(戰士) 문화를 신앙으로 이끌려고 노력하다가 그만 예수를 궁극의 '전쟁 군주'로, 그분의 교회를 '그리스도의 기사들'로 바꿔 놓고 말았다. 이제 그 이야기를 해 보자.

변해 가는 교회

13-15장의 한 가지 핵심 주제는 서로마제국이 멸망한 뒤에도 기독교회는 살아남아 번영했고 갈리아족, 프랑크족, 색슨족을 개종시키고 유럽 전역에 수많은 수도원, 교회, 학교를 세웠다는 것이었다. 교회는 '로마적'인 것을 넘어서는 조직임을 증명했다. 물론 교회의 영적 리더십이 여전히 로마에 남아 있긴 했지만, 더 넓게 볼 때 교회는 세계적이고 다문화적인 이상한 세력이었다. 교회는 좋은 쪽으로든 나쁜 쪽으로든 정치에 적극적

으로 참여했지만, 로마 정권이든 다른 이민족 정권이든, 메로빙거 왕조든 카롤링거 왕조든, 특정한 정권의 운명에 영향을 받지 않았다. 또, 자주 '국가 종교'로 채택되었지만 어떤 국가와도 생사를 같이하지 않았다. 중세에는 기독교 국가들이 서로 전쟁을 벌였는데, 그 와중에도 상대편의 '종교'와 싸운다고는 생각하지 않았다. 유럽 기독교 국가들이 서로 전쟁을 하면서도 이긴 쪽의 신앙이 진 쪽의 신앙보다 높임을 받는다는 인식은 없었고, 이것은 유럽이 기독교로 개종했다는 더없이 확실한 신호다!

기독교는 로마 세계에서 시작되었지만 그 경계 바깥에서 대단한 성공을 거두었다. 그러나 성공은 양날의 검이어서 어려운 도전들이 뒤따랐고 타협이 요구되었다. 300년대 초 로마제국의 개종으로 인해 뜻밖에도 교회가 제국의 부와 권력에 적극 참여하는 세력으로 바뀌었던 것처럼, 게르마니아 일부 지역과 갈리아, 잉글랜드의 전사 귀족들이 개종하자 로마 이상으로 오래된 삶의 방식과의 새로운 '협상'이 시작되었다. 교회는 많은 사람을 개종시켰고 그 과정에서 조금씩 모습이 변해 갔다.

13장에서 언급한 프랑크족의 왕 클로비스는 기독교인들과 권력이 벌인 협상의 한 가지 사례를 보여 준다. 그는 자신이 기독교인이라고 선언했고 500년경에 공개적으로 세례를 받았다. 그러나 그의 기독교에는 원수 사랑이나 한쪽 뺨을 맞으면 다른 쪽 뺨을 돌려 대는 자세가 전혀 보이지 않았다. 그는 갈리아 및 기타 지역의 로마 성채들을 공격하여 연거푸 잔혹한 승리를 거두고 권력을 장악했고, 비슷한 방식으로 30년 동안 그 권력을 유지했다. 신앙 때문에 박해를 받는 것과 훌륭한 패자가 된다는 초기 기독교의 전통은 그의 머릿속에 전혀 떠오르지 않았던 것 같다.

클로비스와 지역 주교들이 주고받은 편지들은 흥미로운 이야기로 채워져 있다. 500년이 되기 직전에 랭스의 레미기우스 주교는 왕에게 편지를 보내 가난한 자들과 버림받은 자들에 대한 의무를 다하도록 촉구한다. "폐하의 입에서 정의가 나오게 하소서. 가난한 자들과 이방인들에게 아무것도 기대하지 마소서. 폐하의 궁정이 모두에게 열려 있게 하셔서 누구도 낙심한 채로 떠나지 않게 하소서. 폐하께서 무엇을 물려받아 보유하시든, 그것으로 포로들을 풀어 주시고 노예의 멍에에서 벗어나게 해 주소서." 여기까지는 좋다. 그런데 레미기우스는 잔혹한 사령관으로 유명했던 클로비스의 업적에 대해 아첨도 한다. "뛰어난 공로로 인해 크게 존경받으시는 유명한 군주"라고 왕을 높인다. 그다음 레미기우스는 클로비스에게 주교들을 가까이 두라고 청한다. "폐하의 평판을 높여 줄 수 있는 고문들을 곁으로 부르셔야 합니다. 순수하고 품위 있게 베푸셔야 하고 주교들을 존중하고 언제나 그들의 조언에 의지하셔야 합니다. 폐하와 그들의 뜻이 일치한다면 폐하의 영토는 더욱 오래갈 것입니다."[5]

이 서신에는 현명한 기독교적 설교와 아첨이 불안하게 뒤섞여 있다. 기독교의 개척지에 있는 한 핵심 주교의 모습에서 우리는 교회가 고대 전사 귀족 사회를 변화시키는 것과 그에 의해 교회도 변하는 것을 확인할 수 있다. 나는 레미기우스 주교의 신앙적 의도를 의심하지 않는다. 그러나 당대의 주류 문화에 자신과 교회가 함께 편승하여 두루 덕을 보기를 바라는 그의 열망을 못 본 척할 수는 없다.

같은 시기의 또 다른 편지는, 그 가능성을 생각하면 더욱 으스스하게 다가온다. 비엔(프랑스 남동부)의 주교 아비투스(Avitus)는 클로비스왕이 새로

찾은 기독교를 그가 정복하려는 지역으로 가져가라고 촉구한다. 남아 있는 편지는 클로비스의 자세한 군사 계획을 언급하기 직전에 끊어지지만, 이 주교가 군사 계획을 '기독교를 이교 유럽 깊숙이 퍼뜨리고자 하나님이 만드신 굉장한 기회'로 보았다는 것만은 분명하다. 그는 왕이 얼마 전 세례받은 일과 그의 성공, 그리고 그의 '정의'(클로비스는 무자비함으로 더 잘 알려져 있었다)에 찬사를 바친다. 그다음 그는 어조를 바꾼다. "개선시켰으면 하는 한 가지 문제가 있습니다.…… [클로비스왕의 승리를 통해] "하나님은 폐하의 백성을 온전히 그분의 소유로 삼으십니다[그들을 그리스도의 왕국으로 데려오십니다].…… [그러므로] 폐하의 마음속 넉넉한 금고에서 믿음의 씨앗을 꺼내어 멀리 떨어진 민족들에게 뿌리시옵소서." 아비투스 주교는 "아직도 본성적 무지의 상태에 머물러 있는" 이들에게 선교가 이루어지기를 원한다. "이 문제로 그들에게 사절을 보내어 하나님의 왕국에 그들이 추가되게 하는 일을 부끄럽게 여기거나 주저하지 마옵소서. 하나님께서는 폐하의 영토를 그 정도로 넓히셨나이다."[6]

아비투스 주교는 복음화의 한 형태로 기독교적 성전을 권하는 것이 아니다. 그는 클로비스의 유럽 제국 확장에 기독교 '사절'이 따라붙을 수 있기를 바랄 뿐이다. 이것은 종교 제국주의의 초기 형태다. 이후 2세기 동안 메로빙거 군대가 가는 곳마다 주교, 사제, 부제들이 따라가고 새로운 수도원과 교회가 세워지게 된다. 우리가 14-15장에서 본 것처럼, 9세기에도 카롤루스와 여러 인물이 이와 비슷한 접근법을 채택했는데, 법적·군사적·교육적으로 더욱 정교하게 다듬어졌다.

이것은 대략 같은 기간의 교황 그레고리우스 1세, 캔터베리의 아우구스티누스, 엘리기우스, 보니파키우스, 대니얼 주교, 윌리볼드, 앨퀸 등이 옹호한 설득과 자기희생의 정책과는 전혀 다르다. 교회사의 많은 경우가 그렇듯, 상황은 한결같지 않다. 기독교인들이 최고의 모습을 보여 준다고 느껴질 바로 그때, 그들은 뭔가 끔찍한 일을 저지른다. 그들이 운동장에서 가장 못된 악당처럼 행동할 때, 한 개혁자가 일어나 교회가 본래의 설립 전통으로 되돌아가야 한다고 촉구한다.[7]

시간이 흘러 예수님 시대와 오늘날의 딱 중간 무렵의 시기에, 유럽은 한편으로는 연성권력을 통해, 다른 한편으로는 폭력 행위를 통해 그리스도께 무릎을 꿇는다. 교회가 이교 유럽(이제는 기독교 유럽)의 전사 귀족들을 개종시키는 와중에 보다 군국주의적 가치관을 갖게 되었다는 인상을 거두기가 어렵다. 유럽의 개종에 문화 간의 복잡한 협상이 따라오면서 마침내 기독교적 성전 개념이 전적으로 타당하게 되었다. 1080-1090년대, 비잔티움제국 황제 알렉시우스 1세가 진군하는 이슬람으로부터 동방 기독교 세계를 지키기 위해 와 달라고 서방 기독교 세계에 요청했을 무렵의 교회는 '그리스도의 기사'가 될 준비가 되어 있었다.

'정당한 전쟁'에서 '거룩한 전쟁'으로

옥스퍼드대학의 저명한 중세학자 크리스토퍼 타이어먼은 교회가 '성전'을 온전히 수용하도록 이끈 여러 영향력들을 검토했다. 핵심 요소들 중에는 물론 먼 비잔티움의 여러 사건이 있었다. 이슬람 군대가 콘스탄티노폴리스의 문을 두드렸던 것이다. 타이어먼은 훨씬 이른 시기인 400년 대에 성 아우구스티누스가 정전론을 전개한 것과 중세 사상가들이 그 이 론을 "성전론"으로 바꿔 놓은 경위도 밝힌다.[8]

사람들은 교회가 폭력을 점점 더 많이 수용하게 된 한 가지 원인을 자주 간과한다. 기독교와 이교 유럽 사이의 문화적 협상의 일환으로 교회 가 프랑크족과 색슨족(게르만족) 사회의 중심을 이루는 전사 전통을 더 많이 인정하게 되었다. 유럽의 부족 집단들은 매년 이웃 부족들을 습격하여 탈 취물을 친족들에게 나누어 주거나, (힘이 약한 경우에는) 지배적인 전쟁 군주와 협정을 맺고 굴복하는 방식으로 생존을 이어 갔다. 약탈과 공물은 사회 적·경제적 결속을 만드는 주요 수단이었고 몇 세기 넘게 이어져 온 유럽 의 전통이었다.[9]

AD 500년에서 900년 사이에 교회는 바로 이런 배경하에 있었고, 사 람들을 개종시키려 할 때도 이런 영향에서 벗어나지 못했다. 중세의 전쟁 군주들을 복음화시키는 과정에서 "교회는 그들의 가치체계를 인정하는 것 외에는 다른 선택지가 없었다"고 타이어먼은 설명한다. 클로비스 같 은 통치자들을 설득하려면 아부를 해야 했다. 먼저 그들의 행동을 인정한 다음에야 교화시킬 수 있었다. 교회는 전사 전통의 경제적 현실을 받아 들여야만 만인을 위한 구원의 메시지를 갖고 군대의 등에 올라탈 수 있었 다. "그런 세상에서 프랑크족 전사의 덕목과 좋은 기독교인의 덕목이 충 돌했다."[10]

얼마 지나지 않아, 5세기 로마에서 주교들을 원로원 계급에서 뽑 았던 것처럼 이 지역들의 주교들이 전사 엘리트 중에서 나오기 시작했다. 그들은 사병을 거느린 대단한 귀족으로 보였다.[11] 생제르맹의 에볼루스(Ebolus) 수도원장은 뛰어난 쇠뇌(거대한 석궁) 솜씨로 찬사를 받았다. 그는 885-886년 바이킹이 파리를 포위 공격했을 때, 대담하게 도시를 지켰다. 아보(Abbo)라는 당대의 수도사가 신나게 들려주는 목격담에 따르면, 에볼루스는 "화살 하나로 일곱 명을 꿰뚫을 수 있었다. 그는 농담으로 그 중 몇 명을 부엌으로 가져가라고 명령했다"(저녁거리로 요리하라는 소리였다). 이런 내용은 시의 일부로 등장하고 과장법이 사용된 것이 분명하다. 그러나 기독교의 전사-사제가 고전 영웅담의 표현 방식으로 찬사를 받은 것은 전에 없던 일이었다.[12]

고대 색슨어로 집필된 9세기의 시 "하일란트"(Heiland; 구세주)는 중세 기독교가 군사화되는 과정이 가장 잘 드러난 작품이다. 이 시는 그리스도에 관한 복음서의 기록을 이교 영웅전설의 방식으로 개작한 것이다. 예수님을 기사로, 사도들은 그분을 따르는 사병집단으로 묘사된다. 제임스 케이시(James Cathey)의 주석에 따르면, "하일란트"는 분량이 5,983행에 이르고 게르만 서사시의 형식을 띠며 기독교 이전의 색슨족 신화에서 핵심 용어들을 가져다가 거기에 "기독교 선교라는 목적에 맞는 새로운 의미"를 부여한다.[13] 이 시에서는 흔히 사랑의 윤리를 떠올리게 하는 산상설교까지도 너그러운 전사에게 주어지는 보상을 알리는 것으로 바뀐다. 산상설교의 서두(마 5:1-10)가 "하일란트"에서 어떻게 바뀌는지 보라.

그때 그들은 만유를 구원하시는 그리스도께 가까이 다가갔다.
위대한 투사이신 그분이 직접 뽑으신 제자들,

신하들이 둘러싸고 있었다.

현인들, 영웅들이

　모두 즐거워하며 하나님의 아들 곁에 서 있었다.

　전사들이 더없이 기꺼이 그분의 말씀을 기다렸다.

그리스도께서는 그들에게 부드럽게 말씀하셨다.

　중간-땅의 사람들, 겸손하여 생각과 마음이

　가난한 이들에게 복이 있다고 하셨다.

선을 행한 이들,

　정당하게 심판한 영웅들에게 복이 있나니

그들의 경건으로 인해 하나님 나라에서 풍성히 채움을 받으리라.

　정당하게 제대로 심판한 이 세상-사람들이

　좋은 일을 맞이하리라.

　그들은 속임을 당하지 않으리라.

마음이 온유한 자들,

　영웅의 가슴에 온유함을 품은 자들에게 복이 있나니

거룩하신 주님, 능하신 분이 그들을 온유하게 대하시리라.

늘 올바르게 행하고

　그 때문에 더 부유한 자들,

　해를 당하고 미움을 받아도 기꺼이 견디는 전사들,

　그들에게도 복이 있나니

하나님이 그들에게 천국의 초장을 허락하시리라.

　　　— "하일란트" 16연[14]

자비, 평화, 보복 금지를 격려하기 위해 주신 말씀이 "하일란트"에서는 전투를 앞두고 "위대한 최고 투사"가 휘하의 충실한 "전사들"에게 주어질 보상을 이야기하며 사기를 돋우는 연설로 바뀌었다. "하일란트"의 시인은 이교 전사 윤리를 정의로운 방향으로 수정하려 한 것이 분명하지만, 이 작업에는 전사 문화 자체에 어느 정도 순응하는 면이 있다. 크리스토퍼 타이어먼은 "기독교 메시지와 게르만족의 가치를 중재하는 가운데 기독교의 어휘는 전사 엘리트 집단이 이해할 수 있는 적절한 이미지들을 채택했다"[15]고 결론을 내렸다. 이런 맥락에서 기독교 제자도는 지나치게 확대해석하지 않아도 그리스도의 대의를 위해 진짜 물리적 폭력을 허용하는 데까지 확장될 수 있었다. 쇠뇌를 치켜든 에볼루스를 떠올려 보라. 또한 이 시기 수도원들은 가끔 난폭한 강도들과 이교도들의 침략을 받았기에, 자신들을 보호해 주는 고귀한 기사들을 "참된 하나님의 종"으로 기꺼이 묘사했다.[16]

교황 우르바누스 2세가 1095년 11월, 제1차 십자군 원정을 선언했을 때, 유럽 전역에서 호응을 기대할 만한 무대는 이미 오래전에 마련되어 있었다. 고대 전사 전통을 이용해 그리스도를 위해 사용하면 되는 상황이었던 것이다. 클레르몽의 군중이 "하나님이 그것을 원하신다!"라고 응답한 날, 그들은 기독교인의 삶에서 충격적으로 새로운 방향 전환을 한 것이 아니었다. 그들은 기독교의 보편주의 비전과 전사 엘리트의 영웅 전통 사이에서 수 세기에 걸쳐 이루어진 문화적 융합이 마침내 완성되었음을 보여 준 것이다. 그 결과가 기독교적 성전이었다. 하나님의 원수들과 싸우되, 그런 식의 폭력은 허용할 수 있고 진실한 '그리스도의 기사들'에게 구원을 선사한다는 교황의 온전한 보증하에 벌이는 전쟁이었다.

"하나님의 갑주"

이런 분위기에서 클레르보의 베르나르(가톨릭 전통에서는 '성' 베르나르도라고 알려져 있다) 같은 뛰어난 수도사가 신성한 폭력에 대해 글을 쓰는 것은 전적으로 타당해 보였다. 당대에 그는 하나님의 사랑을 다룬 논문들로 가장 잘 알려져 있었다. 제1차 십자군 원정이 끝난 후, 그는 그 유명한 *In Praise of the New Knighthood*(새로운 기사도를 위한 찬가)를 썼다. 이 글은 새로 설립된 성전기사단 군인들을 향해 십자군 전쟁에서 싸우는 것은 세속적 명예를 위해 싸우는 일과 다르다고 장담한다. 베르나르는 부와 영광을 목표로 했던 전통적 형태의 기사도를 비판하고 그것을 그리스도의 기사가 되는 일과 대조한다.

> 그러나 그리스도의 기사들은 적을 때리는 죄도, 영혼이 멸망할 위험도
> 두려워할 필요 없이 주님의 전투에서 안전하게 싸울 수 있습니다.
> 그리스도를 위해 남을 죽이든 남에게 죽임을 당하든, 죄의 오점이
> 없고 풍성한 영광을 받습니다. 그가 행악자를 죽인다면 사람이 아니라
> 악을 죽였다고 말할 수 있을 것입니다. 우리는 분명히 그를 행악자에
> 대한 그리스도의 복수자, 기독교인들의 보호자로 여길 수 있습니다.[17]

이 글에서 베르나르는 한 걸음 더 나아가 십자군들이 정의롭게 행하고, 점잖게 옷을 입고, 지상의 영광보다 평화와 검소함을 추구하도록 독려한다. 이론적으로, 이것은 고상한 도덕적 전쟁이었다. 그가 호주군이든 미군이든 현대의 특수부대가 종종 보여 주는 만행을 보았다면 말 그대로 저주받을 행위로 여겼겠지만, 어쨌든 그가 '거룩한' 폭력을 열렬히 옹호했다는 것은 분명한 사실이고 이는 (내게) 더없이 우울하게 다가온다.

나는 클레르보의 베르나르가 신약성경의 군사적 은유를 구체화한 방식이 특히 거슬린다. 1세기 사도 바울은 에베소인들에게 보낸 편지에서 기독교인의 삶을 유혹과 핍박에 맞선 전투에 비유한다. 이 단락의 상징적 성격은 더없이 분명하다.

> 그러므로 하나님의 전신 갑주를 취하라 이는 악한 날에 너희가 능히 대적하고 모든 일을 행한 후에 서기 위함이라 그런즉 서서 진리로 너희 허리띠를 띠고 의의 호심경을 붙이고 평안의 복음이 준비한 것으로 신을 신고 모든 것 위에 믿음의 방패를 가지고 이로써 능히 악한 자의 모든 불화살을 소멸하고 구원의 투구와 성령의 검 곧 하나님의 말씀을 가지라(엡 6:13-17).

바울이 말하는 하나님의 갑주는 은유적인 것이다. 그는 무기를 하나하나 설명하기까지 한다. 허리띠는 진리이고, 호심경(가슴막이)은 의(義), 이런 식이다. 그러나 바울로부터 천 년이 지난 후, 성(saint) 베르나르도는 신약성경의 이 이미지를 거론하면서 실제 갑옷과 무기를 찬성했다. 그는 이렇게 썼다. "몸을 철제 갑옷으로 무장하듯 영혼을 믿음의 갑옷으로 무장하는 기사는 참으로 용감하고, 모든 것에서 안전합니다. 그러니 기사들이여, 마음 놓고 전진하십시오. 그리고 그리스도의 십자가의 원수들을 의연하게 물리치십시오." 여기서 십자가의 원수들이란 성지의 무슬림들을 말한다.[18]

클레르보의 베르나르는 비범한 해석적 묘기를 부렸다. 나는 12장에서 예수님 시대의 유대인들조차도 토라(구약성경)에 등장하는 성전들이 자신들 시대의 팽창주의적 성전을 정당화하진 않는다고 보았음을 지적했다. 그리고 우리는 기독교인들이 거기서 한 걸음 더 나아가 여호수아의 전투들을 앞에서 소개한 바울의 은유처럼 풍유적으로 해석해 영적 전쟁의 그림으로 이해했다는 것도 살펴보았다. 그러나 예수님 시대와 바울 시대로부터 천 년이 지난 시점에서 베르나르는 군인들이 동방에서 무슬림들과 싸우도록 독려하기 위한 방편으로 구약성경의 성전을 물리적인 것으로 재해석하고 바울의 '영적 전쟁'의 의미를 완전히 거꾸로 뒤집었다.

크리스토퍼 타이어먼은 이것을 잘 요약했다. "기독교적 성전 개념의 존재 자체가 상당한 실용주의 및 정교한 논리의 산물이요, 어떤 사람들은 궤변, 또는 순전한 지적 천재성의 결과물이라고 말한다."[19]

"놀라운 사람" 크리스티나

성전을 영적으로 옹호한 카리스마 있는 지도자는 베르나르만은 아니었다. 그로부터 한 세대 후, 제4차 십자군 원정(1198-1204)과 제5차 십자군 원정(1213-1229) 시기에 한 놀라운 여성이 많은 사람의 인정과 함께 하나님의 대변인으로 주목받았다. 그녀는 "놀라운 사람 크리스티나"(Christina the Astonishing, 1150-1224)로 알려지게 된다.

벨기에 태생으로 어린 나이에 고아가 된 크리스티나는 주기적으로 발작을 겪었고, 20대의 어느 날에는 발작 때문에 죽을 뻔했다. 그때 임사 체험 가운데 지옥의 공포를 엿보았고, 설교와 고통을 통해 다른 이들을 구원하는 것이 자신의 사명이라는 확신과 함께 의식을 회복했다. 그녀는 자신이 다른 이들의 연옥 형벌을 대신 감당해야 한다고 믿었다(오늘날에는 올바른 신학으로 통하지 않을 주장이다). 그리고 그녀는 실제로 많은 고통을 겪었다. 매질, 굶기, 얼어붙을 만큼 추운 날씨에 오랫동안 바깥에 머물기 등 일부 형벌은 자초한 것이었다. 지역 주민들은 종종 그녀가 미쳤거나 귀신이 들렸다고 생각했다. 그들은 그녀를 조롱했고 때로는 쇠사슬로 묶었다. 한 번은 개 떼의 공격으로 상처를 입기도 했다.

하지만 크리스티나는 만나는 모든 사람에게 그리스도를 전했다. 매주 일요일마다 성찬을 받았고, 죽어 가는 이들을 방문했으며, 사회의 죄로 인해 사람들 앞에서 울었다. 많은 사람이 점차 그녀를 모종의 '신탁을 받은 이'로 여기기 시작했다. 1224년 크리스티나가 죽은 지 10년 후, 그녀의 전기 작가인 학자이자 수도사 칸틴프레의 토마스(Thomas of Cantimpré)는 이렇게 썼다. "그녀는 삶의 모범과 수많은 말, 눈물과 애통, 무한한 통곡으로 우리가 알았던 어느 누구보다 그리스도에 대한 찬양과 그분의 영광에 대해 많은 것을 가르쳤고 더 크게 들려주었다."[20]

현대의 역사가들은 *Life of Christina the Astonishing*(놀라운 사람 크리스티나의 생애)의 많은 부분을 성인전(聖人傳) 특유의 허튼소리로 무시하지만, 그녀의 공적 페르소나가 풍기는 전반적으로 으스스한 분위기는 충분히 그럴 듯하다. 그리고 그녀가 십자군 원정을 전폭적으로 지지했다는 것(내가 이 대목에서 그녀를 언급하는 이유다)은 전적으로 믿을 만한 사실이다.

1187년에 살라딘이 예루살렘을 재탈환하자 그녀는 공개적으로 기쁨을 표현했다. "나는 크게 기뻐한다. 오늘 그리스도 주께서 천사들과 함께 즐거워하시기 때문이다." 왜? "오늘 성지가 불경한 자들의 수중에 넘어갔다는 것을 알라. 이 사건을 통해 구원의 큰 기회가 주어졌다. …… 그들(십자군들)은 불의 길에서 정의 길로 돌아설 것이고, 사람들은 성지 탈환을 위한 이 일에서 피를 흘릴 것이며, 큰 헌신으로 그리스도의 죽음에 보답할 것이다."[21] 이 모든 내용이 기괴하게 들리지만, 크리스티나는 당대의 십자군 신학에 찬성하고 있는 것이다. 그녀는 신성한 전투를 통한 죄 용서를 말하고, 십자군 원정이 지옥에 떨어질 유럽의 죄인들에게 구원의 기회라고 보았다.

하나님의 대변인이라는 그녀의 널리 퍼진 명성이 이 시기(1200년대 초)의 십자군 원정을 생각할 때 우리가 떠올리는 극도의 열광에 일조했을 가능성이 있다.

예수님이 이 땅에 오신 뒤 천 년의 시간이 지날 무렵, 기독교는 로마 제국도 도달하지 못했던 범위까지 서방 지역을 가득 채웠다. 기독교는 로마의 멸망과 갈리아의 붕괴에도 살아남았고 새로운 개종자들과 후원자들을 찾아냈다. 왕들에게 그리스도의 길을 가르쳤고 새로운 방식으로 그들의 메시지를 권하고 상황에 맞게 전달하는 법을 배웠다.

그러나 교회의 어떤 측면들은 주위 문화에 너무 동화된 나머지 결국에는 그 문화와 구분할 수 없게 되어 버렸다. 500년대에는 기독교인이 되는 것과 로마인이 되는 것을 구분할 수 없었다면, 1000년대에 이르러서는 기독교인이 되는 것과 프랑크족이나 색슨족이 된다는 것이 구분되지 않았다. 유럽과 교회는 각기 서로의 방식에 영향을 받아 변화하고 있었다.

하지만 이것이 중세 교회의 주된 이야기였다고 말한다면 허위진술이 될 것이다. 베르나르 같은 신학자들과 크리스티나 같은 은사주의자들이 '그리스도의 기사'가 되라고 유럽인들을 독려한 것이 이 시기 교회의 주요 활동은 아니었기 때문이다. 사실, 교회의 오래된 활동의 상당 부분은 여전히 진행 중이었다. 그리고 교회가 위선자들의 무리라고 비판한 진정한 선지자들이 많이 나타났다.

17
위선자들을
꾸짖고
개혁에 앞장선
선지자들

\# 중세

\# 수도원과 개혁 활동

예수님 시대에서 불과 천 년밖에 지나지 않은 시점에, '폭력'이 '인정할 만한 기독교적 헌신'으로 여겨졌다는 사실은 참으로 놀라운 일이다. 그러나 폭력이 중세 교회의 주된 행동이었다고 생각하는 것은 옳지 않다. 이 시기 교회의 주된 사역은 우리가 이전 시대에 목격했던 통상적 사역과 다르지 않았다. 복음 전파 및 그에 뒤따르는 교회, 수도원, 병원, 자선단체, 학교 설립이 계속되었다. 그리고 이 시기에도 기독교적 온전함을 추구한 사람들이 있었다. 교회사의 가장 암울한 순간들에도 그리스도의 불꽃이 여전히 깜빡이며 어둠을 밝히고 개혁에 불을 붙였다는 결론을 내릴 수 있다.

위선자들을 꾸짖고 올바른 길로 돌아오라고 촉구하는 선지자들의 전통은 유대교 성경에서 시작된다. 선지자들은 기도와 금식과 의식이라는 종교의 위장을 벗고 참된 영성을 구하라고 이스라엘에게 자주 요구했다. 선지자 이사야는 전능자를 대신하여 이렇게 말한다. "내가 기뻐하는 금식은 흉악의 결박을 풀어 주며 멍에의 줄을 끌러 주며 압제당하는 자를 자유하게 하며 모든 멍에를 꺾는 것이 아니겠느냐"(사 58:6).

그리스도께서도 이와 비슷한 말씀을 많이 하셨다. "외식하는 서기관들과 바리새인들이여 너희가 박하와 회향과 근채의 십일조는 드리되 율법의 더 중한 바 정의와 긍휼과 믿음은 버렸도다 그러나 이것도 행하고 저것도 버리지 말아야 할지니라"(마 23:23). "외식하는 자여 먼저 네 눈 속에서 들보를 빼어라 그 후에야 밝히 보고 형제의 눈 속에서 티를 빼리라"(마 7:5). "외식하는 자"로 번역된 그리스어 "휘포크라테스"는 기본적으로 '배우'를 뜻한다. 이 단어는 복음서에서 (예수님의 입을 통해) 열일곱 차례 나오는 데, 그중 네 번이 산상설교에서 등장한다. 원칙적으로 기독교는 그리스도의 생애와 가르침에 내장된 자기 교정의 메커니즘을 갖추고 있다. 교회에 위선자가 가득하다는 현대 세속주의자들의 주장은 그리스도의 원래 가르침의 역사적 메아리다.

교회의 못난 모습을 드러내고 그 토대로 돌아가라고 촉구한 기독교 선지자들은 이후의 모든 세기에 걸쳐 등장한다. 나는 앞서 엘리기우스 주교(600년대)를 언급했는데, 그는 자신의 재산을 내주어 외국인 노예들을 해방시켰고 그를 통해 회심한 이들에게 똑같이 하도록 가르쳤다. 우리는 보니파키우스(700년대)도 만났다. 그에게는 설득과 고난이 그리스도의 사명을 감당할 진정한 무기였다. 그다음, 비할 데가 없는 앨퀸(역시 700년대)이 있다. 그는 유럽의 르네상스를 이끌었을 뿐 아니라 "카롤루스 대제에게 반박할 수 있는 유일한 사람"[1]이라는 특권적 지위를 사용해 왕으로 하여금 색슨족을 부드럽게 대하도록 간청했다. 이런 중세 인물들의 삶은 책한 권을 채우기에 충분하지만, 나는 여기서 그들을 위해 한 장을 할애할 생각이다.

히에로니무스와 바람둥이 사제들

나는 앞서 10장에서 예루살렘의 히에로니무스를 언급했다. 4세기 후반과 5세기 초의 위대한 학자였던 그는 자신이 고전 문헌, 특히 키케로의 글을 너무 사랑하게 되었다고 느끼고 약 15년간 세속 서적 읽기를 중단했다. 그가 쓴 글 중 상당수는 4세기 말에 교회에 스며든 나태와 물질주의를 폭로하는 내용이었다. 나태와 물질주의는 교회의 "무대 옆에서 대기하던" 부유한 엘리트들이 점점 더 많이 교회 중앙으로 나서면서 일어난 현상이었다.

그는 유명한 서신 한 통(마치 한 편의 에세이에 가깝다)에서 교회를 이용해 돈과 여자를 추구하는 '장로들'(즉, 사제들)을 강하게 비판한다. 그 내용이 너무나 놀랍다. 이 편지는 384년에 친구 에우스토키움(Eustochium)에게 쓴 것인데, 에우스토키움은 수도원 생활에 헌신하기로 작정한 명문가 태생의 젊은 로마인 여성이었다. 히에로니무스는 그녀에게 위선적인 성직자들을 경계하라고 조언한다. 그들은 슬픔에 잠긴 얼굴로 오랫동안 금식하는 시늉을 하는데, 밤에 몰래 잔치를 벌이는 그들에게 그것은 쉬운 일이었다. 몇몇 젊은 성직자는 최악의 모습을 보였다

> 다른 사람들도 있는데 이들이 장로와 집사의 자리를 추구하는 것은 오로지 여자들 집에 자유롭게 방문할 수 있는 자격을 얻기 위해서입니다. 이들의 머릿속엔 옷 생각뿐입니다. 이들은 몸에서 좋은 향이 나야 하고 신발은 주름 하나 없어야 합니다. 머리는 곱슬곱슬하게 말았고 머리 손질용 부젓가락의 흔적이 그대로 남아 있습니다. 손가락에는 여러 개의 반지가 반짝이고 도로에 물이 있으면 발에 튈까 봐 까치발로 길을 건넙니다. 이런 패거리를 볼 때는 성직자라기보다는 신붓감을 찾는 남자라고 생각하세요.[2]

이 편지를 다른 말로 표현하면 "달아나요. 친애하는 에우스토키움, 달아나요!"가 된다. 히에로니무스는 성직자에 대한 전혀 다른 기준을 제시했고 참된 장로(사제)는 원래 어떻게 처신해야 하는지(온화하고, 연구와 목회에 힘쓰고, 세속적이지 않고, 순수한 모습)에 대한 사람들의 생각에 깊은 영향을 끼쳤다.

히에로니무스 같은 사람, 교회의 못된 짓을 꾸짖는 사람은 시대마다 늘 필요하다. 시간이 흘러 또 다른 사람이 곧 필요해졌고, 마침 때맞춰 그런 인물이 나타났다.

베네딕투스의 인도주의적 규칙

중세 초의 가장 영향력 있는 종교인은 아마도 이탈리아인 수도사 누르시아의 베네딕투스(Benedictus; 베네딕토)일 것이다. 로마에서 교육을 받은 베네딕투스는 주위에 가득한 퇴폐적 모습에 환멸을 느끼고 로마에서 동쪽으로 60킬로미터 떨어진 수비아코에서 수도원 생활을 결심했다. 많은 사람이 그의 절제된 삶과 개혁의 열정에 이끌려 주위로 모여들기 시작했다. 그는 신속하게 몇 개의 수도원을 설립했고 널리 명성을 얻었다. 소수의 교회 당국자들은 보다 단순한 형태의 기독교를 촉구하는 그의 외침을 경계했고, 결국 공개적으로 그에게 반대했다.

베네딕투스는 다시 남쪽으로 내려가 로마와 나폴리의 중간쯤으로 자리를 옮겼다. 카시노 시가 내려다보이는 언덕 꼭대기에 몬테카시노 대수도원이라는 공동체를 설립했다. 이 시기의 이탈리아 남부는 대체로 이교를 신봉했는데, 그의 설교를 듣고 많은 이들이 개종했다. 그리고 허다한 사람들이 그의 운동에 합류했다. 베네딕투스는 6세기 중반에 죽기 전까지 열두 개 수도원 공동체를 설립했다.

수도사의 생활에 대한 베네딕투스의 지침은 "베네딕투스의 규칙서"로 알려져 있다. 그의 지침은 유럽 기독교에 이루 헤아릴 수 없는 영향을 끼쳤고 이후 여러 세기의 모든 수도회가 따라야 할 기준이 되었다. 그 결과, 그는 "전 유럽의 수호 성인"으로 알려지게 된다.[3] 베네딕투스의 규칙은 재산 축적을 명시적으로 금지했는데, 이는 교회에서 탐욕을 방지하기 위한 시도였다. 이 규칙은 농사일이든 건축 일이든 물건을 만드는 일이든 하루 5시간의 생산적 노동을 요구했다. 그리고 매일 최소 2시간의 개인 독서, 몇 차례의 일일 기도, 정기적인 자선 활동 실천이 목록에 포함되어 있다.

"베네딕투스의 규칙서"의 '선행의 도구들'이라는 항목에서 베네딕투스는 공동체 구성원에게 기대하는 삶을 72가지 명령으로 간결하고 함축적으로 제시한다. 그의 규칙서와 고대 그리스 덕목의 147개 아포리즘인 델포이의 금언의 차이는 더할 나위 없이 크다. 베네딕투스의 목록에는 당연히 신학적 덕목들인 "하나님을 사랑하라", "하나님의 긍휼에 대한 소망을 잃지 말라" 등이 나온다. 그러나 그리스·로마의 윤리와 너무나 다르면서도 오늘날 우리의 눈에 확 들어오는 것은, 무엇보다도 그의 인도주의적 덕목들이다. "가난한 사람들의 어려움을 덜어 주라." "벌거벗은 사람에게 입을 것을 주라." "죽은 사람을 묻어 주라." "어려움에 처한 사람들을 도우라." "자선을 그만두지 말라." "원수를 사랑하라." "악을 악으로 갚지 말라." "우리를 저주하는 사람들을 저주하지 말라." 그리고 이와 같은 부류의 더 많은 명령들이 있다.

72가지 '선행의 도구들'에는 아주 실용적인 명령도 있다. "포도주에 중독되지 말라"(베네딕투스회 수도사들은 포도원을 돌보았다). "말을 많이 하기를 좋아하지 말라." "해가 지기 전에 적과 화해하라." 위선적인 교회 지도자들을 염두에 둔 항목도 있다. "그들이 말하는 대로 행하되, 그들의 행위는 따르지 말라."⁴ 이것은 베네딕투스와 그를 따랐던 이들의 핵심 원리였다. 교회 지도자들은 때때로 그리스도의 길에서 벗어날지 모르지만, 베네딕투스회 수도사들은 늘 그분의 길을 따라야 하고 설득과 본보기를 통해 다른 이들을 올바른 길로 이끌려고 노력해야 했다. 베네딕투스는 바로 이런 일을 했고, 이것은 유럽에 과장이 필요 없는 커다란 유산을 남겼다.

"베네딕투스의 규칙서"는 여러 세기 동안 사람들에게 '선행의 도구들'로 돌아가라고 계속 촉구했다. 이후 500년에 걸쳐 프랑스와 독일 전역에서 수천 개의 수도원(남자 수도원과 여자 수도원)이 설립되었다. 그중 많은 수도원이 기도, 공부, 생산적 노동, 자선의 삶을 특징으로 하는 공동체라는 베네딕투스의 비전을 느슨하게라도 본받았다. 중세에 만들어진 이 규칙서 필사본이 300권 넘게 남아 있다. 성경을 제외하고, 한 줌 이상의 필사본이 남은 문서는 거의 없다.

이따금, 이 수도원의 개인들은 기독교 세계가 그 설립 이상에서 멀리 떠내려왔음을 깨닫고 모든 사람에게 신앙으로 돌아오라고 촉구하곤 했다. 그중 대표적인 인물이 클뤼니의 오도다.

개혁자 오도

600-800년대에 교회는 선교와 정치에서 두루 성공을 경험했다. 그러나 9세기 중후반이 되면서 상황이 악화되었다. 기독교 세계는 846년 사라센의 이탈리아 공격과 885년 바이킹의 유럽 중심부(파리) 공격을 받으면서 취약함을 느꼈고, 많은 교회와 수도원이 폐허가 되었다. 하지만 이런 외적 상황보다 더 심각한 문제가 있었다. 이전보다 더 심한 정치화와 세속화로 인해 교회의 수준이 현저히 떨어진 것이 문제였다. 수익을 노리고 수도원을 매매하는 일들이 이루어졌다. 이 무렵 상당한 특전이 따라왔던 주교직은 종종 최고 입찰자에게 팔리거나 무훈의 보상으로 주어졌다.[5]

909년경, 일부 지도자들은 교회의 상태에 깊이 절망했다. 주교들은 파리 북동쪽에 있는 랭스에서 주교 회의를 소집했고 거기서 자신들이 탄식하는 내용을 기록하여 후세에 남겼다. "모든 사람이 하나님의 율법과 사람의 법, 그리고 교회법을 무시하고 마음대로 행동합니다. 힘 있는 자들이 약자들을 억압하고, 땅에는 가난한 이들을 향한 폭력이 넘쳐 납니다." 이것은 남을 판단하는 독선적 주장이 아니었다. 주교들은 스스로를 탓했다. "하나님의 양 떼가 우리 때문에 멸망의 길로 향하고 있습니다. 우리와 형제들(즉, 수도사들과 사제들)의 태만과 무지 때문에 벌어진 일입니다."[6] 그러나 교회에 이런 정직함이 있을 때는 소망도 있고, 이 정직함은 곧 보상을 받았다

랭스 주교 회의 직후, 주목할 만한 개혁 운동이 일어났는데 이 운동

을 상당 부분 이끈 사람은 프랑스 남동부 클뤼니의 수도원장 오도였다. 10대 시절 오도는 아키텐의 기욤 공작궁의 기사로 훈련을 받았다. 말하자면 그는 싸움꾼이었다. 그러던 어느 날, 하나님 앞에서 자신의 의무를 갑자기 깨닫고 열아홉 살에 전사의 임무를 버리고 수도자의 삶을 선택했다. 그는 파리로 가서 저명한 학자 오세르의 레미기우스 밑에서 공부했다. 레미기우스는 고대 그리스·라틴 문학의 전문가였고 이전 세기 카롤링거 르네상스의 영향이 이어지고 있음을 보여 주는 빛나는 본보기였다. 베네딕투스회 수도사였던 레미기우스는 오도에게 큰 영향을 미쳤다.

927년에 클뤼니수도원의 원장이 된 오도는 재빨리 개혁에 나섰다. 그곳의 생활이 느슨해졌다고 보았기 때문이다. 그는 "베네딕투스의 규칙서"에 맞추어 개혁을 추진했다. 오도는 예수 그리스도를 본받은 열렬한 인도주의자였고, 폭력과 탐욕을 맹렬히 성토했다. 그는 저서 *Life of St. Gerald of Aurillac*(오리악의 성 제라르의 생애)에서 군인의 본을 제시했는데, 그 군인은 약자들을 보호하기 위해서만 싸웠고 살인을 거부했으며 모든 사람을 향한 겸손을 추구했다. 이는 40년 전 파리에서 쇠뇌를 휘두르던 에볼루스와는 거리가 먼 모습이다.

오도는 또 다른 위대한 작품인 *Collationes*(담화집)에서 교만하고 부유한 기독교인들을 크게 책망한다. "그렇다면 이 강도들이 어떻게 기독교인이라는 것입니까? 형제를 위해 목숨을 버리라는 명령을 받았는데 형제를 죽이는 자들에게는 어떤 응분의 벌이 있을까요? 고대 서적만 읽어 봐도 가장 힘 있는 자가 언제나 최악의 인간임을 알 수 있습니다. 세속 귀족 신분은 자연스럽게 주어지는 것이 아니라 교만과 야망의 산물입니다. 우리가 현실을 제대로 판단한다면, 좋은 옷을 입는 부자들이 아니라 그런 물건을 만드는 가난한 이들에게 경의를 표해야 합니다."[7]

오도의 제자였던 살레르노의 장(John of Salerno)은 오도가 죽고 10-15년 후, 950년대의 어느 시점에서 사랑하는 스승의 전기를 썼다. 그는 자신이 직접 목격한 이 중세 개혁가의 인품과 행동의 면면을 소개한다. "나와 함께 외출할 때마다 선생님은 가난한 사람들에게 줄 것을 챙겼는지 꼭 물으셨다." 그리고 가난한 이들을 만나면 "자신에게 구걸하는 모든 사람에게 가진 것을 나누어 주셨다."[8] 때로는 가난해 보이는데 아무것도 구걸하지 않는 사람을 만나기도 하는데, 그럴 때면 그에게 노래 한 곡을 청하여 그가 품위를 유지할 수 있게 했다. 그가 노래를 부르고 나면 오도는 공연의 대가로 넉넉한 사례를 지불했다. "선생님은 그들이 적지 않은 보상을 받을 자격이 있다고 말씀하시곤 했다."[9]

오도는 거리에서 변변찮은 과일을 파는 가난한 농부들에게도 똑같이 했다. 자기에게 팔 때는 가격을 올리라고 말했고 그들이 터무니없이 비싼 값을 불러야만 물건을 사곤 했다. "선생님은 그렇게 물건 값을 지불한다는 구실로 그들에게 큰돈을 주셨다."[10] 때때로 오도는 장난스러운 방식으로 수행원들과 학생들이 자신의 논지를 납득하게 만들었다.

선생님은 눈멀고 저는 자들이 천국의 문지기가 될 것이라고 말씀하셨다. 그러므로 아무도 그들을 집에서 내쫓아서는 안 되며, 만약 그렇게 한다면 장래에 그들이 면전에서 천국의 문을 닫아 버릴 것이라고 하셨다. 한 하인이 걸인들의 뻔뻔한 구걸을 참지 못하고 매몰차게 대답하거나 문안으로 들어오는 것을 허락하지 않으면, 선생님은 바로 그를 꾸짖고 으름장을 놓으셨다. 선생님은 그 하인 앞에서 문밖의 가난한 이를 불러들여 이렇게 말씀하셨다. "이 사람이 천국의 문에 오거든, 똑같은 방식으로 갚아 주게나." 이것은 하인들에게 겁을 주어 다시는 그런 식으로 행동하지 않고 자선을 사랑하도록 가르치기 위함이었다.[11]

살레르노의 장은 사람들이 오도를 이용할 때도 있었고, 오도는 그것을 허용했다는 사실을 인정한다. 한 도둑은 이탈리아의 눈보라 한복판에서 오도의 따뜻한 외투를 훔쳐 달아났다.[12] 로마가 포위 공격을 당한 상황을 해결하기 위해 평화사절로 로마에 와 있던 오도를 누군가 습격하여 그의 물병을 훔치려고 한 적도 있었다. 지역 주민들이 달려들어 그를 구해 주었는데 오도는 그 사람에게 한사코 돈을 주어 보냈다. 돈이 필요한 사람임이 분명했기 때문이다. 이 사건은 즉시 그 지역의 실권자 알베리크 (Alberic)에게 보고되었고, 알베리크는 그 사람을 체포해 손을 자르라고 명령했다. 그러자 오도는 "그렇게 해서는 안 된다고 끈질기게 간청했고 결국 그 어리석은 사람은 다친 데 없이 안전하게 돌아갔다."[13]

오도에 대한 이런 이야기는 계속 이어진다. 하지만 내가 말하고 싶은 요점은 그의 생활방식과 그가 클뤼니수도원에서 요구했던 생활이 '훈련된 그리스도인의 삶'의 표본으로 빠르게 자리 잡았다는 것이다. 자신이 속한 공동체에 환멸을 느낀 수도사들이 오도에게 배우기 위해 클뤼니로 몰려들었다. 그 결과 유럽 전역에서 수도원 생활의 변화가 나타났다.

오도는 로망모티에(929년), 오리악(930년), 플뢰리(930년), 샤를라(930년), 튈(930년)의 수도원들과, 클레르몽의 생알뤼르(933년), 생피에르레비(938년)의 수도원, 로마의 성바오로수도원(936년), 네피의 성엘리야수도원(940년), 파르파수도원(940년), 아벤티노의 성마리아수도원(940년), 몬테카시노의 최초 베네딕투스수도원(940년), 그리고 푸르의 생줄리앙(942년)수도원을 개혁할 권위를 부여받았다.[14] 오도의 개혁은 한 세기 동안 유럽에서 기독교 리더십을 새로이 형성하고 그로 인해 기독교를 다시 빚는 데 이바지했다.

선지자 힐데가르트

그로부터 2세기 후, 교회는 뛰어난 개인들에게 영감을 받아 주기적으로 변화하는 모습을 계속해서 보여 준다. 빙겐의 힐데가르트(Hildegard of Bingen)도 그런 개혁자에 속한다. 힐데가르트는 "베네딕투스의 규칙서"에 따라 사는 경건한 여성들의 공동체의 지도자인 베네딕투스수녀회 원장이었다. 그녀는 독일 서부의 귀족 집안에서 태어났다. 젊은 시절부터 '선지자'로 인정받았는데, 이 용어는 미래를 예측하는 사람이라기보다는 영감을 받은 설교자 비슷한 존재였다.

힐데가르트는 카리스마가 넘치고 열정적이고 학구적이었다. 애리조나주립대학교의 안드레아 디킨스(Andrea Dickens)는 저서 *The Female Mystic: Great Women Thinkers of the Middle Ages*(여성 신비가들: 중세의 위대한 여성 사상가들)에서 이렇게 말한다. "그녀는 당대에 남녀를 막론하고 극소수만 누렸던 높은 수준의 학문과 표현력을 성취했다. 그녀의 저작들은 다른 이들에게 선 잘 볼 수 없는 폭넓음과 독창성을 보여 준다."[15] 힐데가르트는 신비가들의 방식으로 자신의 영적 환상들에 대해 썼지만, 철학서와 의학서도 내놓았고 심지어 "베네딕투스의 규칙서"의 주석까지 출간했다.

힐데가르트 사역의 중심에는 '회복'이 있었다. 그녀는 교회의 상급자들 중 일부가 보여 준 세속성에 마음이 상했고 "자신의 공동체와 교회의 개혁을 위해 일했다. 그녀의 개혁 과제는 당대의 다양한 스콜라 신학자들의 과제와 유사했다." 힐데가르트는 단순히 여성 공동체의 지도자 정도가 아니었다. 디킨스의 말을 더 들어 보자. "그녀는 순회 설교에 나섰고 노래를 지었고 자신이 속한 수녀원이 보호자로 자처하는 남자 수도원으로부터 벗어나 독립권을 확보하기 위해 싸웠다."[16] 힐데가르트는 유럽에서 가장 힘 있는 성직자들 몇몇에게 조언했는데, 카타리파(Catharism; 2장에서 언급한 알비파(Albigensianism)로도 알려짐)의 이단적 주장에 대해 경고한 것이 한 가지 사례다. 그녀는 1160년에 프랑켄, 로렌, 슈바벤, 베르덴에서, 1163년에는 대도시 쾰른에서 성직자들을 대상으로 다양한 순회 설교를 진행하기도 했다.[17]

시에나의 카타리나: 교황의 조언자

2세기 후 시에나의 카타리나(Catarina, 1347-1380)도 이와 비슷한 개혁 정신을 보여 준다. 카타리나는 어릴 때부터 교회가 하나님께 깊이 헌신하도록 이끌라는 하나님의 부름을 느꼈다. 그녀의 주장에 따르면, 환상 가운데 그리스도께서 친히 나타나셔서 교회의 상태에 대해 이렇게 말씀하셨다. "이 말세에 교만이 너무나 급증했다. 자신이 학식이 있다거나 지혜롭다고 생각하는 사람들이 특히 그렇구나. 그러나 나의 정의는 그들을 더 이상 참을 수가 없다."[18] 이 상황을 바로잡는 것이 카타리나의 사명이었다. 하지만 그녀의 부모의 생각은 달랐기에 딸을 시집보내려고 필사적으로 노력했다. 그러나 그녀는 열일곱 살에 천연두에 걸렸다. 안드레아 디킨스에 따르면 그녀는 치료를 거부했고, 결국 "외모가 손상되어 육체적 매력을 잃고 결혼할 수 없는" 상태가 되었다. 바라던 대로 된 그녀는 병자와 가난한 사람들을 돌보고 죄인들을 회심시키는 일에 헌신했다.[19]

곧 남자와 여자, 성직자와 평신도를 아우르는 많은 사람이 그녀를 따랐다. 나는 그녀와 힐데가르트가 중세 종교 버전의 오프라 윈프리(Oprah Winfrey)나 기후운동가 그레타 툰베리(Greta Thunberg) 같다는 생각이 든다. 이들은 사회 안에서 구조적 권력이라 할 만한 것이 거의 없었지만 개인적 재능으로 대중을 사로잡고 통치자들이 귀를 기울이게 된 여성들이다.

카타리나의 경우, 사람들은 그녀의 개인적 거룩함과 영적 지혜에 끌렸다. 우리는 지금까지 남아 있는 383통의 서신을 통해 그녀의 성격을 가늠해 볼 수 있다. 그녀와 편지를 주고받은 사람들 중에는 친구들, 수녀원장들, 매춘부, 교황, 왕비 그리고 여러 지역의 관리들이 있었다. 카타리나는 교황 그레고리우스 11세(Gregorious XI)에게 대담하게 편지를 써서 신앙의 중심지 로마로 돌아가라고 촉구한 적도 있다. 당시 교황은 기존의 여러 선임 교황들처럼 프랑스 남부의 아비뇽에서 살고 있었다. 그는 카타리나의 조언에 따랐다.[20] 그녀는 지역 내 정치에도 관여했는데, 서로 싸우는 시에나의 파벌들 사이에서 중재자 역할을 했고, 심지어 바티칸과 피렌체 시의 갈등 해결을 위한 자문도 했다.

카타리나의 주된 관심사는 인류가 그들을 위한 그리스도의 희생에 합당한 삶을 살아야 한다는 것이었다. 그녀는 이렇게 썼다. "인간의 죗값을 지불했다는 증서는 다름 아닌 양가죽, 흠 없는 어린양의 가죽에 기록되었다. 그분은 우리를 자기 몸에 새기시고 양가죽을 찢으셨다. 이처럼 빚 문서가 찢어졌다는 사실을 아는 데서 영혼의 힘을 얻자."[21] 카타리나는 우리를 위해 대신 죽으심으로 드러난 그리스도의 사랑이 우리 안에 그분을 향한 헌신과 서로를 향한 사랑을 불러일으켜야 마땅하다고 보았다. 우리가 그 신학을 어떻게 이해하든 그녀의 삶은 교회가 교만이 급증하는 곳으로 더 유명했던 시기에 기독교 본래의 도덕 논리, 그 아름다운 원 곡조를 자기희생적인 모습으로 드러낸 좋은 사례다.

평화의 도구, 아시시의 프란치스코

아시시의 프란치스코는 누가 봐도 중세의 주목할 만한 큰 인물이다. 그의 삶이 남긴 유산 주위로 온갖 기이하고 멋진 이야기들이 덧붙었다. 기적 이야기, 성흔 이야기, 동물과 대화한 이야기 그리고 그 외의 많은 이야기가 있다. 그 모든 이야기의 배후에는 소개할 만한 진짜 역사가 있다. 프란치스코 생애의 핵심을 이루는 확실한 줄거리는 다음과 같다. 그는 이탈리아 중부 도시 아시시의 부유한 상인 집안에서 태어났다. 그는 도시 간의 여러 전투가 벌어질 때 잠시 참전하고 나서 20대 초반에 모종의 감각 붕괴를 겪었다. 외상 후 스트레스 장애와 비슷한 증상이었다.[22] 이후 프란치스코는 몇 년 동안 깊은 우울증으로 어려운 시기를 보냈다.

프란치스코의 회심 경험은 극적이진 않지만 이상하다. 1206년 겨울에 그는 아시시 바깥의 눈 덮인 숲속을 거닐다가 몇몇의 나병 환자들과 마주쳤다. 나환자촌은 기독교화된 지역에서 수 세기 동안 볼 수 있었던 특징이었고, 프란치스코가 살았던 이탈리아 지역에도 몇 개의 나환자촌이 있었다. 이전의 그는 나병 환자들을 멸시했고 조롱했다. 3킬로미터 밖에서 그들의 집이 보여도 두 손으로 코를 막곤 했다. 그의 생애에 대한 가장 초기 자료에 나와 있는 기록이다.[23] 하지만 이상하게도, 이번엔 그들과 이야기를 나누고 그들을 만지고 그들의 상처를 씻어 주고 싶은 마음을 강하게 느꼈다. "주께서 나를 그들 가운데로 이끄셨고 나는 그들을 자비롭게 대했다. 그들과 헤어지고 나서, 이전까지 내 몸과 영혼에 쓰게만 다가오던 것이 달콤함으로 바뀌어 있었다."[24] 그날의 경험은 프란치스코의 삶을 바꾸어 놓았다

그것은 부에서 가난으로, 또는 군인 생활에서 자선 활동으로의 단순한 도덕적 전향이 아니었다. 프란치스코에게 그것은 영적 혁명이었다. 버지니아대학교의 어거스틴 톰슨(Augustine Thompson)은 이렇게 썼다. "프란치스코는 소외된 그들에게 자비를 베풀면서, 하나님이 자신에게 베푸시는 자비의 선물을 경험하게 되었다. …… 깜짝 놀란 이 참전군인은 자신이 다른 사람으로 바뀐 것을 느꼈다. 그것은 그의 능력이 아니라 오직 하

나님의 은혜로 이루어진 일이었다."[25] 여기에 그리스도의 원 곡조가 울려 퍼진다. "너희 아버지의 자비로우심같이 너희도 자비로운 자가 되라"(눅 6:36). 하나님이 자신에게 베푸시는 자비를 느끼고 용기를 얻은 프란치스코는 부와 폭력을 버리고 가난한 사람들, 병자들, 회심하지 않은 자들, 그리고 그의 운동에 합류한 수천 명의 사람들에게 일심으로 헌신하는 삶을 추구했다.

프란치스코 운동의 성장 이야기는 이 책의 범위를 넘어서지만 주목할 만하다. 1226년 프란치스코가 세상을 떠났을 때, 그의 삶의 방식을 공식적으로 받아들인 남녀가 이미 3천 명이었다는 사실을 밝히는 것만으로도 충분할 것이다. 25년에 걸쳐 그 정도 규모의 교회를 세우는 것만도 보통 일은 아니지만, 내게는 그런 일을 해낸 몇 명의 미국인 친구가 있다. 그런데 프란치스코는 3천 명의 사람이 모든 것을 버리고 가난과 섬김의 삶에 전적으로 헌신하도록 만들었다. 이는 차원이 다른 일이다. 그는 자신의 운동을 "작은형제회"(Fratres Minores; 여기에는 처음부터 자매들도 속해 있었다)라고 불렀다. 오늘날에는 이를 "프란치스코회"라고 부른다.[26]

프란치스코의 설교 사역, 그가 이교 지역에 파송한 선교사들, 자선사업, 그리고 주교들 및 교황 인노켄티우스 3세와의 (때로는 긴장된) 관계에 대한 이야깃거리가 많다. 세상에서 선을 행하고 싶은 그의 열정과 모험심 또는 기업가 정신을 잘 보여 주는 한 사건이 있다. 그는 제5차 십자군 원정 한복판에서 평화를 일구려고 시도했다.

프란치스코의 이름을 들으면 사람들은 흔히 '평화'를 떠올린다. 많은 사람이 프란치스코에 관해 아는 유일한 내용이 그의 유명한 "평화의 기도"다. "주여, 나를 평화의 도구로 써 주소서. 미움이 있는 곳에 사람을 심게 하소서. 주여, 나를 평화의 도구로 써 주소서. 절망이 있는 곳에 희망을 심게 하소서……." 인터넷에서는 "성 프란치스코의 기도"라고 나오지만, 사실 이 기도문은 프란치스코와 아무 관련이 없다. 이 작자 미상의 시는 1912년에 프랑스어로 처음 등장했다.[27] 하지만 1219년 프란치스코가 십자군 원정의 전선이었던 이집트 북부에 이례적인 방식으로 등장했을 때 "평화의 도구"가 되려고 시도했던 것은 분명하다.

엄격히 말하자면 프란치스코는 평화주의자가 아니었다. 그는 아우구스티누스의 정전론을 받아들였을 뿐이다. 국가 폭력은 비극적이지만 침략자들로부터 약자들을 보호하기 위해 필요하다는 개념을 따랐다. 그리고 우리가 알다시피, 십자군의 많은 지도자는 자신들의 원정이 이전의 기독교 영토를 침략한 무슬림을 저지하기 위한 일이라고 믿었다.[28] 제5차 십자군 원정의 핵심 옹호자 중 한 사람인 비트리의 자크(Jacques, 1180-1240)는 이렇게 말했다. "물리적인 칼은 이교도와 사라센의 폭력에 대한 교회의 대답이다."[29]

아마도 평화주의자는 아니었겠지만, "프란치스코는 평화주의로 기울었을 것이다"라고 옥스퍼드의 크리스토퍼 타이어먼은 말했다. 프란치스코는 "합리적인 복음 전도를 통해서 …… 정복이 아니라 회심에 의해" 이슬람의 위협을 극복하길 바랐다.[30]

프란치스코는 이집트에서 십자군들에게 설교했다. 하나님의 뜻이 전쟁이 아니라 무슬림들을 개종시키는 것이라고 선포했다. 그는 기독교인 군인들에게 조롱을 당했다. 어거스틴 톰슨은 이렇게 썼다. "거친 십자군 병사들에게 그는 농담거리가 되었다. 지휘관들에게는 병사들의 사기를 위협하는 쓸모없는 존재였다."[31] 프란치스코는 지중해에서 나일강 아래쪽으로 30킬로미터 떨어져 있는 이슬람 성채 파리스크르를 공략하는 군사 작전에서 실패할 것이라는 예언으로 대응했다. 운 좋은 추측이었는지 몰라도, 1219년 6월, 그의 예언이 옳았음이 증명되었다.[32]

성공적 '예언'의 결과로, 프란치스코는 적지로 넘어가 이슬람 군대에게 기독교인이 되어 화해할 것을 호소하도록 허락을 받았다. 십자군 지도부는 그와의 관련성을 부인했다. 아시시의 프란치스코는 며칠에 걸쳐 무슬림 군대를 개종시키려 시도했다. 술탄 알말리크 알카밀은 처음에는 프란치스코를 진심으로 환영했다. 프란치스코는 많은 사람들 앞에서 말할 기회를 얻었고 통역자를 거쳐 기독교를 대변하는 주장을 펼쳤다. 그러자 술탄의 종교 고문이 답변을 했고, 프란치스코에게 이슬람을 받아들이라고 권했다. 프란치스코에게는 무슬림이 될 의향이 없고 오히려 그들을 개종시키려는 마음이 간절하다는 게 분명해지자, 술탄의 고문들은 이슬람에 반대하는 설교를 했다는 이유를 들어 프란치스코(와 그를 따라온 수도사 동료)를 처형할 것을 권했다. 프란치스코는 "모욕과 매질"을 당하고 "고문과 죽음의 위협"을 받은 후 술탄의 명령으로 쫓겨났다. 다행히도 그 지역을 빠져나와 목숨을 건졌다.[33]

프란치스코는 무슬림들에게 영적 영향을 미치지 못한 것 같지만, 한 사람에게는 분명히 깊은 인상을 남겼다. 술탄 알카밀의 고문 중 한 사람인 무슬림 변호사 파크르 앗던 알파리시(Fakhr ad-Din al-Farisi)는 자신이 "그 수도사 사건"에 관여했음을 묘비에 기록하게 했다.[34] 프란치스코가 십자군 진영으로 돌아온 후, 일부 사제들은 그의 확신과 용기에 감동을 받아 곧장 그의 운동에 합류했다.[35] 이후 7년 동안 사람들은 계속 프란치스코에게 몰려갔다.

프란치스코는 1226년 10월 3일에 아시시 근처에서 죽었다. 그의 신앙 갱신 운동은 몇 세기 동안 유럽 전역에서 성장을 이어 갔다. 프란치스코회 수도사들이 늘 프란치스코의 고귀한 이상에 합당하게 산 것은 아니었다. 때때로 리더십을 놓고 심각한 분쟁과 분열이 있었고 물질적 번영과 함께 방종이 수도회 안으로 파고들었다. 그러나 기독교 자체가 그렇듯, 작은형제회는 자기 교정 메커니즘을 갖추고 있었기에 개혁과 갱신의 순간들이 이어졌다.[36]

병원, 자선단체, 근대적 복지의 탄생

중세 교회는 베네딕투스, 오도, 힐데가르트, 프란치스코 같은 놀라운 개인들의 개혁 활동과는 별도로, 자선기관을 세우고 병원을 건축하는 전통적인 활동을 유럽 전역에서 이어 갔다. 어쩌면 이 지점에서 독자는 지루할지도 모르겠다. 이 시기에 유럽에서 일어나는 일은 상당 부분 기독교의 초기 몇 세기 동안 지중해 전역에서 있었던 활동들의 반복 또는 연장이기 때문이다. 다음 장에서는 동로마제국도 엄청난 규모로 동일한 활동을 진행했음을 살펴볼 것이다. 그래도 후기 중세 유럽의 자선 사업을 요약하는 일에는 한 가지 유익이 있다. 고대 기독교적 전통이 서서히 현대의 세속적 전통으로 자리 잡는 과정을 분명하게 알아보는 일이 쉬워진다는 것이다.

전체 중세 기간 동안 가난한 사람들을 돕는 의무는 교회의 몫이었다. 특히 여러 교회를 아우르는 관할 교구의 지도자인 주교와 개별 교회(본당)의 지도자인 사제, 그리고 종종 가난한 자들과 대면하던 부제들의 일이었다. 그저 막연한 도덕적 의무가 아니었다. 주교들은 가난한 이들을 도울 의무를 교회법에 명시했다. 여기에 오늘날 우리가 생각해 볼 만한 이상한 일 하나가 있다. 중세의 많은 기간 동안 교회 법정이 세속 법정과 병행하여 운영되었다는 점이다. 그 기원은 4세기 콘스탄티누스의 한 법령에서 찾을 수 있는데, 주교들은 이 법령에 따라 특정한 민간 분쟁들을 판결할 수 있었다. 어쨌든, 511년의 오를레앙 공의회는 주교들이 교구 수입의 4분의 1을 가난한 자들과 여행자들을 위한 환대용으로 떼어 두어야 한다고 규정했다.

535년 클레르몽에서 결정된 또 다른 교회법은 가난한 자들을 위한 기금을 훔치다가 걸린 교회 직분자는 "파문"(출교)을 당할 것이라고 선언했다.[37] 지금 우리에게는 파문이 별것 아니게 느껴질지 몰라도, 중세의 주교, 사제, 부제나 평신도에게 파문은 영원한 구원을 위협할 수 있는 충격적인 형벌이었다.

853년 로마, 858년 키에르지(프랑스 북부)에서 열린 주교 회의는 각각의 주교들이 맡은 구역에서 병원이 유지되게 할 특별한 의무가 있다고 결정했다.[38] 공공 복지에서 교회가 중심적인 위치에 있었다는 한 가지 증거는 600년대 말에 이르러 로마 주교, 즉 교황이 도시의 물 공급을 보장

하고 수도교(水道橋)를 유지하는 책임을 맡았다는 사실에서 발견할 수 있다.[39]

분명 이런 체제를 오남용한 이들도 있었다. 나쁜 생각을 품은 주교들은 상상도 못할 만큼 엄청난 부를 축적했는데, 이 문제 때문에 앞에서 언급한 535년의 클레르몽 교회법이 제정된 것이 분명하다. 하지만 기독교 세계에서는 가난한 자들의 최고 옹호자가 되어야 한다는 교회 지도자들의 의무를 모르는 도시가 없었을 것이다.

앞에서 병원을 언급했는데, 병원은 광범위한 연구 주제다. 알려진 최초의 공공 병원은 10장에서 본, 370년경 머나먼 카파도키아(터키 중부)에서 바실리우스가 세웠다. 그로부터 20년 후 로마 인근에서 병자들과 죽어 가는 이들을 위한 파비올라의 시설이 만들어지고 나서는 서방에 "병원들이 폭포수처럼" 쏟아져 나왔다. 이 표현은 중세 연구자 제임스 윌리엄 브로드먼(James William Brodman)이 그의 책 *Charity and Religion in Medieval Europe*(중세 유럽의 자선과 종교)[40]에서 사용한 것이다. 540년에 이르러 프랑스 남부의 아를에 초기 기독교 병원이 세워졌고, 얼마 후 거기서 북쪽으로 400킬로미터 떨어진 클레르몽에 또 다른 병원이 생겼다. 그 병원은 한 번에 스무 명의 환자를 수용할 수 있었다. 그 세기 후반에 르망 시(프랑스 남서부)에는 그런 시설이 여섯 개가 있었는데, 대를 이은 세 명의 주교와 부유한 부부 후원 팀이 설립한 것이었다.[41]

스페인에서도 같은 일이 일어났다. 많은 사랑을 받았던 메리다의 주교 마소나(Masona)의 짧은 전기가 남아 있는데, 한 자선기관에 소속된 익명의 부제가 기관 설립 수십 년 후에 쓴 것이었다. 마소나는 "엑세노도키움"(xenodocium; 병원)을 짓고, 막대한 유산으로 병원을 부유하게 만들고, 여행자들과 병자들을 보살피도록 사역자들과 의사들을 임명했으며 그들에게 이런 명령을 내렸다. "의사들은 도시 전체를 계속 살피면서 아픈 사람이 있으면 노예, 자유민, 기독교인, 유대인을 가리지 말고 엑세노도키움으로 데려와야 한다. 미리 준비해 둔 잘 정돈된 침대에 병자를 눕히고 하나님의 도우심으로 그가 건강을 회복할 때까지 밝은 곳에서 좋은 음식을 제공해야 한다." 주민들이 마소나를 "뜨겁게 사랑한" 것은 당연했다. "그는 따뜻한 사랑으로 모든 유대인과 이교도의 마음을 그리스도의 은혜로 이끌었다."[42] 이런 의료 시설로 추측되는 건물이 도시의 유적 가운데서 발견되었다.

이후 몇 세기 동안 루앙, 아미엥, 랭스, 메스, 오를레앙, 느베르, 파리, 쾰른, 아우크스부르크, 브레멘, 그리고 카롤링거제국 전역에서 병자들을 위한 비슷한 시설들이 운영되었다.[43] 13세기 무렵의 유럽에는 말 그대로 수천 개의 병원, 나병 환자 시설, 어려운 사람들을 위한 보호소가 있었다.[44]

중세 내내 자선 활동은 교회의 신학적·법적 숙고사항의 핵심이었고 그 중요성이 점점 커졌다. 이 시기에 가장 영향력 있던 신학자(가톨릭 신자들은 아마 역사상 가장 영향력 있는 신학자라고 말할 것이다)는 토마스 아퀴나스다. 그는 비범한 지적 능력을 타고났고 고전 철학과 기독교 신학을 통합했다. 그의 사상은 이후 토마스주의(Thomism)라는 전통으로 이어졌다. 그 전통은 오늘날까지도 중요한 철학 운동으로 남아 있다.[45] 아퀴나스의 특별한 재능 중 하나는 현대식 표현으로 "사진기 같은 기억력"이었다. 아퀴나스에 관한 가장 초기 기록은 "그는 무엇이건 한 번 읽고 이해한 것은 절대 잊지 않았다"고 밝힌다.[46] 어쨌든, 그는 《신학대전》에서 '사랑'(Charity)의 특성, 동기, 한계, 의무, 유익을 분석하는데 123쪽을 할애했다(내 서재에 있는 판본으로는 그렇다). 그 항목에서 '구제'(almsgiving; 가난한 사람들에게 주는 직접적 선물)에만 18쪽을 썼다. 비교를 위해 소개하자면, 아퀴나스가 '전쟁'이라는 주제를 다룬 분량은 6쪽에 불과하다.

이 신학은 당대의 교회법에 반영되었다. 12-13세기에는 이전 세기들의 권위 있는 결정을 요약한 방대한 법률문헌 곧, 교회법전이 있었다. 이중에서 가장 중요한 것은 1140년경 이탈리아 학자이자 수도사인 그라티아누스(Gratian)가 편찬한 *Decretum*(교령집)과 1216년경 요하네스 테우토니쿠스(Joannes Teutonicus)가 펴낸 *Glossa Ordinaria*(일반 주해서)다. 이 두 책은 서구 법 전통의 발달에서 대단히 중요한 역할을 했다. 앞에서 설명한 대로, 교회 법정에서는 혼인과 가족법, 재산법, 상속 및 재정법과 관련된 다양한 사건들을 판결할 수 있었다. 교회 법정은 처형 판결을 내릴 수 없었고 사람을 감옥에 보낼 수도 없었지만 특정한 영적 징계(보속)를 부과하고 성찬을 중지하고, 범죄자를 파문할 수 있었다. 사람들은 교회 법정이 내린 결정을 심각하게 받아들였다.

코넬대학교의 저명한 역사학자 브라이언 타이어니가 쓴 *Medieval Poor Law*(중세의 구빈법)는 자선과 관련된 교회법전을 다룬 서적이다.[47] 나는 교회법에 대한 그의 자세한 설명을 읽고 나서 이 시기의 교회법이 상당 부분 '좌파적'(타이어니가 이런 표현을 사용한 것은 아니다)이라는 느낌을 받게 되었다. 최근에 나는 그 내용 중 일부를 소셜 미디어에 올렸는데, 누군가 내게 사회주의자나 심지어 공산주의자임을 밝히는 것이냐고 댓글로 물었다. 중세 교회법학자들은 가난한 사람들이 교회의 자원뿐 아니라 부유한 시민들의 재산에 대해서도 진정한 "권리"[48]를 갖고 있다고 주장했다. 고대의 (그리고 일부 근대의) 많은 견해와는 반대로, 그들 사상의 출발점은 "가난은 범죄의 한 종류가 아니"라는 것이었다.[49] 가난은 게으름이나 어리석음 같은 도덕적 결함의 표시도 아니었다. 가난은 비극이었다.

교회법학자들은 사람들이 때로 제도에 편승하여 고된 노동보다는 판결을 내리는 자신들에게 기대어 살려고 한다는 것을 알고 있었다. 그런 경우, "그들의 상황이 밝혀질 때 구제를 거부하는 것이"[50] 옳았다. 하지만 구호제도 자체가 가난한 사람들에 대한 냉소적 편견을 전제로 운영되어서는 안 된다고 보았다. 1200년대에 요하네스 테우토니쿠스가 간결하게 표현한 것처럼, "의심스러운 경우라도 아무것도 안 하는 것보다 지나치게 많이 하는 것이 낫다."[51] 타이어니가 지적한 대로, 중세 교회법학자들은 후대의 계몽주의 법률들을 저지하려 한 것처럼 보일 정도다. 계몽주의 법률의 하나인 1834년 영국빈민법은 "가난한 사람은 벌을 받아 마땅한 게으름뱅이일 가능성이 높다고 여겼다."[52]

그에 반해, *Decretum*(교령집)과 *Glossa Ordinaria*(일반 주해서)에는 다음과 같은 대목들이 산재해 있다. "가난한 사람들에게 먹을 것을 줘라. 그렇게 하지 않으면 그들을 죽이는 것과 같다." "우리에게 있는 여분의 것은 가난한 사람들의 것이다." "자신의 필요를 채우고도 남는 것은 무엇이든 다른 사람들의 것이다." "자신에게 필요한 것 이상을 챙기는 사람은 도둑질의 죄를 짓는 것이다."[53] 교회법학자들은 심지어 이렇게까지 가르쳤다. "극단적인 어려움에 처하여 다른 사람의 소유물을 가져간 사람은 죄가 없다. 그는 다른 사람의 것을 훔친 게 아니라 자신의 정당한 소유물을 가져간 것뿐다."[54]

그리고 요하네스 테우토니쿠스는 부자 이웃이 방치한 가난한 사람은 교회법정에 호소할 수 있다고 주장했다. 교회 법정은 부유한 범죄자에게 교회의 제재를 가하거나 심지어 파문하겠다고 위협하여 그가 좀 더 너그러워지게 만들 수 있다고 했다.[55] 그리고 교회는 가난한 사람들이 법정을 찾기 쉽게 만들기 위해 돈이 없는 경우는 법정 수수료를 면제해 주었다. 교황 호노리우스 3세는 "너무 가난해서 변호사를 구할 수 없는 소송인에게는 법정이 무료 변호인을 제공해야 한다"고 규정하기까지 했는데,[56] 기쁘게도 이 제도는 현대의 세속 법정에도 여전히 존재한다.

자선 관련 교회법은 서서히 세속법이 되었다. 우리는 14-16세기 잉글랜드에서 이에 관한 일련의 입법 변화가 나타나는 것을 볼 수 있다. 물론 이 기간은 군주들이 자신들의 권력 일부를 서서히 내려놓은 시기였다. 1215년에 작성된 마그나카르타(대헌장)는 왕의 권력에 대한 일정한 제한을 처음으로 선언했다. 그다음에 의회가 설립되었는데, 처음에는 귀족과 주교로 구성되었다가(1275년) 나중에는 평민들도 참여하여(1327년) 모든 사람이 군주와 협의했다.

이후 2세기에 걸쳐 다양한 의회법이 강화되었고 교회법을 흡수했다. 1391년 리처드 2세(Richard II)의 한 법률은 이미 교회법에 있던 내용, 즉 "상기 교회들의 가난한 교구민들에게 매년 알맞은 액수의 돈을 지불하고 분배하여 생활과 생계에 도움이 되게 하고, 사제에게는 넉넉하고 충분한 사례를 지불해야 한다"는 명령을 내린다.[57] 이것은 가난한 사람들이 보살 핌을 받을 수 있도록 국가와 교회가 협력한 사례다. 브라이언 타이어니의 말을 들어 보자. "14세기의 의회는 공공 구빈제도가 필요하다는 사실을 분명히 인식하고 있었다. 그러나 그들은 법률로 그런 제도를 굳이 만들려 고 하지 않았다. 이미 그런 제도가 존재하고 교회법이 제대로 규정하고 있다고 생각했기 때문이다."[58]

1552년 에드워드 6세(Edward VI)의 "빈민지원구제법"에는 가난한 사람 들이 구두쇠를 지역 주교에게 고발할 수 있게 하는 법안이 들어 있었다. 그런 고발이 접수되면 주교는 갖가지 "자비로운 방법과 수단으로 그 또는 그들을 유도하고 설득"해야 했다.[59] 1563년 엘리자베스 1세(Elizabeth I, 재위 1558-1603)의 법령은 "주교의 권고가 성과가 없으면, 강제 기부금을 산정하 여 징수하고 거부하면 투옥할 수 있도록" 규정했다.[60] 이 방법은 엘리자 베스의 통치 기간에 널리 쓰였던 것으로 보이는데, 심지어 1572년에 치 안판사가 하나의 교구에서 빈민의 수를 파악하고 어려운 이들을 돌보기 위해 지역 주민들이 내야 하는 분담금 액수까지 결정하도록 하는 법령이 제정된 후에도 중단 없이 활용된 것 같다.[61] 이 법률과 1598년의 또 다른 법률은 사회의 가난한 사람들을 위해 세금을 사용하는 영국 전통(따라서 미 국, 캐나다, 호주, 뉴질랜드의 전통)의 출발점이다.[62]

이런 식의 세금 사용을 '도둑질'로 여기는 현대의 재정적 보수주의자 들은 교회를 탓해야 한다. 물론, 중세 주교들과 교회법학자들은 자기에게 남는 것의 일부를 가난한 사람들에게 주지 않는 모든 부자가 진짜 도둑이 라고 말했을 것이다.

엘리자베스 시대, 즉 16세기는 잉글랜드라는 국가가 교회를 흡수한 시기다. 그렇게 해서 "중세의 특징이던 동등한 이중 권위체제가 끝났다."[63] 타이어니에 따르면, 교회를 접수하면서 "국가는 필연적으로 이전까지 교회법이 맡았던 공공 구빈제도를 책임지게 되었다."[64] 오늘날 교회는 여전히 많은 복지 사업에 깊이 참여한다. 그러나 영어권 세계 및 다른 지역들, 특히 유럽 전역에서는 사회안전망의 주된 책임을 정부가 기꺼이 짊어진다. 한때 기독교인들만의 소명이었던 일을 이제는 세속화된 사회의 모든 구성원이 공유한다.

———

놀랍게도, 기독교인들은 성전론을 전개하고 무슬림들(그리고 다른 이들)을 상대로 그 이론을 실천에 옮기던 바로 그 시기에, 그들의 더 오래된 전통을 이어 가면서 발전시키고 있었다. 늘 하던 대로 굶주린 이들에게 먹을 것을 주고, 학교를 세우고, 병원을 짓고, 오늘날까지 이어진 가난한 자들을 위한 법을 만들었던 것이다.

나는 교회 역사에 나타난 이 모순된 모습을 생각하면 때때로 머리가 아프다. 한쪽에선 많은 사람이 그리스도의 원 곡조를 아름답게 노래했고, 다른 쪽에선 또 다른 많은 사람이 그 곡조를 완전히 엉터리로 부르고 있었다. 때로는 동일 인물이 이 두 가지 일을 다 하기도 했다. 이것은 서방 교회에서 예수님 시대 이후 천 년 동안 이어진 이야기이자 오늘날에도 여전한 이야기다.

이제 서방 사회 이야기, 즉 로마부터 브리튼까지 기독교 세계가 발전해 온 이야기에 '정지' 버튼을 누를 시간이다. 이 대목에서 간략하게 독자들에게 들려줄 다른 이야기가 있다. 사람들이 자주 간과해 온 이야기다. 동방에서 로마제국은 5세기 로마의 붕괴와 함께 사라지지 않았다. 이 지역(그리스 터키, 시리아, 팔레스타인, 이집트, 북아프리카)의 교회 역사는 서방과 전혀 다르게 펼쳐진다. 이 역사는 서구인의 의식의 일부가 아니지만, 이 책에서 한 장을 할애할 만한 가치가 분명히 있다. 이 이야기가 끝나갈 무렵 유럽이 이슬람의 발흥에 맞서기 위해 달려왔고, 서방 교회와 동방 교회는 몇 세기만에 처음으로 공통의 목적(십자군 전쟁)을 위해 힘을 합쳤다.

불경건한 이교도들의 광증을 앓고 있는 이들에게는
가르치는 행위를 일절 금지한다.
―유스티니아누스 대제

18
동방의
영원한 제국,
비잔티움이 남긴
유산들

500-1400년대
서방에 잊힌 동로마제국 사람들

13-17장에서 우리는 500-1000년대(6-11세기)와 그 이후까지, 로마의 붕괴부터 유럽의 개종과 십자군의 등장에 이르는 서방 교회의 역사를 추적했다. 이제 테이프를 되감아서, 같은 시기 로마제국 동방 지역 역사의 시작 버튼을 누르려 한다. 그 역사는 서방의 역사와 완전히 다르면서도 이상하게도 비슷하다.

카롤루스가 서방의 새로운 "로마제국"(신성로마제국)의 "황제"라는 주장에 동방의 비잔티움제국 즉 동로마제국 사람들은 눈살을 찌푸렸다. 그들에게는 로마제국이 끝난 적이 없었다. 그들에게는 여전히 진짜 황제들이 있었고, 로마 아에테르나(Roma aeterna), 즉 "영원한 로마"라는 오래된 이상이 여전히 전적으로 합당해 보였다.

유스티니아누스 대제: 학자, 건축가, 입법자

400년대 후반 동로마제국의 황제 유스티니아누스(483-565)는 바바리안이 점령했던 이탈리아와 북아프리카를 해방시켰다. 그의 통치로 인한 안정에 힘입어 바티칸은 서쪽 지역, 즉 이교 지역 갈리아와 잉글랜드로 선교 활동을 이어 갔다. 유스티니아누스는 '제2의 콘스탄티누스'로 여겨졌는데, 중요한 군사적 승리와 오랜 통치 때문이기도 했지만 무엇보다 그가 교회의 확고한 후원자였기 때문이다. 그리고 그는 비잔티움제국을 철저히 기독교화한 체제로 변화시켰다는 인정을 받는다. 서로마제국은 철저한 기독교화를 이루기 전 476년에 멸망했다. 둘 다 기독교를 지지했다고는 하지만, 콘스탄티누스가 옛 종교들에 대한 공식적 관용의 분위기를 유지한 반면, 유스티니아누스는 타 종교들에 대해 편견을 갖고 혹독하게 대했다.

유스티니아누스가 콘스탄티노폴리스에서 다스린 방대한 영토는 이탈리아에서 시리아까지, 팔레스타인에서 이집트까지, 그리고 북아프리카의 일부 다른 지역에까지 이르렀다. 북쪽의 바바리안이나 동쪽의 페르시아와 인접한 국경은 온전하고 확고한 적이 없었지만, 그는 40년의 통치 기간(525-565) 동안 정치적으로 안정되고 경제적으로 표준화된 제국을 만들었다. 그가 다스리는 동안에는 이집트에서 받은 수표를 콘스탄티노폴리스에서 자신 있게 현금화할 수 있었다. 그것은 13세기 중국에 가서야 재현된 금융적 위업이다.[1] 그의 통치 기간에 제작된 금화가 스웨덴과 중국 베이징에서 발견되었으니 참으로 놀랍다. 그리고 이집트 북부의 알렉산드리아에서 출발한 비잔티움 선박들이 머나먼 잉글랜드 남부의 콘월까지 무역 항해에 나섰다.[2]

유스티니아누스의 제국은 범세계적이고 학문적 깊이가 있었다. 그의 궁정에서는 라틴어, 그리스어, 시리아어를 들을 수 있었다. 그는 제국 내의 이교도 교수들에 대한 경멸감을 공개적으로 드러냈지만, 기독교인 신하들에게는 세속 고전에 대한 최고 수준의 학식을 요구했다. 그의 통치 기간에 후기 로마 세계의 가장 위대한 지성인 중 한 사람인 요하네스 필로포누스가 등장했다. 비잔티움 역사와 과학사 분야 외에서는 잘 들을 수 없는, 현대인들이 잘 모르는 이름이다. 필로포누스는 삼위일체 같은 기독교적 주제들을 다룬 논문들에 더해, 아리스토텔레스에 대한 상세한 주석서들을 펴냈고 아리스토텔레스의 영원한 우주 개념에 대한 최초의 본격 비판서를 썼다. 그의 논증은 성경이 그렇게 말했다("태초에 하나님이 천지를 창조하시니라"-창세기 1장 1절)는 식이 아니다. 그는 온전히 철학적이고 논리적인 근거 위에서 시간에 얽매인 우발적 우주(엑스 니힐로; 무로부터 창조된 우주)를 지지하는 논증을 펼쳤다. 물리학과 형이상학을 다룬 그의 저작은 갈릴레오 갈릴레이(Galileo Galilei, 1564-1642) 같은 초기 서방 과학자들에게 영향을 미쳤다.[3]

비잔티움제국의 지적 전통은 이후 여러 세기에 걸쳐 이어진다. 피터 브라운에 따르면, 이 전통 덕분에 "고전에 능통한 엘리트 계층이 살아남았다. [그리스] 고전의 최고 사본들 대부분이 중세 콘스탄티노폴리스에서 제작되었다. 참으로, 9-10세기 비잔티움제국의 신하들과 주교들이 없었다면, 플라톤, 유클리드(Euclid), 소포클레스(Sophocles), 투키디데스(Thukydides)에 대해 우리가 아는 바는 파피루스 파편들이 전부였을 것이다. 우리가 아는 그리스 고전 문화는 콘스탄티노폴리스의 상류 계층이 중세 내내 지속적으로 관심을 가졌던 그리스 문화다."[4] 서방의 앨퀸과 카롤링거 르네상스(700-800년대)는 라틴어로 된 많은 고전 저작들을 보존했다(플라톤 같은 그리스 철학자들의 저서 사본은 대체로 라틴어 번역본뿐이었다). 그런데 비잔티움 사람들은 그리스인들의 저작을 원래 언어 그대로 보존했다.

비잔티움제국에서는 구할 수 있는 모든 세속 텍스트와 기독교 텍스트를 다 공부하는 것이 일반적이었다. 유스티니아누스 시대 콘스탄티노폴리스의 도서관은 12만 권의 책을 소장하고 있었다.[5] 그에 비해, 옥스퍼드대학교의 유명한 보들리 도서관이 소장한 도서가 12만 권을 넘은 것은 18세기의 어느 시점을 지난 후의 일이었다.[6] 피터 새리스(Peter Sarris)는 그의 책 *Byzantium: A Very Short Introduction*(짧은 비잔티움 개론서)에서 포티오스 1세(Photius I)라는 놀라운 본보기를 제시한다. 그는 가톨릭의 교황에 해당하는 동방 교회의 직위인 콘스탄티노폴리스 총 대주교였다. 포티오스는 '비블리오테카'(Bibliotheca)로 알려진 문헌에 자신의 추천 도서들에 대한 약간의 논평들을 남겼다. 이것은 내 책벌레 친구들이 페이스북에 독서 계획을 포스팅하는 것과 비슷하다. 포티오스는 사람들에게 권하는 380권의 책을 요약하고 비평했다. 500단어 정도의 서평도 있고, 그보다 분량이 열 배나 많은 서평도 있다. 정교회 지도자의 목록이니만큼, 추천 도서 중 233권은 기독교 서적이고 그중 상당수의 저자들은 우리가 이 책에서 만났다. 에우세비우스, 아타나시우스, 바실리우스, 니사의 그레고리우스 등이다. 나머지 147권은 이교 서적 또는 세속 서적으로, 헤로도토스(Herodotus), 아리아노스(Arrian), 플루타르코스, 필로스트라토스(Philostratus) 등의 작품이다. 그는 이교도 작가와 기독교 작가를 가리지 않고, 동의하지 않는 부분들을 자주 밝혔다. 그럼에도 불구하고 각 책을 읽을 것을 권했다. 그가 요약한 책의 절반 정도가 지금은 사라졌거나 일부분만 존재한다. 수많은 고대 그리스 문헌이 오늘날까지 남아 있는 것은 포티오스 같은 사람들과 그가 이끌었던 학자들 및 성직자들 덕분이다.[7]

서유럽은 고전 학문의 르네상스를 두 번 경험했다. 우리가 살펴봤다시피 한 번은 카롤루스 대제가 다스리던 700-800년대였고, 다음 장에서 살펴볼 1300년대 이탈리아 인문주의자들 사이에서 또 한 번 있었다. 그러나 동로마제국 지성인들에게는 르네상스가 필요하지 않았다. 그들에게는 과거 그리스 고전들이 늘 교육 과정의 일부였기 때문이다.[8]

비잔티움제국 황제들, 특히 유스티니아누스는 건축도 중요하게 생각했다. 그는 전설적인 건축가이자 수학자인 트렐라스의 안테미오스(Anthemius)와 밀레토스의 이시도로스(Isidorus)를 고용하여 당시 세계 최대 건물이자 건축계의 경이로운 업적인 아야 소피아의 설계 및 건축을 돕게 했다. 이 교회 건물은 이후 1453년 모스크가 되었다가 1934년 박물관으로 바뀌었고, 2020년 7월에 다시 모스크로 돌아갔다.[9] 아야 이리니 같은 이 시기의 다른 많은 건물이 동일한 기하학적 정교함과 예술적 세부 양식으로 세워졌고, 이로 인해 비잔티움 건축이 교과서에서 하나의 범주로 확고히 자리매김하게 되었다. 이 양식은 고전 로마의 기념비적인 건축 특성들을 수학적·미학적으로 더욱 뛰어나고 복잡하게 구현했다. 특히 돔의 사용에서 그 특성이 두드러진다.[10]

유스티니아누스와 그의 아내 테오도라(Theodora)는 문화적·경제적으로 대담했다. 테오도라는 4천 명의 수행단을 이끌고 여행을 다닐 정도였다.[11] 그들은 열성적인 기독교인이었고 동방정교회에서는 두 사람 모두를 '성인'으로 여긴다. 유스티니아누스는 너무 열심히 일하고 공부한 나머지 해가 뜨는 것도 잊어, "잠을 자지 않는 이", "눈이 많은 황제"라는 별명을 얻었다.[12] 황제를 죽이려 하는 모반자가 있다면 저녁마다 대궁전의 같은 자리에서 신학자들 및 주교들과 신앙의 복잡한 문제들을 토론하는 그를 쉽게 찾아낼 수 있을 것이라는 말이 있을 정도였다.[13] 서방의 500년부터 1200년 사이를 두고 "암흑시대"라고 부르고 싶은 생각이 든다고 해도, 이 시기의 동로마제국에 '암흑'이라는 수식어를 붙이는 것은 전혀 근거 없는 일이다.

유스티니아누스가 황제로서 행한 첫 번째 조치는 로마법을 성문화하는 것이었다. 그는 기록 보관 담당자들과 법학자들에게 2세기부터 본인의 시대에 이르는 황제들의 정당한 칙령과 법령을 수집 분석하는 일을 맡겼다. 그는 로마법을 표준화하고 조화롭게 다듬기를 원했다. 내 서재에 있는 *Codex of Justinian*(유스티니아누스법전)은 800쪽 분량의 크고 두꺼운 책 세 권으로 이루어져 있다('로마법대전'이라고도 부른다 - 편집자). 이 법전은 후대의 교회법에 영향을 주었고, 교회법은 다시 더 넓은 서방의 법체계에 영향을 미쳤다.

Codex of Justinian(유스티니아누스법전)에서 승인된 흥미로운 법령 중 하나는 교회를 도망 노예, 복수의 희생자, 위험을 피해 달아나는 난민을 위한 "피난처"로 공식화한 것이다.[14] 자주 그렇듯이 이 개념의 원출처는 유대교 성경이다. 여호수아서에는 "도피성"이 등장하는데, 사람을 죽였거나 복수를 당할 위험에 처한 사람이 그리로 달아날 수 있었다(수 20:1-6). 어쨌든, 여러 세기가 지난 후 유스티니아누스는 그 관행을 공식화하여 위험을 피해 달아나는 사람이 교회의 구역 안으로 들어올 경우, 로마법에 따라 온전히 보호받을 수 있게 했다.

이에 관한 또 다른 놀라운 점을 다음 인용된 법령에서 볼 수 있다. 당시 교회는 대부분 길모퉁이에 있는 단독 건물이 아니라 하나의 캠퍼스를 이루고 있었다. 교회에는 엄밀한 의미의 교회(법령에는 "성전"이라고 명기되었다)뿐 아니라 식당, 숙소, 구빈원, 병원, 심지어 목욕탕까지 있었다. 431년 3월 23일에 반포된 법령에는 이렇게 나와 있다.

위에서 우리는 중심에 놓인 성전을 각종 시설이 에워싼 모습의 교회 경내를 묘사했다. 교회 안팎의 경계가 되는 바깥문들 안쪽으로 들어온 난민은 경내의 가옥, 정원, 뜰, 목욕탕, 주랑 중 어디에 있든 성전 안에 들어온 난민과 똑같이 보호해야 한다. 아무도 그들에게 불경한 손을 대지 못한다.[15]

이 성소피난법(sanctuary law)은 동방과 서방 모두에서 여러 세기 동안 시행되었다. 잉글랜드의 보통법에서는 피난처가 되는 교회의 지위를 형법 사건에 대해서는 1623년까지, 민법 사건에 대해서는 1773년까지 유지했다.[16] 이 고대 관행을 의식적으로 적용한 1980년대 초 미국의 교회들은 엘살바도르 활동가 그룹과 협력하여 엘살바도르의 폭력을 피해 도망친 난민들에게 음식과 쉼터를 제공했다.[17] 이후 1986년 "피난처 도시"〔sanctuary city; 불법 체류자들이 거주하거나 일할 수 있도록 허용된 도시 - 옮긴이〕 운동이 이어졌고, 오늘날 미국에는 500개가 넘는 도시들이 망명 신청자들을 위한 성소로 여겨진다. 오늘날에도 개별 교회들은 이 관행을 이어 가고 있다. 성소피난법은 법적 효력이 없지만, 당국은 일반적으로 불법 이민자들을 찾아 교회를 급습하는 일을 꺼린다.[18]

비잔티움제국의 병원들

구호, 특히 의료적 구호는 비잔티움 사람들의 이야기에서 큰 부분을 차지한다. 10장에서 우리는 370년경에 카파도키아의 바실리우스가 설립한 역사상 최초의 공공 병원을 살펴보았다. 공공 병원은 금세 인기를 얻었고, 비잔티움제국 성직자들의 설교와 논문에서 의료 행위는 이웃 사랑의 전형으로 자리 잡았다. 그것은 간단한 추론에 따른 결론이었다. 교회는 복음서의 그리스도께서 하셨던 것처럼 병자들을 기적적으로 치유할 수는 없었지만, 갖고 있는 자원, 즉 돈, 건물, 의사, 자원봉사자들을 통해 주님의 본을 따를 수 있었다.[19]

미국 메릴랜드 주 솔즈베리대학교의 역사학 교수 티모시 밀러(Timothy Miller)는 4세기의 바실리우스 시대부터 1204년까지 비잔티움 병원들의 역사를 기록했다. 그것은 구호, 전문성, 확장의 놀라운 이야기다. 400년도 이전의 어느 시기에 의사 성 삼손(Saint Sampson)이 콘스탄티노폴리스에 의료 시설을 세웠다. 그 시설은 532년에 화재로 파괴되었지만 유스티니아누스가 금세 복구했고 "내과의와 외과의로 구성된 정교한 의료진이 유지되게 했다."[20] 그 병원에선 가난한 사람들뿐만 아니라 중산계급의 환자들도 받았다.[21]

대략 같은 시기, 같은 도시에 이런 시설이 적어도 네 곳이 있었다고 알려진다. 에우불로스, 성 이레네, 코스미디온, 크리스토도테스 크세논이다. 유스티니아누스는 이 기관들을 전문화시켜 빈부를 막론한 모든 사람이 "최고 수준의 의료 전문가"를 접할 수 있게 하고자 노력했다.[22] 유스티니아누스의 통치하에 안티오키아, 예루살렘, 알렉산드리아를 포함한 다른 주요 도시들에서도 비슷한 상황이 펼쳐졌다. 600년경에는 알렉산드리아에 여러 개의 병원이 있었고 의료진 공식협회까지 있었다. 공식 교회

법과 유스티니아누스의 제국법은 지역 주교들이 "우리 제국의 모든 주에서" 이방인과 빈자, 특히 병자들을 보살필 시설과 의료진을 유지해야 함을 분명히 했다.[23]

병원들은 교회 구호 활동의 연장에 그치지 않고 빠르게 정부의 핵심 시설이 되었다. 정부 보조로 운영되는 신앙 기반 병원이라는 현대의 흔한 사례의 서곡이었다. 티모시 밀러는 이렇게 썼다. "병원들은 기독교가 그리는 도시 개념에서 중심적인 위치를 차지했다. 진정한 폴리스〔도시〕에는 가장 먼저 교회가 있어야 했고, 그다음으로는 병원, 그리고 다른 사회복지 시설이 있어야 했다. …… 세속 정부와 교회 당국은 의료진이 잘 갖춰진 병원의 운영을 보장하기 위해" 1200년대까지 줄곧 "충분한 자원을 공급했다."[24] 그런 병원들 중 하나인 콘스탄티노폴리스의 판토크라토르 크세논(Pantokrator Xenon)에는 19명의 의사와 34명의 간호사로 꾸려진 전임 의료진과 많은 하인, 행정 담당자가 있었다.[25]

비잔티움제국의 병원들은 고전 학문과 기독교 신앙의 융합을 제대로 보여 준다. 의료 시설에 필요한 지식과 기술의 출처는 무엇보다 의사 갈레노스의 이교 그리스 전통이었다. 의료 시설을 부자와 가난한 사람 모두에게 똑같이 개방한다는 생각은 바실리우스와 유스티니아누스 같은 기독교 주교들과 황제들에게서 나왔는데, 그들은 그런 사랑의 섬김이 예수 그리스도의 삶과 가르침을 따르는 일이라고 보았다. 고대의 이 기독교인들은 그리스도의 십자가 처형이라는 자기희생은 물론이고, 선한 사마리아인 비유에 나오는 "가서 너도 이와 같이 하라"(눅 10:37)는 말씀을 의미심장하게 받아들였다. 히포크라테스 선서의 그리스어 필사본은 고대 그리스의 의술과 기독교적 사랑의 결합에 대한 멋진 증언이다. 이 필사본에는 고대 이교도 의사의 선서가 십자가 모양으로 적혀 있다.[26] 비잔티움제국의 이 병원들은 7-8세기에 무슬림이 해당 지역을 정복한 이후 이슬람 세계에 수출되거나 흡수되었다.[27] 이것은 종교 간의 공조를 보여 주는 또 다른 사례다.

하지만 그리스도의 길을 따르려는 온갖 열정에도 불구하고, 어쩌면 부분적으로는 그 열정 때문에, 이교 종교에 대한 유스티니아누스의 태도는 '너그럽지' 않았다. 그를 포함한 여러 비잔티움 황제들은 세속 그리스 지혜가 선사하는 선물은 기뻐하면서도 그리스·로마의 예배라는 미신은 경멸했다. 유스티니아누스는 구호기관을 세우는 데 부지런했던 것만큼이나 이교를 주변부로 몰아내는 일을 열정적으로 추진했다.

실질적인 이교 금지 정책

유스티니아누스와 그의 동방 제국 후계자들은 앞에서 본 것처럼 법을 사용해 기독교 사회를 형성했다. 유스티니아누스는 신성모독과 도박을 금지하는 법을 도입했을 뿐 아니라(두 개의 법 모두 후대의 서양법에 나타났다), 기독교 이외의 종교를 실질적으로 금지했다. 이교도와 유대교도는 범법자로 규정되어 "공식적 박해"의 대상이자 "강제 세례를 받고 기독교 사회에 의무적으로 '통합'되어야 할" 대상이 되었다.[28]

비잔티움제국의 법은 이렇게 선포한다.

아직 고귀한 세례를 받지 않은 사람들은 이 제국 도시에 살든 속주에 살든 자신의 정체를 밝히고 아내와 자녀들과 온 가속을 데리고 가장 거룩한 교회로 가서 참된 기독교 신앙을 배워야 한다. …… 이런 일들을 멸시한다면, 그들은 우리 제국과 아무 관계가 없고 동산이든 부동산이든 소유하지 못하게 될 것임을 알아야 한다.[29]

같은 시기, 529년의 또 다른 법은 한때 고대 세계에서 가장 존경받았던 아테네의 유명한 철학아카데미의 폐교를 명했다. 이전의 기독교인 황제들은 이 아카데미에 대해 어떤 불리한 조치도 취한 적이 없었다. 오히려, 4세기의 가장 유명한 기독교 사상가들 중 일부가 그곳 출신이었다 (나지안주스의 그레고리우스, 바실리우스, 그리고 아마도 니사의 그레고리우스도 포함된다).

그 학교 출신의 또 다른 유명한 기독교 사상가인 아르메니아인 프로하이레시오스는 교장으로 있다가 율리아누스 황제의 정책 때문에 361년에 자리에서 물러난 바 있다. 그로부터 168년 후에 시행된 유스티니아누스의 법은 캐서린 닉시가 A Darkening Age(암흑시대)에서 잘못 말한 것[30]과 달리 고전 학문 자체를 공격하진 않았다. 에드워드 와츠가 〈로마 연구 저널〉에서 보여 주는 것처럼, 유스티니아누스는 마다스키우스(Damascius)라는 사람의 리더십하에서 그 학교로 스며든 특정한 점술을 공격한 것이었다.[31] 그것은 세속 철학 비판과는 관련이 없었고 당시에는 아무도 놀랍게 여기지 않았다.[32] 하지만 어쨌든, 기독교 사상가들과 학자들은 몇 세기 후에도 여전히 다마스키우스를 연구하고 있었고, 그것은 이 모든 역사가 단순하지 않음을 보여 주는 희한한 증거다. 앞에서 언급했던 800년대의 전설적인 콘스탄티노폴리스 총 대주교 포티오스 1세는 다마스키우스를 "불경한 불신자"로 여겼지만 그래도 그의 글은 "간결하고 명료하고 좋으니" 읽어 보라고 추천했다.[33]

내가 볼 때 아테네 철학아카데미의 폐교를 부른 법보다 더욱더 의미심장한 것은 그 사건 직후에 이교도 교수들의 영향력을 끝장내기 위해 제정된 법이었다. 유스티니우스는 이교도 교수들이 이교 신앙으로 학생들을 오염시킬 수 있다고 보았다. 그 법의 내용은 이렇다.

> 불경건한 이교도들의 광증을 앓고 있는 이들에게는 가르치는 행위를 일절 금지한다. 자기 수업을 듣는 가엾은 학생들을 가르치는 척하면서 실제로는 학생들의 영혼을 파괴하는 그들을 막기 위해서다. 그들은 공적 급여를 받을 수도 없다.[34]

이 비열한 법률이 의미하는 바와 의미하지 않는 바를 분명히 파악하는 것이 중요하다. 이것은 캐서린 닉시가 독자들에게 단언하는 바와 달리 고전 학문 자체에 대한 공격이 아니다. 남아 있는 증거를 그런 식으로 해석하는 것은 옳지 않으며, 또한 불가능하다. 고전 학문은 유스티니아누스의 궁정에서 번성했고 이후 수 세기 동안 비잔티움제국에서도 그 기세를 이어 갔다. 앞에서 말했다시피, 우리가 플라톤과 투키디데스를 비롯한 중요한 이교 저작들의 훌륭한 비잔티움 사본들을 보유한 것은 바로 이 때문이다.

유스티니아누스 법의 성격은 종교적인 것이지 학문적인 것이 아니다. 그것은 비기독교인이 최고 수준의 학과목을 가르치는 일을 전면 금지한 조치다. 이후 그 역할은 기독교인 교수들만이 수행하게 되었다. 유스티니아누스가 이교도 교수들을 학교에서 쫓아낸 일이나 그로부터 70년 전에 율리아누스 황제가 기독교인 교수들의 수업을 금지한 일이나 고전 학문에 대한 공격이 아니기는 마찬가지였다. 두 경우 모두 그리스·로마의 학문에 반대해서가 아니라 종교적 편협함에서 나온 조치였다.

콘스탄티누스로부터 200년 후의 지중해 세계는 스스로를 기독교가 주류 종교인 사회로 보지 않았다. 이 세계는 "철저한 기독교 사회"로 자처했다.[35] 신전들은 오래전에 폐쇄되었다. 이교적 성격이 강한 법들은 개정되었고, 이교도 교수들은 자리에서 물러나야 했다. 주교들이 도시의 수장이 되어 기존의 시장들을 대체했다. 그리고 동로마제국에서는 모두가 의무적으로 기독교 신앙을 배우고 세례를 받아야만 했다. 제국에서 문화, 교육, 자선기관이 모두 번성했지만, 슬프게도 종교의 자유는 사라졌다.

동쪽 지역에서는 유스티니아누스로부터 한두 세대 만에 새로운 강대국이 일어났고, 이 나라가 동로마제국의 많은 속주를 휩쓸면서 동로마제국은 터키와 그리스만 아우르는 훨씬 작은 국가로 쪼그라들었다.

이슬람의 발흥

무함마드 이븐 압둘라(Muhammad ibn Abdullah)는 570년에 태어났다. 유스티니아누스 황제가 죽고 고작 5년이 지난 때였다. 무함마드는 632년에 죽었고, 사람들은 그를 예언자이자 메카부터 메디나와 그 너머까지 통치한 인물로 여겼다.

　이슬람의 대단한 성공은 고대 근동의 모든 사람을 놀라게 했다. 무함마드가 죽고 몇 년이 지난 636년, 그의 군대는 현대 이스라엘과 시리아의 국경 근처인 골란고원에서 동로마 곧 비잔티움 군대를 무찔렀다. 그들은 남쪽으로 이동해 637년에 예루살렘과 팔레스타인을 점령했고, 642년에는 이집트 전역을 차지했다. 북아프리카를 건너 서쪽으로 행군한 이슬람 군대는 698년에 카르타고를 차지한 후 711년에 스페인의 서고트족 지역을 점령했다. 그다음 더 멀리 동쪽으로 페르시아(이란)를 넘고 중앙아시아를 파고들었다. 한 세기가 못되어 이슬람은 전성기 로마제국의 영토만큼 넓은 땅을 정복한 것이다. 이는 "알렉산드로스 대왕(BC 323년 사망) 시절 이래로 일어난 적이 없던 일이다."[36]

　동로마제국은 크게 축소된 그리스와 터키의 영토를 계속 유지했다. 하지만 11세기 중엽에 이슬람 군대가 터키 깊숙이 밀고 들어와 수도 콘스탄티노폴리스를 위협하기에 이른다. 상황이 이렇다 보니 1080-1090년대, 알렉시우스 1세가 교황과 서방 기독교 세계에 도움을 청하게 되었다. 그 결과로 나타난 것이 십자군 원정이다. 콘스탄티노폴리스의 다채로운 비잔티움 전통은 십자군 원정 기간 내내 (대체로) 보존되었지만 결국 1453년에 오스만제국의 손에 무너졌다. 세계 역사상 1,500년이 넘게 제국 통치가 이어졌다고 주장할 수 있는 다른 사회는 찾아보기 힘들다.

비잔티움이 남긴 선물들

비잔티움제국은 서구 역사에서 잘 다루어지지 않지만, 그럼에도 불구하고 동방과 서방 모두에 문화적으로 중요한 의미를 가진다. 우선, 비잔티움제국은 정교회라고 알려진 폐쇄적 형태의 기독교를 세상에 선사했다. "오소독시"(orthodoxy; 정교회)라는 용어는 '바른'을 뜻하는 그리스어 '오쏘스'와 '독사'에서 나왔다. 그리스도를 인류와 신을 잇는 다리로 본 4세기 아리우스주의 혁신 이후, '정통신앙'(orthodoxy)은 그리스도를 니케아신경이 진술한 대로 온전한 하나님으로 보는 예전의 바른 견해를 가리키는 표현이 되었다.

이런 의미에서 보면 서방 교회도 "정교회"였다. 서방에서 보다 흔하게 쓰인 같은 의미의 다른 표현은 '보편적'(universal)이라는 뜻의 '가톨릭'(catholic)이었다(그리스어 '카타'와 '홀로스'가 합쳐진 단어로, '전체를 따라'라는 의미). 로마 가톨릭교회는 로마에 기반을 둔 보편적 교회였고 주로 서방으로 퍼져 나간 것뿐이었다. 니케아신경을 고수한다는 의미에서 서방 교회도 '정교회적'이라고 할 수 있는 것처럼, 동방 교회도 보편적 교회의 일부라는 의미에서 '가톨릭'이었다.[37] 여기다 한 가지를 덧붙이자면, 후대의 주류 프로테스탄트(개신교) 교회들도 이런 측면에서 '가톨릭'이자 '정교회'라고 묘사할 수 있다. 대부분의 개신교 교파(루터교 신자, 성공회 신자, 장로교 신자, 그리고 많은 다른 교파)들이 니케아신경을 인정하기 때문이다(여담이지만, 개신교 신자들이 흔히 가톨릭 신자들을 '로마 가톨릭 신자'라고 부르는 이유도 그들이 '가톨릭'이라는 용어를 독점하지 않는다는 것을 밝히기 위해서다). 어쨌든, 내가 말하고자 하는 바는 정교회(그리스 정교회, 시리아 정교회, 러시아 정교회 등등)는 동방 형태의 기독교로서 세계 전역에서 볼 수 있고, 동일한 성경과 동일한 중심 신경에 대한 믿음을 유지하면서도 구별된 기도, 의식, 리더십 구조를 갖고 있다는 것이다.

비잔티움제국은 동방과 서방에 훨씬 더 세속적인 선물도 건네주었다. 물론 비잔티움제국 사람들은 이를 '세속적'이라고 생각하지 않았을 것이다. 비잔티움제국은 서방에 그리스 고전 문헌과 학문의 방대한 보고를 제공했다. 앞에서 나는 9-10세기에 비잔티움 성직자들과 학자들이 보존한 그리스 고전 문헌의 사본들에 대해 언급한 바 있다. 이 자료들이 어떻게 서방에 전해졌을까? 두 가지 경로가 있었다.

이슬람이 비잔티움제국의 영토로 팽창해 나가던 시기(600-700년대)부터 제4차 십자군이 콘스탄티노폴리스를 점령할 때(1200년대)까지, 비잔티움제국의 많은 시민은 서쪽 이탈리아 및 다른 여러 지역으로 피신했다. 그들에겐 개인적으로 소유하고 있던 문헌과 지식이 있었고, 그것은 르네상스 초기(1300년대)의 이탈리아 지식인들에게 큰 기쁨을 안겨 주었다.[38]

다음으로 비잔티움의 학문이 서방으로 전해진 좀 더 우회적이고 잘 알려지지 않은 경로가 있다. 바로 무슬림 지식인들이다. 이슬람 팽창기였던 7-8세기에 그리스와 시리아의 기독교인 교사들은 그들의 축적된 철학 전통을 아랍 학자들에게 전수했다.[39] 그리고 이전에 기독교 지역이었던 시리아와 이라크는 이슬람 사회로 흡수되었다. 그 결과, 그 지역 성직자들의 유서 깊은 그리스 학문이 "플라톤, 아리스토텔레스, 갈레노스의 번역서로 하룬 알라시드(Harun al-Rashid; 아바스 왕조 제5대 칼리프)의 신하들에게 제공되었다."[40] 기독교 성직자요, 철학자들인 레사이나의 세르기우스(Sergius,

536년경 사망)와 그의 후대 계승자인 후나인 이븐 이스하끄(Ḥunayn ibn Isḥāq, 873년경 사망)는 알렉산드리아의 비잔티움 전통 교육을 받았다. 그들은 그리스어 번역본들을 시리아어로 번역했고, 시리아어 번역본들은 다시 아랍어로 번역되었다. 다시 말해, 이슬람은 비잔티움 영토였던 곳을 물리적으로 차지하면서 비잔티움의 철학과 의학 지식이라는 풍부한 지성의 저장고도 함께 물려받은 것이다. *Brill Encyclopedia of Islam*(브릴 이슬람 백과사전)이 언급한 대로, 바로 이 그리스 비잔티움 학문이 "무슬림 세계에서 그 분야 〔철학과 의학〕가 발전하는 데 심오한 영향을 끼쳤다."[41]

시간이 가면서 바그다드는 새로운 알렉산드리아나 아테네 같은 도시가 되어 당대의 위대한 학자들을 배출한다. 이들은 플라톤, 아리스토텔레스, 갈레노스와 요하네스 필로포누스의 통찰을 번역하고 가르치고 확장했다. 9-10세기의 유명한 바그다드학교는 주로 알렉산드리아의 지적 전통을 물려받은 아랍어 사용자 기독교인들로 구성되었다. 학교 설립자 아부 비쉬르 마타(Abu Bishr Matta, 940년경 사망)와 그의 유명한 학생이자 아리스토텔레스 저작을 아랍어로 가장 많이 번역한 야흐야 아디(Yahya Adi, 974년 사망)도 이 무리에 속한다. 하지만 마타의 가장 유명한 학생은 존경받는 무슬림 학자인 알파라비(al-Farabi, 950년 사망)였다. 무슬림들은 알파라비를 아리스토텔레스의 뒤를 잇는, 철학 "제2의 교사"라고 불렀다.

레사이나의 세르기우스, 마타, 알파라비 같은 인물들의 영향력은 엄청났다. 중세 이슬람 철학과 의학은 서유럽에서(카롤루스 대제의 치하에서도) 볼 수 없었던 기세로 번창했다. 그러다 그리스 고전 문헌들의 아랍어 번역본들이 12세기 이전의 어느 때에 무슬림이 지배하던 스페인으로 전해지면서 상황이 달라진다. 바로 여기 스페인에서 무슬림 학자 아베로에스 (Averroes, 아랍 이름은 이븐 루슈드, 1126-1198)가 아리스토텔레스에 대한 방대한 주석서들을 아랍어로 썼고, 그 주석서들을 유대교 학자들이 히브리어로 번역했으며, 기독교 학자들은 다시 그것을 라틴어로 번역했다. 이 번역본들은 9세기에 유럽으로 전해졌으며 마침내 엄청난 영향력을 가진 이탈리아인 철학자이자 신학자인 토마스 아퀴나스의 손에 들어갔다. 1300년대, 르네상스의 동이 트기 겨우 수십 년 전, 아퀴나스는 유럽 전역으로 번진 아리스토텔레스 사상의 부흥을 홀로 촉발시켰다.

복잡한 이야기처럼 보이지만, 간단하게 요약할 수 있다. 첫째, 비잔티움 학자들이 그리스 고전 문헌들을 보존했고 비잔티움 사람들이 서진하면서 그 문헌들을 유럽인들에게 직접 건넸다. 둘째, 비잔티움제국에서 훈련받은 수도사들이 그리스 고전 문헌들을 시리아어로 번역했고 그들의 제자들이 그것을 다시 아랍어로 번역했으며, 마침내 무슬림 학자들이 아랍어 번역본을 스페인으로 가져가자 그곳의 기독교인들이 르네상스 (1300년) 이전 세기에 그것을 라틴어로 번역했다. 간단하다!

무슬림권 동방과 기독교권 서방 모두 고대 그리스의 지성적 삶의 최고봉을 보존해 준 비잔티움제국에 감사해야 한다. 이런 의미에서 보면 비잔티움제국은 정말 영원하다.

1095년 제1차 십자군 원정이 시작될 무렵, 두 기독교 세계는 더할 나위 없이 달랐다. 동방은 천 년이 넘은 문화적·법적·지성적 전통을 보존하여 그리스·로마 세계를 성숙한 '기독교 사회'로 바꿔 놓았다. 그에 반해, 서방 기독교 세계는 로마의 함락, 바바리안의 정복, 로마화된 갈리아의 분열이라는 엄청난 혼란을 겪었고, 그러면서도 선교, 수도원, 교회를 통해 어떻게든 영향력을 행사했다. 이 두 거대한 교회는 11-13세기에 십자군 원정이라는 공통의 사명 아래 힘을 합쳤지만 그 결과는 행복과 거리가 멀었다. 어떤 이들은 둘의 만남이 잉글랜드부터 페르시아에 이르는 하나의 거대한 '기독교 제국'으로 이어질 것이라고 상상했겠지만, 그런 결과는 나오지 않았다. 우리가 봤다시피, 이 '성전들'은 군사적 실패로 끝이 난다.

십자군 원정의 실패 이후, 콘스탄티노폴리스, 즉 유구한 역사의 비잔티움이 1453년 무슬림 오스만제국에 의해 무너졌다. 사실상 비잔티움 문화는 지상에서 사라졌고, 전 세계에 퍼져 있는 정교회 전통 안에서만 그 흔적을 찾아볼 수 있게 되었다. 서방 기독교 세계는 십자군 원정 이후 이슬람 세계를 대체로 잊어버렸고, 고대 로마 전통, 게르만 전사 문화, 그리고 나사렛 사람의 메시지가 느슨하게 뒤섞인 철학을 기초로 하여 고유의 사회를 건설하는 일로 돌아갔다.

중세에 이 모든 일들이 있었다면, 소위 암흑시대는 언제였을까? 암흑시대는 아마 존재하지 않았을 것이다. 이는 사람들이 가끔 오해하는 것과 달리, 역사 수정주의 사례가 아니다. 고대 로마의 멸망과 근대 세계의 탄생 사이에 놓인 '암흑기'라는 개념이야말로 사실의 '수정'이고 대단히 성공적인 선전의 사례였다는 것을 현대의 역사가들은 분명히 알게 되었다.

잘 알려져 있다시피 그때부터 무지와 범죄의 긴 시간이 이어졌고,
가장 유능한 지성인들조차도 역겹기 짝이 없는 미신에 빠져 버렸다.
"암흑시대"라는 합당한 이름으로 불리는 그 시기에는
성직자들이 위세를 부렸다.

—헨리 토마스 버클(Henry Thomas Buckle)

19

암흑시대
내러티브의
전말

\# 500-1200년대

\# 세속 스토리텔링이 붙인 슬로건

근년에 리처드 도킨스, 크리스토퍼 히친스를 포함한 많은 이들의 교회 비판은 기독교 세계의 폐해를 종종 선전에 가까울 만큼 "선별적으로 전달"하는 회의주의 그룹의 추세와 같은 선상에 있다.

그러나 이것은 새로운 현상이 아니다. 역사학자이자 신학자인 데이비드 벤틀리 하트(David Bentley Hart)는 "모든 시대는 자신의 이해관계, 이상, 착각에 따라 필연적으로 과거를 재해석하고 다시 쓴다"고 말했다.[1] 하트의 주장에 따르면, 우리는 각자의 시대와 장소를 인류의 최고점이자 역사의 절정(그리고 그 안의 "선善")으로 제시하기 위해 지난날의 결점들을 과장하고 왜곡하는 경향이 있다.

이번 장을 통해 지금까지 시도된 과거에 대한 가장 성공적인 재해석 중 한 가지를 다루고 싶다. 500-1200년대 즉 6-13세기를 "암흑시대"로 규정한 해석에 대해 살펴보겠다. 이것은 한 문화를 설득하여 전혀 사실이 아니거나, 최소한 대체로 사실이 아닌 것을 사실로 믿게 만드는 소문과 구호 사용의 힘을 알려 주는 좋은 사례다.

지난날을 평가할 때 빠지는 함정

과장과 취사 선택은 작은 규모로도 일어날 수 있다. 1950년대는 1960년대와 1970년대에 찾아온 '해방'에 비교하면 참으로 억눌리고 순응적인 시대였다고 말하거나, 19세기 빅토리아 시대의 잉글랜드는 "광란의 20년대"(미국의 1920년대를 표현하는 용어-옮긴이)와 비교하면 경직되고 내숭 떠는 시대였다고 말하는 것이 그런 사례다. 우리는 이런 시기들을 희화화해 설명할 수 있다. 그런 작업은 역사적 시기들을 깔끔한 패턴으로 분류하는 데 분명히 도움이 된다. 고전시대, 암흑시대, 근대 세계, 디지털 세계 등으로 말이다. 이런 희화화 작업은 우리가 지금 속한 특정 시공간을 기분 좋게 느끼는 데도 도움이 된다. 그러나 그렇게 해서는 역사를 제대로 파악할 수 없고, 우리보다 2세대, 10세대, 또는 50세대 이전의 (AD 500년은 지금보다 거의 정확히 50세대 전이다) 선조들을 공정하게 평가할 수도 없다.

과거를 심판하고 현재를 높이는 우리의 습관을 인식한다면 지금부터 10세대 이후, 즉 2320년대의 후손들이 2020년대의 우리를 어떻게 평가할지 궁금한 마음 정도는 들어야 한다. 나는 이러한 습관을 숙고해 보며 재미있는 나만의 방법을 찾아냈다. 당혹스럽거나 불쾌하게 느껴지는 과거사를 접할 때마다, 문화가 낯선 중국의 시골 지방이나 호주의 오지로 여행을 갈 때 내가 하는 일을 시도한다. 그들의 낯선 방식이 옳을 수 있고 내 익숙한 방식이 틀릴 수 있다고 억지로 상상하는 것이다. (대개는 성공하지만) 설령 그렇게 상상하는 데 실패한다 해도 그런 사고의 실험 자체가 이질적 문화나 먼 조상들을 함부로 판단하지 않도록 도움을 준다.

어쨌든, 과거에 대한 과장되고 선별적인 스토리텔링이 르네상스(14-15세기)와 계몽주의 시대(17세기 후반-18세기)에 대규모로 이루어졌다. 바로 이때 예술가와 지식인, 심지어 성직자들까지 암흑시대를 476년 서로마제국 붕괴 이후를 묘사하는 표현으로 대중화시켰다. "당시 유럽에서는 교회가 핵심 세력으로 떠올랐고, 무지와 미신, 문화적 정체(停滯)와 잔혹함의 시기가 시작되었다. 하지만 다행히도, 14세기에 일어난 고전 학문의 재생

(르네상스의 의미가 이것이다)과 18세기 계몽주의(Enlightenment; 빛 또는 빛에 의해 밝아진다
는 뜻의 이 단어가 모든 것을 말해 준다)로 인류는 이 엄청난 비극에서 구출되었다."

이 내러티브는 깔끔하고 인위적이다. 20세기 초에 유럽과 미국의 두
학자가 역사 탐정처럼 탁월한 수사를 진행했고, 그 결과 이제 우리는 "암
흑시대"라는 용어 자체가 하나의 선전용 작품으로 개발되었고, 보다 점잖
게 "중세"라고 불리는 그 몇 세기에 대한 공정한 평가와 완전히 단절된 것
임을 안다.

암흑과 빛의 대조는 의도적이었고 매우 효과적이었다. 그러나 그것
은 자화자찬과 역사적 비방의 실천이기도 했다.

르네상스 '인문주의자들' 1300-1500년

대단히 설득력 있는 두 조사에서 월리스 퍼거슨(Wallace Ferguson, 1939)
과 테오도어 몸젠(Theodore Mommsen, 1942)은 대략 500년부터 1200년 즉 6세
기부터 13세기까지를 묘사하는 데 쓰이는 암흑시대라는 표현의 기원을
추적했다. 암흑의 이미지를 처음 사용한 사람은 르네상스 인문주의 선
조 중 한 사람인 이탈리아 학자이자 시인 프란치스코 페트라르카(Francesco
Petrarch, 1304-1374)였다. 1341년에 이미 그는 최후의 서로마제국 황제 플라비
우스 로물루스 아우구스툴루스에 이르기까지 고대 로마의 영광을 포괄
적으로 기술하는 책을 쓰고 싶다고 밝힌 바 있다. 페트라르카는 고대의
위인들, 특히 키케로, 베르길리우스, 세네카 같은 이들이 그가 속한 14세

기 이탈리아 지식층의 진정한 지적 조상이라고 믿었다. 1359년의 한 편지에서 그는 위대한 로마의 정치가이자 학자인 키케로가 몇 세대 후인 페트라르카의 시대에 나타난 "오류의 암흑(tenebrae) 및 밤의 종말"과 "참된 빛의 새벽"을 보지 못하는 것을 한탄한다.[2] 몸젠에 따르면, 로마가 무너진 직후 등장한 시기가 페트라르카에게 "암흑"이었던 것은 미지의 시기여서가 아니라 "무가치한" 시기였기 때문이고, "그 시기는 인간의 기억에서 더 빨리 잊힐수록 좋았다." 페트라르카는 "그 시기를 망각 속에 묻어 버리기로" 결심했다.[3]

흥미롭게도, 페트라르카가 암흑시대라는 표현을 쓴 것은 교회나 기독교 세계를 비판하기 위해서가 아니었다. 그는 상당히 경건했으며 교황 우르바누스 5세(Urbanus V)에게 바로 연락할 수 있는 인맥도 있었다. 그는 친구 조반니 콜론나(Giovanni Colonna)에게 이런 편지를 쓴 적이 있다. "우리는 그리스도 복음의 메아리가 마음에 늘 울려 퍼지게 하는 방식으로 철학, 시, 역사를 읽어야 합니다. 우리는 그리스도의 복음으로만 지혜롭고 행복할 수 있습니다." 그는 그리스도께서는 "건전한 학문의 확고한 토대"라고 말했다.[4]

그러면 페트라르카는 어떤 의미로 암흑시대라는 표현을 썼을까? 그는 바바리안들을 탓했다. 서고트족과 동고트족은 로마를 약탈했고 갈리아를 분열시켜 고전 로마 학문의 발전을 끝장냈다. 그와 인문주의자 동료들은 그 고전 로마의 학문이 되살아나기를 바랐다. 페트라르카는 바바리안의 시대에도 그리스도의 빛이 줄곧 빛났다고 보았다. 그러나 되살아난 이탈리아에서는 이제 고대 로마의 영광스러운 문학적 성취 또한 빛나야 한다고 생각했다. 몸젠은 "인문주의 아버지" 페트라르카가 "중세를 '암흑시대'로 여기는 관념 또는 태도의 아버지"이기도 하다고 썼다. 그러나 정작 페트라르카는 그 암흑이 교회 탓이라고 생각하지 않았을 것이다.[5]

시인 보카치오(Boccaccio), 건축가 빌라니(Villani), 예술가 기베르티(Ghiberti) 같은 페트라르카 이후 세대의 이탈리아 학자들은 자신들의 시대를 이전 시대와 점점 더 많이 대비시켰고, 암흑과 빛의 대비는 더 널리 유통되었다. 대부분의 인문주의자들은 예술이든 건축이든 자기 분야의 역사서도 썼는데, 그 책들에서 그들은 중세가 기여한 바를 경시하고 자신들의 성취를 걸핏하면 강조했다. 그렇게 하는 가운데 그들은 *Brill Encyclopedia of the Middle Ages*(브릴 중세 백과사전)에 실린 표현처럼 "중세의 악귀"를 창조했다.[6] 월리스 퍼거슨이 〈아메리칸 히스토리컬 리뷰〉(American Historical Review)에 실린 고전적 논문 "르네상스에 대한 인문주의자들의 견해들"에서 지적한 바에 따르면, 인문주의자들은 "이탈리아 바깥의 거의 모든 문화적·정치적 발전과 중세의 가장 특징적인 제도들 및 문화적 기여들마저 한마음으로 무시했다." 그들에게 중요한 것은 "로마의 몰락과 함께 고대 문명이 몰락했고, 그 몰락은 바바리안이 날뛴 암흑 시기로 이어졌다"는 관찰뿐이었다. 그들은 자신들 시대의 문학적·문화적 활동만이 "르네상스"라는 칭찬을 받을 자격이 있다고 생각했다.[7]

계몽주의 1650-1800년과 그 너머

암흑시대라는 슬로건은 17-18세기 계몽주의 시대에 절정에 달한다. 테오도어 몸젠은 "계몽주의라는 이름('빛'이라는 뜻) 자체가 암흑시대와 그 가치척도에 대한 분명한 선전포고였다"고 썼다.[8] 스코틀랜드의 철학자 데이비드 흄(David Hume)과 미국의 정치이론가 토머스 페인(Thomas Paine) 같은 사상가들은 무지한 교회의 시대와 새로운 "이성의 시대"(페인의 유명한 책 제목)를 대조하는 데 열중했다.

계몽주의 시대에 영어로 쓰인 조예 깊은 역사서, 에드워드 기번 (Edward Gibbon)의 《로마제국 쇠망사》(The History of the Decline and Fall of the Roman Empire)에서도 같은 경향을 볼 수 있다. 그 책은 1776-1789년 사이에 총 여섯 권으로 출간되었다. 18세기에 구할 수 있었던 증거를 다루는 기번의 독보적인 역량은 아무도 의심하지 않는다. 그러나 그의 공헌은 그동안 빛이 바랬다. 기번이 그 책 전체에 걸쳐 기독교와 교회에 대한 경멸감을 감추지 못했기 때문이다. 앞에서 나는 404년에 로마 원형경기장에서 시위하다 죽어 검투 경기의 폐지를 이끌어 낸 가엾은 수도사 텔레마쿠스에 대한 기번의 신랄한 말(확실히 농담조였다)을 언급했다. "텔레마쿠스의 죽음은 그의 삶보다 인류에 더 유용했다."[9] 기번의 저서에는 교회를 희생물로 삼은 재담이 가득하다. 그는 1권의 서문에서 "중세의 암흑과 혼란"[10]과 "제국의 변형에 성공한 암흑시대"[11]에 대해 당당하게 말했다.

얼마 지나지 않아 거의 모든 사람이 암흑시대라는 구호로 중세를 묘사하게 되었다. 영어권 세계 전역에서 학생들과 가족들이 신뢰하여 언제나 인기 있었던 《브리태니커 백과사전》(Encyclopaedia Britannica)의 1911년판 (제11판)은 5-10세기를 "암흑시대"로 선포했고 "암흑시대는 실재였다"는 말이 등장한다.[12] 《브리태니커 백과사전》 11판은 암흑시대 개념의 시작점을 추적했던 퍼거슨과 몸젠 같은 학자들의 연구 시기와 대체로 겹친다. 1942년 몸젠이 그 주제에 대한 논문을 발표했을 무렵, 그는 《브리태니커 백과사전》 14판에는 더 이상 그 표현이 담겨 있지 않다고 밝혔다. 편집자들이 입장을 바꾸었기 때문이다. 《브리태니커 백과사전》의 관련 항목에는 이렇게 나와 있다. "한때 유행했던 암흑시대와 빛의 시대[즉 계몽주의 시대]의 대비는 중세의 부흥을 꾀하던 시도에 깔린 이상주의적 환상만큼이나 진실과 거리가 멀다."[13] 몸젠은 자신의 통찰을 이렇게 추가한다. "암흑시대라는 표현이 과학적 용어로 쓰인 적은 없었다. 이 표현은 중세적 세계관념과 삶에 대한 중세적 태도, 중세 문화를 비난하는 말이자 반대구호였다."[14] 캐서린 닉시의 *A Darkening Age*(암흑시대)[15] 같은 최근 저서들은 오늘날 대학들에서 연구되는 역사학보다는 회의론자들의 '구호'에 크게 기대고 있다.

　　일부 역사가들은 보다 점잖은 표현인 "중세"도 거북하게 여긴다. 그 표현은 일종의 연대기적 속물주의를 드러내기 때문이다. 런던대학교 중세사 교수 미리 루빈(Miri Rubin)은 저서 《중세》(Middle Ages: A Very Short Introduction)에서 "중세"라는 용어는 "무엇보다 그 시대가 다른 중요한 두 시대에 끼여 옴짝달싹 못하는 시간이었다는 인상을 준다"고 설명한다. 참으로, "중세라는 용어를 만들어 낸 사람들은 후대의 구성원으로서 자신들의 가치와 행운을 엄청나게 과대평가했다." 다시 말해, 중세라는 용어는 "자신들의 시대와 도시들을, 무엇보다 서로를 칭송했던" 학자들, 예술가들, 심지어 성직자들의 자화자찬이었다. 루빈 교수는 표준적 표현이 된 "중세"와 "르네상스"를 기술적(記述的) 용어로 남겨 두고 "다른 시대 사람들과 장소들을 가늠하는 참조점으로"만 쓰자고 요청한다.[16]

프로테스탄트 종교개혁 1500-1700년

　　암흑시대라는 구호가 대단한 인기를 얻게 만든 책임을 물어야 할 마지막 범인은 교회 자체, 또는 교회의 일부다. 르네상스 인문주의자들과 계몽주의 자유사상가들은 둘 사이에 낀 16-17세기에 일어난 프로테스탄트 종교개혁자들의 도움을 받았다. 이들은 내가 속한 '부족'이다. 나는 중세에 대한 이들의 태도가 개신교 이전 시기를 다루는 현대의 설교와 서적들에도 여전히 나타난다고 증언할 수 있다.

　　가톨릭 학자이자 수도사 마르틴 루터가 이끈 프로테스탄트들은 교황의 특별한 권위와 면벌부(하늘에서의 용서에 기여하는 지상의 문서) 관행 같은 특정한 로마 가톨릭의 '오류들'을 거부했다. 그런 것들에 반대하는 논증을 펼치다가, 프로테스탄트들은 곧 르네상스 인문주의자들과 합류하여 자신들 이전의 시기를 영적 무지와 암흑시대로 묘사했다. 많은 프로테스탄트에 따르면, 5세기에 로마가 멸망한 후, 어쩌면 그보다 더 이른 시기부터 교회가 길을 잃었기에 종교개혁 이전까지 소수의 진정한 기독교인들만 살아남게 되었다.

마르틴 루터는 이렇게 말했다. "참된 교회는 가려져 사람들의 눈에 보이지 않았다." 그는 암흑이라는 성경의 이미지를 대단히 효과적으로 사용하면서 불신 세상이 아니라 교회 자체가 어둠 속에서 길을 잃었다고 묘사한다. 그는 "빛이 어둠에 비치되 어둠이 깨닫지 못하더라"는 요한복음 1장 5절의 말씀을 인용한 후 이렇게 선언한다. "그러므로 뛰어난 재능을 가진 사람들이 그토록 오랜 세월 동안 신적인 일에 눈이 멀어 있었다는 것은 놀라운 일이 아니다. 인간적인 일에서 그런 상황이 벌어진다면 놀라울 것이다. 하지만 신적인 일에서는 눈이 멀지 않은 사람이 한둘 있다는 것이 놀랍지, 모두가 예외 없이 눈먼 상황은 놀랍지 않다."[17]

'어둠'이라는 동일한 표현이 루터 직후 세대에 잉글랜드에서 성경에 필적할 만큼 많이 팔린 책에 등장한다. 존 폭스(John Foxe)가 1563년에 저술한 *Actes and Monuments of These Latter and Perillous Dayes*(근래의 위태로운 날들의 행적과 공적; 나중에는 《순교자 열전》이라고 부른다)은 참된 신자들에 대한 가톨릭교회의 '사탄적인' 박해를 자세히 기록했다. 복잡한 계산을 통해(그 자세한 내용은 여기서 중요하지 않다) 폭스는 1360년이 "주님께서 오랜 어둠 후에 그분의 교회에 대한 일부 개혁을 시작하신 때"라고 믿었다.[18] 그 어둠은 16세기의 종교개혁을 통해 마침내 극복되었다.

교회가 길을 잃고 어둠에 빠졌다는 생각은 같은 기간에 문화와 학문이 어둠에 빠졌다는 인문주의적 관념과 아주 유사하다. 이것은 이후 수십 년, 수 세기 동안 개신교 신자 사이에서 교회사에 관해 생각하고 말하는 기본적인 방식이 되었고, 가끔은 오늘날에도 볼 수 있다. 이런 생각은 영향력 있는 미국의 청교도 목사이자 지식인 코튼 매더(Cotton Mather, 1663-1728)

의 저작들에서 분명하게 표현된다. 그는 17세기의 전형적인 문인이었다. 종교개혁의 막바지에서 글을 쓴 그는 "200년 전 서유럽에는 믿을 수 없는 암흑이 드리워져 있었다. 학문은 야만 상태에 완전히 잠식되었다"고 말했다. 그러다 르네상스시대에 이르러 마침내 비잔티움 학문이 서유럽으로 되돌아왔다. 이 일을 계기로 "그곳에서 학문의 부흥이 일어났고, 세상은 종교개혁과 이후 일어날 과학 발전을 맞이할 준비를 갖추게 되었다."[19]

매사추세츠 윌리엄대학의 프랜시스 오클리(Francis Oakley) 교수는 이런 역사적 모략을 홍보하는 데 루터부터 매더에 이르는 개신교 신자들이 감당한 역할을 저서 *The Medieval Experience*(중세의 경험)에 잘 요약해 놓았다.

> 고대 세계와 근대 세계의 여명 사이에 낀 중세라는 개념은 결국 인문주의에서 나온 것이다. 종교개혁 시대에 이 개념은 조금 복잡해지긴 했지만 확고해졌고, 개신교가 마르틴 루터 도래 이전의 천 년을 도덕적 타락, 종교적 미신, 무제한의 경신의 시대로 묘사하면서 더욱 힘을 얻었다. 종교개혁자들은 앞선 인문주의자들보다 더욱 분명하게 자신들의 시대를 부흥과 회복의 때로 보았다. 물론 그들에게 회복이란 예술과 학문, '좋은 글' 뿐만 아니라 기독교 신앙도 원래의 순수한 상태로 되돌리는 일을 의미했다.[20]

생각해 보면 이상한 일이다. 교회의 한 진영이 기독교의 과거에 대해 역사상 손에 꼽을 만큼 지독하게 사실을 호도한 스토리텔링을 방조했다. 코튼 매터 같은 개신교 신자들은 그들의 청중이 로마 가톨릭 시대와 종교개혁 시대를 역사적으로 분명하게 구분할 수 있다고 생각했을 것이다. 그러나 이제 상황은 더 이상 그렇지 않다. 현대인들은 모든 기독교인을 하나의 커다란 '기독교 세계'로 묶어서 생각하고, 계몽주의가 어둠 속에서 비틀대던 기독교 세계를 마침내 끝내고 인류를 빛으로 이끌었다고 여긴다. 프로테스탄트들은 중세 가톨릭교회를 비판하다가 거짓에 기여했을 뿐 아니라 자기 발등을 찍었다.

———

세속적 스토리텔링이 인류 문화의 천 년을 암흑시대라는 단 하나의 슬로건으로 지워 버린 일은 전례를 찾아보기 힘든 사건이다. 그러나 기독교인들의 못된 행동에 대한 많은 개별적 기록은 "저 종교광들에게 약간의 권력을 허용하면 어떤 일이 벌어지는가!"에 대한 현대인의 인식에 분명히 기여했다.

역사적 교회에 관한 이야기들 가운데 상당수는 절반만 사실이지만 정말로 끔찍하다. 그러나 그 이야기에서 사실인 부분이 기독교에 대해 말해 주듯, 가끔은 사실이 아닌 나머지 절반이 기독교에 대한 현대의 두려움과 편견에 대해 많은 것을 말해 준다. 종교재판이 좋은 사례다. 종교재판은 인간의 마음, 특히 미신에 사로잡힌 마음이 만들어 낸 잔인하기 짝이 없는 일들의 전형으로 종종 제시된다. 하지만 이 진부한 표현은 절반 정도만 사실이다.

지난 몇 세기 동안 종교재판소의 앞잡이들만 해도
얼마나 많은 성도를 죽이고 불태웠는가?
— 마르틴 루터

20
종교재판,
사람 잡는
기독교 독단주의?

1100-1500년대
이단재판의 진위

"스페인 종교재판은 아무도 예상 못하지!"

이 대사를 안다는 사실은 내 나이를 짐작할 수 있게 한다. 몬티 파이선(Monty Python; '코미디계의 비틀즈'라고 불렸던 영국의 전설적 코미디 그룹-옮긴이)의 1970년대 히트 코미디 프로그램 〈비행 서커스〉(나는 여러 번 봤지만 생방송으로 본 것은 아니었다)에 나오는 대사다. 시즌 2의 제2화 제목은 '스페인 종교재판'이었는데, 현실에서 1478년부터 1834년까지 무려 350년간 이어졌던 스페인 종교재판을 한 세대의 영국인들과 호주인들이 기억하는 코미디 대사로 바꾸어 풍자했다.

이 촌극의 두 번째 장면에서는 현대의 어느 거실 소파에 앉은 한 할머니가 젊은 여자와 함께 오래된 가족사진을 넘겨 보고 있다. "할아버지네. 테드 삼촌이야" 등의 말이 이어진다. 그녀는 마지막 사진에 이르자 무심하게 이렇게 말한다. "오, 이 석탄 창고가 사실은 스페인 종교재판소였지." 젊은 여자가 말한다. "오, 스페인 종교재판소는 예상하지 못했어요." 바로 그때 인기 있는 영국 배우 마이클 페일린(Michael Palin)을 선두로 한 세 명의 추기경 이단심문관들이 진부한 공포 영화 음악과 함께 갑자기 문을 열고 나타난다. 페일린은 위협적으로 선언한다. "스페인 종교재판은 아무도 예상 못하지!"

그리고 교수형 및 고문대 이미지들과 함께 종교재판의 역사를 알려주는 30초 분량의 만화가 느닷없이 펼쳐진다. 영상과 함께 영국 다큐멘터리 성우의 전형적인 목소리가 흘러나온다. "16세기 초, 종교적 이단의 발흥에 맞서기 위해 교황은 스페인의 히메네즈 추기경에게 거침없이 전국을 다니며 멋진 영화 소재가 될 만한 폭력과 공포와 고문으로 통치할 것을 허락했다. 이것이 스페인 종교재판소였다." 다음, 현대 장면으로 돌아온다. 아까 그 할머니는 이단심문관들에게 "베개"와 "편안한 의자"로 고문을 당하면서 "자백하라!"는 말을 듣는다.

몬티 파이선의 이 〈비행 서커스〉 에피소드는 후기 중세 교회의 행태에 대한 비판의 정점이라고 할 수 있다. 어떤 것이 격분, 경멸, 비난의 대상에서 전국 텔레비전 쇼의 단순한 농담거리로 넘어간다면, 사실상 문화적 비판의 과정이 끝났다는 뜻이다. 18-19세기에는 이런 코미디가 불가능했을 것이다. 당시만 해도 유럽 전역에서는 여전히 교회 종교재판소의 기억이 생생했을 것이고, 이것을 교회의 암흑시대에서도 가장 어두운 시간으로 규탄하는 방대한 문헌들, 예를 들어 철학적 비판, 신학적 역사, 심지어 고딕 소설(18세기 후반에서 19세기 초에 걸쳐 영국에서 유행한 괴기·공포소설-편집자)까지 만들어진 상태였다. 내가 아는 한 호주 언론인은 암흑시대에 "수백만 명"의 순교자들이 신앙의 적으로 몰려 잔혹한 죽음을 맞이했다고 주장한다.[1]

사실, 종교재판의 역사는 전문가들에게도 대체로 알려지지 않다가 50년 전에야 관련된 유럽 정부와 교회 기관의 기록들이 연구자들에게 공개되었다. 이 과정에서 중요한 진전이 이루어졌다. 교황 요한 바오로 2세가 1998년에 역사가들에게만 성무성성(聖務聖部, Holy Office; 이단심문소, 즉 검사성성의 후신. 현재는 '신앙교리성'으로 개칭되었다-옮긴이) 자료보관소를 공개한 것이다. 다행스러운 일이라고 해도 될지 모르겠지만, 종교재판은 괴이할 만큼 자세한 보고서를 남겨 놓았다. 지난 40년 동안 종교재판 연구자로 큰 영향력을 행사한 펜실베이니아대학교의 에드워드 피터스(Edward Peters) 교수는 이렇게 썼다. "종교재판소의 꼼꼼한 조사 방법으로 근대 초 유럽의 어떤 사회에서보다 방대한 양의 중요한 개인정보 자료가 만들어졌다."[2]

종교재판의 절차, 사건, 처형의 자세한 내용이 비밀이었기 때문에 그 이전까지 종교재판의 '역사'는 대체로 대중적인 각색과 철학적 비판에 머물러 있었다. 그리고 다시 언급하기 민망하지만 종교재판을 생각할 때 현대인들이 느끼는 공포나 경멸감은 16-17세기 프로테스탄트 종교개혁의 설교자들과 팸플릿 집필자들에게서 기인한 바가 크다. 그들은 당시의 가톨릭 기독교 세계의 폐해를 부각시키고 과장하는 데서 수사학적 기쁨을 느꼈다.

분명히 말해 두지만, 종교재판, 특히 스페인 종교재판은 가장 과장된 이야기가 전하는 내용 못지않게 끔찍하고 변질된 방식으로 이루어진 경우가 있었다. 종교재판은 교회사의 어두운 그림자가 분명하고, 교황 요한 바오로 2세가 2000년 3월 12일 미사 도중에 그에 대해 공개적으로 사과한 것은 옳은 일이었다.[3] 하지만 중세부터 오늘날까지의 폭력의 역사를 공평하게 기록한다면, 종교재판은 인류 최악의 폭력 10대 목록 안에 들지 못할 것이다. 이제 그 이유를 설명해 보겠다.

이단

오늘날 "종교재판"(inquisition)이라는 단어는 전적으로 부정적 함의를 갖는다. 우리는 일련의 질문이 맘에 들지 않으면 그것을 종교재판이라고 표현한다. 진보적인 대학들의 진보적이지 않은 흐름을 다룬 〈뉴욕 타임스〉의 최근 기사 "캠퍼스 내의 종교재판, 멈춰야"에서도 그 사례를 볼 수 있다.[4] 그러나 종교재판의 원 단어 '인퀴시티오'(inquisitio)는 그저 심문 또는 조사를 뜻했으며, 원래 12-13세기의 로마 가톨릭에서 '이단'을 찾아 근절하기 위해 세운 다양한 심문기관을 가리켰다.

"이단"(heresy)은 오늘날 조롱과 오해를 받는 또 다른 단어다. 그 근본 의미는 '선택'과 비슷하지만, 교회 용례에서 이 단어는 기독교 신앙의 어떤 측면을 거부하는 선택, 그리고 뭔가 다른 것을 기독교의 진리로 옹호하는 선택을 가리킨다. 그러므로 기독교에서 다른 종교들은 이단이라고 여기지 않는다. 이 단어는 '가짜 기독교적' 주장만 가리키기 때문이다.

현대의 세속적 상황에서는 이 용어를 잘 쓰지 않지만, 우리에게도 분명히 이단들이 있다. 어떤 사람들은 평등과 인권의 진리성을 거부하는 선택을 내린다는 의미에서 이단이다. 반유대주의나 백인우월주의를 생각해 보라. 이런 생각들은 이단이 한때 중세 기독교 사회에서 받았던 것과 같은 반대와 비난을 주류 사회 안에서 불러일으킨다.

오늘날의 우리도 나름 '바른 교리'(correct doctrine; 원칙, 신조)들을 갖고 있다. 사회주의자들은 그 정의상 사회의 유익을 위해 국가가 대부분의 생산수단을 통제해야 한다고 생각한다. 보수주의자들은 국가가 생산수단에서 손을 떼고 그 대신에 좋은 법을 만들고 치안을 유지하는 데 초점을 맞춰야 한다고 본다. 자유지상주의자들은 한 걸음 더 나가서 법과 질서 유지 이외에는 정부가 사회를 형성하는 데 필요한 최소한의 역할만 해야 한다고 주장한다. 우리가 이런 정치적 또는 철학적 전통 중 어느 하나에 속한다면 그에 해당하는 중심 교리들을 인정해야 한다. 다행히, 그런 '진리들'을 거부한다고 해서 심문을 당하거나 해를 입지는 않는다. 대부분의 경우는 이단자들에 대해 망신을 주고 따돌리는 정도에서 그친다.

중세 교회가 근절하려 했던 여러 이단에 대해서는 한 권의 책을 쓸 수 있을 정도로 내용이 많다. 우선 고전적인 이단들이 있었다. 예수님의 온전한 신성을 부인했던 아리우스주의가 대표적인 사례다. 그런가 하면 카타리파 또는 알비파 같은 새로운 이단들도 있었다. [5]

최초의 종교재판소들

교황 루키우스 2세(Lucius II)는 최초의 종교재판을 선언했다. 하지만 50년 뒤 교황 그레고리우스 9세(Gregorius IX) 때가 되어서야 종교재판이 제대로 진행되었고 공식 이단심문관 팀이 꾸려졌다. 주로 도미니크회 신학자들로 이루어진 단속반이었다. 그들의 역할은 유럽 내 이단이 활발하게 활동하는 곳(주로 프랑스)으로 가서 카타리파 같은 이단 의심자들을 면담하고 그들이 양무리로 돌아오도록 설득하는 일이었다. 우리의 대중적 상상력으로는 과연 그럴까 싶지만, 유럽 여러 도시와 마을에서 있었던 이런 조사의 절대 다수는 사람들을 올바른 교리로 돌아오게 만들기 위한 도구로 '설득'(persuasio)만을 사용했다. 1252년, 교황이 고대 로마법을 채택하여 고문 사용을 인가했을 때조차도, 증거에 따르면, 그런 조치는 잘 사용되지 않았다(이 말을 오해하지 말길 바란다. 나는 그리스도의 이름으로 자행하는 단 한 건의 고문도 신성모독이라고 생각한다).

　　종교재판의 '설득'에는 분명 위협도 포함되었다. 전형적인 도시의 심문 과정은 다음과 같았다. 우선 이단심문관들이 이단과 참된 교리에 대해 공적 설교를 한다. 그들은 30일의 '유예기간'을 선언하고 그 기간에 사람들이 자신의 방황을 자백하거나 알려진 이단자들을 고발할 수 있게 했다. 공식 심문에는 목격자와 피고자 면담이 포함되었다. 끝으로, 이단심문관이 공적으로 회복되었다거나 죄가 여전히 있다고 선언한다. 회복된 사람들은 모종의 보속(고해 신부가 정해 주는 속죄 행위-옮긴이)을 했다. 정해진 기도, 순례, 일시적 투옥, 또는 특별한 십자가를 일정 기간(때로는 평생) 달고 있어야 했다.

　　이단 옹호를 중단하길 단호히 거부하는 이들은 유죄판결을 받고 형벌을 위해 국가 당국으로 넘겨졌다. 이 시기에 국가 당국은 이단자들을 올바른 질서의 배반자로 여기고 열심히 처형했는데, 흔히 기둥에 매달아 놓고 산 채로 불태웠다("화형에 처했다"). 기록된 사건들의 여러 피고인 가운데 절대다수는 아무 일도 없거나 미미한 형벌을 받는 데 그쳤다. 당국에 넘기겠다는 위협은 오늘날 우리가 용인할 수 있을 만한 어떤 설득보다도 확실하게 이런 상황을 만드는 데 일조했을 것이다.

　　최초의 종교재판소는 바티칸에서 통제했지만, 얼마 지나지 않아 각기 교리적 순수성을 확보하기 위해 지역 주교들이 시작한 교회 종교재판소와 정부 당국이 통제하는 국가 종교재판소가 생겼다. 중세에는 종종 교회 관리들보다 국가 당국이 '그리스도의 나라'를 확장하는 데 더 열성적이고 과감했다(카롤루스 대제를 생각해 보라). 국가 통치자들은 자주 이단을 사회적 결속을 막는 암 덩어리로 보았고, 그것은 가차 없이 잘라내야 하는 대상이었다. 반면, 주요 문건들에 따르면 교회의 이단심문관들은 스스로를 병든 이단자들과 그들의 공동체를 치유하기 위해 보냄을 받은 의사로 여겼다. 세인트루이스대학교 중세르네상스연구소 소장인 토머스 매든(Thomas Madden)에 따르면, 현대인에겐 터무니없게 들릴 말이지만, "중세 사람들이 종교재판소에 관해 한 말을 읽어 보면, 가장 큰 비판은 그들이 너무 봐준다는 것, 시간이 너무 오래 걸린다는 것, 증거의 규칙에 지나치게 연연한다는 것, 모두가 공정한 대우를 받게 하려고 너무 까다롭게 군다는 것이었다. 그리고 세속 통치자들은 이것을 크게 불만스러워했다."[6]

이단심문관들이 봐준다는 비판을 듣지 않았던 곳이 있다. 바로 스페인이었다. 스페인 종교재판은 다른 곳과 달리 독특한 방식으로 이루어졌고, 사람들이 거론하는 종교재판은 흔히 350년 동안 유지된 스페인 종교재판을 말한다.

스페인 종교재판소

1478년, 스페인 왕 페르난도 5세(Ferdinand V)는 기독교로 개종한 유대인 '콘베르소'(converso) 문제를 다룰 종교재판을 독자적으로 진행하기 위해 교황 식스투스 4세(Sixtus Ⅳ)에게 특별 허가를 요청했다. 페르난도왕 이전의 몇 세기 동안 스페인에서는 유대인, 기독교인, 무슬림들이 조화를 이루며 특별하게 공존했다. 많은 유대인이 기독교로 개종했는데, 어떤 이는 전적으로 자유롭게, 어떤 이는 회유에 넘어가, 또 어떤 이는 강요에 의해 그렇게 되었다.

6세기 말-7세기 초에 교황 그레고리우스 1세는 기독교 국가에 사는 유대인들을 보호하고 괴롭히지 말고 "온유함과 관대함, 충고와 설득으로 기독교 신앙으로 이끌도록" 요청했다. "그렇지 않으면, 부드러운 설교와 다가올 심판에 대한 두려움으로 신앙을 가지게 되었을 사람들이 압박의 위협 때문에 거부감을 느낄 것이다."[7] 하지만 그런 접근 방식은 지속되지 못했다.

이후 몇 세기에 걸쳐 많은 유럽 지역은 그레고리우스 교황의 가르침을 무시했다. 유대인 공동체들이 주변 지역에 보여 준 상대적 성공과 분리주의적 태도는 이미 존재하던 반유대주의에 기름을 부었고, 13-14세기에 유대인을 상대로 한 광범위한 탄압으로 이어졌다. 1209년, 잉글랜드는 자국 영토에서 모든 유대인을 추방했다. 1306년에는 프랑스도 동일한 조치를 취했다.

스페인에서는 1391년의 뜨거운 여름에 폭동이 일어났고 사람들은 그들의 경제적 곤란이 특권 계급, 그중 유대인들 탓이라고 주장했다. 세비야와 발렌시아에 사는 수백 명의 유대인들이 살해당했다. 당대의 유대인들이 쓴 여러 편지에 따르면, 많은 도시의 지도자와 귀족이 유대인 이웃을 보호하려고 노력했지만 아무 소용이 없었고 많은 수의 유대인이 강제로 "기독교인이 되었으며" 이후 '콘베르소'라고 불렸다. 많은 신학자와 심지어 왕실 관리까지 그런 개종은 무효라고 선언했고 유대인들이 원한다면 유대교로 돌아가야 한다고 결정했다. 그러나 바르셀로나와 마요르카를 포함한 많은 곳에서 콘베르소들은 기독교인으로 남는 것이 가족에게 더 안전하다고 느꼈다. 그들은 주변 사회의 반유대주의적 의심을 견뎌야 했지만, 적어도 공식적으로는 보호를 받았다.[8]

콘베르소의 자손들도 콘베르소라고 불렸다. 그들은 구별되는 공동체를 이루었다. 유대인 공동체도, 더 넓은 기독교 공동체도 그들을 온전히 받아 주지 않았다. 얼마 안 가서 유대인-기독교인 콘베르소 배후에는 사회와 정부(페르난도왕의 궁정에 유대인들과 콘베르소들이 다 있었다)를 각계각층에서 오염시키려는 유대인들의 큰 음모가 놓여 있다는 소문이 일어났고 결국 스페인 전역을 뒤덮었다. 바로 이런 정황에서 페르난도는 위험할지도 모르는 반쪽짜리 기독교인들의 진짜 상태를 조사하기 위해 교황의 허가를 구했다. 왕은 스페인 종교재판을 직접 주관하고 교황에게는 모든 과정이 적절했다고 보고할 생각이었다. 망상에 사로잡힌 대중의 재촉을 받은 왕은 자신의 손발이 될 지역 교회의 성직자들을 이단심문관으로 임명해 고도의 중앙집권적 조사를 수행하게 했고 그것을 점점 더 확장해 나가도록 지시했다.

그러나 교황 식스투스 4세는 많은 콘베르소와 유대인들이 이탈리아 교황령에서 살 수 있게 허락했고, 1482년에 범상치 않은 교황 칙서를 내려 이렇게 항의했다. "아라곤, 발렌시아, 마요르카, 카탈로니아에서 한동안 종교재판을 이끈 동기는 신앙과 영혼 구원의 열정이 아니라 재물욕이었다." 너무나 많은 사람이 "감옥에 갇혔고, 고문을 당했고, 이단으로 돌아간 자로 정죄되었으며, 소유와 재산을 빼앗기고 재판정에 넘겨져 처형을 당해 영혼마저 위태롭게 되었다. 무시무시한 사례가 되어 많은 이들에게 혐오감을 안겨 주었다."[9]

이것이 끝이라고 말할 수 있으면 좋겠다. 그러나 사실 이는 시작일 뿐이었다. 유럽에서 가장 강력한 인물이었던 페르난도는 다소 위협적인 서신을 보내 교황을 힐난한다. 그 서신에서 왕은 이런 결론을 내렸다. "문제의 콘베르소들의 집요하고 교활한 설득으로 어쩌다 (교황의) 양해가 이루어졌지만, 나는 그 양해가 효력을 발휘하도록 내버려 둘 생각이 없소. 그러므로 이 일이 더 큰 문제가 되도록 방치하지 말고 모든 양해를 철회하고 전적으로 우리에게 이 문제를 맡기시오."[10] 마침내 교황은 왕에게 굴복했고 스페인 종교재판소에 바티칸의 '축복'을 내렸다.

1483년, 페르난도가 토마스 데 토르케마다(Tomás de Torquemada, 1420-1498)를 대심문관으로 임명한 일이 전환점이 되었다. 토르케마다는 스페인의 많은 콘베르소를 조사하고 체포하고 심문하고 고문하고 죽이는 일을 시작했다. 종교재판의 참상에 관해 우리가 들은 모든 이야기는(그것이 정확하다면), 이 끔찍한 시기에 발생했을 가능성이 아주 높다. 이후 20년에 걸쳐 토르케마다와 그의 심복들은 왕을 설득하여 모든 유대인을 스페인에서 추방했다.

1492년 콘베르소를 상대로 공포정치를 시작했으며 그들이 유대교 신앙과 그에 대한 충성을 고수하는 이단자임을 폭로할 방법을 모색했다. 빨리 잘못을 고백하면 벌로 모종의 보속만 실천하면 되었기 때문에, 많은 이가 자진해서 "교회와의 화해"에 나섰다. 그러나 그들 가운데 또 다른 많은 이들은 진정한 기독교인이었고 자신들을 그런 식으로 대접받도록 교회가 허용했다는 것을 믿을 수가 없었다. 쿠엔카의 한 콘베르소 여성은 울면서 이렇게 말했다. "존경받는 신부들이 이런 일들을 하다니, 그들이 악마이고 옳게 행하지 않는다는 사실에 하나님이 정말 분개하실 겁니다."[11] 이보다 더 절제된 표현이 있을까 싶다. 같은 도시의 또 다른 주민은 이렇게 말했다. "종교재판소보다는 차라리 그라나다의 무슬림들이 이 도시에 들어오는 것을 보는 게 낫겠습니다."[12]

마녀사냥, 프로테스탄트 사냥

콘베르소라는 '문제'가 해결된 후, 스페인 종교재판소는 활동 범위를 넓혀 마법을 포함한 온갖 종류의 이단까지 다루면서 공식 활동을 이어 갔다. 종교재판은 마녀로 몰렸다가 자백한 이들에게 매우 잔혹했다.

예를 들어, 1610년 11월 7일 일요일에 로그로뇨에서 마녀 여섯 명이 산 채로 화형을 당했다. 그러나 증거를 살펴볼 때 더 눈에 띄는 부분은 마법 행위가 있었다는 대중의 주장을 이단심문관들이 두루 회의적으로 바라보았다는 점이다. 기록에 따르면, 프란시스코 바카(Francisco Vaca)와 알폰소 살라자르(Alfonso Salazar) 같은 핵심 조사관들은 마법에 대한 대부분의 고발과 자백이 완전히 거짓이거나, 정신질환 또는 소도시의 히스테리라고 주장했다. 살라자르는 1611년 4월의 보고서에서 이렇게 썼다. "마법 행위가 실제로 발생했다고 유추할 만한 단 한 건의 증거도 발견하지 못했다. 내가 기존에 품고 있던 의심은 이번 방문조사를 통해 더 커졌다. 외적 증거 없이 피고자에 대한 증언만으로는 그를 정당하게 체포할 수 없다." 더 나아가, "대중의 마음이 병든 상태에서는 이 문제에 대한 모든 선동이 해롭고 해악을 증가시킨다. 나는 여기서 침묵의 중요성을 떠올리게 된다. …… 마녀와 마법에 대한 이야기와 글이 등장하기 전에는 마녀도, 마법에 사로잡힌 자도 없었다."[13]

스페인 종교재판소는 다소 계몽된 방식으로 마법에 접근했다. 적어도 1500-1600년대에 독일, 프랑스, 잉글랜드에서 있었던 수천 건의(어쩌면 많게는 5만 건에 이르는) 마녀재판과 처형에 비교하면 그렇다는 말이다.[14] 마녀재판은 분명히 교회의 지원을 받았다. 하지만 이스트앵글리아대학교의 초기 근대사 교수 맬컴 개스킬(Malcolm Gaskill)에 따르면, "1970년대 이래로 진행된 기록 보관 자료에 대한 연구 덕분에 '마녀-광풍'이 본질적으로 세속 법정에서 있었던 현상이라는 것이 분명히 드러났다."[15] 이유는 분명하다. 마법은 공공의 위협, 심지어 치명적 무기로 여겨졌기 때문이다. 민중을 보호하는 일이 세속 당국의 의무였다. 마녀사냥의 절정기(1620-1650년대)가 전쟁, 전염병, 흉년의 시기와 대체로 겹친다는 사실은 놀랍지 않다. 공포에 사로잡힌 대중은 마녀에게 모든 문제의 책임을 돌렸고, 남아 있는 기록에 따르면 마녀의 80퍼센트가 여자였다.[16]

이에 더해, 스페인 종교재판소는 16세기 중반부터 말까지 스페인으로 들어오려고 시도한 개신교 신자들을 유의해서 보았다. 16세기 초에 독일에서 시작된 프로테스탄트 종교개혁은 교황의 권위를 거부했고, 구원은 개인의 자선 행위나 교회가 정해 준 보속이 아니라 죄를 대속하기 위한 그리스도의 죽음에만 온전히 달려 있다고 강조했다. 이것은 이 책에서 다루기엔 너무나 큰 이야기이며, 종교개혁은 다음 장에서 다시 만나게 될 것이다.

여기서는 스페인 종교재판소가 1559년 5월 21일 일요일에 바야돌리드에서 열린 아우토 다 페(auto da fe; 포르투갈어로 '신앙의 행위'라는 뜻인데, 변하여 스페인에서 '공개 화형'을 가리키는 말이 되었다-편집자)라는 일련의 공개의식에서 프로테스탄트들을 이단자로 조사하고 처형했다는 사실 정도만 짚고 넘어가자. 그날의 아우토 다 페에서 열네 명이 처형되었고, 10월 8일에 다시 열두 명의 개신교 신자가 죽임을 당했다. 그중에는 영향력 있는 귀족 카를로스 데 세소(Carlos de Seso)도 있었다. 그는 자신의 무서운 운명을 깨닫고, 확신하는 바를 대단히 프로테스탄트적인 용어로 단언했다. "나는 예수 그리스도만 바라고 그분만 신뢰하고 흠모합니다. 내 무가치한 손을 그분의 거룩한 옆구리에 얹고 그분의 피의 공로를 의지하여 그분이 택하신 자들에게 주신 약속을 누리러 갑니다."[17] 세소는 산 채로 불태워졌다. 스페인 종교재판소는 프로테스탄트 신앙이 스페인에서 의미 있게 확장되지 못하도록 막는 데 대단히 효과적이었다.[18] 오늘날에도, 스페인의 총 인구 4,900만 명 중에서 개신교 신자는 3.4퍼센트인 170만 명에 불과하다.[19]

16세기 말과 17세기 초에 프로테스탄트의 '위협'이 잦아들자, 스페인 종교재판소가 할 일은 대폭 줄어들었다. 종교재판소는 가끔 이단을 다루었지만 대부분의 활동은 중혼(20퍼센트), 성직자 범죄(19퍼센트), 신성모독(15퍼센트), 미신 혹은 마법(11퍼센트), 말 도둑질(2퍼센트)에 집중되었다.[20] 이 기간에는 거의 처형이 이루어지지 않았다. 통상적으로 이단심문관의 도덕적 훈계와 다양한 보속 요구가 있었다. 1599년 바르셀로나의 한 여성이 매춘 행위로 종교재판소에 고발당했다. 기록에 따르면 이단심문관들은 사건을 기각하면서 그 여인에게 "교리문답서를 배우고[여기에는 사도신경과 주기도문 암송이 포함되었다] 그 내용을 다 익힐 때까지 2주에 한 번씩 종교재판소에 나오게" 했다.[21] 매춘보다 더 심각하지만 사형 판결이 내려지지 않은 사건이 1608년에 있었다. 발렌시아의 한 교구 사제가 스물아홉 명의 여성을 유혹하려 했다는 혐의로 재판을 받은 것이다.[22] 이런 지독한 범죄조차도 사형을 받는 경우가 드물었다.

토르케마다가 이끌었던 끔찍한 조직적 활동을 제외하면, 스페인 종교재판소는 그 대부분의 역사에서 '너그럽다'는 평을 받았다. 세인트루이스대학교의 매든 교수에 따르면, 스페인 종교재판소는 "유럽에서 가장 잘 운영되고 가장 인도주의적 법정으로 널리 칭송을 받았다."[23] 일반적인 국가 감옥의 죄수들이 일부러 '이단적인 진술'을 하거나 '유대주의자'(judaizer; 즉 콘베르소) 행세를 해서 종교재판소 감옥으로 옮기려 했다는 기록까지 남아 있다.[24] 국가 당국에서도 불결하고 과밀한 공공 감옥의 죄수들을 종교재판소 감옥으로 옮기게 해 달라고 이따금씩 요청했다. 관련된 기록에 따르면, 종교재판소 감옥은 "넓고 물이 충분히 공급되었고 하수 시설의 설계와 배치가 좋아서 쾌적했고 죄수들이 건강을 유지할 수 있게 분리 수용되었으며 환기 시설도 갖추어져 있었다."[25]

20세기의 저명한 미국인 역사가 헨리 찰스 리(Henry Charles Lea; 종교재판의 지지자는 결코 아니었다)는 종교재판의 역사를 다룬 네 권 분량의 기념비적 저서에서 증거를 검토한 후 이렇게 밝혔다. "대체로 종교재판소의 비밀 감옥들은 주교 감옥이나 공공 감옥에 비해 그나마 견딜 만했다고 결론을 내릴 수 있을 것이다. 스페인이든 다른 곳이든, 종교재판소 감옥들에 관한 전반적인 정책은 다른 사법 관할 감옥에 대한 정책보다 더 인도주의적이고 계몽된 것이었다."[26]

어쨌든 스페인 종교재판소는 다음 세기 내내 문화적·법적 중요성이 커졌다 작아지기를 거듭하다가 1808년 폐지되었고, 1814년 다시 복원되었다가, 마침내 1834년에 해체되었다.

스페인 종교재판의 사망자 수

스페인 종교재판으로 얼마나 많은 사람이 처형되었을까? 정확한 수를 계산하기는 불가능하다. 많은 기록이 남아 있는 도시가 있는 반면, 증거가 부분적이거나 아예 없는 도시도 있다. 토마스 데 토르케마다와 그의 후계자들이 활동했던 종교재판소 초기의 격렬한 시기(1480-1530)에는 카스티야의 재판소들에서 약 1,000건의 처형이 이루어졌고, 사라고사에서 130건, 발렌시아 225건, 바르셀로나에서 34건의 처형이 이루어졌다는 사실이 잘 알려져 있다. 이 수치를 토대로 다른 도시들(종교재판소가 열렸다는 것은 알지만 증거가 남아 있지는 않은 곳들)의 상황을 추정하여 전체 사망자 수를 잠정적으로 도출해 볼 수 있다.

바르셀로나의 고등과학연구위원회의 역사학 교수 헨리 카멘(Henry Kamen)은 스페인 종교재판의 참혹한 첫 50년에 대한 여러 학자들의 추정치를 검토한 후, 이런 결론을 내렸다. "종교재판소에서 처형된 사람이 2천 명을 넘을 것 같지는 않다."[27]

이 부분에서 내 말을 오해하지 말기를 바란다. 기독교의 진리를 빙자하여 처형된 사람이 2천 명이라니, 많아도 너무 많다. 그리고 여기에다 비교적 피를 덜 흘린 종교재판의 나머지 300년 동안, 즉 1834년까지 처형된 사람의 수를 더해야 한다. 이 수치도 현대의 연구자들이 쉽게 접근 가능한 이단심문관들의 꼼꼼한 기록 덕분에 계산이 가능하다. 에드워드 피터스는 유명한 저서 *Inquisition*(종교재판)에서 이렇게 결론을 내린다. "(1530년 이후 300년간 처형된 인원에 대한) 최고의 추산은 스페인에서 종교재판 판결로 인해 3천 건 정도의 사형이 집행되었다."[28]

내가 10년 전 즈음에 처음 종교재판에 관해 조사를 시작했을 때 피터스 교수에게 연락해 이 수치와 관련된 자세한 내용을 문의했던 이야기를 짧게 해 보겠다. 처음에 그는 내가 사망자 수를 부풀리려는 언론인이라고 생각해 욕을 했다! (중세사를 연구하는 학자들만큼 언론인에게 불만이 많은 학자는 드물다.) 나는 역사학자이며, 그것도 고대사 연구자로서 기독교 역사의 최고의 모습과 최악의 모습을 정리하는 썩 나쁘지 않은 일을 하려 한다고 설명했다. 그러자 그는 대단히 정중하고 협조적인 태도로 바뀌었고 350년 동안 스페인 종교재판소가 처형한 남녀의 총 수는 약 5-6천 명이라고 확인해 주었다. 헨리 카멘이 말한 대로 첫 50년간 약 2천 명, 그리고 피터스가 자세히 소개한 대로 나머지 300년간 약 3천 명의 사람이 처형되었다.

현대의 기독교인으로서, 아니 한 인간으로서 나는 6천 명의 남녀가 부당하게 살해되었다는 사실에 말문이 막힌다. 그러나 종교재판은 인류의 잔혹성을 보여 준 사례 목록 중 상위 10위 안에 들지 못할 것이라고 내가 이번 장을 시작하며 주장한 데는 근거가 있다. 종교재판소에 관한 꼼꼼한 문서에서 발견되는 잔인함의 규모는 같은 기간 및 오랜 시간이 지난 후의 세속 법정에 대해 우리가 아는 잔혹함에 비하면 왜소해 보인다. 앞서 말했다시피, 당시의 대중은 오히려 이 교회 법정이 너무 너그럽다고 비판했다. 그 주된 이유는 당시 사람들은 종교재판소를 1967년에 이미 사형이 폐지된 현대의 호주와 비교한 것이 아니라, 빵 한 덩이를 훔친 죄로 교수형에 처해질 수 있었던 당시 스페인과 유럽 전역의 광범위한 사법 제도와 비교했기 때문이다.

종교재판은 350년에 걸쳐서 매년 열여덟 명의 사람들을 처형했다(첫 50년 동안에는 이보다 훨씬 많은 사람을, 나머지 300년 동안에는 훨씬 적은 사람을 처형했다). 다시 말하지만, 부당하게 죽은 이가 1년에 열여덟 명이라는 것은 분명 매우 많은 수치다. 내가 말하려는 것은, 인류 폭력의 역사에서 보면 스페인 종교재판은 레이더에 잘 잡히지도 않을 만큼 작은 규모라는 점이다. 하지만 현대인에게 종교재판은 대부분의 다른 잔혹함의 사례보다 더 크게 다가온다.

프랑스 공포정치

종교재판소의 기록을 시기적으로 조금 뒤에 있었던 세속적 운동의 사망자 수와 비교해 보라. 1789년부터 1799년에 걸쳐 진행된 프랑스혁명은 유명한 세속적 구호인 자유, 평등, 박애를 내세웠다. 윌리엄 도일 (William Doyle)은 옥스퍼드출판사에서 나온 프랑스혁명에 대한 *A Very Short Introduction*(아주 짧은 개론서)에서 이 혁명이 "계몽주의 승리"를 뜻한다고 썼다. "말 그대로, 더 이상 어떤 것도 신성하지 않았다. 모든 권력, 권위, 제도가 이제 잠정적인 것이 되었고, 합리성과 효용의 관점에서 정당화될 수 있는 범위 안에서만 타당했다."²⁹ 프랑스혁명의 설립 문서인 "인권선언"은 개인의 자유와 민주주의를 강력하게 내세운 계몽주의 진술이었다. 그리고 여기서 개인이란 투표권을 가진 유일한 집단이던 토지 소유자를 뜻했다.

자유와 합리성의 이름으로, 국민공회(군주제 타도 이후 새로운 헌법 제정을 위해 세워졌다)는 많은 사람이 죽어야 한다는 결정을 내렸다. 내전과 거리 폭동으로 죽은 20만 명과 재판도 없이 감옥에서 죽은 약 만 명의 사람들은 차치하고, 국민공회는 혁명의 대의를 지지하지 않는 모든 사람의 처형을 승인했다. 아칸소대학교의 토머스 카이저(Thomas Kaiser)에 따르면, 1793년 9월부터 1794년 7월까지 소위 공포정치 기간에 "정부는 아주 사소한 구실로만 명이나 체포해 무의미한 재판을 거친 뒤 그중 상당수를 처형했다. 국민공회는 혁명적 규율을 지방에 강요했는데, 종종 그 방식이 아주 잔인했다. 탈기독교화 사업으로 수백 개의 교회와 종교 유적지가 파괴되었다."³⁰ 프랑스가 공포정치로 나아가던 때, 해협 건너 런던에서는 〈타임스〉(The Times) 1면에 이런 보도가 실렸다.

> 파리 길거리에 흩어져 있는 난도질된 희생자들의 시체는 이제
> 주민들에게 너무 익숙하다. 지나가다가 시체를 보거나 발로 밟아도
> 딱히 신경 쓰지 않는다. 못된 소년들이 고양이나 개를 아무 생각
> 없이 죽이듯, 폭도들은 같은 인간을 죽이면서도 어떤 의구심도 품지

않는다.[31]

〈타임스〉 기사는 이렇게 물었다. "이것이 '인권'인가? 이것이 인간 본성의 자유인가?" 공포정치 기간에 17,000명이 "재판을 받았고" 총살형이나 익사형 또는 새로 발명된 단두대로 죽임을 당했다.[32] 관리들은 낭트 시근처의 르와르강에서 약 2천 명의 남녀를 대상으로 이루어진 공개 익사형을 "국가적 목욕", "공화국의 세례"라고 냉담하게 표현했다.[33] 어쨌든, 이는 가늠조차 쉽지 않은 규모다. 새롭게 계몽된 혁명가들은 겨우 9개월 사이에 350년 동안 이어진 스페인 종교재판 때보다 세 배나 많은 사람을 처형했다.

프랑스혁명의 지도부는 모두 계몽주의 합리주의자들이었는데, 자신들이 하는 일이 "덕스러운 행위"이고 이런 공포정치의 결과가 "덕스러운 프랑스"로 나타날 것이라고 주장했다. 공포정치 당시 혁명의 위대한 지도자 막시밀리앙 로베스피에르(Maximilien Robespierre)는 이렇게 주장한 것으로 유명하다. "공포정치는 신속하고 엄중하고 단호한 정의(正義)이고, 따라서 미덕의 발산이다. 그것은 특별한 원칙이 아니라 민주주의 일반 원리를 우리나라의 가장 긴급한 필요에 적용한 결과다."[34] 공포정치는 종교도 합리주의도 잔인해지는 인간 성향을 막아 내지 못한다는 사실을 충격적으로 떠올리게 한다.

분명히 말해 두지만, 여기서 나의 요지는 세속적 자유가 종교적 독단보다 더 위험하다는 것이 아니다. 비난의 화살을 다시 상대에게 돌리는 일종의 '그쪽이야말로'주의(whataboutism)를 구사하는 것도 아니다. 나는 홍미로운 역사적 현상, 하나의 역설을 부각시키고 싶을 뿐이다. 오늘날 아무도 "세속적 자유의 흉포함", "프랑스인들의 사악함"을 성토하지 않는 반면, (나를 포함한) 많은 사람이 종교재판의 전설적 잔혹함을 매도하면서 자란다. 마치 종교재판이 인류가 저지른 최악의 행위와 종교가 저지른 모든 잘못의 전형인 것처럼 말이다. 이런 역설이 생겨나게 된 경위는 다시 소개할 만한 가치가 있다. 종교재판의 전설이 만들어진 데는 내가 속한 집단, 즉 개신교 신자들의 책임이 큰 것으로 드러난다.

'종교재판' 전설, 누구의 작품인가

종교개혁이 스페인에 발을 붙이지 못하도록 효과적인 작용을 했던 스페인 종교재판이 개신교 신자가 가톨릭교회에 반대하여 펼치는 주장에 중요한 요소로 두루 등장하는 것은 놀랍지 않다. 일찍이 1521년에 마르틴 루터는 이렇게 선언했다. "누구보다 기독교인의 피를 많이 흘린 사람은 바로 가장 거룩한 신부인 교황이다. 요즘 그는 그리스도의 양무리를 칼, 총, 불로 돌본다." 하지만 참된 기독교는 평화의 길이라고 그는 말한다. "이사야서 2장과 11장은 교회가 피 흘리는 데서 자유롭다고 묘사한다."[35] 1525년에도 루터는 가장 유명한 저작 중 한편인 *The Bondage of the Will*(노예의지론)에서 이렇게 물었다. "지난 몇 세기 동안 종교재판소의 앞잡이들만 해도 얼마나 많은 성도를 죽이고 불태웠는가?"[36]

루터의 질문은 수사적인 것이었지만, 얼마 지나지 않아 다른 이들이 잔학한 세부내용을 채워 넣었다. 이단심문관들이 '성도들'을 살해한 무시무시한 이야기는 프로테스탄트가 내세우는 논증에서 빠지지 않는 부분이 되었다. 1563년에 이르러 존 폭스는 *Actes and Monuments of These Latter and Perillous Dayes*(근래의 위태로운 날들의 행적과 공적)을 출간해 중세 교회의 폐해, 스페인 및 다른 여러 곳에서 처형을 일삼은 종교재판소, 잉글랜드에서 그 얼마 전에 있었던 개신교 신자 박해를 연대순으로 기록했다. "스페인의 저주받을 종교재판"을 묘사한 159개의 꼭지에서 그는 무고한 희생자들이 적법한 절차도 없이 유죄 판결을 받고 "생생한 어둠과 무한 공포 속에서 비참한 두려움에 떨며 죽음의 공격과 씨름한" 과정을 들려준다. 폭스는 "그들이 견뎌야 했던 모욕, 위협, 매질, 채찍질, 족쇄, 고문, 고문대"에 대해 말한다.[37] 그의 저작은 금세 선풍적인 반응을 일으켰다. 심지어 이 책은 영어성경과 맞먹는 판매고를 올렸고, 잉글랜드 여왕 엘리자베스 1세는 잉글랜드의 모든 교회에 이 책의 사본이 한 권씩 비치되도록 조치했다.[38]

이 책이 나오고 몇 년 뒤 1567년 유럽 전역에서 대단한 인기를 얻은 또 다른 책이 나왔다. 몬타누스(Montanus; 가명)가 쓴 *A Discovery and Plaine Declaration of Sundry Subtill Practices of the Holy Inquisition of Spain*(스페인 종교재판소의 다양하고 교묘한 실태의 발견 및 그에 대한 분명한 선언)이다. 저자는 자신이 종교재판소의 손아귀에서 간신히 벗어난 스페인 개신교 신자라고 주장했다. 에드워드 피터스에 따르면, 몬타누스는 "심문 기법의 부정직함과 기만성, 고문실에서의 다양한 참상을 강조한다. 종교재판소의 실태 중에서 극단적인 사례의 일부를 표준적인 상황으로 제시하고, 종교재판소의 모든 희생자를 무고한 존재로, 모든 종교재판관을 부패하고 기만적인 존재로, 모든 단계의 절차가 자연법과 이성의 법칙을 위배한 것으로 그려 낸다."[39] 이 책은 이후 2세기에 걸쳐 재판되고, 인용되었으며 다른 언어로 번역되었다.

폭스의 책과 몬타누스의 책은 당대는 물론이고, 이후에도 정말 오랫 동안 현대의 우리가 거론할 수 있는 그 어떤 책보다(물론 성경은 제외해야 한다) 유명했다. 두 책의 영향력을 과장하기는 어렵다.

많은 현대 학자의 판단에 따르면, 16-17세기의 개신교 신자들이 암 흑시대라는 신화가 확립되는 데 일조했던 것처럼, 오늘날 우리 대부분의 머릿속에 자리 잡은 종교재판소의 이미지가 만들어지는 데도 일정한 역 할을 했다. 교회의 '사람 잡는 독단주의'라는 근대의 이미지를 확고히 하 고 그 이미지를 새로운 이성 시대의 특징인 관용의 정신과 대립시키는 데 그다음 세기 계몽주의 사상가들은 굳이 할 일이 없었다.

흥미롭게도, 이런 중세 가톨릭 비판과 계몽주의적 다원주의로의 전 환에서 대단히 중요한 역할을 감당한 사상가 중 한 사람은 경건한 프로 테스탄트이자 위그노(프랑스의 칼뱅주의자)였던 피에르 벨(Pierre Bayle, 1647-1706) 이다. 로테르담의 철학 교수였던 그는 밀라노칙령 및 다른 곳에서 발견 된 고대 기독교의 종교적 자유 관념을 자신의 회의적인 청중에게 보다 세 련된 방식으로 홍보했다. 에드워드 피터스의 말을 들어 보자. "박해를 충 분히 목격했던 벨은 종교적 자유의 선구자들의 종교적·철학적 논증들을 많이 받아들였고 그것을 훨씬 많은 청중에게 다가갈 수 있는 언어로 바꾸 어 퍼뜨렸다."[40] 벨은 "'잘못된 양심'까지도 진실한 것으로 여기고 존중해야 한다"고 보았다.[41] 그는 이런 계몽된 관용을 가톨릭교회 및 종교재판소의 잔인성과 대비시켜 제시했다.

> 로마 교회는 이의를 제기하는 것을 아무에게도 허용하지 않았고
> 감히 그런 자유를 행사하는 모든 사람을 인두와 불로 제거했다. 로마
> 교회는 모든 지역에 종교재판소를 세우려고 많은 노력을 했다. 로마
> 교회가 권위 유지를 위해 만들어 낸 종교재판소는 이제껏 인간 정신이
> 내놓은 가장 극악하고 수치스러운 도구였다.[42]

맹렬한 반종교적 계몽주의 사상가들은 이러한 주장을 곧 받아들였다. 그중 대표적인 인물이 볼테르(Voltaire)라는 필명으로 더 유명한 전설적인 프랑수아 마리 아루에(François-Maire Arouet, 1694-1778)다. 볼테르는 자신의 글에서 종교재판소를 자주 거론했고 그것을 혐오스러운 종교의 전형적인 오점으로 제시했다. 그는 18세기에 가장 널리 읽힌 작가 중 한 사람이었으며, 종교적인 세상이 지금의 세속적 세상으로 전환하는 데 중심적인 역할을 한 인물이었다. 그는 개신교가 중세 가톨릭을 비판하면서 꺼내 든 개념들을 가져다가 가톨릭과 개신교 모두를 비판하는 계몽주의 관념으로 새롭게 제시했다. "종교는 종교재판소를 낳지만, 이성은 자유와 평화를 낳는다."[43]

볼테르가 내세운 이런 생각들과 함께 미국의 자유 전통에 큰 영향을 준 또 한 가지는 종교적 자유에 대한 보다 기독교적인 사상이다. 로드아일랜드 주 프로비던스를 건설한 로저 윌리엄스(Roger Williams, 1603-1683) 같은

초기 미국의 사상가들은 이런 사상을 옹호했다.[44]

갈릴레오 재판

　끝으로, 유명한 갈릴레오 재판도 종교재판소의 가혹함과 어리석음에 대한 과장된 견해에 기여했다. 에드워드 피터스가 이에 대해 자세히 주장했다.[45] 갈릴레오 갈릴레이는 지구가 태양 주위를 돈다는 코페르니쿠스(Copernicus, 1473-1543)의 견해를 지지했다. 그러나 당시 과학계와 신학계에서는 태양이 지구 주위를 돈다는 생각을 널리 믿고 있었다. 반과학적 종교재판소는 감히 성경의 진리에 도전한 갈릴레오를 억압하고 고문하고 추방했다. 이 사건은 과학과 종교 사이의 깊은 갈등을 분명하게 보여 준다.

　적어도 이것이 오늘날 많은 사람들이 받아들인 이야기다. 갈릴레오 재판에 대한 개작된 이 이야기는 크게 볼 때 19세기의 두 위대한 과학사 서적에서 유래했다. 1875년에 나온 존 드레이퍼(John Draper)의 *History of the Conflict between Religion and Science*(종교와 과학, 그 갈등의 역사), 1896년에 나온 앤드루 화이트(Andrew White)의 *A History of the Warfare of Science with Theology in Christendom*(과학과 기독교 신학의 전쟁사)이다.[46] 두 책의 제목이 모든 것을 말해 준다. 교회는 과학을 반대한다는 것이다. 그 증거물 1호가 갈릴레오다.

　그러나 현대의 과학사가들은 '고귀한 과학'과 '독단적 교회'의 대결이라는 계몽주의 이야기를 대체로 받아들이지 않는다. 예를 들면, 텔아비

브대학교의 리프카 펠트헤이(Rivka Feldhay)는 탁월한 여덟 권 분량의 과학사 개요서 *Cambridge History of Science*(케임브리지 과학사)에서 드레이퍼와 화이트의 서사 전체가 "몇 가지 사건에 대한 선별적이고 대단히 훈계조의 설명에 근거한다"고 말한다. 펠트헤이에 따르면, 16-17세기의 과학과 교회는 사실 공생공존의 관계였다.[47]

그렇다면 갈릴레오 재판은 어떻게 된 일인가? 종교재판소가 갈릴레오의 연구에 반대했고 그가 1632년에 펴낸 책 *Dialogue Concerning the Two Chief World System*(두 가지 주요 우주 체계에 대한 대화)을 금서로 지정한 것은 사실이다. 반면, 갈릴레오의 가장 중요한 후원자들은 언제나 교회의 고위직 성직자들이었고 끝까지 그러했다. 다만 교회가 신학적 근거로 갈릴레오를 거리낌 없이 책망할 수 있었던 것은 당대 주요 대학 교수들이 갈릴레오의 생각에 반대했기 때문이었다. 갈릴레오의 견해가 17세기에 증명될 수 있었다면 상황은 다르게 흘러갔을 것이다. 세상에 관한 증명된 사실이 성경이 말하는 것 같은 내용과 모순된다면, 교회는 관련 성경 구절에 대한 새롭고 더 참된 해석 방법을 찾아야 한다. 이것은 5세기의 아우구스티누스와 13세기의 아퀴나스만큼이나 오래된 원리다.[48] 그러나 당시 갈릴레오의 주장들은 아직 과학적 증명의 문턱을 넘지 못했기에 교회는 기존 입장을 고수했다.

갈릴레오가 앞서 말한 책에서 한때 그의 친구였고 당시의 교황이던 우르바누스 8세(Urbanus Ⅷ)를 얼간이로 등장시키고 대놓고 모독한 일 또한 부정적으로 작용했다. 1633년, 종교재판소는 갈릴레오의 "강한 이단 의혹"에 대해 유죄 판결을 내렸다. 고문은 없었다. 그리고 그의 투옥은 시에

나의 대주교 아스카니오 피콜로미니(Ascanio Piccolomini)의 집에 잠시 머무는 것으로 대체되었다. 갈릴레오는 그해 후반에 집으로 돌아가도록 허락을 받았고 피렌체의 집에서 가택 연금 상태로 살다가 10년 후 세상을 떠났다.[49]

물론 갈릴레오에 대한 교회의 조치는 분명히 잘못된 것이었고 부당했다. 그러나 그 이야기는 지나치게 부풀려졌고 종교재판소의 혐오스러운 독단을 향한 사람들의 분노를 부채질했다. 리프카 펠트헤이가 지적한 대로, "갈릴레오 재판은 역사적 사건에서 강력한 문화적 상징으로 변화했고, 이 상징은 드레이퍼와 화이트의 19세기 저작들에서 큰 자리를 차지했다." 하지만 펠트헤이는 이렇게 덧붙인다. "20세기에 이르러 종교재판소 문헌을 토대로 이 재판에 대한 여러 연구가 진행되었고, 재판을 둘러싼 구체적인 역사적·정치적 상황의 중요성이 제기되었다. 재판의 원인에 대한 합의된 의견을 도출하진 못했지만, 이 연구들은 19세기의 갈릴레오 재판 해석이 유발한 믿음, 곧 과학과 종교 간의 갈등은 피할 수 없다는 믿음을 효과적으로 약화시켰다. 하지만 물론 그 믿음은 지금도 존재한다."[50]

흥미롭게도, 20세기 후반에 갈릴레오 재판의 문헌을 검토하면서 과학사가들은 관련 사건들을 과학과 종교의 대결로 보는 해석에 의문을 제기하게 되었고, 교회는 스스로의 실수를 인정했다. 1992년 교황 요한 바오로 2세는 종교재판소가 갈릴레오를 그런 식으로 재판한 것은 잘못이었다고 공개적으로 시인했다.[51] 늦었지만 해야 할 일을 한 것이다.

이번 장에서 내가 쓴 어떤 내용도 종교재판소의 잔혹함을 변명하거나 축소할 수는 없다. 당시에는 종교재판소의 행태가 특별한 것이 아니었다. 심지어 "너그럽다"는 평을 들었을 정도다. 그러나 오늘날의 가치관에 비추어 볼 때는 당연히 개탄스러운 일이다. 교황이 사과할 필요성을 느낀 것 역시 합당한 일이다.[52]

그러나 이보다 더욱 분명한 논점이 있다. 종교재판소가 가장 추악하게 보이는 순간은 그리스도의 생애와 가르침이라는 배경에서 볼 때라는 것이다. 종교재판소를 중세 스페인의 기준이나 프랑스혁명의 가치관, 오늘날 세속 민주주의 이상 등에 비추어 평가하는 것은 정당한 일이 될 수도 있고 아닐 수도 있다. 그러나 진리를 위한 교회의 폭력 사용을 복음서의 가르침에 비추어 판단하는 것은 분명히 합당한 일이다. 그렇게 판단해 보면 종교재판소는 유죄다. 내가 앞서 말한 대로, 종교재판소는 10대 인류 최악의 야만적 행위를 공평하게 정리한 목록에는 오르지 못할 것이다. 그러나 "너희의 원수를 사랑하며 너희를 미워하는 자를 선대하며, 너희를 저주하는 사람들을 축복하[며]"라는 성경 말씀을 놓고 생각하면, 종교재판소의 행위는 신성모독이다.

이런 의미에서 개신교 신자들이 피에르 벨의 표현대로 교회의 권위 유지를 위한 이 "가장 극악하고 …… 가장 수치스러운 도구"를 맹렬히 비판한 것은 잘못이 아니었다.[53] 그들이, 아니 모든 사람이 그 묘사 안에서 자신의 모습도 인식했어야 하는데 그렇지 못한 것이 아쉬울 뿐이다. 종교재판을 진행한 가톨릭 신자들과 프랑스의 혁명가들처럼, 개신교 신자들도 사람을 죽였다. 다음 장에서 나는 개신교 신자들이 가톨릭 신자들을 죽이고, 가톨릭 신자들이 개신교 신자들을 죽이고, 개신교 신자들과 가톨릭 신자들이 힘을 합쳐 다른 가톨릭 신자들과 개신교 신자들을 죽인 여러 사례 중 가장 기괴하고, 그래서 사람들이 가장 크게 오해하는 사례 하나를 살펴볼 것이다. 바로 최악의 종교전쟁이었던 '30년 전쟁'이다.

기독교 내의 분쟁을 없애고 완전한 평화를 이루는 일은
기독교적이고 우호적이며 평화로운 수단으로만 달성해야 할 것이다.
— 아우크스부르크 화의

21
종교적
신화들로
얼룩진
30년 전쟁

1600년대
종교개혁기에 일어난 피비린내 나는 전투

"종교 때문에 역사상 대부분의 전쟁이 일어났으니까요!"

시드니의 아름다운 미들하버가 내려다보이는 곳에서 잘 차려진 점심 식사를 앞에 두고 나와 마주 앉은 사람이 확고하게 내세운 주장이었다. 나에겐 자주 있는 일인데, 그 사람이 내 직업을 물으면서 대화가 시작되었다. 나는 역사와 종교를 연구한다고 두루뭉술하게 대답했다(당시 나는 세계 5대 종교를 다룬 책을 막 출간한 터였다). 그는 종교를 별로 좋아하지 않는다고 응수했는데, 그 이유를 물었더니 솔직한 답변이 돌아왔다. "종교 때문에 역사상 대부분의 전쟁이 일어났으니까요!"

물론 나는 조금 자세히 물었다. "어떤 전쟁을 말하는 겁니까?" 그는 말을 멈추고 한동안 생각하더니 이렇게 대답했다. "그야, 십자군 전쟁이 있지요." 다시 침묵이 흘렀다. "그리고 북아일랜드 분쟁도 있습니다!" 그는 그 두 가지 사례만 제시했다. 십자군 전쟁은 나도 인정해야 할 것 같다. 우리가 1-2장에서 봤다시피, 십자군 전쟁은 정말로 종교전쟁, 기독교 전쟁이었고 끔찍한 전쟁이었다. 이 사실은 피할 도리가 없다.

이 사람이 언급한 다른 종교전쟁, 그러니까 아일랜드 분쟁에 관해서는 22장에서 본격적으로 다룰 것이다. 여기서는 종교가 역사 속 전쟁들의 유일한 원인이라는 견해가 아주 흔하다고 말해 두는 정도로 만족하자. 종교는 너무나 강한 열정을 불러일으키고 어떤 행동이든 정당화할 수 있기 때문에 많은 인간 갈등의 배후에 종교가 있는 것은 당연하다고들 한다. 같은 맥락에서 리처드 도킨스는 이렇게 말한 바 있다. "종교전쟁은 실제로 종교의 이름으로 치러지고 역사에서 정말 끔찍이도 잦았다. 무신론의 이름으로 벌어진 전쟁은 하나도 생각나지 않는다."

이런 맥락에서 자연스럽게 거론될 만한 또 다른 일련의 파괴적인 전투들이 있다. 그것은 잔혹성과 지속적인 영향력 면에서 십자군 전쟁과 북아일랜드 분쟁이(심지어 이 둘을 합해도) 무색할 정도다. 역사책에서는 "30년 전쟁"(1618-1648)으로 알려져 있지만, 그냥 "종교전쟁"이라고 불리기도 한다. 이 기간은 유례없는 독선과 폭력이 난무했다.

30년 전쟁은 16세기 종교개혁의 뒤를 이어 유럽 전역으로 퍼져 나간 들불이었다. 종교개혁이라는 운동을 통해 독일, 프랑스, 덴마크, 네덜란드 및 여러 나라의 많은 기독교인이 로마 교회[로마 가톨릭을 의미-편집자]와 결별했고 그리스도의 길을 따르는 일의 의미에 대한 고유의 시각을 확립했다. 종교개혁은 역사상 가장 파란만장한 지적 혁명 가운데 하나였고, 이탈리아부터 잉글랜드에 이르는 유럽 도시 국가들의 심각한 동요를 불러왔다. 종교개혁을 간략하게 설명한 다음, 30년에 걸쳐 일어난 긴 종교전쟁을 살펴보도록 하자.

인문주의자들과 마르틴 루터

기독교 안에는 언제나 자기 개혁의 정신이 있었다. 그 기원은 종교적 위선에 대한 예수님의 경고와 자기평가의 촉구("네 눈 속에서 들보를 빼어라")에서 찾을 수 있다. 지금까지 중세 내내 있었던 여러 개혁 운동을 언급했지만, 이 책이 본격 '교회사'를 다룬 것이었다면 마땅히 관심을 기울여야 하는 다른 개혁 운동이 여전히 많다. 16세기의 종교개혁은 분명히 기독교 역사에서 가장 유명한 개혁이다. 그 부분적인 이유는 종교개혁에 따라온 결과가 교회 제도의 혁신이 아니라 완전히 새로운 교회들의 설립이었기 때문이다. 이 교회들은 여전히 스스로를 (정통신앙이라는 의미에서) '가톨릭'(catholic)이라고 불렀지만 더 이상 로마 및 교황과 이어져 있지 않았다.

어떤 면에서 종교개혁은 14세기 이탈리아 르네상스에서 싹을 틔웠다고 볼 수 있다. 19장에서 봤다시피, 르네상스는 고대 그리스·로마의 고전 문헌들을 재발견한 것과 그에 대한 새로운 이해를 포함한다. 르네상스는 이후 수십 년간 유럽 전역에서 일종의 '원전으로의 복귀' 운동이 일어나는 데 영감을 주었다. 네덜란드의 학자 로테르담의 데시데리위스 에라스무스(Desiderius Erasmus, 1466-1536)는 위대한 후기 인문주의자다. 그는 많은 업적에 더해 당시에 더 일반적으로 사용하던 신약성경 라틴어 번역본 대신 신약성경 그리스어(헬라어) 원전에 관심을 갖게 만드는 일을 탁월하게 해냈다.

원전에 대한 이런 새로운 관심으로 수 세기에 걸쳐 형성된 교회 전통에 대한 존경이 사라진 것은 아니지만, 기독교의 기본 문서들과 모순되는 지나치다 싶은 전통에 대한 비판의 분위기가 고취된 것은 분명했다. 에라스무스의 열렬한 지지자이자 교회 전통을 가장 강력하게 비판한 당대의 인물은 독일의 아우구스티누스회 수도사였던 마르틴 루터다. 사랑하는 교회를 향한 그의 공개적 비판은 서방 기독교를 둘로(결국 셋, 넷, 다섯으로…… 그러다 오늘날 우리가 아는 헤아릴 수 없이 많은 프로테스탄트 교단들로) 쪼개고 그의 생전에 유럽을 변화시키는 데까지 이르게 된다.

루터의 논쟁점들(그의 유명한 95개조 논제)은 1517년 10월 31일에 당시의 흔한 논쟁 방식에 따라 비텐베르크교회 정문에 내걸렸다. 오늘날에는 이 일을 종종 종교개혁의 극적인 신호탄으로 생각하지만, 루터 및 다른 이들에게 이것은 모교회에 대한 특정한 비판을 토의하자는 초청이었다. 비판의 주된 표적이었던 면벌부(면죄부)는 회개하는 신자들에게 현세의 죄로 인해 받아야 할 벌의 경감을 약속하는 중세 교회의 관행이었다. 면벌부의 논리는 현세의 여러 죄는 그리스도의 죽음과 부활로 하나님께 용서를 받지만 죄인이 영생에 합당한 자로 정화되려면 여전히 다양한 형벌 또는 징계가 필요하다는 것이었다. 죽고 난 뒤에 연옥(내세에서 머무는 정화의 장소)에서 형벌을 받을 수도 있고, 살아 있을 때 뭔가를 해서 면벌부를 받을 수도 있었다. 조악하게도, 공인 면벌부에는 수령자의 거룩한 행위나 헌금으로 경감받은 연옥의 날수가 기록된다. 당연히 이 관행에는 오남용의 여지가 있었다.

1517년, 마르틴 루터는 마인츠 대주교에게 편지를 써서, 새로운 대성당 건축 비용을 마련하기 위해 자신의 지역에서 면벌부를 판매하는 것에 대해 불평했다.

> 교황이 성베드로대성당 건축 기금 마련을 위해 발행한 면벌부가 선제후이신 당신의 귀한 이름으로 유통되고 있습니다. …… 슬프게도, 그 일은 사람들에게 완전히 잘못된 인상을 심어 주고 있습니다. 더 정확히 말하면, 그 불행한 영혼들은 면벌부 증서를 사들임으로써 확실히 구원받을 수 있다고 믿습니다. 헌금함에 돈을 넣는 즉시 영혼이 연옥에서 하늘로 튀어 올라간다고 믿을 정도입니다.[2]

루터 논증의 중심 논지는 오늘날 모든 개신교 교파의 핵심 특징이다. 그리스도의 죽음과 부활은 죄인들이 받아야 할 모든 죄책과 형벌을 제거하기에 전적으로 충분하다. 인간의 어떤 선행도 인간의 죄를 사해 줄 수 없다. 면벌부는 특히 그렇다. 우리의 믿음, 그 한 가지를 통한 그리스도의 은혜만이 구속(救贖)을 보장한다.

루터의 비판은 곧 독일 전역으로 퍼졌다. 1400년대 중엽에 발명된 최신 인쇄기가 큰 도움이 되었다. 교회는 이 악당 학자이자 수도사를 징계하려 했지만 루터는 교회의 오류를 더욱 단호히 비판한다. 그는 미사의 빵과 포도주(그리스도의 살과 피)가 사제에 의해 사람들의 죄를 속하기 위한 희생제사로 다시 드려진다는 교회의 가르침이 오류의 핵심이라고 지적한다. 가톨릭교회의 신앙고백이 밝히는 바에 따르면, 그리스도는 미사를 통해 교회에게 "눈에 보이는 제사를 남겨 주고자 하셨다. 그 제사에서는 십자가 위에서 단 한 번 이루어진 피의 제사가 재현될 것이고 그것을 기념하는 일이 세상 끝날까지 계속될 것이며 그 구원적 효과는 우리가 날마다 저지르는 죄의 용서에 적용될 것이었다."[3]

루터는 죄를 위한 그리스도의 죽음은 과거의 일회적 사건이고 그것이 믿음을 가진 모든 사람에게 완전한 죄 용서를 가져다준다고 믿었다. 그는 그리스도께서 성찬의 빵과 포도주 안에 참으로 임재하신다(이후의 많은 종교개혁자들은 이것을 의심하게 된다)고 말했지만, 미사 또는 성만찬은 결코 우리 죄를 위한 그리스도의 [희생제사의] 재현이 아니었다. 성만찬은 하나님이 구세주와 교통하는 신자들을 먹이시고 양분을 공급하시는 수단이었다. 루터는 교황의 권위도 점점 거부했고, 교황을 로마 지역의 주교 중 한 사

람 정도로 여겼다. 심지어는 교황 레오 10세(Leo X)를 적그리스도라고 부르기까지 한다.[4]

1521년 4월, 보름스 시에서 일종의 사법 회의가 소집되면서 상황은 위기로 치달았다. 보름스 회의에서 루터는 자신이 지난 몇 년간 쓴 여러 글에 대한 이단 혐의가 부당하다고 주장하지만 받아들여지지 않았다. 이 회의는 신성로마제국(기억을 떠올려 보자. 신성로마제국은 카롤루스를 초대 황제로 하여 800년에 설립된 유럽 국가들의 연합이다)의 황제 카를 5세(Charles V)의 입회하에 몇 주 동안 이루어졌다. 이것은 큰일이었다. 루터는 자신의 주장을 철회하기를 거부했고 '루터파'는 정식으로 정죄되었다. 그리고 공식적인 종교개혁이 시작되었다.

종교개혁은 종교적 파장뿐 아니라 정치적 파장도 몰고 왔다. 독일의 많은 제후가 루터의 생각을 지지했다. 그들은 교황과 제국 당국으로부터 그를 즉각 보호하는 선택을 내렸다. 덕분에 루터는 계속해서 책을 출간하고 설교하고 조직을 꾸릴 수 있었다. 몇 년 만에 루터의 글은 유럽 대륙과 잉글랜드 어디서나 구할 수 있게 되었다. 그가 교황의 권위를 거부한 것과 그에 따라 신성로마제국의 관할권까지 거부한 것은 지역 제후들의 마음에 꼭 드는 일이었다. 특히 독일, 덴마크, 스웨덴의 여러 지역들이 줄지어 루터파의 종교개혁 지지를 선언했다. 그것은 바티칸과의 영적 불화와 신성로마제국과의 정치적 불화의 선언이기도 했다.

나는 자랑스러운 개신교 신자이고 루터의 '구원'론이 신약성경에 더 충실하다고 생각한다. 그러나 그가 쓴 몇몇 글은 수치스럽게 여긴다. 나는 이 책 서두에서 개신교의 전통이 16세기 이전에 존재하지 않았다는 이유만으로 개신교 신자들이 중세 교회의 잘못된 행동을 남의 일로 여길 수는 없다고 생각한다고 밝혔다. 개신교 신자들이 등장하고 얼마 지나지 않아 그들 사이에서도 동일한 편협함과 폭력이 추악한 머리를 들었다. 그중 지독한 한 가지 사례를 소개하고자 한다.

1543년에 출간된 마르틴 루터의 소책자 *On the Jews and Their Lies* (유대인과 그들의 거짓에 대하여)[5]에는 제목 그대로 반유대적 비난이 가득했다. 그 책자는 이렇게 시작된다. "나는 유대인에 대한 글이든 그들을 반대하는 글이든 더 이상 쓰지 않기로 마음먹은 바다. 그러나 이 비참하고 저주받은 민족이 우리 그리스도인들마저 지속적으로 유혹한다는 것을 알게 되었기에, 이 소책자를 출간하여 유대인들의 유해한 활동에 반대하는 무리에 합류하려고 한다." 거기서부터 분위기가 점점 악화된다. 유대인은 기만적이고 혐오스럽고 탐욕스럽다는 그의 가차 없는 묘사는 반유대주의의 한 형태였다.

그것은 20세기 초 독일이 보여 준 인종적 반유대주의는 아니다. 인종적 반유대주의는 유대교가 아니라 유대인의 혈통을 핵심적 결함으로 여겼다. 하지만 루터의 글은 유대인 공동체에 대한 심각한 편견을 부추겼음이 분명하다.

유대인을 희화화한 그의 다음 글을 보라.

> 그러므로 친애하는 기독교인이여, 내 권고를 받아들이라. 그리고
> 의심하지 말라. 악마를 제외한 가장 지독하고 사악하고 맹렬한 적은
> 진정으로 유대인이 되고자 하는 진짜 유대인이다. …… 그래서 그들이

우물에 독을 타고 아이들을 납치하여 말뚝을 박았다고 역사서들이 종종 비판하는 것이다. …… 물론, 그들은 그것을 부인한다. 역사서의 내용이 사실이든 아니든, 나는 그들이 언제든 그런 일들을 저지를 완전하고 온전한 의지를 갖추고 있음을 분명히 안다.[6]

루터는 예수님을 약속된 유대인의 메시아이자 세상의 구주로 보는 것을 지지하는 강력한 성경적 근거를 제시한 후, 일곱 가지 수치스러운 실천적 권면으로 글을 마무리한다.

첫째, 그들의 회당이나 학교에 불을 지르라. …… 둘째, 그들의 집도 부수고 파괴하라. …… 셋째, 우상숭배와 거짓말, 저주, 신성모독을 가르치는 그들의 모든 기도서와 탈무드를 빼앗으라. …… 넷째, 이제부터 유대인 랍비들이 가르치는 일을 금지하고 위반 시 사형이나 절단형에 처하라. …… 다섯째, 유대인들의 큰길안전통행권을 완전히 폐지하라. 그들은 제후, 관리, 상인 등이 아니므로 시골에 볼일이 전혀 없다. 그들을 집에 머물게 하라. …… 여섯째, 유대인의 고리대금업을 금지하고 모든 현금과 금은보화를 빼앗아 따로 보관하라. …… 일곱째, 젊고 건강한 유대인 남녀에게 도리깨, 도끼, 괭이, 삽, 실패를 쥐어 주어 땀 흘려 생계를 꾸려 가게 하라.[7]

뭐라 말해야 할지 모르겠다. 혹시 유대인 독자가 있다면 이런 내용을 읽게 해서 미안할 뿐이다. '예수 그리스도 안에 있는 하나님의 사랑'(루터의 중심 가르침)에 그토록 사로잡힌 사람이 어떻게 다른 인간을 향한 지독한 편견을 그토록 뻔뻔하게 옹호할 수 있었는지는 이 책의 핵심 수수께끼다. 다행히도, 이 책자를 읽은 당대의 일부 프로테스탄트 지도자들, 멜란히톤(Melanchthon), 오시안더(Osiander), 불링거(Bullinger)는 루터를 비판했다.[8] 그러나 이 책자가 루터에 대한 기억과 이후 수 세기 동안 그와 같은 정서를 드러낸 많은 이에게 남긴 얼룩은 그 무엇으로도 제거할 수 없다.

칼뱅주의자들

스위스 취리히의 학자이자 신학자인 울리히 츠빙글리(Ulrich Zwingli, 1484-1531)는 루터에게 영감을 받아 비슷한 성격의 종교개혁운동을 이끌었다. 그로부터 몇 년 뒤, 스위스의 제네바에서 프랑스의 법률가이자 신학자였던 장 칼뱅(John Calvin, 1509-1564)은 이 종교개혁 사상을 엄밀히 확장하고 수정한 체계를 세웠다. 칼뱅은 법률 전문 지식에 힘입어 1541년부터 자신의 체계를 신정 정치에 가까운 제네바의 통치 모델에 담아낼 수 있었다. 많은 종교개혁 지지자들이 여전히 가톨릭 땅이었던 잉글랜드, 스코틀랜드, 프랑스를 떠나 제네바에서 피난처를 찾았다. 거기서 그들은 최고의 인문주의 학문, 칼뱅의 개혁신학, 그리고 더 '기독교화된' 입법 의제를 토대로 새로운 사회를 건설하려 했다.

루터와 칼뱅은 어떻게 달랐을까? 우리가 봤다시피, 루터는 '선행'이 사람을 구원할 수 없음을 단호하게 주장했다. 오직 그리스도만 구원하실 수 있다. 그러나 그의 주장으로 '선행'의 지위가 다소 모호해졌다. 그리스도께서 우리를 모든 죄에서 이미 구원하셨다면 우리가 선한 삶을 사는 목적이 무엇인가? 루터는 분명 기독교인들이 선한 일을 해야 한다고 주장했지만, 그 논리는 분명하지 않았다. 칼뱅은 '선한 삶'을 기독교인의 경험의 중심으로 복귀시켰다. 그는 인간의 행위는 아무도 구원할 수 없다는 데는 루터에게 동의했지만, 행위는 인간이 하나님의 은혜를 참으로 경험했다는 '증거'라고 주장했다. 그에게 선행은 구원의 근거가 아니었지만 구원의 증표였다. [9]

프로테스탄트 종교개혁에 관해서는 이보다 훨씬 많은 말을 할 수 있고, 해야만 한다. 그러나 여기서 나의 주된 관심사는 종교개혁 이후에 발생한 거대한 전쟁, 또는 일련의 전쟁들이다. 대중적으로 각색된 이 전쟁에 대한 전형적 이야기에 따르면, 개신교 신자들과 가톨릭 신자들은 각기 믿는 형태의 기독교를 유럽 전역에 받아들이게 하려고 싸우기 시작했다. 그 싸움은 세상이 이전까지 본 적이 없던 최악의 분쟁인 1618-1648년의 30년 전쟁으로, 절정에 이르르는[10] 독일 인구의 무려 15퍼센트가 사망하는 결과를 낳았다.

몇몇 학자들은 이 싸움의 정확한 원인이 종교라고 말했다. 영국의 철학자 스티븐 툴민(Stephen Toulmin)은 그의 책 *Cosmopolis: The Hidden Agenda of Modernity*(코스모폴리스)에서 이렇게 썼다. "받아들여야 하는 결정적 근거를 아무도 제시하지 못할 신학적 교리들의 이름으로 남을 죽이고 불태우려 하는 사람들이 많았다. 프로테스탄트 종교개혁자들과 그들에 반대하는 반종교개혁자들 사이에서 지적 토론은 붕괴되었고 칼과 횃불

이외의 대안은 없었다.'"[11]

30년 전쟁은 그 주제를 다룬 피터 윌슨(Peter Wilson)의 발군의 책 제목처럼, "유럽의 비극"이 분명했다.[12] 실제로, 1960년대에 진행한 사회조사에서 독일인들은 1618-1648년 전쟁을 아직도 기억이 생생한 제1, 2차 세계대전보다 더한 "최악의 재난"으로 평가했다![13]

그러나 사람들이 흔히 주장하는 것처럼 그것이 정말 종교전쟁이었을까?

아우크스부르크 화의和議 1555년

오늘날 대부분의 전문가들은 30년 전쟁을 가톨릭 신자들과 개신교 신자들이 종교를 놓고 벌인 충돌로 생각하지 않는다. 첫 번째 단서는 충돌이 1618년에 시작되었다는 점이다.

종교개혁은 1517년에 루터의 유명한 95개 논제가 발표되고 40년 만에 유럽에서 확고히 자리를 잡았다. 그 과정은 고통스러웠고 초기에 여러 폭동과 국가 간의 충돌이 있었지만, 30년 전쟁의 발발보다 60년 이상 앞선 1555년 9월 25일, 가톨릭을 신봉하던 신성로마제국은 개별 독일 제후들과 그들의 영토에 종교의 자유를 부여했다.

"아우크스부르크 화의"라고 알려진 이 비범한 선언의 한 대목을 보자. "우리(신성로마제국과 독일 제후들)는 제국의 어떤 영토에서도 아우크스부르크 신앙고백(즉, 루터주의) 및 그 교리, 종교, 신앙을 이유로 전쟁을 벌이지 않을 것이다. …… 또한 우리는 명령이나 다른 어떤 방식으로도 그들을 괴롭히거나 폄하하지 않을 것이고, 그들이 자신의 종교를 조용하고 평화롭게 누리도록 허락할 것이다. …… 더 나아가, 기독교 내의 분쟁을 없애고 완전한 평화를 이루는 일은 기독교적이고 우호적이며 평화로운 수단으로만 달성해야 할 것이다."[14]

종교개혁은 유럽 전역에서 혼란을 촉발했기에 '평화'가 절실히 필요했다. 그러나 아우크스부르크 화의도 주된 내용은 종교가 아니었다. 그 합의의 종교적 측면은 문서의 141개 단락 중에서 여덟 개의 단락에 불과하다. 나머지 대부분은 방위, 사법, 정치, 재정 정책 문제들을 다루었다.[15] 어쨌든 피터 윌슨에 따르면, 1555년의 화의는 "상당히 성공적이었던 것으로 입증되었다. 그로 인해 제국은 대형 충돌 없는 63년을 보냈다. 이는 근대 독일 역사에서 가장 긴 평화의 기간이다. 63년간의 평화라는 이 기록은 1945년 이후 전쟁 없는 상태가 지속된 2008년에 가서야 깨졌다."[16]

프라하 창밖 투척 사건

60년 넘게 평화가 이어지자 유럽 통치자들의 머릿속에는 종교 이외의 많은 것들이 자리 잡았다. 당시 각 통치자는 신성로마제국 안팎에서 협상으로 자신들의 지위를 확고히 하려고 노력하고 있었다. 그런데 제국의 정치적 평형상태에서 자신들의 위치에 불만을 품었던 보헤미아의 개신교도 반체제 인사들이 1618년 5월 23일 프라하의 라트신 궁전에서 열린 협상 회의 자리에서 세 명의 가톨릭 관리들을 밖으로 던져 버렸다. 가톨릭 관리들을 말 그대로 성의 창문 밖으로 내던진 것이다. 역사서에서는 이 사건을 "프라하 창밖 투척 사건"으로 부른다. 그 관리들은 살아남았지만 그것은 의도적인 도발 행위였고[17] 전쟁의 비공식적인 계기가 되었다고 옥스퍼드의 피터 윌슨은 밝힌다.[18]

프라하의 개신교도 반란자들은 1620년, 신성로마제국의 존경받는 군사 지도자였던 틸리 백작 요한 체르클라에스(Johann Tserclaes)에게 제압되었다. 흔히 틸리 장군으로 알려진 그는 그 지역에 합당한 충성을 회복하는 것 이상의 일을 했다. 그는 더 많은 개신교 측 영토를 획득했다. 1622년에 하이델베르크 시를 점령하고 그곳에서 가톨릭 신앙의 재확립을 시도했다. 이후에 그는 독일의 개신교 도시 마그데부르크를 약탈하여 총인구 25,000명 중에서 2만 명을 죽였다. 당대 최악의 잔혹 행위 중 하나였다.

여기까지만 보면 이 전쟁이 모든 면에서 전형적인 종교전쟁으로 느껴질 것이다. 하지만 몇 년의 시간이 흐르면서 이것이 실제로는 영토를 둘러싼 충돌이었고 독일 및 기타 지역에서 신성로마제국의 지속적인 영향력을 확보하기 위한 전쟁이었다는 것이 분명해진다.

이 사실이 명백해진 시점은 1630년에 스웨덴 군대가 전쟁에 개입하면서부터였다. 스웨덴 군대를 이끈 사람은 군사적으로 뛰어난 군주였던 구스타부스 아돌푸스(Gustavus Adolphus, 1594-1632)였다. 발트 지역(오늘날의 폴란드)에서 신성로마제국의 힘이 커지던 현상을 염려하던 그는 1630년에 포메라니아에 상륙하여 통제권을 확고히 했다. 구스타부스왕의 공식 선전포고는 그의 동기가 종교적인 것이 아니라(본인이 루터교 신자이긴 했지만), 주로 상업적이고 정치적인 것이었음을 분명히 드러냈다.[19]

더욱이, 그가 이 지역으로 진군한 배후에는 프랑스의 가톨릭 신학자이자 실권을 쥔 정치가였던 추기경 리슐리외(Richelieu, 1585-1642)의 지원과 심지어 중개까지 있었다.[20] 가톨릭 추기경이 발트 지역 가톨릭 영토에 대한 루터파 왕의 침략을 지원한 이유가 무엇일까? 이 질문의 답변은 이 충돌의 본질을 이해하는 열쇠가 된다. 프랑스는 충실한 가톨릭 국가였지만 신성로마제국의 통치 가문이었던 합스부르크 가문의 야심을 경계하고 있었다. 프랑스의 종교적 충성의 대상은 분명 로마 교황이었다. 하지만 정치적으로 그들은 확고한 영토와 국경을 확보하는 데 전념했다. 구스타부스왕은 프랑스의 지원을 등에 업고 1631년에 라이프치히 인근 브라이텐펠트에서 결국 틸리 장군과 가톨릭 연합군을 무찔렀다.

과연 종교전쟁이었나

전쟁의 마지막이자 가장 폭력적이었던 단계(1635-1648)에서 프랑스는 스웨덴과 협력하여 군사 작전을 펼친다. 이로써 30년 전쟁의 중심에 종교가 있었다는 관념의 실체가 드러났다. 30년 전쟁은 유럽의 도시 국가들이 합스부르크 신성로마제국라는 단일 세력을 상대로 자신들의 이익과 영토를 확보하려고 한 전쟁이었다. 피터 윌슨은 이 시기에 일어난 모든 일이 그랬듯 여기서도 종교가 일정 부분 역할을 했지만, 이 충돌은 "종교가 주된 원인이 아니었다"고 진단한다.

> 당대의 관찰자들의 대부분은 제국 군대, 바이에른 군대, 스웨덴 군대,
> 보헤미아 군대를 말했지 가톨릭 군대나 개신교 군대를 말하지 않았다.
> 가톨릭 군대니 개신교 군대니 하는 것은 19세기 이후에 설명을
> 단순화시키기 위해 편의상 사용했던 시대착오적 명칭이다. 이 전쟁이
> 종교적이었다는 말은, 근대 초기의 모든 공공 정책과 개인적 행동에서
> 신앙이 일말의 지침이 되었다는 의미 정도로만 받아들일 수 있다.[21]

더 나아가 윌슨은 이 시기에 이루어진 결혼의 대략 20퍼센트가 신앙 고백의 울타리를 넘나들었다고 말한다. 다시 말해, 가톨릭 신자들이 개신교 신자들과 결혼했다는 이야기다. 가톨릭 신자인 군인들도 종종 개신교 신자들이 주도하는 군대에 속해 싸웠고, 그 반대의 경우도 많았다. 그리고 유럽 전역의 신자들이 교회에서 접하는 메시지는 전쟁에 대단히 비판적이었다. 윌슨은 이렇게 밝힌다. "참전 독려는 없었다. 반대로, 전쟁은 인간의 죄악성을 보여 주고, 우리는 순종하고 경건해야 하며 결국 하나님이 이 전쟁을 끝내실 것이라는 설교가 전해졌다."[22]

하나님이 "이 전쟁을 끝내시기" 전에 유럽 시민들은 극심한 부담에 시달렸다. 사망자 수의 추산치는 다양한데, 윌슨이 제시한 중간 범위의 자료를 받아들이는 것이 아마 정당할 것이다. 그에 따르면 이 충돌의 결과로 1618년부터 1648년까지 500만에서 800만 명, 즉 인구의 15퍼센트 정도가 목숨을 잃었고 30년 전쟁은 "유럽 역사에서 가장 파괴적인 충돌"

이 되었다.[23]

　　장소와 시간에 따라 파괴를 경험한 정도는 달랐다. 프라하 사람들은 인구의 50퍼센트를 잃어 평균보다 훨씬 피해가 컸던 반면, 오스트리아 괴르츠(오늘날 이탈리아의 고리치아)와 그라디스카 같은 도시의 인명 피해는 15퍼센트보다 훨씬 낮았다. 그리고 질병으로 인한 사망이 전체에서 상당한 비율을 차지했다. 전시에는 군부대가 이동하고 병원 서비스가 제한되다 보니 전염병 피해가 걷잡을 수 없이 커졌다. 500만에서 800만 명의 사망자 가운데 적어도 절반이 전염병으로 죽은 것이다. 제1차 세계대전 당시에도 비슷한 일이 벌어졌다. 대략 2천만 명의 사람들이 스페인독감으로 알려진 질환으로 사망했다.

　　30년 전쟁에서 의미심장한 것은 전쟁의 햇수다. 유럽의 연평균 사망률만 보자면 제1차 세계대전(1914-1918)과 제2차 세계대전(1939-1945) 모두 30년 전쟁보다 훨씬 높았지만, 제1, 2차 세계대전 모두 전쟁 햇수가 30년 전쟁에 비해 짧았기에 두 전쟁 기간의 사망자 수는 고작 유럽 인구의 6퍼센트 정도에 해당했다(제1차 세계대전 사망자 수는 2,700만 명, 제2차 세계대전 사망자 수는 3,400만 명이었다).[24]

　　30년 전쟁은 전례 없이 긴 기간 동안 넓은 지역에서 펼쳐져 엄청난 참상을 초래했지만 그래도 전통적 의미의 전쟁이었다. 이 전쟁의 목적은 적을 박멸하는 것이 아니라(앞에서 언급했던 마그데부르크 전투는 예외였다), 적국이 적절한 평화 조건을 받아들이도록 압박하는 것이었다. 전쟁 참가국 모든 측이 원한다면 싸움을 이어 갈 수 있었을 것이다. 전쟁을 계속 진행할 충분한 물자와 전투 병력이 있었다. 그러나 1640년대 말에 이르러 이해관계자들의 영토와 정치적 영향력이 충분히 확보되었고 그들은 전쟁을 끝낼 때가 되었다고 생각했다.

베스트팔렌 조약 1648년

1648년 10월 24일, 전쟁 참가국들은 "베스트팔렌 조약"에 서명한다. 곧 70발의 축포가 발사되었다. 조약에는 새로운 영토에 대한 합의가 있었다. 현대 정치학자들은 때로는 이것을 "주권국가들에 토대를 둔 근대 세계 질서의 탄생으로" 본다고 피터 윌슨은 정리한다.[25] 4만 부가 넘는 조약 사본이 인쇄되어 기뻐하는 대중에게 몇 달 동안 배부되었다.[26]

베스트팔렌 조약은 앞서 1555년의 아우크스부르크 화의에서 나타난 종교적 관용의 원칙을 재확인하고 확장했다. 가톨릭, 루터파, 칼뱅주의의 세 가지 신앙고백이 공식적으로 인정되었다. 다른 소수 교파들(개신교는 이제 많은 '교파'로 쪼개지고 있었다)은 공식적으로 인정받지 못했지만, 박해의 대상도 아니었다. 이런 이론적 약속에다 영토에 다시 사람이 살게 해야 한다는 보다 실용적인 고려가 더해지면서 독일 영토 전역과 그 너머에서 종교적 다양성이 점점 더 많이 받아들여졌다.

이것은 흔히 말하는 것과 달리 '세속화'의 과정이 아니었다. 30년 전쟁 기간이든 베스트팔렌 조약 이후의 평시이든, 여전히 이 시기의 모든 일은 대단히 종교적 용어로 표현되었다. 종교적 다양성의 수용은 여러 형태와 신념을 가진 당시의 기독교인들이 도시 국가들은 앞으로 건재할 것이고, 가톨릭교회와 개신교회는 공존할 것이며, 신성로마제국은 새로운 유럽에서도 계속 번영할 거라는 사실을 집단적으로 깨달아 가는 과정이었다. 하지만 이 중 마지막 확신은 틀린 것으로 증명되었다. 신성로마제국은 1648년에는 강했지만 이후 점차 쇠퇴했고, 1806년에 나폴레옹 1세(Napoleon I)에 의해 해체되었다.

케임브리지대학교의 근대 초기 유럽사 교수인 울링카 루블랙(Ulinka Rublack)은 19세기에 "이 전쟁에 관한 신화들이 만들어졌다"고 말한다. 당시의 지식인들은 종교를 꺼리는 계몽주의 관행에 충실하게, 30년 전쟁을 종교를 포함하는 충돌이 아니라 종교에 관한 충돌로 보기 시작했다. 하지만 지난 세대 학자들의 합의는 상당히 다르다. 루블랙 교수는 이렇게 말했다. "이제 우리는 30년 전쟁의 주된 동기가 종교적 분열이었다고 생각하지 않는다. 그보다는 주로 독일 영토에서의 통치 방식의 본질과 유럽의 세력 균형을 둘러싼 충돌로 본다."[27] 옥스퍼드의 피터 윌슨도 이에 동의했다. "다양한 군대들은 개신교 군대나 가톨릭 군대로서가 아니라 스웨덴 군대, 보헤미아 군대, 바이에른 군대, 제국 군대로 등장했다."[28]

———

이 모든 내용은 30년 전쟁에서 종교적 의견 차이가 아무런 역할을 하지 않았다는 의미가 아니다. 이런 맥락에서 데이비드 벤틀리 하트는 이렇게 썼다. "가톨릭 신자들과 개신교 신자들은 종종 서로를 진정으로 맹렬히 증오했다." 그리고 종교적 열정은 통치자들의 수중에서 효과적인 도구가 된다. 여기다 하트는 이렇게 덧붙인다. "그러나 합스부르크 전쟁인 동시에 국가주의 전쟁이자 왕위 계승 전쟁인 이 충돌을 끈질기게 '종교전쟁'이라고 부르는 것에는 본질적으로 부조리한 면이 있다."[29]

북아일랜드 분쟁에 대해서도 비슷한 말을 해야 할 것이다.

간절히 애원하며 호소합니다. 무릎을 꿇고 간청합니다.
폭력의 길에서 돌이켜 평화의 길로 가십시오.
—교황 요한 바오로 2세

22

북아일랜드 분쟁,
또 하나의
비극적인
종교전쟁?

1700년대-1998년
신구교의 충돌이 화근?

21장을 시작하면서 나는 한 사람과 식사 자리에서 나눈 이야기 한 토막을 소개했다. 그가 내게 북아일랜드 분쟁을 언급했던 것처럼, 독보적 저널리스트이자 무신론자였던 크리스토퍼 히친스에게도 '북아일랜드 분쟁'(1968-1998)은 '종교가 모든 것을 오염시킨다'는 강력한 증거로 다가왔다. 히친스는 그의 책 《신은 위대하지 않다》의 앞부분에서 이렇게 썼다. "벨파스트에서 나는 기독교의 여러 종파들 간의 전투로 온 거리가 통째로 불타 버린 광경을 보았다." 그는 "다른 종파의 신자라는 이유만으로 친척과 친구들이 상대편 종교의 암살단에게 납치, 살해되거나 고문을 당한" 이들을 인터뷰했다고 말한다.[1]

북아일랜드 분쟁 당시 머나먼 호주에서 자란 나는 늘 그 분쟁이 많은 목숨을 앗아 갔고 종교가 핵심 원인이라는 정도로만 생각했다. 개신교 신자들이 가톨릭 신자들을 가톨릭이라는 이유로 죽였고, 그 반대도 사실이라고 여겼다. 그 충돌이 내게 아주 크게 다가왔던 이유는 미디어에서 당시의 폭탄테러와 납치를 자주 다루었기 때문이고, 당시 내가 가장 좋아하던 밴드가 1990년대 초 세계 최고의 밴드였던 아일랜드의 유투(U2)였기 때문이기도 하다. 그들은 전 세계를 다니며 히트송 〈선데이 블러디 선데이〉(Sunday Bloody Sunday)를 불렀는데, 북아일랜드 보그사이드의 비무장 가톨릭 시위자 열세 명에 대한 학살을 다룬 노래였다.

그 충돌이 내게 너무나 강렬한 인상을 남긴 터라, 나는 벨파스트에서 공개 강연을 해 달라는 북아일랜드 성직자의 전화를 받았을 당시 내가 어디에 있었는지 생생하게 기억하고 있다. 나는 슈퍼마켓 통로에 서 있었다. 말하기 부끄럽지만 첫 번째로 떠오른 생각은 '말도 안 돼!'였다. 나는 정중하게 물었다. "하지만, 음…… 요즘 거기 상황은 어떤가요?" 그는 웃더니 2년 전에 비준된 '성금요일 협정'(1998)을 상기시켰다. 그리고 1년 남짓 후에 우리 가족은 북아일랜드와 아일랜드공화국에서 멋진 몇 주를 보냈다. 그곳에 머무는 동안 나는 분쟁의 최악의 시기를 겪은 온갖 부류의 매력적인 사람들을 만났다. 거기에는 가톨릭 신자도 개신교 신자도 있었다. 그들 중에 전직 경찰인 한 신사가 있었는데, 1980년대에 암살 표적이 되어 눈 하나, 한쪽 광대뼈, 이마의 일부를 잃었다. 놀랍게도, 나와 대화를 나눈 이들 가운데 어느 누구도 30년간의 이 분쟁이 종교 때문에 일어난 충돌이었다고 생각하지 않았다.

'식민'과 갈등의 씨앗

북아일랜드 갈등의 뿌리는 프로테스탄트 종교개혁의 등장보다 훨씬 이전, 멀리 12세기까지 거슬러 올라간다. 당시 잉글랜드 왕들은 아일랜드해(海) 건너편의 반항적인 게일인 족장들을 상대로 영주의 지위를 주장하고자 꾸준히 시도했다. 그에 따른 긴장이 절정에 달하는 1541년, 헨리 8세는 '왕권법'으로 아일랜드에 대한 직접적인 왕권을 선포했고, 아일랜드는 이제 "잉글랜드왕국의 정부와 연합되고 결합"되었다고 규정했다.[2]

이 법이 현실화된 것은 헨리 8세 사후 수십 년이 지나서였다. 잉글랜드는 아일랜드 정복의 열쇠였던 '식민' 전략에 따라, 잉글랜드와 스코틀랜드의 시민들을 오늘날의 북아일랜드에 해당하는 아일랜드의 얼스터 지역에 계획적으로 이주시켰다. 이 전술은 1606년과 1608년에도 실행되어 큰 효과를 거두었다. 정부는 이 외부인 '이주자들'에게 상당한 면적의 땅을 주었고 얼스터에서 자녀를 낳고 잉글랜드법, 정착 농업과 상업, 그리고 개신교 신앙을 기초로 한 사회를 건설할 것을 독려했다. 당시 개신교 신앙은 불과 몇 년 전 엘리자베스 1세(1558-1603) 치하에서 잉글랜드의 국교가 되어 새롭게 주류 신앙으로 자리 잡은 터였다. 마크 멀홀랜드(Marc Mulholland)는 옥스퍼드에서 나온 북아일랜드 개론서에서 이렇게 썼다. "식민전략은 상당한 성공을 거두었다. 정착민들은 부지런하고 결연했다."[3]

이렇게 되자 모두 가톨릭 신자들이었던 얼스터의 아일랜드 원주민들은 조상 때부터 살아온 땅에 잉글랜드인과 스코틀랜드인(개신교도) 졸부들의 수가 늘어나고 힘이 커지는 것에 분개했다.

반란은 어쩌면 불가피한 일이었을지 모른다. 아일랜드인들이 잉글랜드에서 온 정착민을 살해한다는 보고가 이어지자 1640년대 말에 잉글랜드 장군이자 정치인이던 올리버 크롬웰(Oliver Cromwell, 1599-1658)의 지휘로 잉글랜드 군대가 잔인하게 역습을 가했다. 얼스터 주민의 다수를 이루는 원주민 가톨릭 신자들에 대한 징벌법이 제정되었고 많은 토지가 몰수되었다. 원주민과 이주민 사이의 긴장은 수면 아래서 부글부글 끓다가 양측 모두에게서 폭력 행위로 자주 터져 나왔다.

그렇게 시간이 흐르면서 양측의 인구가 모두 불어났다. 식민 이후 벨파스트에는 개신교 신자가 주를 이루었지만 1800년대가 되자 가톨릭 주민의 수가 4천 명에서 10만 명으로 늘어나 인구의 거의 3분의 1을 차지하게 되었다.[4] 경제적 불평등은 문제를 악화시켰다. 고용 차별 때문에 대부분의 가톨릭 신자들은 저소득층에 속했다. 그들은 벨파스트 인구의 3분의 1을 차지했지만 숙련 노동자 비율은 5퍼센트에 불과했는데, 당시 숙련 노동인구는 유명한 조선소들(타이타닉호가 나중에 거기서 건조된다)에 집중되어 있었다.

자치와 분할

이 모든 상황을 배경으로, 당시 아일랜드 정치의 핵심 사안이 된 한 가지 문제가 떠오른다. 가톨릭 민족주의자들은 잉글랜드가 자신들에게 '자치'를 허용하기를 점점 더 원한 반면, 개신교 통합주의자들은 아일랜드에서의 영향력 상실을 우려하여 잉글랜드 정부의 지도 아래 잉글랜드와 아일랜드의 연합이 계속되어야 한다고 주장했다(그래서 그들은 '충성파'라고도 불린다).

20세기 초에 영국 의회가 아일랜드에 자치를 허용할 것을 고려하자, 얼스터의 통합주의자들(개신교도 충성파)은 최대 한도로 무장하기 시작했다. 1912년 9월, 25만 명의 충성파가 서명한 대담한 선언문에서 그들의 생각을 엿볼 수 있다.

> 우리의 양심은 자치가 얼스터의 물질적 복지를 크게 해칠 것이라고
> 확신하기에 …… (우리는) 다음과 같이 맹세한다. …… 우리 자신과
> 자녀들을 위해 그리고 영국(United Kingdom)의 동등한 시민이라는 소중한

지위를 지키기 위해 서로 연대할 것이며, 필요하다고 판단되는 모든 수단을 사용할 것이다.[5]

양측의 대타협으로 아일랜드의 분할이 이루어졌다. 1920년, 영국 의회는 아일랜드 남부의 상당 지역에 자치를 허가했고, 북부 얼스터의 대다수 카운티들은 배제했다. 그렇게 해서 남부 아일랜드공화국과 새로운 영국령 북아일랜드가 탄생했다.

새로운 북아일랜드의 가톨릭계 주민들은 아일랜드공화국의 주류인 가톨릭 이웃들과 분리되면서 취약한 위치에 놓였고, 얼스터의 주류인 개신교인들과 어색하게 대치하는 판국이 되었다. 그 결과는 사회 불안으로 나타났다. 1920년의 분할 이후 여러 해에 걸쳐서 가톨릭 신자 257명, 개신교 신자 157명, 그리고 안전보장군 37명이 살해되었다. 수많은 가톨릭 신자(11,000명)가 직장을 잃었고 4,500개 이상의 가톨릭계 소유 상점과 기업체가 약탈당하고 파괴되었다.[6]

봉기와 평화

20세기 아일랜드에서는 살상을 마다하지 않는 준군사 조직들이 결성되었고 성장했다. 우선 가톨릭 민족주의 정당인 신페인("우리들만으로") 당의 군사 조직으로 종종 묘사되었던 무장단체 아이아르에이(IRA, Irish Republican Army; 아일랜드공화국군)가 있었다. 반대쪽에는 얼스터의용군(Ulster

Volunteer Force)과 그보다 규모가 더 큰 얼스터방위연합(Ulster Defence Association), 그리고 다른 여러 개신교 분파 조직들이 있었다.

1960년대에 개신교도 충성파의 정치적 힘이 약해지자 준군사 조직들이 활동을 시작했다. 충성파들은 언제나 얼스터 지역에서 인구가 많았기에 북아일랜드 의회('스토몬트 의회'로 알려져 있다)에서도 과반의석을 차지했다. 지방세를 내지 않는 아주 가난한 시민들(이들 중 상당수가 가톨릭계였다)은 지방선거 투표권이 없었다('1인 1표'는 사실 비교적 새로운 개념이었다)는 점도 개신교 충성파에게 유리하게 작용했다. 그러나 옛 개신교 세력의 정치적 힘이 약해지기 시작하고 평등권을 요구하는 폭력 시위가 증가하면서 얼스터라는 화약고가 폭발했다.

1969년 1월, 가톨릭 민족주의 측 시위들이 노골적 폭력으로 전환했고, 경찰의 과잉진압을 알리는 보도가 쏟아졌다. 이것은 또 다른 폭동을 낳았다. 개신교계 충성파 그룹들은 가톨릭 건물들에 폭발물을 설치한 뒤 터뜨렸고 가톨릭 주거지의 창문들을 깨뜨려 지역 주민들이 떠나게 만들었다. 그해 8월에 데리 시의 가톨릭계 주민들이 사는 보그사이드에서 포위작전이 이루어졌다. 지역 주민들은 강력하게 저항했고 고층 아파트에서 경찰과 개신교도 민병대에게 화염병을 던졌다. 영국 군대가 투입되었다. 그러자 벨파스트 및 다른 곳에서도 가톨릭계 주민들이 교외에서 시위와 폭동을 일으켜 북부의 포위된 보그사이드 주민들에 대한 지지를 표명했다.

이후의 군사 보고서를 보면 영국 정부의 관리들이 이 사건들을 가톨릭 분리주의자들이 벌인 '무장봉기'로 해석했음이 분명히 드러난다. 영국군은 장갑차 위에 설치된 브라우닝 기관총을 발포했고 몇 명이 사망했다. 개신교도 통합주의자들은 가톨릭 지역의 주택들을 불태우기 시작했다. 이것이 북아일랜드 분쟁의 공식적인 시작이었다.[7]

　　1968년 8월부터 1998년 4월까지 이후 30년간 양측이 주고받은 폭력의 자세한 내용을 소개하는 것은 이 책의 주제를 진전시키는 데는 별 도움이 안 되고 인간의 증오가 얼마나 커질 수 있는지만 보여 주게 될 것이다. 강도 짓, 납치, 총격전, 암살, 폭탄 테러에다 1972년 1월 30일의 '피의 일요일' 학살(영국 군대가 재판 없는 구금에 항의하던 아일랜드계 가톨릭교도 시위대를 향해 발포하여 열네 명이 사망한 사건이다. 이 사건을 계기로 아일랜드공화국군은 본격적인 무장투쟁에 나서게 된다 - 옮긴이)처럼 영국군이 가끔 저지르는 잔혹 행위들로 인해 이 시기는 현대 아일랜드 역사상 가장 많은 피를 흘린 기간이 되었다. 사람들은 이 시기 전체를 아일랜드 특유의 절제된 표현으로, 완곡하게 "분쟁"이라고 불렀다.

　　많은 정전(停戰)과 거짓 '평화'가 있은 후, 결국 적대 행위의 종결로 가는 길을 제시한 것은 "벨파스트 협정"이었다. 이 협정은 "성금요일 협정"으로 널리 불린다. 모든 관련 단체들이 받아들인 이 협정이 체결된 1998년 4월 10일이 마침 성금요일이었기 때문이다. 35쪽 분량의 협정 내용(영국 정부 홈페이지에서 다운받을 수 있다)[8]에 따라, 얼스터의 가톨릭 지역과 개신교 지역은 서로 권력을 공정하게 분배하기로 했다.

　　모든 새로운 입법은 양측의 협의나 60퍼센트의 다수득표가 있어야만 했다. 장관들은 자신의 부처에서 행정권을 갖고(각 부처는 소위원회의 감독을 받는다), 내각에서 반드시 서로 동의해야 할 의무는 없다. 부처를 감독하는 소위원회들을 꾸릴 때 각 정당들의 득표율을 제대로 반영해야 한다. 더 나아가 협정은 양측의 준군사 집단들 소속 죄수들을 2년 내에 석방해야 한다고 규정했다. 문화적 차원에서는 "아일랜드어, 얼스터 스코트어, 그리고 다양한 민족 공동체의 언어 모두를 아일랜드섬의 풍부한 문화의 일부"로 인정하고 각 언어의 중요성을 명시했다.[9] 고용법도 개혁되어 차별의 종료를 알렸다.[10]

30년간의 북아일랜드 분쟁의 인명 피해는 기록에 남아 있다. 아일랜드공화국군은 500명의 영국군 살상을 포함하여 약 1,800명의 죽음에 책임이 있었다. 영국군도 거의 300명의 죽음에 책임이 있었다. 개신교도 충성파 준군사 조직들은 표적이 되었던 700명 이상의 가톨릭계 민간인을 포함해 천 명가량을 살해했다. 양측의 여러 소수파 조직들도 나머지 죽음에 책임이 있었다. 분쟁의 최종 사망자 수는 3,600명이 넘었고 4만 명이 부상을 입었다. 내가 벨파스트에서 만난, 얼굴의 상당 부분을 잃어버린 남자도 그 부상자들 가운데 한 사람이었다.[11]

성금요일 협정은 이런 인명 피해를 명시적으로 인정했고 목숨을 잃은 사람들을 기리며 평화를 위해 함께 노력하기로 맹세했다. "피해자들에게는 기억될 권리뿐 아니라 사회 변화에 기여할 권리도 있다. 평화롭고 정의로운 사회의 건설은 폭력의 피해자들을 기리는 진정한 기념비가 될 것이다."[12]

종교가 부추긴 잔혹함?

크리스토퍼 히친스는 북아일랜드 분쟁을 그가 저널리스트로 오래 일하면서 목격했던 '종교가 부추긴 잔혹함'의 목록에 포함시킨 것으로 유명하다. 그는 이 분쟁이 종교가 개인과 국가를 파괴할 수 있는 거의 무궁한 능력을 갖고 있다는 증거라고 본다. 하지만 그것은 사실을 너무나 과장한 주장이다. 설령 북아일랜드 분쟁을 '종교가 부추긴' 갈등으로 인정한다고 해도, 그것이 지난 500년, 아니 지난 100년 사이에 벌어진 여러 잔혹 행위 중에서 특별히 언급할 만한 규모인지는 의심스럽다. 나는 북아일랜드의 친구들에게 큰 애정을 갖고 있지만, 30년에 걸친 3,600명의 죽음은 '종교가 모든 것을 오염시킨다'는 명제를 뒷받침하지 못한다.

물론, 그리스도의 이름으로 이루어지는 살인은 피해자의 수가 단 한 명이라도 신성모독이다. 그러나 북아일랜드 분쟁에서의 인명 손실 수치는 정확히 같은 기간(1968-1998)에 일어난 인명 손실 규모의 극히 일부분에 해당한다. 베트남 전쟁, 6일 전쟁, 소련-아프가니스탄 전쟁, 제1차 걸프전, 유고슬라비아 전쟁, 르완다 집단 학살을 생각해 보라. 그리고 더 이전의 역사적 사례를 떠올려 보자면, 프랑스혁명의 공포정치로 9개월 만에 처형된 사람의 수는 30년간 북아일랜드 분쟁으로 죽은 사람보다 거의 다섯 배나 많다. 공포정치는 아일랜드 분쟁과 스페인 종교재판으로 인한 사망자 수를 합친 것보다 더 많은 사람을 살해했다.

어쨌든, 종교가 북아일랜드 분쟁을 '부추겼다'고 말할 수는 없다. 종교가 갈등의 토대를 마련한 것은 분명하다. 종교개혁이 부른 쓰라린 갈등이 17세기의 연속적인 '식민' 정책으로 아일랜드인들에게 이식된 것이었다. 그렇게 해서 아일랜드인의 (가톨릭) 정체성과 잉글랜드와 스코틀랜드 (개신교) 정체성이 대립관계에 놓이게 되었다. 그러나 3세기가 넘게 지난 뒤에는 아무도 종교 자체를 둘러싼 갈등에 신경 쓰지 않았다. '가톨릭'과 '개신교'라는 단어들은 별도의 공동체를 가리켰고, 두 공동체는 각기 분리된 지역에 살고 있으면서 의미 있는 상호작용(가령 두 집단 사이의 통혼)을 거의 하지 않았다. 종교적 정체성은 정치적 정체성으로 바뀌었다. 가톨릭계는 아일랜드 민족주의자 또는 분리주의자를 의미했고, 개신교계는 영국 충성파 또는 연합주의자를 의미했다.

오늘날에는 벨파스트 주변을 자유롭게 다닐 수 있다. 벨파스트 거리를 이리저리 돌아다니며 북아일랜드 분쟁 시기에 남은 많은 벽화를 보면 흥미롭다. 종교적 이미지나 언어가 담긴 벽화는 거의 없다. 그 내용은 신학적인 것이 아니라 종족적이고 정치적이다. 성금요일 협정문을 죽 읽어 보면 더욱 충격적인데, 종교적 언급이 거의 없기 때문이다. 종교적 주제를 일부러 피한 것은 아니다. 35쪽 분량의 문서에서 "종교"라는 단어가 두 번 나오고 "종교적"이라는 단어가 한 번 나온다. 각각 정치적·정신적 '자유'의 원칙과 연계되어 등장한다. '가톨릭', '개신교', '교회' 등의 단어는 전혀 등장하지 않는다. 대신에, 아일랜드 "민족주의자"와 "연합주의자"에 대한 언급이 있다. 협정문은 압도적으로 정치적·사법적·문화적 문서이지 종교에 관한 합의문이 아니다.

벨파스트 주민들은 교황 요한 바오로 2세가 분쟁이 한창이던 때 아일랜드를 방문하여 폭력을 중단하고 사랑의 길을 따르라고 모든 사람에게 호소했다는 사실을 즐겨 이야기한다. 당시 아일랜드 인구의 3분의 1이 그를 보러 나왔다! 1979년 9월 29일 토요일, 벨파스트에서 남쪽으로 50킬로미터 떨어진 드로다 시에서 교황이 한 연설은 아주 훌륭했다. 종교를 별로 좋아하지 않는 사람이라도 그 연설문은 볼만한 가치가 있다.

요한 바오로 2세는 5세기에 아일랜드에 와서 기독교를 전한 성 패트릭(Saint Patrick)을 언급한 후, 고대의 땅으로 자신을 초대해 준 가톨릭과 개신교회 지도자들에게 감사한다. 그다음, 그는 근년의 "고통들"을 언급함으로써 방 안의 코끼리와도 같은 분쟁을 정면으로 지적하고 이렇게 주장한다. "북아일랜드에서 벌어지고 있는 비극적 사건들의 기원은 사람들이 서로 다른 교회와 다른 신앙을 고백한다는 사실에 있지 않습니다. 북아일랜드 분쟁은 종교전쟁이 아닙니다. 종교전쟁이라는 명칭이 세계 여론 앞에서 너무나 자주 반복되었지만, 이 충돌은 가톨릭 신자들과 개신교 신자들 간의 싸움이 아닙니다." 그리고 나서 교황은 모든 교회의 공통 메시지는 그리스도의 사랑이라고 전한다.

이제 저는 폭력에 참여한 모든 사람에게 말씀드리고 싶습니다. 간절히 애원하며 호소합니다. 무릎을 꿇고 간청합니다. 폭력의 길에서 돌이켜 평화의 길로 가십시오.…… 하나님의 이름으로 간청합니다. 그리스도께 돌아가십시오. 그분은 사람들이 용서와 평화 가운데 살게 하기 위해 죽으셨습니다. 그리스도께서 여러분을 기다리고 계십니다. 여러분 한 사람 한 사람이 그분께 나아오기를, 그리하여 그분이 여러분 각 사람에게 이렇게 말씀하실 수 있기를 바라십니다. "너의 죄가 용서받았다. 평안히 가라."[13]

교황이 아일랜드를 방문한 시기는 1979년이었다. 그로부터 20년이 더 지나서야 전쟁 당사자들이 협정에 서명하고 지속적인 평화를 이루게 된다. 2018년의 다큐멘터리는 교황이 이 최종 결과와 큰 관련이 있다고 말하지만,[14] 나는 그렇게 생각하지 않는다. 하지만 평화를 중재하는 데 분명한 역할을 한 사제가 있었다. 살해된 영국 군인의 벌거벗은 피투성이 시신 앞에 무릎을 꿇고 종부성사를 베푸는 알렉 레이드(Alec Reid) 신부의 얼굴이 전 세계 신문에 실렸다. BBC에 따르면, 그 군인은 어느 아일랜드공화국군의 장례식 행렬 사이로 차를 몰고 들어갔다가 백주 대낮에 고문을 당하고 총에 맞아 죽었다.

그 사진은 도처에 실렸지만, 그날 레이드 신부가 평화로 나아가는 잠재적 로드맵을 요약한 비밀문서를 가지고 있었다는 사실을 당시에는 아무도 몰랐다. 레이드 신부는 당사자들이 한데 모이고 아일랜드공화국군이 "폭력을 포기하고 협상에 나서도록" 설득하는 중재자 역할을 했다.[15] 레이드의 활동들이 벨파스트 협정으로 이어졌고, 그는 아일랜드공화국군 무기 폐기의 증인으로 아일랜드공화국군 구성원들이 무기를 반납하는 광경을 현장에서 지켜보았다. 〈뉴욕 타임스〉의 한 기사에 따르면, 당시 아일랜드 수상이었던 찰스 호히(Charles Haughey)는 레이드 신부를 "평화 과정 전체에서 압도적으로 가장 중요한 사람"으로 여긴다고 말했다.[16]

교황의 말과 레이드 신부의 행동은 어떤 충돌이 '가톨릭'과 '개신교'라는 종교적 언어로 표현되었다고 해서 종교 자체와 많은 관련이 있을 거라고 성급히 결론을 내리면 안 된다는 것을 잘 보여 준다.

하지만 같은 기간에 벌어진 다른 악행 중에는 이렇게 쉽사리 설명할 수 없는 것도 있다. 그 악행과 관련된 교회의 왜곡, 잔혹함, 은폐를 보여 주는 엄청난 증거의 무게 아래서는 기독교 역사에 대한 모든 해명이 아니, 기독교 역사의 모든 선(善)마저 무너져 내릴 것만 같다. 그리고 그 이야기도 아일랜드에서 시작된다.

이 작은 사람들 가운데 하나를 걸려 넘어지게 하는 것보다,
차라리 자기 목에 큰 맷돌을 매달고
바다에 빠지는 것이 나을 것이다.
—예수, 누가복음 17장 2절(새번역)

23

해명이 불가능한
교회 내 악행에 대한 도덕적 결산

현대 교회
아동성학대

'북아일랜드 분쟁'이 평화롭게 끝나갈 무렵, 아일랜드 북서쪽에서 터져 나온 뉴스로 세상은 충격에 빠지고 교회는 역사상 가장 큰 규모의 도덕적 결산을 피할 수 없게 되었다.

도니골 카운티는 극적인 폭로의 무대로 생각하기 어려운 곳이다. 키미코 데 프라이타스 타루마(Kimiko de Freytas-Tamura)는 〈뉴욕 타임스〉에서 이렇게 보도했다. "야생화 헤더로 가득한 완만한 언덕들과 성(城), 목가적 어촌이 있는 이 시골에서 뜻밖에도 약탈자 사제들이 수십 년간 아이들을 공포에 떨게 하고도 아무런 처벌을 받지 않았다."[1]

도니골은 인구가 16,000명에 불과하지만 지금껏 폭로된 교회 내 학대 행위 중 최악의 사건이 일어난 곳이다. 이 참상의 첫 번째 조짐은 성금요일 협정이 타결되던 해인 1998년에 등장했다. 반쯤 은퇴한 형사 마틴 리지(Martin Ridge)는 수십 년 동안 폭탄 테러와 유혈 사태를 많이 목격했지만, 이 아름다운 지역에서 발견한 사실은 "아일랜드공화국군보다 더 심각"하다고 말했다. 가톨릭 사제 그린 신부가 리지 형사를 찾아와 한 지역 주민이 성적 학대라는 (그린에 따르면) '거짓' 혐의를 자신에게 씌워 협박한다고 고발한 것이 발단이었다. 하지만 리지가 수사한 결과 그린이 소년을 학대한 것이 사실로 드러났다.

마틴 리지의 수사로 추가적인 불법 행위 혐의가 드러났고, 그는 1998년에 그린 신부를 체포했다. 그러자 갑자기, 도니골 전역에서 다른 증인들이 속속 나타났다. 그린은 결국 1965-1982년 사이에 스물여섯 명의 소년을 강간하고 성추행한 죄로 감옥에 갔다. 성직자 성폭행의 피해자 여덟 명이 스스로 목숨을 끊었고 도니골 고르타호크의 교회 구내 묘지에

묻혔다. 그들은 그린의 범죄가 남긴 결과를 비극적으로 상기시킨다.[2]

　여기까지 읽고 나서 이 책을 잠시 내려놓고 믿을 만한 친구와 대화를 나누고 싶은 생각이 드는 이들이 있을지도 모르겠다. 나는 성직자에게 학대를 당한 경험이 있는 지인들이 있기 때문에, 이 주제를 논의하는 것이 피해자들에게 어떤 상처를 줄 수 있는지 여러 번 보았다.

전 세계적 위기, 가까운 관계에서 일어나는 비극

　도니골 사건은 성직자 아동성학대를 광범위하게 수사하고 그 결과를 발표한 첫 사례였다. 그 사건을 다룬 1999년의 다큐멘터리 〈공포의 제국〉(States of Fear)은 수도회에서 운영하는 아일랜드 학교와 기관들 곳곳에서 발견된 소아성애자 성직자의 규모를 드러냈다. 다큐멘터리가 나온 이후, 정부는 거주시설보상위원회를 설립했고 지금까지 14,000명 이상의 피해자들에게 보상했다.[3] 슬프게도, 아일랜드는 세계에서 성직자의 성학대 비율이 가장 높은데, 이 사실은 "90퍼센트의 초등학교가 교회 후원을 받는" 아일랜드 특유의 교육제도와 관련이 있는 듯 싶다.[4]

　아동학대라는 악을 더 복잡하게 만든 것은 종종 거기에 뒤따른 비밀주의와 은폐였다. 그러나 그 비밀들은 아일랜드만이 아니라 전 세계에서 곧 드러났다.

　2001-2003년 사이에 〈보스턴 글로브〉의 유명한 스포트라이트 팀은 10년 전 보스턴 대교구에서 70명이 넘는 사제들을 대상으로 한 미성년자

성추행 고발을 "기이하게도 관련 내용을 비밀에 붙인 채" 조용히 합의로 해결했다는 사실을 알게 되었다. 그들은 죄가 드러난 소아성애자 사제들을 다른 교구로 보내거나 병원 또는 교도소의 사목으로 재배치하기도 했다. 그리고 그들 중 일부는 다시 범죄를 저질렀다.[5] 2002년 말, 〈보스턴 글로브〉는 교황이 버나드 로(Bernard Law) 추기경의 사표를 수리했다고 보도했는데, 그는 1984년 이래 보스턴 대교구를 이끌어 온, 즉 모든 은폐를 주도한 인물이다.[6] 그 일은 정의와 언론 보도의 거대한 승리였고 많은 피해자에게 희망의 징조였다.

〈보스턴 글로브〉의 보도를 계기로 미국과 전 세계에서 많은 조사가 시작되었다. 2004년, 미국가톨릭주교회의 의뢰로 가톨릭 사제들에 의한 미성년자 성폭행을 조사하는 미국 최대 규모의 연구가 존제이형사사법대학에서 진행되었다. 조사 결과, 가톨릭 성직자의 4.3퍼센트가 아동성학대로 고발되었다는 사실이 드러났다.[7] 우리가 이후 살펴볼 더 큰 규모의 조사에서 나온 증거는 그 수치가 더 높을 수 있음을 말해 준다.

기관 내 아동성학대에 대한 세계 최대 조사에서 나온 범상치 않은 연구 결과를 자세히 살펴보기 전에, 잠시 멈춰서 보다 일반적인 아동성폭행의 규모를 직시할 필요가 있다. 거의 천만 명이 참여한 331건의 독립적인 사례들을 포함하는 217건의 조사 결과가 나왔고, 그 자료들을 포괄적으로 메타분석한 결과가 미국아동학대전문가협회의 출판저널인 〈아동학대〉(Child Maltreatment)에 실렸다. 이 메타분석으로 아동성학대의 전 세계적 출현율이 여아의 경우 최고치 19.7퍼센트에 최저치 16.4퍼센트인 것으로 나왔고, 남아의 경우 최고치 8.8퍼센트에 최저치 6.6퍼센트인 것으로 나왔다. 이 연구진들은 마지막 문장에서 이렇게 밝힌다. "최저 추정치조차 아동성학대가 수백만 어린이의 삶에 영향을 미치는 전 세계적 현상이라는 것을 보여 준다는 점에서 충격이다."[8]

여러 연구를 통해 나온 또 다른 충격적인 결론은 아동성학대의 가해자 대부분이 모르는 사람(14퍼센트)이 아니라 친구(55퍼센트)나 가족(34퍼센트)이었다는 사실이다.[9] 아동성학대는 전 세계적인 위기이자 가까운 관계에서 일어나는 비극이다.

아동성학대, 대대적인 실태 조사

아동성학대는 사적인 자리에서만 일어나지 않는다. 교회, 스포츠클럽, 고아원, 청소년 교정 시설처럼, 책임 있는 어른들이 관리하는 시설 안에서도 벌어진다. 시설 내 아동성학대에 대한 가장 포괄적이고 자세한 조사가 호주에서 진행되었다. 2012년 호주연방정부는 '아동성학대에 대한 시설들의 대응상황을 파악하기 위한 왕립조사위원회' 설치를 발표했다. 왕립조사위원회(Royal Commission)는 공적으로 중요한 사안에 대한 조사와 수사를 담당하는 호주식 특검에 해당한다.[10] 5년의 조사 과정에서 42,041건의 통화를 하고 25,964통의 편지와 이메일을 주고받고 8,013건의 인터뷰를 진행한 후, 2017년에 열일곱 권 분량의 최종 보고서가 발간되었다. 이 보고서는 시설 내 아동성학대의 본질과 범위를 아주 분명하게 알려 주었다. 조사위원회는 시설 내 아동을 더 잘 보호하기 위한 189개의 세부

권고사항을 내놓았다. 종교 시설을 다룬 보고서 제16권은 분량이 250쪽에 이른다.[11]

왕립조사위원회의 지원으로 진행된 상세한 조사를 통해 모든 아동성학대의 적어도 5퍼센트가 교회, 학교, 고아원 등의 시설 환경에서 발생한다는 것이 드러났다.[12] 시설에서 일어나는 보고 지연과 축소 보고의 경우를 생각할 때 실제 수치는 아마 더 높을 것이라고 위원회는 지적한다.[13] 하지만 위원회는 아동성학대 사례의 5퍼센트만 시설에서 발생한다 해도, 호주에서 69,000명, 전 세계적으로는 수백만 명의 아동이 시설에서 추행을 당했다는 뜻이 된다고 말한다. 이 엄청난 규모의 가슴 아픈 상황에 서서히 대중의 눈길이 가고 있다.

왕립조사위원회는 시설 내 아동성학대 피해 생존자의 41.6퍼센트가 "가정 외 돌봄 시설"(고아원, 위탁 가정)에서, 31.8퍼센트는 "학교"[14]에서, 14.5퍼센트는 조사위원회가 "종교 활동"으로 분류한 곳인 교회, 주일학교, 청소년 그룹에서 추행을 당했다는 것을 발견했다. 14.5퍼센트는 "청소년 교정" 시설(8퍼센트)과 "레크리에이션, 스포츠클럽"(5.9퍼센트)을 더한 수치와 대략 비슷하다.[15]

그러나 더 복잡하고 충격적인 수치가 있다. 많은 가정 밖 돌봄 프로그램과 학교는 종교단체들이 운영한다. 여기에 소위 종교 시설에 대한 검토 내용도 추가해야 한다. 왕립조사위원회의 계산에 따르면, 아동성학대 피해 생존자의 58.6퍼센트가 거명된 1,691곳의 교회, 주일학교, 청소년 그룹 등의 종교 시설 중 한 곳에서 추행을 당했다. 다시 말해, 시설 내에서 일어난 아동성학대의 절반 이상이 종교단체들의 책임인 것이다.

조사위원회는 가해자들에 관한 다른 내용도 알게 되었다. 거의 모든 가해자(95.3퍼센트)가 성인 남성이었다. 종교 시설 가해자의 절반 이상(52.9퍼센트)이 종교인, 사제, 목사 또는 그에 준하는 사람이었다. 종교 시설의 다른 가해자들 중에는 학교 교사(23.2퍼센트), 보육 교사(13퍼센트), 사감, 위탁 양육자, 자원봉사자 등의 다양한 권위자들이 있었다.

가톨릭만의 문제가 아니다

이것은 가톨릭만의 문제가 아니다. 세간의 많은 관심 가운데 아일랜드와 보스턴에서 이루어진 초기 보도는 가톨릭교회에만 초점을 맞추었다. 그 보도는 전 세계에 이것이 가톨릭의 문제라는 인상을 남겼다. 호주의 왕립조사위원회는 상황을 보다 넓게 바라볼 수 있게 해 주었다.

종교 시설(교회, 학교, 고아원 등) 내 학대 생존자 중에서 61.8퍼센트가 가톨릭 시설에서 학대를 당했고, 14.7퍼센트는 성공회 시설에서, 7.3퍼센트는 구세군 시설에서, 나머지는 다양한 장로교, 연합교단, 오순절, 유대교, 기타 교파 시설에서 학대를 당했다. 그러나 이런 수치는 다소 왜곡된 인상을 준다. 가톨릭교회는 호주에서 가장 큰 기독교파로서 호주인의 22.6퍼센트가 '가톨릭 신자'로 자처한다. '성공회 신자'는 13.3퍼센트로 그다음으로 많다.[16] 가톨릭교회는 호주 최대 규모의 사립학교 보유 기관이고 호주 학생 19.5퍼센트의 교육을 담당한다.[17] 가톨릭교회는 호주 최대 규모의 비정부 복지 제공 조직이기도 하다.[18]

물론 이런 내용을 말한다고 해서 가톨릭 사제, 교사, 자원봉사자들이 저지른 엄청난 규모의 악행이 조금이라도 줄어드는 것은 아니다. 독자중에 가톨릭 관련 기관에서의 학대 피해자가 있다면 지금 내가 하는 말을 조금만 참아 주길 바란다. 이런 내용을 말하는 이유는 비가톨릭 기독교인들의 성급한 반응을 막기 위해서다. 가톨릭교회는 다른 어떤 비정부 기관보다 더 많은 시설 서비스, 즉 학교, 위탁 양육, 고아원, 교회를 제공한다. 이런 규모를 생각할 때 가톨릭교회가 차지하는 아동성학대 비율이 다른 교파보다 더 높다는 것은 그리 놀랍지 않다.

퀸즈랜드대학교 법학대학원 원장이자 호주의 대표적인 아동보호 전문가인 패트릭 파킨슨(Patrick Parkinson)에 따르면, 가톨릭교회가 종교 시설에서 일어난 아동성학대 피해의 61.8퍼센트 책임이 있다고 해서 "이 문제에서 가톨릭의 상황만 유난히 심각하다고 단정할 수는 없다. 이 수치는 제2차 세계대전 이후 상당한 비율의 신앙 기반 학교들과 고아원의 운영 주체가 가톨릭 단체들이었기 때문이다."[19] 내가 2000년대 초에 느꼈던 개신교 신자의 우쭐함은 아무 근거가 없는 것이었다.

왕립조사위원회가 정리한 내용 중에는 가톨릭 신자들이 우려할 만한 주장이 담겨 있다. 호주 가톨릭교회 사제들 중에 소아성애자가 충격적으로 많다는 주장이다. 나는 앞서 가톨릭 사제들이 저지른 미성년자 학대에 관한 최대 규모의 조사가 2004년에 미국 존제이형사사법대학에서 진행되었다고 언급했다. 그 연구 결과, 가톨릭 성직자의 4.3퍼센트가 아동성학대로 고발된 사실이 드러났다.[20] 하지만 호주 왕립조사위원회의 증거에 따르면, 호주에서는 그 수치가 더 높다. 60년간의 자료에 근거한 조사위원회의 결론은 충격적이다. "가톨릭 성직자의 7퍼센트가 가해자로 추정되었다."[21]

어떤 사람은 그렇다면 93퍼센트의 가톨릭 사제들은 교인들(과 하나님)을 섬기는 신실한 종이라는 의미가 아니냐고 말할 수도 있다. 가톨릭 사제 전반을 의혹의 눈길로 바라보는 것이 부당한 일이라는 데는 나도 동의한다. 그런 일이 내가 사는 곳에서도 가끔 일어난다. 하지만 연구에 따라 편차가 있긴 해도 7퍼센트는 일반인 소아성애자 추정 비율인 1-5퍼센트보다 더 높다.[22] 그리고 가톨릭 다음으로 큰 성공회 내의 소아성애 성직자 추정 비율(1퍼센트 미만)보다도 더 높다.[23]

호주 왕립조사위원회의 결론에서 마지막으로 중요한 요소는 1990년대부터 교회의 관행에 변화가 있었다는 점이다. 조사위원회의 보고에 따르면, "피해 생존자들이 사적인 자리에서 종교 시설 내 아동성학대에 관해 증언한 내용 중 90퍼센트가 1990년 이전에 일어난 일이었고 1990년 이후에 일어난 학대는 5.8퍼센트 정도였다. 일부 생존자들은 학대 시기를 말하지 않았다." 보고서는 이렇게 신중하게 지적한다. "종교 시설에서의 아동성학대를 우리가 더 이상 우려할 필요가 없는 지나간 역사로 여긴다면 잘못된 것이다."[24] 더욱이, 폭로까지 시간이 걸린다는 점을 고려하면 조사위원회가 수집한 정보는 보다 최근에 발생한 학대 피해자들의 수를 과소 반영했을 가능성이 높다.

"하지만 달라진 것이 전혀 없다는 말도 잘못"이라고 보고서는 지적한다.[25] 1990년 이래 아동성학대에 대한 인식이 높아졌다. 어린이를 보호하기 위한 새로운 절차가 1980년대에 정부 시설에 도입되었고, 1990년대에는 느리고 부분적이지만 일부 종교 시설에도 반영되었다. 가해자가 들키지 않고 아동을 학대하기가 어렵게 된 것이다. 하지만 조사위원회가 정부에 제시한 189개의 상세 권고사항 중 58개가 특정 종교 시설들과 관련된 것이었다.[26] 여전히 가야 할 길이 멀다.

"이 작은 자 중의 하나도 업신여기지 말라"

교회가 공익사업(종교 활동에 더해 학교, 병원, 고아원, 위탁 양육)에 널리 참여한 일은 종교적 특성이 강한 시설에서 아동성학대가 많이 발생한 것(58.6퍼센트)을 부분적으로 설명해 준다. 종교 시설 내 아동성학대가 빈번한 데는 다른 요인들도 있을 것이다. 호주 왕립조사위원회는 독신 의무에 대해 논란의 여지가 있다는 논평을 한다. 최종 보고서는 이렇게 진술한다. "조사에 의거하여 우리는 독신 의무가 있는 남성 성직자가 아동에게 남들 모르게 다가갈 수 있는 곳에서는 아동성학대의 위험이 높다는 결론을 내린다." 보고서에 따르면, 독신은 "정서적 고립, 외로움, 우울증 및 정신질환과 관련이 깊다. …… (독신 의무는) 성심리적 미성숙 같은 다양한 형태의 성심리적 기능장애를 초래할 수 있고, 이것은 아동의 안전에 지속적인 위험 요소가 된다."[27] 교회 당국자들과 일부 전문 심리학자들은 이 주장에 강력히 이의를 제기했다.[28]

독신과 관계없는 또 다른 요인은 너무나 암울해서 깊이 생각하기가 힘들 지경이다. 패트릭 파킨슨은 종교 단체들이 공익 서비스의 많은 비중을 차지한다는 것의 의미에 대해 이렇게 말한다. "그러므로 교회라는 공동체는 아동에게 강한 성적 관심을 가진 사람들을 끌어들일 가능성이 높다."[29] 그는 영국 버밍엄대학교 심리학과의 조 설리반(Joe Sullivan)과 앤터니 비치(Anthony Beech)의 연구를 근거로 제시한다. "전문적 가해자"라는 제목으로 알려진 그들의 연구는 가해 성직자의 15퍼센트가 "일을 선택한 유일한 목적이 아동을 성적으로 학대하기 위해서라고 말했고", 41.5퍼센트는 "학대가 직업 선택의 동기 중 일부였다고 말했다."[30] 다시 말해, 어떤 교파에서든 일정 비율의 소아성애자가 실제로 아동 추행을 노리고 사역을 선택하는 일이 가능하다는 것이다. 생각만 해도 무서운 일이다.[31]

어떤 요인들이 교회 내의 아동성학대로 이어졌든, 〈뉴욕 타임스〉 칼럼니스트이자 유명한 가톨릭 신자인 로스 다우닷(Ross Douthat)이 최근 폭로된 사실들에 대해 한 말은 참으로 옳다. "어떤 무신론자, 반성직주의자도, 심지어 볼테르, 잉거솔(Ingersoll), 트웨인(Twain) 같은 작가라도 그토록 완벽하게 계산된 이야기를 지어내어 복음 메시지의 신빙성을 떨어뜨릴 수는 없을 것이다. …… 외부에 있는 어떤 신앙의 적도 신자들이 그토록 많은 혼란과 경악을 경험하게 하지 못했을 것이다."[32] 이것은 교회가 자초한 재앙이다. 교회가 스스로를 탓할 수밖에 없는 악이다. 이것은 교회에 십자군 원정과 종교재판에 맞먹는 도덕적 결산을 촉구한다.

아동성학대가 예수 그리스도의 메시지 및 사명과 어떤 방식으로 모순되는지 일일이 밝힐 필요는 없을 것이다. 성윤리에 대한 그분의 가르침만으로도 아동과의 이런 식의 성적 접촉은 있을 수 없는 일이 된다. 권력 남용에 대해 그분이 하신 말씀은 더 말할 것도 없다. "이방인의 집권자들이 그들을 임의로 주관하고 그 고관들이 그들에게 권세를 부리는 줄을 너희가 알거니와 너희 중에는 그렇지 않을지니 너희 중에 누구든지 크고자 하는 자는 너희를 섬기는 자가 되고"(막 10:42-43).

그리스도께서는 여러 차례 아동학대에 관해 구체적으로 말씀하셨다. "삼가 이 작은 자 중의 하나도 업신여기지 말라 너희에게 말하노니 그들의 천사들이 하늘에서 하늘에 계신 내 아버지의 얼굴을 항상 뵈옵느니라"(마 18:10). "천사"에 대한 언급을 어떻게 이해하든 간에, 예수님의 논지는 궁극의 심판자의 보좌 앞에서 아이들을 대변하는 존재가 있다는 것이다.

성경의 다른 곳에서 그분은 이렇게 말씀하셨다. "이 작은 사람들 가운데 하나를 걸려 넘어지게 하는 것보다, 차라리 자기 목에 큰 맷돌을 매달고 바다에 빠지는 것이 나을 것이다"(눅 17:2, 새번역). "걸려 넘어지다"(stumble)라는 표현이 매우 흥미롭다. 원어인 그리스어로는 '스칸달리조'다. '분개하게 한다'는 뜻의 영단어 "스캔들라이즈"(scandalize)가 여기서 나왔다. 스칸달리조의 근본 의미는 '덫으로 잡다' 또는 '걸어 넘어뜨리다'이다.

아동성학대보다 더 해로운 덫은 상상이 안 된다. 교회는 성적 자제의 공간일 뿐 아니라 약자를 위한 특별한 돌봄의 공간이어야 한다. 아동성학대는 그 해악을 제대로 잴 수도 없는 추문(scandal; 함정, 덫)이다. 고르타호크의 무덤들은 침묵으로 증언한다. 그들의 "천사들"은 계속해서 하나님의 얼굴을 본다.

———

　본인이 피해 생존자이거나 사랑하는 이가 피해 생존자인 독자가 있다면, 이번 장을 마치면서 주류 교회(내가 어떤 식으로든 여전히 사랑하는 교회)의 목사인 내가 진심을 담아 드릴 말씀은 하나뿐이다.

　"죄송합니다."

종교적으로 충실한 미국인들은 더 예의 바르고
어떤 면에서는 그냥 "더 좋은" 사람들이다.
—로버트 퍼트넘

24
믿음을 오롯이
내면화해 실천할 때
맺히는 열매들

\# 현대 교회

\# 평범한 신자들의 선한 영향력들

지난 장에서 나는 현대의 공익단체들에서 교회의 비중이 압도적으로 높다고 여러 차례 말했다. 이제 그 주장을 입증해야 할 것 같다. 이 책의 많은 독자는 기독교가 병원을 세우고 버려진 유아들을 보살피고 빈민을 먹이고 제한된 방식으로나마 노예를 해방시키는 등의 역사적 역할을 감당한 것을 기쁘게 받아들일 수 있을 것이다. 그러나 이런 역할들은 이제 세속적 활동들로 자리 잡았다. 이 활동들에 특별히 '기독교적' 요소는 없다. 종교를 믿는 사람들이 믿지 않는 사람들보다 덜 이타적이라고 말하는 최근의 연구 결과를 들어 본 독자도 있을 것이다. 많은 일이 그렇듯, 이 문제에서도 진상은 복합적이기 때문에 신자와 회의론자 모두를 불편하게 만들 것 같다.

종교적 양육, 아이의 이타성을 떨어뜨린다?

현대 신자들에게 관대함이 부족하다는 것을 강조한 연구들이 있었다. 2015년, 시카고대학교는 심리학과에서 수행한 국제적 연구 결과를 발표했는데, 보고서 제목을 인용하자면 "종교적 양육이 이타성의 결핍을 초래"한다는 내용이었다.[1] 연구 결과는 저명한 과학저널 〈커런트 바이올로지〉(Current Biology)에 게재되었고[2] 수 개월 동안 전 세계 언론의 관심을 받았다. 〈데일리 비스트〉(Daily Beast)의 헤드라인은 특히 충격적이었다. "연구: 종교적인 아이들은 얼간이다."[3]

시카고대학교의 장 디세티(Jean Decety) 교수가 이끈 연구 팀은 다섯 살부터 열두 살 사이의 어린이 그룹에 재미있는 스티커들을 준 다음, 그 아이들이 스티커를 적게 가진 다른 아이들에게 얼마나 기꺼이 나누어 주는지 평가했다. 그다음, 사람들이 서로에게 못되게 구는 짧은 만화영화를 아이들에게 보여 준 뒤 어떤 기분이 드는지, 남을 괴롭히는 사람들을 어떻게 해야 하는지 물었다. 종교적 가정, 주로 기독교와 무슬림 가정 출신 아이들은 "비종교적 가정의 아이들보다 스티커를 나누는 데 훨씬 인색"한 것으로 드러났고, "종교성과 이타주의 간의 부정적 관계는 나이가 들어감에 따라 더 강해졌다. 가정에서 종교를 오래 경험한 아이들일수록 나누는 데 더욱 인색했다." 종교적인 아이들은 만화영화 속에서 남을 괴롭히는 사람에게 가혹한 처벌을 요구하는 경향도 더 높았다. 종교는 나눔을 저해할 뿐 아니라 처벌도 더 요구한다. 디세티 교수의 결론은 냉혹했다. "종교는 아이들의 이타주의에 부정적 영향을 끼친다."[4]

이 연구가 전 세계에서 많은 관심을 끈 이유는 쉽게 알 수 있다. 나는 그 논문을 읽었고 심리학자 친구에게 문의해 전문가의 의견도 들었다. 디세티는 이전의 어떤 연구도 드러내지 못했던 사실을 보여 준 것 같았다. 곧 사랑의 정신이 종교적 가정에서 덜 눈에 띈다는 점이었다.

나는 그 연구 결과를 그대로 받아들이고 기독교인들이 보여 준 최고와 최악의 행동을 다루는 여러 강연에서 그 내용을 소개하기 시작했다. "스티커가 더 필요한 일이 있으면 기독교인들에게는 가지 마세요!"라는 농담도 종종 했다. 하지만 그 연구 결과에 대한 나의 대응방식은 "내 탓이오(mea culpa)를 말하는 것이었다. "종교는 우리 아이들이 다른 이들의 유익이 아니라 자기 것과 자기 권리에 초점을 맞추게 만들 수 있어요. 기독교인들이 자신이 가르치는 바를 실천하지 않는다는 사실이 과학적으로 밝혀졌습니다."

하지만 12개월 만에 그 유명한 시카고 연구가 잘못된 것으로 밝혀졌다. 그 연구는 잘못된 자료, 잘못된 대조, 잘못된 분석이 만난 (고맙게도) 희귀한 사례였다. 그 사실을 전혀 몰랐던 나는 그 이후로도 몇 달 동안 전 세계에 "내 탓이오"를 말하고 다녔다. 어느 날 청중 가운데 한 사람이 내 말을 끊고 이렇게 물었다. "그 연구는 엉터리로 밝혀지지 않았나요?"

정말 그랬다. 시카고대학교 웹사이트의 공지란에 가 보면 그 연구가 철회되었다는 내용과 함께 원래의 뉴스 기사 링크만 겸연쩍게 떠 있는 것을 발견할 것이다. 〈커런트 바이올로지〉에 게재된 학술논문의 온라인 버전(대학교 도서관 접속이 가능한 이들을 위한 정보다)에는 논문 매 쪽마다 커다란 붉은 글씨로 '게재 철회'라고 적혀 있다. 이것은 사실 관계의 오류가 발견되면 대부분 바로 인정하는 학계의 훌륭한 모습이다(언론 보도에 대해서는 같은 말을 할 수가 없다).

나는 종교인 일반, 그중에도 기독교인들이 자신들의 소유를 어려운 이들과 나누지 않는다는 의미에서 덜 이타적이라는 결론을 뒷받침하는 어떤 연구도 알지 못한다. 이제 살펴보겠지만, 오히려 대부분의 여러 연구들은 정반대의 결과를 보여 준다. 그래서 시카고대학의 연구가 그토록 대단한 이야깃거리로 보였던 것 같다. 그렇지만, 디세티 교수의 주장에서 한 가지 측면은 널리 지지를 받는 듯하다. 일부 종교는 심리학자들이 '엄벌주의'라고 부르는 성향을 증가시키는 경향이 있다는 것이다. 때때로 기독교인들의 유명한 특성으로 꼽히는 냉혹하고 비판적인 성향은 어느 정도 과학적으로도 인정되고 있다.

마틴 셀리그만(Martin Seligman)은 펜실베이니아대학교의 심리학 교수이자 지난 30년간 긍정심리학 운동을 이끈 지도자다. 긍정심리학의 핵심 개념은 심리학적 통찰은 건강하지 못한 마음 상태를 고치는 데만 아니라 건강한 정신 상태를 강화시키는 데도 적용될 수 있다는 것이다. 셀리그만은 2004년에 옥스퍼드대학교출판부에서 출간된 묵직한 책 *Character Strengths and Virtues*(성격 강점과 덕목)를 공동 편집했다.[5] 이 책은 창의성(4장), 개방성(6장), 사회적 지능(15장), 감사(24장), 유머(26장)를 포함한 많은 분야에서 인간발달을 다룬 여러 연구 성과들을 폭넓게 검토한다. 셀리그만의 목표는 어떤 요인들이 인간의 탁월성의 실현을 증진시키거나 저해하는지를 발견하는 것이었다.

셀리그만과 그의 동료들은 종교성(주로 기독교)이 편견과 가혹함을 키운다고 말하는 다양한 논문을 발견했다. 그중 게재 철회된 논문은 없었다. 올포트(Allport)와 로스(Ross)가 발표한 한 연구는 "외재적 종교성"이 높게 나온 사람들이 "아프리카계 미국인들과 유대인들에 대해 특히 선입견을 갖는" 경향이 있다고 밝혔다. 이들은 또한 "의심이 더 많았고 세상을 위협적인 곳으로, 사람들은 위협적인 존재로 인식할 가능성이 높았다."[6] 셀리그만은 "성경의 문자적 이해"와 "교정적 엄벌주의"의 연관 관계를 발견한 리버(Leiber)와 우드릭(Woodrick)의 연구를 지적한다.[7] 성경의 의미를 보다 엄격하게 또는 구체적으로 받아들일수록, 권위주의적인 법과 질서 유지를 옹호하게 될 가능성이 높다는 내용이었다.

앞에서 언급한 "외재적 종교성"에 주목해야 한다. 논문에서 이 표현은 "종교적 신념을 내면화하고 삶으로 실천하는 것과 달리 종교나 종교적 소속을 특정 목적을 위해 이용하는" 사람들을 가리킨다고 셀리그만은 말한다.[8] 대단히 흥미로운 이 주장대로라면 사람의 신앙이 마음의 문제가 아니라 사회적 · 정치적 증표가 될수록 타인을 더욱 가혹하게 대하게 된다.[9] 그럴 수 있을 것 같다.

이 내용은 교회 안팎의 재앙인 가정 폭력에 대한 연구 결과와 일치한다. 일부 자료에 따르면, 보수적인 교회에 이따금 출석하는 남자들은 배우자에게 폭력을 행사할 가능성이 더 높은 것 같다. 그런 교회에서 가르치는 '가부장적' 가정생활 모델이 폭력적인 남자들에게 아내를 가혹하게 대해도 된다는 얄팍한 근거로 다가올 수 있다고 추측된다.[10] 성경은 배우자에 대한 학대를 명시적으로 금지하고 있지만,[11] 학대하는 남편들이 "혼인의 신성함"과 "남자의 머리 됨" 같은 전통적 가르침을 들먹이면서 배우자를 해로운 관계의 덫에 가둘 수 있음을 쉽게 알 수 있다.

최근의 연구 결과에서는 "대단히 종교적인 부부들이 "최고 수준의 양질의 관계"를 누린다고 응답했지만,[12] 본질적이고 빈번한 종교 활동이 가정 학대를 어떻게든 "막아 준다"고 단언하기에는 더 많은 연구가 필요하다. 나는 동료들과 함께 호주의 기독교 기관들, 특히 보수적인 복음주의 기관들이 복음주의 교회 내의 가정 폭력과 그에 대한 성직자의 대응 현황을 살피는 대규모 연구를 위탁 진행하도록 공개적으로 촉구해 왔다.[13]

이렇게 정리할 수 있겠다. "외재적" 기독교, 즉 사회적 · 정치적 층위에 머무는 기독교는 다양한 방식으로 우리 모두에게 나쁠 수 있다! 허울뿐인 신앙보다는 차라리 불신앙이 나을 수 있다.

기독교와 정신 건강

외재적 기독교는 모두에게 안 좋을 수도 있지만, 증거에 따르면 내재화된 형태의 신앙은 신자 개인과 믿지 않는 사회 모두에게 유익을 준다. 셀리그만은 *Character Strengths and Virtues*(성격 강점과 덕목)에서 이렇게 말한다. "상당한 양의 연구가 종교성과 구체적인 종교 참여, 심리적·신체적 행복 사이에 긍정적인 관계가 있음을 보여 주었다." 셀리그만은 종교를 믿지 않지만, 이런 결론을 잘 보여 주는 독립적인 열다섯 개의 연구 결과를 간단히 요약한다. 그중 한 대목에서 그는 "교회의 지원과 목회자의 지원"이 사람들이 "역경에 효과적으로 대처하는 데 결정적인 역할을 하는" 것 같다고 말한다.[14]

셀리그만의 이 연구 리뷰보다 더 눈에 띄는 것은 2012년에 나온 *Oxford Handbook of Religion and Health*(옥스퍼드 종교와 건강 핸드북)이다. 이 책은 종교 활동과 심신 건강의 연관성을 다룬 기존의 모든 연구에 대한 포괄적 메타분석을 제공한다. 아쉽게도 상당히 '서구적인' 분석이고 영국, 미국, 유럽, 캐나다, 호주 등 기독교가 주요 종교인(종교 활동에 참가하는 비율로 측정했을 때) 나라들에서 나온 연구에 주로 초점을 맞추긴 했지만 어쨌든 그 결과는 놀랍다.

> **행복** 300개 연구의 78퍼센트가 종교성과 행복 간의 긍정적 연관성을 보고한다.
>
> **낙관주의** 32개 연구의 81퍼센트가 종교성과 낙관주의의 긍정적

연관성을 보고한다.

의미와 목적 45개 연구의 93퍼센트가 종교성과 목적의식 및 의미감의
긍정적 연관성을 보고한다.

사회적 지지 74개 연구의 82퍼센트가 종교성과 사회적 지지감의
긍정적 연관성을 보고한다.

우울증 413개 연구의 61퍼센트가 종교를 믿는 개인일수록 우울증이
적게 나타나고 우울증에서도 더 빨리 회복한다고 보고한다.

자살 141개 연구의 75퍼센트가 종교성이 자살 생각, 자살 시도, 자살
성공의 감소와 연관성이 있음을 보고한다.

사회적 자본(지역사회 참여) 14개 연구의 79퍼센트가 종교성과 사회적
자본의 긍정적 연관성을 보고한다.[15]

하버드대학교 공중보건대학원장 타일러 밴더윌(Tyler VanderWeele) 교수
가 보다 최근인 2017년에 여러 문헌을 종합하여 발표한 리뷰논문은 종교
참여가 사망률 감소를 포함한 폭넓은 심신 건강과 긍정적 관계가 있다는
결론을 내리고 근거를 제시한다.[16]

기독교와 사회적 자본

앞의 목록에서 마지막으로 언급한 범주인 '사회적 자본'은 지난 20년
간 많은 연구의 주제가 되었다. 연구 결과, 종교가 모든 것을 오염시키는

것은 아니라는 점이 여실히 드러났다. 마틴 셀리그만은 외재적 종교에 성격과 미덕을 증진시키는 힘이 있다는 데 회의적이다. 하지만 그는 종교에는 또 다른 면이 있다고 생각한다.

> (종교 참여와 종교적 표현으로 측정된) 종교성은 부부 갈등 수준의 완화, 배우자에 대한 지지 상승, 자녀 양육의 일관성 향상, 청소년 자녀와 부모의 관계 개선 및 상호간 지지 증가와 관련이 있다. 〔이어서 그는 기존의 연구들을 인용한다.〕 종교성, 특히 교회 활동은 이타주의, 자원봉사 참여, 박애의 확실한 예측인자라는 것도 드러났다. 〔이어서 그는 기존 연구들을 인용한다.〕[17]

교회가 사회적 자본을 공급하는 핵심 주체라는 주장은 하버드대학교 존에프케네디행정대학원의 공공 정책 교수인 로버트 퍼트넘(Robert Putnam)이 진행한 아주 유명한 일련의 연구에서 시험대에 올랐다. 그가 1970-1980년대에 진행한 초기 연구는 이탈리아 사회와 미국 사회를 비교했고 사회적 자본에 대한 학계의 관심이 증가하는 데 중심적인 역할을 했다. 퍼트넘은 사회적 자본을 "사회적 네트워크 및 거기서 나오는 상호성과 신뢰성의 규범"으로 정의한다.[18]

퍼트넘은 데이비드 캠벨(David Campbell)과 함께 쓴 그의 책 《아메리칸 그레이스》(American Grace)[19]에서 미국 사회의 (특별히 종교, 도덕, 정치와 관련된) 다양성과 분열을 자세히 소개한다. 그는 지난 40년에 걸친 종교와 정치적 당파성의 연관성을 구체적으로 추적하는데, 그 부분에서는 이례적인 내용이 없다. 하지만 퍼트넘 본인을 포함해 많은 사람을 놀라게 한 내용이 있었다. 바로 종교가 미국의 관용과 자원봉사 활동과 박애주의 핵심 요소이기도 하다는 증거가 나왔다는 점이다.

퍼트넘과 그의 연구 팀은 미국을 대표하는 3천 명의 미국인들과 인터뷰를 진행했다. 인터뷰는 1년의 시차를 두고 두 번 진행했는데, 자료의 항내성(robustness)을 확보하기 위한 조치였다. 연구 팀은 인터뷰를 통해 폭넓은 주제를 탐구했다. 종교 참여, 사교클럽과 봉사단체 활동, 자선 활동, 정치, 개인관계망에다 사회과학자들이 외적 요인을 통제하는 데 필요한 인구 통계적 정보까지 망라했다.

그 결과 그들은 서로 긴장 관계에 있는 듯한 두 가지 사실을 확인했다. 첫째, 종교적인 미국인들은 세속적 미국인들보다 남을 더 "심판하는" 관점을 갖고 있었다. 그들은 "세속적 미국인들에 비해 다른 의견에 관용적이지 않았는데, 퍼트넘은 이것이 시민으로서의 중요한 결함"이라고 말한다.[20] 여기에 놀랄 독자는 많지 않을 것 같다.

하지만 종교적인 미국인들은 관용적이지 않은 견해를 갖고 있음에도 구체적인 상황에서는 더 박애적이고 공동체를 중시하는 경향을 보여 주었다. "종교적 미국인들은 사실 세속적 미국인들보다 더 관대한 이웃이고 더 양심적인 시민이다." 퍼트넘의 말은 이렇게 이어진다. "종교는 자원봉사의 총량을 상당히 많이 증가시키기에 정기적으로 교회에 출석하는 이들은 종교적 봉사활동을 더 많이 할 뿐 아니라 세속적 대의를 위한 자원봉사에 나설 확률도 훨씬 높다."[21]

퍼트넘의 흥미로운 주장은 "신학은 좋은 시민과 이웃 역할에서 드러나는 소위 '종교적 강점'에 대한 핵심 설명이 아니"라는 것이다.[22] 다시 말해, 주된 효과는 신념이 아니라 종교 공동체의 사회적 연결성에서 나온다는 것이다. 결국, 그는 좋은 이웃으로서의 이런 특성은 교회 생활에 참여하는 무신론자들 사이에서도 존재한다고 지적한다. 흥미로운 통찰이다.

하지만 정말로 공동체의 신념이 공동체의 활동에 중요한 영향을 미치지 않는 것일까? 그렇다면 스포츠클럽이나 지역 극단에서는 왜 비슷한 수준의 자원봉사와 자선 활동을 찾아볼 수 없을까? 종교 공동체의 확신이 '종교적 강점'에 분명 어떤 영향을 미치지 않을까? 신학은 종교 공동체를 끌어올려 공동의 이상을 추구하도록 이끈다. 이 '끌어올림'을 신자들뿐 아니라 교회 안의 무신론자들도 경험한다고 보는 것이 이치에 맞다. 인류가 '하나님의 형상'으로 만들어졌다고 믿지 않더라도 그 사실을 정말 믿는 사람들 곁에서 함께 섬길 수 있다.

최근 나는 이런 생각을 로버트 퍼트넘의 유명한 제자에게 제시했다. 앤드루 리(Andrew Leigh) 박사는 사회적 자본에 관한 호주의 대표적 연구자이자 활동가다. 그는 하버드에서 퍼트넘의 지도로 박사 학위를 받은 뒤 호주국립대학교로 돌아와 한동안 학자로 일했다. 지금은 노동당(말하자면 미국의 민주당 정도에 해당한다)의 연방의원(미국의 상원의원과 비슷하다)이다.

더불어 그는 무신론자이기도 하다. 내가 이 말을 하는 이유는 그가 자주 그렇게 말하기 때문이다. 사실, 그는 호주의 사회적 자본을 다룬 책의 종교에 대한 장을 시작하면서 독자들이 저자인 자신의 대단히 긍정적인 종교관을 개인적 확신의 산물로 오해하지 않도록 몇 가지 설명을 한다. 나는 여러 해 동안 그의 활동을 귀하게 여겨 왔고 내 팟캐스트에서 그를 인터뷰할 수 있었다. 나는 우선 그의 무신론에 대해 물었고 교회가 이런 사회적 '강점'을 가진 이유가 무엇이라고 생각하는지도 물었다. 퍼트넘처럼 리의 대답도 분명했다. "무신론자도 매주 교회에 다닌다면 교회 출석에 따라오는 공동체의 혜택을 누릴 수 있을 것입니다. 핵심은 신학이 아니라 공동체입니다." 친절하게도, 그는 내가 앞서 언급한 것들과 같은 내용의 약간의 반론을 펼치게 해 주었고 더없이 기분 좋게 받아 주었다.[23]

어쨌든 앤드루 리 연구의 결과는 퍼트넘, 셀리그만 등의 연구 결과만큼이나 분명하다. *Disconnected*(단절된)라는 책에서 그는 지난 40년간 호주 사회에서 사회적 유대가 눈에 띄게 줄었다는 사실을 애석해한다. 하지만 괜찮은 부분도 있다. 그중 하나가 교회 생활이다. 리는 "교인들(지난달 예배에 참석한 사람들) 중에서 25퍼센트가 같은 기간에 지역사회 봉사나 시민단체 활동에 참여했다"고 지적한다. 일반 사람들과는 얼마나 차이가 날까? 그의 말을 들어 보자. "반면, 교회에 출석하지 않는 사람들 중에서는 12퍼센트만이 지역사회나 시민단체 활동에 참여했다."[24] 이 수치는 아주 명확하다. 지난 몇 주 사이의 교회 출석자 중에서 사회봉사 활동에 참가한 경우가 교회 비출석자의 두 배가 넘을 것이라는 뜻이다. 퍼트넘처럼 리도 이 결과가 교회 출석자들의 일반 봉사 활동에도 해당한다고 서둘러 지적한다. 교회 청소 봉사에만 해당하는 일이 아니라는 것이다.

이런 결론은 2018년 딜로이트 액세스 이코노믹스(Deloitte Access Economics; 호주의 경제예측 전문기관-옮긴이)의 보고서 내용과 일치한다. 이 보고서의 결론은 다음과 같았다. "사람들의 기부와 자원봉사 경향에 영향을 줄 만한 관찰 가능한 여러 요인을 대조해 보면, 종교가 있는 사람들이 없는 사람들보다 기부자와 자원봉사자가 될 가능성이 더 높다는 것을 알게 된다."[25]

역사적으로 그랬던 것처럼 오늘날에도 교회들은 많은 주요 공익단체를 설립했다. 〈비즈니스 리뷰 위클리〉(Business Review Weekly)에서는 호주의 재정규모 상위 200개의 공익단체들을 살펴본 적이 있다. 대형 노인 요양 공익단체 대표이기도 한 스티븐 저드(Stephen Judd) 박사는 이렇게 썼다. "상위 50개 중 서른아홉 개 단체가 공식적으로 종교와 관련이 있었는데 대부분 특정 기독교 교파들에서 설립했다. 나머지 열한 개 기관 중 일부는 과거에 종교단체와 연계되어 있었다."[26] 이것은 흔한 이야기다. 현대 공익단체의 상당수는 기독교 지도자들이나 특정 교파 또는 교단에서 세웠다. 지금은 그 기관들이 머리끝부터 발끝까지 세속화되었다고 해도 나는 전혀 배 아프게 생각하지 않는다. 그것은 그리스도의 원 곡조가 교회의 담장 너머 멀리까지 울려 퍼질 수 있음을 떠올리게 하는 멋진 흔적이다.

내가 전혀 예측하지 못했던 기독교와 사회봉사가 연결된 한 가지 측면이 헌혈이다. 앤드루 리는 교회 출석자들의 헌혈률이 전체 인구의 헌혈률보다 높다는 미국과 유럽의 연구 결과를 지적한다. 미국의 연구는 "일주일에 적어도 한 번 교회에 가는 사람들이 헌혈할 확률은 17퍼센트로 10퍼센트인 교회 비출석자들에 비해 높다."[27] 리는 이것이 상당히 의미심장하다고 주장한다. 그래서 이것을 기회로 삼아 교회에 다니지 않는 호주인들에게 도전장을 내밀었다. "우리들 세 명 가운데 한 명은 인생의 어느 시점에서 수혈이 필요할 텐데, 30명 가운데 한 명만 헌혈을 한다. 교회 다니는 사람들의 비율이 더 높아진다면 적십자사의 목표 달성이 더 쉬워질 것 같다."[28]

우리는 교회가 처음부터 보인 특징 하나를 이런 '종교적 강점' 목록에 추가할 수 있다. 교회는 도덕적·교리적으로 부담스러운 주장을 하는데도 사회경제적으로 늘 폭이 넓었다는 사실이다. 앤드루 리는 이렇게 지적한다. "교인들은 다른 사회 계층의 사람들과 우정을 쌓을 가능성이 더높다. 교회에 출석하는 사람들은 친구들 중에 사업주, 육체 노동자, 복지 수급자가 다 있다고 말할 가능성이 높다. 미국이나 호주에서 부자와 가난한 사람들 사이에 '가교를 놓는' 사회적 자본을 형성하는 데 교회만큼 효과적인 기관은 드물다."[29]

이것은 우리가 9장에서 4세기 로마 교회와 관련하여 이미 보았던 모습이다. 피터 브라운은 많은 고대인들에게 기독교가 매력적으로 다가간 한 가지 요소가 소위 "사회적·도덕적 도심 공원"을 제공했다는 것이라고 본다. 그는 당시의 교회는 "도덕적 불관용의 장소"인 동시에 "용서의 장소"였다고 말했다. 브라운에 따르면, 이것은 "가난한 사람들에게 다가감으로써 사회적 경계를 허무는 방식으로 매일매일 경계 허물기가 생생하게 구체화되었음을 의미한다."[30]

이 맥락에서 기독교인의 '불관용'에 대한 언급을 다시 살펴보는 것은 대단히 흥미로운 일이다. 피터 브라운 등의 학자들이 진행한 고대사 연구에서든, 퍼트넘과 셀리그먼의 현대 사회학적 연구에서든, 교회는 종종 도덕적 편협함과 사회적 개방성, 타인에 대한 심판과 사랑의 묘한 결합을 보여 주었다. 어쩌면 이 두 가지는 적어도 기독교 안에서는 함께 가는 것인지도 모른다. 초대 기독교에 관한 한 고전적 연구는 바로 이 부분을 강조했다. 예일대 출신의 사회역사학자 웨인 믹스(Wayne Meeks)는 초대 기독교인들의 소위 엄격한 "경계들"과 넓은 "문들"을 자세히 소개했다. 교회가 교인 사이의 심오한 유대를 확립하면서도 새로운 사람들에게 열려 있으려면 그 두 가지가 모두 필요했다.[31]

예수 그리스도가 유일한 구세주라고 믿으면 그와 상반된 견해에 지적(知的)으로 너그럽지 못하게 되는 것 같다. 이것은 설문조사에서도 현실에서도 편협한 모습으로 나타난다. 우리의 기독교가 '외재적인' 것일 때는 특히나 그렇다. 반면, 그리스도를 향한 타협 없는 믿음에는 '원수 사랑'이라는 그리스도의 가르침을 받아들이는 일이 논리적으로 따라온다. 예수님이 "죄인들을 위하여 죽으셨다"고 믿는 것은 〔예수님만이 유일한 구세주라는 믿음과 이어지기에-편집자〕 편협하게 보일 수 있지만, 이 믿음 안에는 희생적 사랑이 실재의 핵심이라는 고백도 당연히 들어 있다. 그〔희생적 사랑〕와 다른 삶의 태도에 대한 이런 무관용, 즉 그리스도의 사랑을 근본주의적이라 할 만큼 확신해서 갖게 된 무관용은 세상에 유익을 줄 수 있다. 나는 그런 사례를 역사가 종종 보여 준다고 생각한다.

물론 앤드루 리는 이것을 훨씬 더 차분하게 표현한다. "교회는 교인들에게 자원봉사 활동에 더욱 참여하라고 권하고, 교회의 가르침이 아니었다면 개발되지 않았을 시민행동주의가 구현될 조직을 제공한다. 종교 참여는 교회에 안 다니는 사람들에게도 긍정적인 사회적 혜택을 선사할 가능성이 높은 것 같다."[32]

이번 장의 어떤 내용도 지난 23장의 내용을 상쇄하기 위한 것은 없다. 교회에 유리하게 상황을 바꿔 보려는 취지도 아니다. 나의 신학은 기독교인들이 일반 대중보다 더 나쁜 사람들이라는 의견조차 받아들일 수 있다. 기독교인들은 기독교 신앙이 없었다면 지금보다 더 심각했을 '죄인들의 무리'이기 때문이다. 아동성학대는 여전히 그 자체로 살펴야 할 심각한 악이다. 아무것으로도 그 악함의 정도를 완화시킬 수 없다.

나는 기독교 세계가 진짜 좋은 일들을 하고 있으니 사정을 봐줘야 한다고 주장하는 것이 아니다. 소아성애자 성직자들의 타락과 교회 고위층의 수치스러운 은폐에도 불구하고 수백만 명의 겸손한 교인들은 비범한 집단적 선을 행하고 있다고 말하는 것이다. 관대한 박애주의와 지역사회 자원봉사라는 힘든 일을 감당하고 있는 이들은 나 같은 성직자와 학자가 아니다. 그것은 확실하다! 사회에 선한 영향을 미치고 있는 것은 평범한 기독교인들이다. 그들은 이 모든 상황에도 불구하고, 여전히 아름다운 그분의 원 곡조를 들을 수 있고, 그 곡조를 나지막이 흥얼거린다.

너희가 심판을 받지 않으려거든, 남을 심판하지 말아라.
너희가 남을 심판하는 그 심판으로 하나님께서 너희를 심판하실 것이요,
너희가 되질하여 주는 그 되로 너희에게 되어서 주실 것이다.
―예수, 마태복음 7장 1-2절(새번역)

25
역사 속 뒤얽힌
수치와 영광
앞에서

\# 모든 시대에 도사리는 위선

많은 사람이 사회의 대부분의 것들이 점점 나아진다고 믿으면서 자랐다. 하버드대학교 심리학 교수이자 강경한 무신론자인 스티븐 핑커(Steven Pinker)는 이런 시각의 대변자다. 그는 최근에 나온 저서 《지금 다시 계몽: 이성, 과학, 휴머니즘, 그리고 진보를 말하다》(Enlightenment Now: The Case for Reason, Science, Humanism, and Progress)에서 이런 정서를 완벽하게 담아 냈다.[1] 이 책은 역사를 진화론적 관점에서 생각하는 이들의 극찬을 받았다. 인류는 오랜 세월에 걸쳐 진보했는데, 석기시대의 야만적 혼돈에서부터 소위 암흑시대를 통과하여 계몽주의라는 윤리적 개화기에 이르렀고 이제는 영광스러운 온라인시대에 도달했다는 것이다. 찰스 다윈(Charles Darwin, 1809-1882)이 이런 생각을 내세웠다. A. N. 윌슨(Wilson)은 최근에 쓴 다윈의 전기에서 이 부분을 자세히 서술한 바 있다(긍정적인 내용만 있는 것은 아니다).[2] 다윈은 '미개인'에서 '영국인'으로의 진화적 여정이 생물학적인 것인 동시에 윤리적인 것이라고 믿었다. 그는 《인간의 유래》(Descent of Man)에서 이렇게 썼다.

> 인간의 도덕적 본성은 이제 최고 수준에 이르렀다. 추론능력과 그에 따른 정당한 여론의 발전을 통해서이기도 했지만, 무엇보다 습관의 결과로 더 쉽게 공감하고 널리 공감할 수 있게 되면서였다.[3]

스티븐 핑커는 다윈의 통찰을 실증적으로 뒷받침하고자 계몽주의 이후로 사회에서 이루어진 수많은 구체적 개선을 나열한다. 핑커의 책이 모두에게 찬사를 받은 것은 아니었다. 어떤 이들은 그가 제시한 사실 관계와 수치의 문제점들을 지적했다. 다른 이들은 그의 외곬 이념에 주목했다. 핑커는 "계몽된" 진영이 저지른 악(이를테면 프랑스혁명기의 공포정치)은 툭하면 가볍게 여기고, 고대와 종교적 기원에서 나온 수많은 사회적 선(이를테면 4-5세기 구호기관과 병원의 폭발적 증가)에 대한 언급은 회피한다.[4]

도덕을 어떻게 측정하는지에 따라 많은 것이 달라진다. 20세기의 전사자 수, 노동력 착취 작업장에 대한 끊임없는 수요, 성적 착취를 위한 수백만 명의 소녀 인신매매 같은 것을 도덕 측정 항목에 포함시킨다면, 핑커가 말하는 진보는 단순하지 않은 것 같다(직진하지 않는다고 할 수도 있겠다). 이런 것들은 기술 발전으로 문제가 심각해졌다. 더 많은 사람이 죽었고, 더 큰 불평등을 초래했고, 접근이 더 수월해졌다.

핑커의 주장을 뒤집어서 상황이 전반적으로 악화되고 있다고 말하고 싶지는 않다. 나는 좀 더 민주적인 시선으로 인간 마음을 평가하려는 것일 뿐이다. 나는 알렉산더 솔제니친(Alexander Solzhenitsyn)이 《수용소군도》(The Gulag Archipelago)에서 남긴 유명한 말에 동의한다. "선악을 나누는 경계선은 모든 인간의 마음속을 가로지른다."[5] 또한 그 경계선은 인간의 모든 시대를 가로지른다고 덧붙이고 싶다.

나는 기독교인들이 거리낌 없이 자기들 "눈 속에 있는 들보"를 인정하고, 역사가 보여 주는 편견, 증오, 폭력에서 교회가 어느 정도의 역할을 했음을 시인해야 한다고 말해 왔다. 하지만 여기서 "교회가 인류 역사에서 한탄할 만한 여러 일에 참여했는가?"는 중요한 질문이 아니다. 그에 대한 답은 명백하다. 좀 더 흥미로운 질문은 이것이다. "기독교는 악에 기여한 유일한 세력인가?" 아니면 보다 의미심장한 질문을 던져 볼 수도 있다. "기독교가 역사에 특별히 기여한 것은 무엇인가?"

"선한 사람들이 악을 행하게 만드는 것, 그것이 종교다"

어떤 이들은 기독교가 인류 역사에 특별히 기여한 것이 폭력과 편협함이라고 주장한다. 그리고 십자군 원정, 종교재판소, 노예제 옹호 등을 거론한다. 노벨상 수상 물리학자 스티븐 와인버그(Steven Weinberg)는 "설계자 우주?"라는 제목의 강연에서 이렇게 선언했다. "종교가 있든 없든, 선한 사람들은 선하게 행할 수 있고 악한 사람들은 악을 행할 수 있다. 그러나 선한 사람들이 악을 행하게 만드는 것, 그것이 종교다."[6] 이 진술은 회의론자들 사이에서 자주 인용된다. 리처드 도킨스는 이 말을 적극 지지한다.[7] 심지어 앞면에 이 인용문이 찍힌 티셔츠도 판매된다(검색 사이트에 다음을 찾아보라. "Good people doing evel takes religion, Slim Fit T-Shirt").

와인버그 인용문의 문맥이 흥미롭다. 그의 이 말은 미국의 노예제에 관해 말하는 대목에서 나왔다. 그는 노예제를 지지하는 설교 때문에 남부의 "선한 사람들"이 이 비인간적인 관행을 편한 마음으로 유지할 수 있었다고 주장한다. 그는 마크 트웨인의 일화를 언급한다. 트웨인은 "자신의 어머니가 정말 선한 사람이라고 말했지만, 그녀는 노예제의 적법성을 확신했다. 남북전쟁 이전에 미주리 주에서 살면서 노예제에 반대하는 설교를 전혀 들어 보지 못했고 노예제가 하나님의 뜻이라는 설교만 수없이 들었기 때문이다."[8] 성경은 선한 사람들이 악한 일을 하게 만든다.

이 주장에는 여러 난점이 있다. 우선, 기독교인들이 노예제를 폐지하는 데 고통스러울 만큼 느렸던 것은 사실이지만, 우리가 아는 모든 노예제 폐지 운동(2, 5, 7, 8세기의 노예제 폐지 운동을 모두 포함한다) 참여자의 대다수가 기독교인이었다. 그리고 노예제에 반대하는 주된 논증은 경제적·정치적·과학적인 것이 아니라 신학적인 것이었다.

나는 앞서 10장에서 유명한 노예제 학자 데이비드 브리온 데이비스의 말을 인용했다. "잉글랜드와 미국의 일부 지역에서 거의 동시에 생겨난 노예제에 대한 대중의 적대감은 자연법(natural law) 전통과 인간 안에 있는 하나님의 형상에 대한 새로운 인식에 근거한 것이었다."[9] 여기서 데이비스가 언급한 "자연법 전통"조차 준종교적인 성격을 띠고 있었다. 그는 고대 그리스인들의 자연법을 말하는 것이 아니다. 아리스토텔레스는 노예 계급은 자연이 의도한 것이었다는 주장으로 유명하다.[10] 데이비스가 〔자연법칙을 연구한〕 19세기의 자연과학을 언급했다고 생각하는 것 역시 오산이다. 19세기 자연과학은 오히려 "흑인이 문명에 부적합함"을 증명하는 데 쓰일 수 있었고 실제로 그렇게 쓰였다.[11]

18-19세기 노예제 폐지론자들의 자연법 논증은 기독교의 '하나님의 형상' 교리가 세속화된 형태였다. 그것은 모든 인간은 "창조주로부터 양도할 수 없는 권리를 부여받았고" 그러므로 평등하다는 견해였다.

"선한 사람들이 악을 행하게 만드는 것, 그것이 종교다"라는 구호에는 더 분명한 문제점이 있다. 어떤 공식적 종교도 없었지만 역시 노예를 소유했던 당대의 인본주의자 영웅들은 어떻게 설명할 것인가? 미국 제3대 대통령이자 전형적인 계몽주의 자유사상가였던 토머스 제퍼슨을 생각해 보라. 그가 기독교인이 아니라는 것은 공공연한 사실이었다. 그는 평생에 걸쳐 600명이 넘는 노예를 보유했던 대규모 노예 소유주였다.[12] "선한 사람들"(이 범주가 타당하다고 전제하고)이 종교의 영향 없이도 충분히 악을 행할 수 있다는 점은 아주 분명해 보인다.

나는 와인버그의 유명한 재담이 유지되기 힘들다고 말하는 것 이상으로 나의 논증을 밀어붙일 생각은 없다. 역사를 아는 신자라면 기독교인들이 인류 역사에서 최악의 모든 일에 참여했다는 사실을 누구도 부인하지 않을 것이다. 그러나 기독교는 악에 특별히 기여한 세력은 아니었다. 이집트, 그리스, 로마, 골(갈리아), 작센 지방, 잉글랜드가 폭력을 배우는 데는 교회의 도움이 필요하지 않았다. 이 모든 사회는 기독교 세계 이전에도 전쟁과 노예제를 잘 꾸려 나갔다. 모든 세기, 세계의 모든 지역에서 이념뿐 아니라 땅, 명예, 자원, 복수로 인한 분열과 유혈 충돌이 있었다.

비종교적 폭력 사건들

무례하게 굴고 싶지 않지만, 교회의 증오와 폭력은 역사상 비종교적 대의에 따라온 증오와 폭력 앞에서는 더없이 작아 보인다고 말할 수 있을 것 같다. 1793-1794년의 공포정치가 흥미로운 사례인 이유는 그 때문에 수많은 사람이 부당하게 죽어서가 아니라 그런 대량 살인을 전적으로 세속적인 논리로 정당화했기 때문이다. 군주제와 교회 신조의 무지로부터 벗어난 '계몽된' 집단임을 자처한 프랑스의 일부 지식 계급이 참수형, 총살형, 익사형을 합리적이고 심지어 도덕적인 일로 선포했다.

역사상 최대 규모의 전쟁들을 생각해 보라. 제1차 세계대전(1914-1918)으로 4년 반 만에 1,500만 명에서 2,000만 명이 목숨을 잃었다.[13] 아무도 이것이 종교전쟁이었다고 주장하지 않는다. 제2차 세계대전(1939-1945)은 6년 만에 약 5천만 명의 목숨을 앗아 갔다.[14] 현대의 어느 역사가도 이 전쟁이 발발하는 데 종교가 작은 역할이라도 했다고 말하지 않는다. 독일과 연합군이 안전, 승리, 종국의 평화를 달라고 동일한 하나님께 기도한 것은 사실이다. 그러나 그런 이유로 제1, 2차 세계대전이 '종교적'인 것이 되지 않는다. 양측 모두 근대성에 푹 잠겨 있었다는 이유로 제1, 2차 세계대전은 '계몽주의 전쟁'이었다고 말할 수 없는 것과 같다.[15] 아돌프 히틀러(Adolf Hitler)가 수백만 명의 유대인을 몰살한 동기를 모종의 기독교에서 찾으려는 시도가 가끔 등장한다. 하지만 그런 시도는 문서로 잘 입증된, 정통 기독교에 대한 나치즘의 증오를 설명해야 하는 불가능한 과제에 직면한다.[16]

명확하게 비종교적인 현대사의 유혈사태를 생각하면 상황은 더욱 분명해진다. 소련에서 요세프 스탈린(Joseph Stalin, 1878-1953)은 1,500만 명에서 2,000만 명을 죽음으로 몰아넣었다.[17] 스페인 종교재판으로 인해 350년 동안 죽은 사람들보다 더 많은 수가 매주 죽어 나간 것이다. 스탈린 시대의 [공산당] 중앙위원회 소속 한 위원은 당 간부에게 기대하는 행동을 이렇게 묘사했다. "부르주아적 인도주의는 창문 밖으로 던져 버리고 스탈린 동지에 걸맞은 볼셰비키답게 행동하라. …… 극단적 조치를 취하기를 두려워 말라. …… 충분하지 못한 것보다는 지나친 것이 낫다."[18] 그래서 그들은 그렇게 했다.

스탈린의 진정한 이념적 계승자는(무신론 공언과 공산주의의 적용에서) 중국의 마오쩌둥(Mao Zedong, 1893-1976)이었다. 산업혁명을 억지로 만들어 내려던 그의 "대약진"은 계획에 따라 추진되었지만 인민들에게 지독한 기근만 안겨 주었다. 중국에서 자본가와 전통주의자를 숙청하기 위해 고안된 그의 문화혁명은 인도주의적 허튼소리를 거부하는 스탈린의 입장을 강조했다. 마오쩌둥의 많은 구호 중 하나는 "적에 대한 자비는 곧 인민을 향한 잔인함이다"[19]였는데, 이 구호는 거의 2세기 전 파리에서 로베스피에르가 추진한 혁명 정책, "공포가 미덕이다"를 떠올리게 한다. 조너선 글로버(Jonathan Glover)는 그의 으스스한 책 《휴머니티: 20세기의 폭력과 새로운 도덕》에서 이렇게 썼다. "대규모 집단 사고와 도덕적 제약의 결핍, 이 둘의 결합에 힘입어 마오쩌둥은 중국의 총체적 재건을 목표로 삼을 수 있었다."[20] 하지만 그의 "총체적 재건"의 결과는 최소 1,000만에서 최대 5,000만 명에 이르는 죽음이었다.[21]

세 번째 무신론 정권은 스위스에서 교육을 받은 폴 포트(Pol Pot, 1925-1998)가 이끈 캄보디아의 크메르루주다. 그의 공포정치의 구호 하나가 모든 것을 말해 준다. "100만 또는 200만 명의 청년이면 새로운 캄푸치아[캄보디아의 옛 이름-옮긴이]를 만들기에 충분하다."[22] 그는 그의 금언이 암시한 것만큼 잔인하지는 않았다. 그는 총인구 800만 명 중에서 200만 명 정도만 죽인 것으로 추산된다.[23] 조너선 글로버는 이렇게 썼다. "스탈린 정권과 마오쩌둥 정권은 이보다 더 많은 사람을 죽였지만, 인구의 4분의 1을 학살한 것은 스탈린주의의 절정으로 보인다. …… 세 정권의 공통된 핵심 계획은 인간의 감정이나 도덕의 제약을 받지 않는 방식으로 사회를 전면 재구성하는 것이었다."[24]

이런 전례 없는 인류의 참사들을 무신론 자체의 탓으로 돌리는 것은 정당하지 않다. 리처드 도킨스의 다음 말은 분명히 옳다. "나는 무신론의 이름으로 싸운 전쟁을 하나도 떠올릴 수가 없다. 왜 그러겠는가? …… 어느 누가 믿음의 부재를 위해 전쟁에 나서겠는가?"[25] 타당한 말이다. 아무도 무신론의 이름으로 전쟁에 나가거나 수백만 명을 죽이지 않았다. 선한 일이든 악한 일이든, 무신론의 이름으로 행해진 적이 있을까 싶다. 그러나 이는 요점이 아니다.

좀 더 흥미로운 질문이 있다. "스탈린, 마오, 폴 포트는 무신론을 신봉하다 보니, 즉 더 높은 도덕적 권위에 대한 '믿음이 없다' 보니 새로운 사회를 건설하기 위해 수백만 명을 죽여도 무방하다는 생각을 하게 된 것일까?" 무신론이 필연적으로 부도덕을 초래하는 것은 아니지만, 종교에서와 달리 무신론하에서는 스탈린 같은 사람의 존재가 논리적으로 허용된다는 것도 똑같이 사실이다. 가장 엄격한 이단심문관조차 무고한 사람을 죽여도 된다는 허락을 받았다고 생각한 적은 없었다.

문제의 핵심

나는 지금 무신론자들이 기독교인들보다 더 많은 피를 흘린 책임이 있기 때문에 교회가 그나마 괜찮아 보인다고 말하는 것이 아니다! 그런 산술적 주장은 비뚤어진 논증이다. 어떤 면에서, 기독교인들의 잔혹함은 무신론자의 잔혹함보다 도덕적으로 더 악하다. 기독교인들의 확신을 배반하는 일이기 때문이다.

나의 주장은 더 간단하다. 그리고 논란의 여지가 없기를 기대한다. 나는 종교나 비종교가 진짜 문제가 아니라고 생각한다. 문제는 잘못된 열정(예를 들어 권력, 땅, 권리, 명예, 부, 또는 종교를 향한 열정)에 사로잡힌 인간의 마음이다. 이 책의 앞에서 인용한 예수님의 말씀을 다시 적어 본다.

> 비판을 받지 아니하려거든 비판하지 말라 너희가 비판하는 그 비판으로 너희가 비판을 받을 것이요 너희가 헤아리는 그 헤아림으로 너희가 헤아림을 받을 것이니라 어찌하여 형제의 눈 속에 있는 티는 보고 네 눈 속에 있는 들보는 깨닫지 못하느냐 보라 네 눈 속에 들보가 있는데 어찌하여 형제에게 말하기를 나로 네 눈 속에 있는 티를 빼게 하라 하겠느냐(마 7:1-4).

그리스도께서는 원래 이 말씀을 자신을 따르는 이들, 사랑과 자비와 다른 모든 것에 관한 그분의 가르침을 받아들인 사람들에게 주셨다. 그들은 잠재적 '위선자'들이고 '심판을 일삼을' 유혹을 날마다 받기에 자기 눈 속에 있는 들보에 초점을 맞추어야 했다. 이 책은 많은 부분을 할애해 예수님이 요구하셨던 기독교인의 자기비판을 다루었다. 이제 나는 심판을 일삼는 것이 아니기를 바라면서 조심스럽게 말한다. 우리 모두가 다른 사람들의 눈에 있는 들보에 주목하고 자기 눈에 있는 티는 간과하는 유혹을 받는다고 말이다.

교회를 욕하는 것은 현대의 회의론자들 사이에서 하나의 예술 형식이 되었다. 세속 사회는 자신이 인류 공통의 증오와 폭력에 참여한 것을 제대로 인식하지 못한다. 종교재판소의 사악함은 제대로 꾸짖지만 계몽주의의 "덕스러운 공포"는 못 본 체한다. 인류를 갈라놓는 종교의 힘의 전형으로 북아일랜드 분쟁을 제시하지만 그 사건이 모든 사람 안에 도사리고 있는 부족주의에 관해 실제로 말하는 바에는 주목하지 못한다.

물론, 성경은 우리 모두가 "못 미친다"('죄'라는 단어의 엄격한 의미)고 말한다. "곧 예수 그리스도를 믿음으로 말미암아 모든 믿는 자에게 미치는 하나님의 의니 차별이 없느니라"(롬 3:22). 이것은 종교가 없는 사람과 있는 사람에게 똑같이 적용된다. 우리는 전능자의 기준은 말할 것도 없고 스스로 세운 기준에도 맞춰 살지 못한다.

(이렇게 말해도 된다면) 우리 모두의 "눈 속에 들보"가 있다.

영국의 유명한 지성인이자 마르크스주의 평론가인 테리 이글턴(Terry Eagleton)은 성경이 말하는 인류의 '타락', '원죄', '진짜 악' 개념이 매력적으로 느껴진다고 썼다. 그리고 그에 상응하여 그는 인류의 진보에 관한 많은 현대 무신론자의 수다에 담긴 소위 '감상적인' 낙관론을 혹평한다. 그는 "우리 모두가 더 친절해지고 더 문명화되고 있다고 보는 충격적인 안일함"에 대해 지적한다.[26]

이글턴 교수는 개인적으로 기독교적 세계관을 받아들인 사람은 아니지만, 여기서 기독교의 핵심 요점을 하나 건드린다. 우리가 모든 사람에게 있는 악(기독교의 십자군 원정이든, 계몽주의 공포정치든, 현대 포르노와 인신매매의 공범 관계든)을 인식할 때[27] 우리의 타락한 자아를 좀 더 이해하고 다른 사람들에 대해서는 좀 덜 심판하는 자세를 갖게 될 거라는 것이다. 이 시대를 살아가는 우리는 지금 우리가 속한 특정한 시간과 공간을 인류의 순수성과 성취의 최고봉으로 떠받들고 싶은 유혹을 받는다. 그러다 보니 과거를 악평하고 싶은 유혹 또한 받을 수밖에 없다. 우리가 암흑시대에 관해 말하는 것은 그래야 우리는 빛 속에서 살고 있다고 스스로에게 말할 수 있기 때문이기도 하다. 그것은 인류가 과거에 저지른 죄의 책임에서 우리가 빠져나가는 방법이다.

이처럼 자기를 깨끗하게 여기는 성향은 2020년대 하반기에 다양한 서구의 기념물들을 훼손하고 파괴하려는 시도들에서 드러났다. 주로 악한 일을 한 사람들의 동상을 제거하는 일에는 나도 개인적으로 아무 문제점을 느끼지 않는다. 우리 대부분은 2010년 6월에 조지아의 고리에서 스탈린 동상이 철거될 때나 2003년 4월 바그다드에서 사담 후세인의 동상이 철거될 때 기뻐했다. 그러나 현재 이루어지는 훼손과 철거에는 좀 더 복잡한 마음이다. 지금 문제가 되는 것은 사회적으로 주로 훌륭한 기여를 했지만 사생활에서 당대의 죄와 맹점이 드러난 인물들이다. 2020년 6월에 오리건 주 포틀랜드에서 시위자들이 조지 워싱턴 동상을 쓰러뜨렸고, 제퍼슨고등학교에 있는 청동으로 된 토머스 제퍼슨 좌상도 철거했다. 그들은 노예를 소유했으니 그동안 성취한 어떤 선도 인정할 수 없다는 논리였다.

미국인들이 그들의 공공기념물들에 어떻게 접근해야 하는지 왈가왈부하고 싶은 마음은 전혀 없다. 과거의 사람들을 정죄하는 흐름에 뭔가 독선적인 요소가 있다는 생각이 들 뿐이다. 그런 흐름 안에는 위대한 인물에게는 심각한 결함이 있을 수 없다는 가정이 들어 있다. 거기에는 우리는 이후 세대들이 정죄할 만한 현재의 어떤 악에도 가담하지 않았다는 가정 또한 들어 있다. 그러나 나는 그렇게 확신할 수가 없다. '일반적인 포르노'와 인신매매의 연결고리가 온전히 폭로될 때, 미래 세대는 지난 30년간 포르노를 가볍게 여겼던 우리를 크게 책망하지 않을까? 가난을 박멸할 새로운 체계가 개발되면, 우리의 후손들은 수억 명이 굶주리는 상황에서도 왕과 여왕처럼 살고자 한(말 그대로 역사상 대부분의 왕과 여왕보다 더 잘 살고자 한) 우리에게 멸시를 쏟아붓지 않을까? 이것은 추측일 뿐이다. 현재 우리의 악이 무엇인지 내가 어떻게 알겠는가? 그것은 내가 볼 수 없는 부분이다! 다만 나는 우리가 인류를 이해하면 할수록 우리 모두의 눈 속에 있는 들보를 더 잘 인정할 수 있을 거라고 말하는 것뿐이다.

기독교,
다시 생명의
원 곡조로
돌아갈 시간

기독교가 인류 역사에 독특하게 기여한 것은 무엇일까? 내가 생각할 때 그 답은 이 책의 3장에 나와 있다. 그리고 이후의 많은 장에서 산발적으로 그 답이 등장한다. 예수님은 유대교의 하나님의 형상 교리와 사랑의 윤리를 받아들이셨고 두 가지 모두를 심화시키고 보편화시키셨다.

아이가 부모의 형상과 사랑을 지닌 것처럼 모든 인간이 하나님의 형상을 지니고 있다면, 모든 남자, 여자, 아이는 재능이나 유용함과 관계없이 동등하게 헤아릴 수 없이 귀중하다. 모든 유대인은 이것을 믿었고 오늘날에도 믿고 있다. 예수님은 그분의 학생(제자)들을 세상에 보내서 이방인들에게도 이것을 선포하게 하셨다. 예수님은 "네 이웃을 사랑하라"는 명령이 "너희의 원수를 사랑하라. 너희를 미워하는 사람들에게 잘해주"(눅 6:27, 새번역)라는 뜻이기도 하다고 주장하셨다. 그리고 이 생각은 그분의 죽음으로 특별한 힘을 갖게 되었다.

성경은 그분의 죽음을 처음부터 죄인들을 위한 것으로 제시했다. 사도 요한은 이렇게 썼다. "하나님의 사랑이 우리에게 이렇게 나타난 바 되었으니 하나님이 자기의 독생자를 세상에 보내심은 그로 말미암아 우리를 살리려 하심이라 사랑은 여기 있으니 우리가 하나님을 사랑한 것이 아니요 하나님이 우리를 사랑하사 우리 죄를 속하기 위하여 화목제물로 그 아들을 보내셨음이라 사랑하는 자들아 하나님이 이같이 우리를 사랑하셨은즉 우리도 서로 사랑하는 것이 마땅하도다"(요일 4:9-11). 나는 이것을 기독교의 중심 도덕 논리라고 불렀다. 우리를 향한 하나님의 사랑이 만민을 향한 우리 사랑의 동력이 되어야 한다.

기독교인들이 이 도덕 논리를 우리의 기대만큼 일관되게 따르지 않았다는 말은 굳이 되풀이할 필요가 없을 것이다. 그들은 주인이 명한 대로 자기 "눈 속에 있는 들보"(마 7:3-5)를 빨리 인정하지도 않았다. 하지만 이 모든 상황에도 불구하고, 기독교의 이 도덕 논리는 기록이 남아 있는 모든 역사에 분명한 흔적을 남겼다. 교회가 가장 잔혹한 상태일 때도, 개혁자들이 나타나 상황을 직시하라고 모든 사람에게 촉구했다. 그들은 돌아가야 할 그리스도의 길을 사람들에게 가리켰다. 수많은 평범한 신자가 그 촉구에 귀를 기울여 새로운 땅에서 복음을 전하고 구호기관을 세우고 병원을 짓고 대중을 교육하는 기독교적 노력을 배가했다. 그로 인해 우리 세상은 분명 변화되었다.

예수 그리스도께서는 더없이 아름다운 곡조를 지으셨다. 기독교인들은 그 곡조를 일관되게 잘 연주하지는 못했다. 때로는 가락이 도통 맞지 않았다. 그러나 증오에 찬 기독교인의 문제는 기독교 자체가 아니라 그들이 기독교에서 떠났다는 데 있다. 알베르트 아인슈타인은 1915년에 세계대전에 대한 견해를 묻는 질문을 받고 이것을 잘 표현했다. 그는 국가주의에 대한 섬세한 비판을 세 쪽에 걸쳐서 적은 뒤 다음과 같은 글로 마무리했다. "많은 말을 했지만, 사실 핵심은 한 문장으로 표현할 수 있습니다. 유대인인 제게 가장 어울리는 한 문장입니다. 당신들의 주인 예수 그리스도를 존경하되, 말과 노래만이 아니라 무엇보다 여러분의 행동으로 그렇게 하십시오."[1] 증오에 사로잡힌 국가주의적이고 폭력적인 기독교에 대한 해독제는 (가르치는 바를) 실천하는 기독교라고 아인슈타인은 말했다. 그의 근거와 이 책의 핵심에 놓인 근거는 같다. 그리스도의 곡조는 여전히 아름답다. 나는 감히 독보적이라고 말하겠다. 그리고 기독교인들이 그 원 곡조를 연주할 때 세상에 지울 수 없는 흔적을 남긴다.

　　나는 그리스도를 믿어야만 그분의 윤리를 따를 수 있다고 말하지 않을 것이다. 나는 24장에서 앤드루 리의 책을 소개했다. 그는 자신이 무신론자임을 공개적으로 밝히면서도 윤리적으로는 기독교인이라고 흔쾌히 인정한다. "나는 교회에서 결혼식을 올렸지만 이제는 무신론자다. 하지만 신을 믿지는 않아도 내 가치관은 기독교 전통에 깊이 뿌리내리고 있다. 선한 사마리아인을 생각하지 않고는 이타주의를 생각하기 어렵고, '(남에게 대접받고자 하는 대로) 남을 대접하라'는 모토 없이 상호성의 원칙을 생각하기 어렵다."[2] 물론, 선한 사마리아인 비유와 '남을 대접하라'는 모토는 창조주께서 그처럼 행하시는 분이라고 믿는 경우 더욱 타당하게 느껴질 것이다. 그러나 나는 무신론자가 하나님을 거부하면서도 그 윤리는 아름답다고 생각하는 이유를 안다.

　　이것은 최고의 세속적 지식인들 사이에서 하나의 반가운 추세인 것 같다. 그들은 기독교의 좋은 부분마저 다 거부해야 한다는 제로섬 게임의 부담을 넘어선 것 같다. 아주 최근의 사례, 어쩌면 여전히 진행 중일 한 사례는 영국의 유명한 역사학자 톰 홀랜드(Tom Holland)다. 그는 로마, 페르시아, 이슬람의 발흥 등 여러 주제를 다룬 많은 베스트셀러의 저자다. 몇 년 전, 그는 자신이 성인 시절 내내 받아들였던 인도주의적 윤리가 그리스·로마에서 나왔을 수가 없고 르네상스나 계몽주의보다 몇 세기 앞서 서구 문화에 분명히 존재하고 있음을 알게 되었다. 그는 만인에 대한 사랑과 평등 개념이 '예루살렘'에서, 즉 예수 그리스도 이후로 서쪽으로 퍼진 유대-기독교 문화에서 나온 것일 수밖에 없음을 믿게 되었다. 홀랜드는 이 발견을 2019년의 저서 《도미니언: 기독교는 어떻게 서양의 세계관을 지배하게 되었는가》(Dominion: The Making of the Western Mind)에서 분명하게 표명했다. 《도미니언》은 내가 이 책에서 제시한 것보다 기독교의 역사를 훨씬 긍정적으로 다룬다.[3]

홀랜드는 사도 바울처럼 '다메섹 도상'의 경험을 하지 않았다. 그는 기독교 신자가 아니다. 서구의 많은 무신론자와 불가지론자들처럼 자신이 윤리적으로 보자면 기독교인임을 깨닫게 된 것뿐이다. 그는 자기 생각의 전환을 알리는 논쟁적인 기고문에서 이렇게 설명했다.

> 서구에서 신에 대한 믿음이 희미해지는 오늘날, 한때 통칭 '기독교 세계'라고 알려졌던 나라들은 기독교가 대표하는 2천 년 묵은 혁명의 흔적을 여전히 지니고 있다. 이것이 탈기독교 사회에서 살아가는 우리 대부분이 아직도 고통을 가하는 것보다 고통을 겪는 것이 고상한 일임을 당연하게 여기는 주된 이유다. 이것이 대체로 우리가 모든 인간의 목숨은 동등한 가치를 갖는다고 생각하는 이유이기도 하다. 나는 도덕과 윤리 면에서, 내가 그리스인도 로마인도 아니고 철저히 기독교인임을 자랑스럽게 받아들이게 되었다.[4]

홀랜드는 인간의 본질적 가치라는 서구의 개념이 기독교에서 나왔다고 여기는 유일한 '불신자'가 결코 아니다. 나는 레이먼드 게이타와 새뮤얼 모인을 이 책의 앞부분에서 언급한 바 있다. 무신론 전파에 힘쓰는 한정된 무리 바깥에는 홀랜드와 같은 이들이 흔하다고 말할 수 있다.

소르본대학 철학 교수이자 전 프랑스 교육부장관인 무신론자 뤽 페리(Luc Ferry)는 *Brief History of Thought*(간추린 사상사: 삶을 위한 철학 안내서)에서 자신이 프랑스의 대학을 다니던 1960년대에는 "유대교, 이슬람, 기독교에 관해 잘 모르고도 시험에 통과했고 심지어 철학 교수가 되는 것도 가능했다"고 탄식한다. 페리는 지금은 그것이 "터무니없게" 느껴진다고 말한다. 그는 단호히 이렇게 주장한다. "기독교는 모든 사람의 인간성이 근본적으로 다르지 않고, 사람은 평등하고 존엄한 존재라는 생각을 도입했다. 기독교가 시작된 당시에 이것은 유례없는 생각이었고 우리 세계는 민주적 유산 전체를 기독교에 빚지고 있다." 페리는 "프랑스혁명은, 그리고 1789년의 인권선언도 어느 정도는(그러나 공포정치는 여기 해당하지 않는다) 그 평등주의 메시지의 핵심적 부분을 기독교에 빚지고 있다"[5]고도 보았는데, 그가 자랑스러운 프랑스인이라는 점을 고려하면 매우 놀라운 생각이다. 얼굴이 뜨끈해지긴 하지만 역사적으로 볼 때 페리의 생각은 옳다.

폭력은 인류사에서 보편적 요소였지만, 원수를 사랑하라는 요구는 아니었다. 인간에 대한 구분은 당연하게 여겨졌지만, 모든 인간의 존엄성은 그렇지 못했다. 군대, 탐욕, 권력정치는 역사와 늘 함께했지만, 만인을 위한 병원, 학교, 구호단체는 그렇지 않았다. 악당은 널렸다. 그러나 성자는 찾기 쉽지 않다.

감사의 말

특별히 감사의 마음을 전하고 싶은 분들이 있다.

케일리 페인은 귀중한 자료조사와 편집 지원을 맡아 주었다. 린디와 데이비드 레빈스턴 부부는 참신한 시각으로 책을 위한 여러 반가운 제안을 해 주었다. 공공기독교센터의 친구들, 특히 사이먼 스마트, 앨런 다우스웨이트, 나타샤 무어, 저스틴 토는 이 책에서 다룬 문제들에 관해 여러 해 동안 함께 사려 깊은 논의를 진행했다.

에드윈 저지 교수, 알라나 놉스 교수, 크리스 포브스 박사를 비롯한 맥쿼리대학교 고대사학과 교수진들은 기독교를 주의 깊게 '세속적으로' 연구하는 본을 보여 주었다. 빌 허디치, 제나 로버슨, 롭 클라크, 듀걸드 맥켄지는 〈언디셉션즈〉(Undeceptions) 프로젝트 전체를 이끌어 주었다. 노터데임대학교의 마이클 퀸런 교수는 이 책의 원고를 읽고 친절하게도 추천사와 함께 3천 단어가 넘는 수정 제안을 해 주었다.

로즈빌의 세인트앤드루스성공회교회는 기독교 역사의 여러 엄청난 실패에도 불구하고 "거룩한 보편적 교회"가 여전히 존재한다는 사실을 지난 20년 동안 기억하게 해 주었다. 나는 옥스퍼드대학교 고전학부의 니콜라스 퍼셀 고대사 캠든 석좌교수의 배려로 지난 몇 년간 방문학자 자격으로 고전학부에 머물 수 있었다. 그 기간이 없었다면 이 책에 필요한 연구를 진행할 수 없었을 것이다.

하곱 키요크 박사는 세상의 온갖 문제의 해결을 궁리하는 지적 산책의 동반자가 되어 주었다. 메러디스 디마코는 일곱 달 동안 책상에 구부리고 앉아 이 책을 쓰느라 생긴 내 몸의 여러 통증을 고쳐 주었다.

일에서 헤어나지 못하는 남편과 아버지를 잘 참아 준 버프와 조쉬, 소피, 조지에게 특별히 큰 사랑과 고마움을 전한다.

서곡(A Prelude). 2천 년간 우리가 걸어온 길에 대한 정직한 탐구

1. Kully Kaur-Ballagan et al., "Global Study Shows Half Think That Religion Does More Harm Than Good," Ipsos, October 2017, https://www.ipsos.com/en/global-study-shows-half-think-religion-does-more-harm-good.

2. "Veracity Index 2015-All Professions Overview," Ipsos, https://www.ipsos.com/sites/default/files/migrations/en-uk/files/Assets/Docs/Polls/ipsos-mori-veracity-index-2015-charts.pdf.

3. Sarah Kimmorley, "Ranked: Australia's 20 Most Trusted Professions," Business Insider Australia, May 2015, https://www.businessinsider.com.au/ranked-australias-20-most-trusted-professions-2015-5.

4. "Scores of Priests Involved in Sex Abuse Cases," *Boston Globe*, May 2012, https://www.bostonglobe.com/news/special-reports/2002/01/31/scores-priests-involved-sex-abuse-cases/kmRm7JtqBdEZ8UF0ucR16L/story.html.

5. Christopher Hitchens, *God Is Not Great: How Religion Poisons Everything* (New York: Twelve, 2007), 6, 13. 크리스토퍼 히친스, 《신은 위대하지 않다》(알마 역간).

6. https://www.publicchristianity.org/fortheloveofgod/.

1. "거룩한 교회"라는 신앙고백이 무색해진 날

1. Christopher Tyerman, *God's War: A New History of the Crusades* (London: Penguin, 2007), 157.

2. 아귈레의 레이몽의 편지. *The Crusades: A Reader*, ed. S. J. Allen (Toronto: University of Toronto Press, 2010), 73-78.

3. Christopher Tyerman, *The Crusades: A Very Short Introduction* (Oxford: Oxford University Press, 2005), 2-3.

4. 아귈레의 레이몽의 편지. *The Crusades: A Reader*, 73-78.

5. Tyerman, *God's War*, 67에서 인용.

6. Tyerman, *God's War*, 67에서 인용.

2. 간략하게 짚어 보는 십자군 원정의 전후 맥락

1. Tyerman, *God's War*, 79.

2. "최초의 홀로코스트"라고 불렸던 유대인 집단학살(Jewish pogroms)에 관해서는 다음을 보라. Jonathan Riley-Smith, *A History of the Crusades*, 2nd ed. (New Haven: Yale University Press, 2005), 23-25; Tyerman, *God's War*, 55-59.

3. Tyerman, *God's War*, 80.

4. Tyerman, *God's War*, 156.

5. 1100년 아스글론(Ascalon; 현대 이스라엘의 해변 도시 아슈켈론)의 카라이트 유대교[Karaite; 탈무드 같은 랍비문헌은 경전으로 인정하지 않고 구약성경만 경전으로 인정하는 유대교의 분파 - 옮긴이] 장로들의 편지. S. D. Goitein, "Contemporary Letters on the Capture of Jerusalem by the Crusaders," *Journal of Jewish Studies* 3 (1952)에서 인용. 이 서신의 영어 번역문은 171-175에 나온다. 유대인이 남긴 이 싸움에 관한 다른 증거를 논의한 자료는 다음을 보라. S. D. Goitein, "Geniza Sources for the Crusader Period: A Survey," in *Outremer: Studies in the History of the Crusading Kingdom of Jerusalem*, ed. B. Z. Kedar et al. (Izhak Ben-Zvi Institute, 1982).

6. 제1차 십자군 원정과 우트르메르 왕국들에 관해서는 Tyerman, *God's War*, 27-240을 보라.

7. 클레르보의 베르나르의 편지. Allen, *The Crusades: A Reader*, 134-138에서 인용.

8. 제2차 십자군 원정에 관한 자세한 설명은 Tyerman, *God's War*, 243-338을 보라.

9. 이마드 앗딘이 하틴 전투에 대해 남긴 기록. Allen, *Crusades: A Reader*, 157-158에서 인용.

10. Tyerman, *God's War*, 372에서 인용.

11. 살라딘이 이맘 Nassir Del-din-illa Aboul Abbas Ahmed에게 보낸 서신. Allen, *Crusades: A*

Reader, 162-163에서 인용.

12. 제3차 십자군 원정에 관한 자세한 설명은 Tyerman, *God's War*, 341-474를 보라.

13. 제4차 십자군 원정에 관한 자세한 설명은 Tyerman, *God's War*, 477-560을 보라.

14. 이 사건에 관한 분석과 자료는 J. M. Powell, "St. Francis of Assisi's Way of Peace," Medieval Encounters 13 (2007): 271-280을 보라. 프란치스코 전기는 Augustine Thompson, *Francis of Biography* (Ithaca, NY: Cornell University Press, 2012)를 보라.

15. 제5차 십자군 원정에 관한 자세한 설명은 Tyerman, *God's War*, 606-649를 보라.

16. Tyerman, *God's War*, 732-735.

17. 알비 십자군(Albigensian Crusade)에 관한 자세한 설명은 Tyerman, *God's War*, 565-605를 보라.

18. 2000년 3월 13일자 〈뉴욕 타임스〉는 유익하게도 교황 요한 바오로 2세의 주목할 만한 설교 일부를 번역해서 실었다. https://archive.nytimes.com/www.nytimes.com/library/world/global/031300pope-apology-text.html.

19. Tyerman, *God's War*, 638-639.

20. Tyerman, *God's War*, 902-903.

21. 십자군 원정과 전쟁 전반에 관한 루터의 견해에 관해서는 다음을 보라. Martin Luther, "An Argument in Defence of All the Articles of Dr. Martin Luther Wrongly Condemned in the Roman Bull: The Thirty-Fourth Article," in *Works of Martin Luther*, trans. C. M. Jacobs (Philadelphia: Holman, 1930), 3:105.6. Thomas F. Madden, *A New Concise History of the Crusades* (Lanhan, MD: Rowman & Littlefield, 2006), 210; and Kenneth M. Setton, "Lutheranism and the Turkish Peril," Balkan Studies 3 (1962): 133-168도 보라.

22. 루터의 이론과 그것이 이후 몇 세기에 걸쳐 어떤 영향을 끼쳤는지에 관한 논의는 다음을 보라. John R. Stephenson, "The Two Governments and the Two Kingdoms in Luther's Thought," *Scottish Journal of Theology 34* (1981).

23. Tyerman, *God's War*, 916.

24. Adam Rasgon, "In Jerusalem, Ramadan Restrictions Last Seen During the Crusades Return," *New York Times*, 15 May 2020, https://www.nytimes.com/2020/05/15/world/middleeast/ramadan-coronavirus-al-aqsa.html.

25. Riley-Smith, *A History of the Crusades*, 306.

26. Cited by Riley-Smith, *A History of the Crusades*, 305.

27. Riley-Smith, *A History of the Crusades*, 305.

28. Tyerman, *The Crusades*, 55.

29. "Was Obama Right about the Crusades and Islamic Extremism?" *Washington Post*, 6 February 2015, https://www.washingtonpost.com/national/religion/was-obama-right-

aboutthe-crusades-and-islamic-extremism-analysis/2015/02/06/3670628a-ae46-11e4-8876-460b1144cbc1_story.html. And "Critics Seize on Obama's ISIS Remarks at Prayer Breakfast," *New York Times*, 5 February 2015, https://www.nytimes.com/2015/02/06/us/politics/obama-national-prayer-breakfast-terrorism-islam.html.

3. 더없이 온전하고 아름다운 그리스도의 원 곡조

1. https://www.publicchristianity.org/how-to-judge-the-church/.

2. 아인슈타인과의 인터뷰. *Saturday Evening Post*, October 26, 1929, 117.

3. 나는 다음 책에서 예수 연구의 사료와 방법을 간략하게 설명했다. *The Christ Files: How Historians Know What They Know about Jesus* (Grand Rapids: Zondervan, 2010). 예수의 생애에 대해 우리가 아는 바에 관한 좀 더 긴 평가로는 나의 책 *A Doubter's Guide to Jesus: An Introduction to the Man from Nazareth for Believers and Skeptics Alike* (Grand Rapids: Zondervan, 2018)를 보라.

4. Richard Dawkins, *The God Delusion* (London: Transworld, 2016), 283. 리처드 도킨스, 《만들어진 신》(김영사 역간).

5. 로마 시대의 대중적 도덕에 관한 사료와 주제들을 다룬 중요한 저서는 Teresa Morgan, *Popular Morality in the Early Roman Empire* (Cambridge: Cambridge University Press, 2007)이다.

6. 나의 책 *Humilitas: Lost Key to Life, Love, and Leadership* (Grand Rapids: Zondervan, 2011)을 보라. 존 딕슨, 《후밀리타스》(포이에마 역간). 초기 기독교 텍스트에서 겸손의 덕이 부각되는 상황과 대비되는 그리스·로마 세계에서의 겸손에 관해서는 이 책의 5-6장을 보라.

7. Mishnah Avot 1:12, in Jacob Neusner, *The Mishnah: A New Translation* (New Haven: Yale University Press, 1988), 674.

8. Babylonian Talmud, Shabbat 31a, trans. Philip S. Alexander, "Jesus and the Golden Rule," in *Hillel and Jesus: Comparative Studies of Two Major Religious Leaders*, ed. James H. Charlesworth, Loren L. Johns (Philadelphia: Fortress, 1997), 363-388.

9. David Flusser, *Jesus the Sage from Galilee: Rediscovering Jesus' Genius* (Grand Rapids: Eerdmans, 2007), 65.

10. Flusser, *Jesus the Sage*, 61.

11. 독립선언문의 이 초고는 국회 도서관 웹사이트에서 볼 수 있다. https://www.loc.gov/exhibits/declara/ruffdrft.html.

12. 유엔(UN) 세계인권선언은 온라인으로 볼 수 있다. https://www.un.org/en/universal-declaration-

human-rights/.

13. Samuel Moyn, *Christian Human Rights* (Intellectual History of the Modern Age) (Philadelphia: University of Pennsylvania Press, 2015). 모인의 논지는 기독교가 대단한 일을 해내어 우리에게 인권을 선사했다는 것을 칭찬하려는 것이 절대 아니다. 그는 2차 세계대전 이전의 유럽에서 보수적인 가톨릭 신자들과 프로테스탄트들이 '권리' 언어를 사용하여 유럽 및 여러 다른 곳에 보수적인 도덕과 가족관을 강요했다고 주장한다. 〈기독교의 빛과 그림자〉(For the Love of God) 다큐멘터리에서 그는 서구 역사에서 예수와 교회가 인간 평등의 개념을 내놓은 것이 사실이지만 교회가 종종 그 개념의 실행을 가로막는 장애물이기도 했다고 말한다.

14. "Rights and Wrongs," Episode 2, *For the Love of God: How the Church is Better and Worse Than You Ever Imagined*, Centre for Public Christianity, 2018, https://www.publicchristianity.org/episode-2-rights-wrongs/.

15. Also from "Rights and Wrongs."

16. 교회사에서는 창세기 1장 26절에 나오는 "형상"(image; *tselem*)과 "모양"(likeness; *demut*)을 구분하려는 다양한 시도가 있었다. 오늘날의 성서연구에서는 두 용어 사이에 중요한 차이가 없다는 합의가 대체로 이루어져 있다. Ferguson, "Image of God," in *New Dictionary of Theology* (Downers Grove, IL: InterVarsity, 1988), 328을 보라.

17. Gordon J. Wenham, *Genesis 1-15*. Word Biblical Commentary 1 (Waco, TX: Word, 1987), 33. 고든 웬햄,《창세기 상》(솔로몬 역간).

18. Wolfhart Pannenberg, *Systematic Theology* (Grand Rapids: Eerdmans, 1994), 2:203. 볼프하르트 판넨베르크,《판넨베르크 조직신학》(새물결플러스 역간); Ferguson, "Image of God," 329; Wenham, *Genesis 1-15*, 30-31.

19. Jonathan Sacks, *Morality: Restoring the Common Good in Divided Times* (London: Hodder & Stoughton, 2020), 119-120.

20. 누가복음 3장 38절은 최초의 인간 아담을 "하나님의 아들"이라고 부른다. 사도행전 17장 28-29절에서 바울은 인류가 하나님의 "소생"이라고 부른다. "소생"은 하나님과 그분의 피조물인 인류의 관계를 드러내는 데 적절한 용어이긴 하지만, 구속받은 인류를 가리키는 데는 "아들/딸"이 더 적절한 용어다. "아들/딸"은 장래의 상속 개념을 담고 있기 때문이다. 로마서 8장 14-17절을 보라.

21. 창세기 9장은 창세기 3장의 타락 이후에도 인간에게 '이마고 데이'(하나님의 형상)가 남아 있음을 전제한다. Ferguson, "Image of God," 328-329를 보라. Henri Blocher, *In the Beginning: The Opening Chapters of Genesis* (Downers Grove, IL: InterVarsity Press, 1984), 94도 보라.

22. Letter of Hilarion, *Oxyrhynchus Papyri* (ed. B. P. Grenfell and A. S. Hunt). 4:744. 독자들은 이 편지를 온라인에서 볼 수 있고 본문의 번역문과 몇 가지 논의도 같이 볼 수 있다. http://www.papyri.info/apis/toronto.apis.17/.

23. J. R. Sallares, "Infanticide," *Oxford Classical Dictionary*, 757; Josef Wisehöfer, "Child Exposure," *Brill's New Pauly*, ed. Hubert Cancik et al. (2006), doi: e613990, https://referenceworks.brillonline.com/browse/brill-s-new-pauly.

24. Aristotle, *Politics* 7.14.10 (Rackham, Loeb Classical Library 264), 623. 아리스토텔레스는 자녀가 너무 많은 상황도 아이를 내다 버릴 합당한 이유가 될 수 있다고 덧붙인다.

25. 알렉산드리아의 필론(BC 25-AD 50)은 *Special Laws*의 3.9-11에서 "많은 나라"에서 영아 유기의 관행을 "흔한 일"로 여긴다고 탄식한다.

26. 테르툴리아누스는 이 관행에 반대 의사를 분명히 밝혔다. *Apology* 9; *To the Nations* 1.15. 버려진 아이들을 데려다가 자기 아이로 기르는 교회의 사역은 다음 책에 자세히 나와 있다. Gerhard Uhlhorn, *Christian Charity in the Ancient Church* (1888; repr., Eugene, OR: Wipf & Stock, 2009), 385-387.

27. 다음의 자료는 이런 고대 그리스의 철학적 사고방식에 대한 탁월한 도입이다. Luc Ferry, *A Brief History of Thought: A Philosophical Guide to Living* (Edinburgh: Canongate, 2010), 55-92.

28. 374년, 기독교인 황제 발렌티니아누스 1세의 법률은 영아 살해를 살인의 한 형태로 규정했다. *Theodosian Code*, 9.14.1. 이 법률은 이후 유스티니아누스법전에서 인준되었다. *Codex of Justinian*, 8.51.2. Judith Evans Grubbs, "Church, State, and Children: Christian and Imperial Attitudes Toward Infant Exposure in Late Antiquity," in *The Power of Religion in Late Antiquity*, ed. Andrew Cain and Noel Lenski (London: Routledge, 2009), 119-131을 보라.

29. Raimond Gaita, *Thinking about Love and Truth and Justice* (London: Routledge, 2002), 23-24.

4. 자기 눈 속에 있는 들보에 무심한 교회들

1. D. A. Carson, *Jesus' Sermon on the Mount and His Confrontation with the World* (Toronto: Global Christian, 2001), 18.

2. Francis Spufford, *Unapologetic: Why, Despite Everything, Christianity Can Still Make Surprising Emotional Sense* (London: Faber & Faber), 27.

3. Spufford, *Unapologetic*, 35-36.

4. Spufford, *Unapologetic*, 43.

5. John P. Meier, *A Marginal Jew: Rethinking the Historical Jesus* (New York: Doubleday, 1991), 1:278-285.

6. Spufford, *Unapologetic*, 47.

5. 초기 기독교, 뜨겁고 훌륭한 패배의 순간들

1. Judith Ireland, "Religious Discrimination Bill Gives Australians 'Right to Be a Bigot,'" *Sydney Morning Herald*, January 2020, https://www.smh.com.au/politics/federal/religious-discrimination-bill-gives-australians-right-to-be-a-bigot-20200129-p53vq4.html.

2. "Persecution of Christians Review: Foreign Secretary's Speech Following the Final Report," Gov.Uk, July 2019, https://www.gov.uk/government/speeches/persecution-of-christians-review-foreign-secretarys-speech-following-the-final-report.

3. Wang Yi, "My Declaration of Faithful Disobedience," December 2018, https://www.china partnership.org/blog/2018/12/my-declaration-of-faithful-disobedience/.

4. Eckhard Schnabel, *Early Christian Mission, Vol. 2: Paul and the Early Church* (Downers Grove, IL: IVP Academic, 2004); James D. G. Dunn, *Beginning from Jerusalem: Christianity in the Making, Vol. 2* (Grand Rapids: Eerdmans, 2008)를 보라. 제임스 D. G. 던, 《초기 기독교의 기원》(새물 결플러스 역간).

5. John P. Dickson, *Mission-Commitment in Ancient Judaism and in the Pauline Communities: The Shape, Extent and Background of Early Christian Mission*, Wissenschaftliche Untersuchungen zum Neuen Testament 2/159 (Tubingen: Mohr Siebeck, 2003). W. V. Harris, ed., *The Spread of Christianity in the First Four Centuries: Essays in Explanation* (Leiden: Brill, 2005); Larry Hurtado, *Destroyer of the Gods: Early Christian Distinctiveness in the Roman World* (Waco, TX: Baylor University Press, 2016)도 보라. 래리 허타도, 《처음으로 기독교인이라 불렸던 사람들》(이와우 역간). 허타도는 로마 세계에서 많은 이들이 기독교 신앙의 특징이라고(부정적이든 긍정적이든) 본 내용을 유용하게 요약한다.

6. 클라우디우스(AD 41-54)는 AD 49년에 로마에서 유대인 지도자들을 추방했는데, 그들이 "크레스투스의 선동으로 끊임없이 소요를 일으켰기"(Suetonius, *Claudius* 25.4) 때문이었다. "크레스투스"(Chrestus)는 "그리스도"의 라틴어 오기(誤記)다. 로마 기독교의 기원에 관해서는 다음을 보라. Peter Lampe, *From Paul to Valentinus: Christians at Rome in the First Two Centuries* (Philadelphia: Fortress, 2003), 11-16.

7. Candida Moss, *The Myth of Persecution: How Early Christians Invented a Story of Martyrdom* (New York: HarperCollins, 2013).

8. 비판적 서평으로는 다음을 보라. N. Clayton Croy, review of Candida Moss, *The Myth of Persecution: How Early Christians Invented a Story of Martyrdom, Review of Biblical Literature* (10/13/2013), https://www.sblcentral.org/home/bookDetails/9158.

9. Tacitus, *Annals* 15.44 (Jackson, Loeb Classical Library 322).

10. 이르게는 AD 50년부터 늦어도 90년까지 이르는 신약성경 문서들의 저작 연대에 관해서는 내가 쓴 책 *Is Jesus History?* (London: The Good Book Company, 2019)를 보라.

11. 내가 네로의 원형극장 주위를 거닐면서 생각하는 모습은 다큐멘터리의 다음 장면에 나온다. "War and Peace," Episode 1, For the Love of God, https://www.publicchristianity.org/episode-1-war-peace/.

12. 소(小) 플리니우스와 비티니아-폰투스(비두니아 본도)에서의 그의 상황에 관한 탁월한 해설로는 다음을 보라. Robert Louis Wilken, *The Christians as the Romans Saw Them* (New Haven: Yale University Press, 2003), 1-30.

13. Pliny, *Letters* 10.96 (Radice, Loeb Classical Library 59), 285-291.

14. Wilken, *The Christians as the Romans Saw Them*, 15.

15. 신약성경은 더럽혀진 고기의 문제를 세 장에 걸쳐 논의한다. 고린도전서 8-10장을 보라.

16. 테르툴리아누스는 자기 지역(카르타고) 이교도들 중 수많은 사람이 기독교인이 되는 바람에 여러 신전의 수입이 줄어드는 것을 불평하고 있다고 전한다. Tertullian, *Apology*, 42.

17. Pliny, *Letters* 10.96 (Radice, Loeb Classical Library 59), 285-291.

18. Pliny, *Letters* 10.96 (Radice, Loeb Classical Library 59), 285-291.

19. Pliny, *Letters* 10.96 (Radice, Loeb Classical Library 59), 285-291.

20. Pliny, *Letters* 10.96 (Radice, Loeb Classical Library 59), 285-291.

21. Pliny, *Letters* 10.96 (Radice, Loeb Classical Library 59), 285-291.

22. Pliny, *Letters* 10.97 (Radice, Loeb Classical Library 59), 285-293.

23. Wilken, *The Christians as the Romans Saw Them*, 29-30.

24. "로마 신사"는 윌켄이 *The Christians as the Romans Saw Them*에서 플리니우스를 다룬 장의 제목이기도 하다.

25. 이그나티우스와 그의 서신들에 대한 소개 글, 그리고 영어 번역본이 첨부된 서신 원본은 다음 책에서 볼 수 있다. Michael Holmes, *The Apostolic Fathers: Greek Texts and English Translations* (Grand Rapids: Baker Academic, 2007), 166-271.

26. William R. Schoedel이 다음 책에 실린 일곱 통의 편지에 관한 논평에서 지적한 요점이다. *Ignatius of Antioch* (Philadelphia: Fortress, 1985), 24.

27. Ignatius, *Ephesians*, 10.1.3 (Holmes, *Apostolic Fathers*, 191-192).

28. 테르툴리아누스는 이전에 있었던 기독교인들의 비폭력 평화 시위를 언급한다(*To Scapula*, 5, in S. Thelwall, *The Ante-Nicene Fathers, Vol. 3: Latin Christianity* [New York: Cosimo Classics, 2007], 105.8). 대략 30년 전이었던 그때 아시아 속주(터키)의 총독은 아리우스 안토니누스(Arrius Antoninus)였다.

29. Tertullian, *To Scapula*, 5 (Thelwall, *The Ante-Nicene Fathers*).

30. Tertullian, *To Scapula*, 1.2 (Thelwall, *The Ante-Nicene Fathers*).

31. "Decius," *Oxford Dictionary of the Christian Church*, 460을 보라.

32. 테르툴리아누스는 바로 이 점을 스카풀라에게 내세운다. Tertullian, *To Scapula*, 5.

33. 포르피리오스에 관한 나의 논의는 상당 부분 Wilken, *The Christians as the Romans Saw Them*, 126-163을 따른다. 그의 다음 글 "Pagan Criticism of Christianity: Greek Religion and Christian Faith," in *Early Christian Literature and the Classical Intellectual Tradition*, ed. W. R. Schoedel and R. L. Wilken (Paris: Editions Beauchesne, 1979), 117-134도 보라. Elizabeth dePalma Digeser, "Lactantius, Porphyry, and the Debate over Religious Toleration," *Journal of Roman Studies* 88 (1998): 129-146도 보라.

34. 포르피리오스의 *Philosophy from Oracles*에 나오는 인용문들은 다음 책에 나오는 아우구스티누스의 인용과 반박을 통해 우리에게 알려졌다. *The City of God* 1919.23. Translation by William Babcock, *Augustine, Saint. The City of God: Books 11-22* (I/7), The Works of Saint Augustine: A Translation for the 21st Century (Hyde Park, NY: New City, 2013). Digeser, "Lactantius," 135도 보라.

35. Digeser, "Lactantius," 145; Wilken, "Pagan Criticism of Christianity," 130-131.

36. 이 말과 포르피리오스가 남긴 다른 여러 대목에 관한 논의는 Digeser, "Lactantius," 129-146를 보라.

37. 포르피리오스와 히레오클레스를 결합한 논증에 관해서는 Digeser, "Lactantius," 129-146를 보라.

38. Acts of Munatius Felix, in *Proceedings before Zenophilus*, trans. Mark Edwards in *Optatus: Against the Donatists*, Translated Texts for Historians 27 (Liverpool: Liverpool University Press, 1997), 153-156.

39. Raymond Peter Davis, "Diocletian," *Oxford Classical Dictionary*, 471-472. "Early Christian Persecutions," *Oxford Dictionary of the Christian Church*, 1257-1259도 보라.

40. 락탄티우스가 의식적으로 포르피리오스에게 답변한 것인지에 관해서는 Digeser, "Lactantius," 129-146을 보라.

41. Lactantius, *Divine Institutes* 6.10.1-8, in *Lactantius, Divine Institutes*, Translated Texts for Historians 40, trans. Anthony Bowen and Peter Garnsey (Liverpool: Liverpool University Press, 2003), 349-350.

42. Lactantius, *Divine Institutes* 6.18.9-11 (Bowen and Garnsey, *Lactantius, Divine Institutes*).

6. 콘스탄티누스와 '종교의 자유' 선언

1. David Von Drehle, "The Church Is Tempted by Power and Obsessed with Sex," *The Washington Post*, August 18, 2018, https://www.washingtonpost.com/opinions/the-church-is-tempted-by-power-and-obsessed-with-sex/2018/08/17/14467d3c-a24b-11e8-8e87-c869fe70a721_story.html.

2. Eusebius, *Life of Constantine* 33.

3. Eusebius, *Life of Constantine* 1.29 (E. C. Richardson, *The Nicene and Post-Nicene Fathers¹* [Massachusetts: Hendrickson, 2004]).

4. Lactantius, *On the Death of the Persecutors* 44, in *Lactantius, The Minor Works. The Fathers of the Church*, trans. Mary Francis McDonald (Washington, DC: The Catholic University of America Press, 1965), 54:197-198.

5. Eusebius, *Life of Constantine* 1.28 (Richardson, *The Nicene and Post-Nicene Fathers¹*).

6. A. H. M. Jones, *Constantine and the Conversion of Europe* (Toronto: University of Toronto Press, 2003), 85-86.

7. Eusebius, *Life of Constantine* 1.30-31 (Richardson, *The Nicene and Post-Nicene Fathers¹*).

8. Eusebius, *Life of Constantine* 4.47 (Richardson, *The Nicene and Post-Nicene Fathers¹*).

9. 밀라노칙령(The Edict of Milan)은 Lactantius, *The Death of the Persecutors* 48 (McDonald, *Lactantius, The Minor Works*)에 보존되어 있다. 칙령의 또 다른 형태는 Eusebius, *Ecclesiastical History* 10.5에서 볼 수 있다. 밀라노칙령의 자세한 내용, 그 출처, 의미와 중요성에 관해서는 다음을 보라. Milton Anastos, "The Edict of Milan (313): A Defence of its Traditional Authorship and Designation," *Revue des études byzantines* 25 (1967): 13-41.

10. Tertullian, *To Scapula*, 2 (Thelwall, *The Ante-Nicene Fathers*).

11. 로버트 루이스 윌켄은 락탄티우스가 밀라노칙령에 직접적인 영향을 미쳤다는 주장을 내세운다. Wilken, *Liberty in the Things of God: The Christian Origins of Religious Freedom* (New Haven: Yale University Press, 2019), 22-23.

12. Lactantius, *Divine Institutes* 5.19.6-30 (Bowen and Garnsey, *Lactantius, Divine Institutes*).

13. Digeser, "Lactantius," 129-146.

14. 종교적 자유를 지지하는 락탄티우스의 신학적 근거에 관한 탁월한 논의로는 Bowen and Garnsey, *Lactantius, Divine Institutes* 46-48을 보라.

15. Libanius, *Oration to Emperor Theodosius* 30.29 (Norman, Loeb Classical Library 452, p. 127).

16. Jones, *Constantine and the Conversion of Europe*, 83-87.

17. *Theodosian Code* 9.16.3, in *The Theodosian Code: A Translation with Commentary, Glossary, and Bibliography*, trans. Clyde Phar (New Jersey: Lawbook Exchange, 2012). 콘스탄티누

스의 입장은 전통적인 로마의 견해(단순히 기독교의 견해가 아니라)를 법적으로 강화한 것이다. H. S. Versnel, "Magic," *Oxford Classical Dictionary*, 908-910을 보라.

18. 이 구체적인 법률은 *Theodosian Code* 16.2.5에서 볼 수 있다. 이교에 관한 콘스탄티누스 법률의 자세한 내용은 다음을 보라. John Curran, "The Legal Standing of the Ancient Cults in Rome," in *Pagan City and Christian Capital* (Oxford: Oxford University Press, 2000), 161-217.

19. 에우세비우스는 황제가 "가증스러운 우상숭배를 억제하려는 의도가 담긴" 법들을 공포했다고 분명히 말한다. Eusebius, *Life of Constantine* 2.44 (Richardson, *The Nicene and Post-Nicene Fathers¹*). 콘스탄티누스가 이교를 금지했고 (사실상) 기독교를 제국의 국교로 만들었다는 주장에 관해서는 Timothy D. Barnes, *Constantine and Eusebius* (Cambridge: Harvard University Press, 1981), 210을 보라. H. A. Drake가 *The American Journal of Philology*, 103:4 (1982): 462-466에 실은 서평에서 이 주장을 논평한 것도 보라.

20. Eusebius, *Life of Constantine* 2.56-60 (Richardson, *The Nicene and Post-Nicene Fathers¹*). 이에 관한 신중한 논의로는 John Curran, "The Legal Standing of the Ancient Cults in Rome," 176-178을 보라.

21. 리키니우스가 명령한 짧은 박해에 관해서는 Jones, *Constantine and the Conversion of Europe*, 110-112를 보라.

22. "First Amendment," https://constitution.congress.gov/constitution/amendment-1/.

23. 몬티첼로 웹사이트의 제퍼슨기념기록보관소는 종교의 자유에 관한 그의 견해에 영향을 준 내용을 계몽주의와 버킹엄카운티 침례교도들의 관점에서 설명한다. https://www.monticello.org/site/research-and-collections/thomas-jefferson-and-religious-freedom.

24. Tertullian, *To Scapula*, 2 (Thelwall, *The Ante-Nicene Fathers*).

25. Wilken, *Liberty in the Things of God*, 190.

26. Raymond Peter Davis, "Constantine I," *Oxford Classical Dictionary*, 379.

7. 세상에 스며든 '기독교적 자선'의 첫 단추

1. Eusebius, *Ecclesiastical History* 10.5.10-11 (Oulton, Loeb Classical Library 252). 북아프리카에 주어진 유사한 명령은 10.5.17에서 볼 수 있다.

2. Eusebius, *Ecclesiastical History* 10.5.11. Anastos, "The Edict of Milan," 37도 보라.

3. 예루살렘은 하드리아누스(117-138) 황제가 135년에 제2차 대규모 유대인 봉기를 진압하고 "성도 아일리아 카피톨리나"(Holy City Aelia Capitolina; "아일리아"는 하드리아누스의 성씨에 해당하고, "카피톨리나"는 하드리아누스가 그곳에 신전을 세워 드높인 유피테르 신을 가리킨다)로 명칭을 바꾼 이후 황폐해졌고 불명

에스러운 곳이 되었다.

4. Dan Bahat, "Does the Holy Sepulchre Church Mark the Burial of Jesus?" in *Archaeology in the World of Herod, Jesus, and Paul*, ed. H. Shanks and D. P. Cole (Washington, DC: Biblical Archaeology Society, 1990), 260. 3권으로 된 성묘에 관한 고고학 보고서(이탈리아어)는 다음을 보라.: V. Corbo, *Il Santo Sepolcro di Gerusalemme: Aspetti archeologici dale origini al period crociato*, 3 vols., Studium Biblicum Franciscanum 29 (Jerusalem: Franciscan Printing Press, 1981-1982).

5. Michael H. Crawford, "Population, Roman," *Oxford Classical Dictionary*, 1223; H. A. Drake, "Models of Christian Expansion," in *The Spread of Christianity in the First Four Centuries: Essays in Explanation*, ed. W. V. Harris, Columbia Studios in the Classical Tradition 27 (Leiden: Brill, 2005); Rodney Stark, *The Rise of Christianity* (New York: HarperCollins, 1997), 3-27.

6. *Theodosian Code* 1.27.1. 또한 Timothy D. Barnes, *Constantine: Dynasty, Religion and Power in the Later Roman Empire*, Blackwell Ancient Lives (Oxford: Blackwell, 2014), 134.

7. Edwin A. Judge, "The Early Christians as a Scholastic Community" in *The First Christians in the Roman World: Augustan and New Testament Essays*, ed. James R. Harrison, Wissenschaftliche Untersuchungen zum Neuen Testament 229 (Tübigen: Mohr Siebeck, 2008), 526-552. 같은 책에서 에드윈 저지의 기고문 "Did the Churches Compete with Cult-Groups?" 597-618을 보라.

8. 콘스탄티누스의 서신은 Eusebius, *Life of Constantine* 4.36에 보존되어 있다. 신약성경 사복음서의 선정에 관해서는 Martin Hengel, *The Four Gospels and the One Gospel of Jesus Christ* (Norcross, GA: Trinity International, 2000)를 보라. 정경의 발전이라는 더 광범위한 문제에 관해서는 Bruce M. Metzger, *The Canon of the New Testament: Its Origin, Development and Significance* (Oxford: Oxford University Press, 1997)를 보라.

9. John Dickson, "Old Papers," https://undeceptions.com/podcast/old-papers.

10. Eusebius, *Life of Constantine* 2.56 (Richardson, *The Nicene and Post-Nicene Fathers¹*).

11. Dan Brown, *The Da Vinci Code* (London: Transworld, 2003). 댄 브라운, 《다빈치코드》(문학수첩 역간).

12. 예를 들면, 빌립보서 2장 10-11절은 이사야 45장 23절의 하나님에 관한 진술을 예수님에게 적용한다.

13. 골로새서 1장 15-20절.

14. 요한복음 1장 1절.

15. "Arius," *Oxford Dictionary of the Christian Church*, 104를 보라.

16. 50년 후에 위대한 성서학자 성 히에로니무스는 이렇게 썼다. "온 세상이 신음했고 자신이 아리우스주의를 신봉하고 있음을 발견하고 깜짝 놀랐다. Jerome, *Dialogue Against the Luciferians*

19, in *The Nicene and Post-Nicene Fathers²*, trans. Henry Wallace. (New York: Cosimo, 2007), 6:329. "Arianism" *Oxford Dictionary of the Christian Church*, 99-100을 보라.

17. *Oxford Dictionary of the Christian Church*의 설명에 따르면, "콘스탄티누스의 주된 관심사는 미리 정해 둔 신학적 판결이 아니라 일치를 확보하는 것이었다." 다음을 보라. "Nicaea, First Council of (325)," *Oxford Dictionary of the Christian Church*, 1144; Barnes, *Constantine and Eusebius*, 225.

18. 원 출처는 다음과 같다. *Theodosian Code* 2.8.1; Eusebius, *The Oration of Constantine* 9.10; Eusebius, *Life of Constantine* 4.18. 노동 금지가 어느 정도까지 적용되었는지, 콘스탄티누스가 이 법령을 만드는 데 기독교의 영향을 어느 정도 받았는지에 관해서는 논란이 있다.

19. Sozomen, *Ecclesiastical History* 1.8.13.

20. *Theodosian Code* 9.40.2 (Phar, *The Theodosian Code*).

21. *Theodosian Code* 15.12.1 (Phar, *The Theodosian Code*).

22. 수도원과 수도사의 발흥과 중요성에 관해서는 Peter R. L. Brown, *The World of Late Antiquity* (New York: Norton, 1971), 96-112를 보라.

23. Theodoret, *Ecclesiastical History* 5.26, in *The Nicene and Post-Nicene Fathers²*, trans. Blomfield Jackson (New York: Cosimo, 2007).

24. Edward Gibbon, *History of the Decline and Fall of the Roman Empire* (New York: Random House, 1995), Modern Library eBook Edition, chapter 30, location 22844. 에드워드 기번, 《로마 제국 쇠망사》.

25. 이 기간의 가족법 문제에 관해서는 Geoffrey Nathan, *The Family in Late Antiquity: The Rise of Christianity and the Endurance of Tradition* (London: Routledge, 2000)을 보라.

26. *Theodosian Code* 8.16.1 (Phar, The Theodosian Code). 더 많은 내용은 Barnes, *Constantine*, 136-137을 보라.

27. *Theodosian Code* 3.16.1 (Phar, The Theodosian Code). 더 많은 내용은 Barnes, *Constantine*, 137-138을 보라.

28. *Theodosian Code* 11.27.1-2 (Phar, The Theodosian Code).

29. Nathan, *The Family in Late Antiquity*, 66. Eusebius, *Life of Constantine* 4.28을 보라.

30. Eusebius, Life of Constantine 4.27 (Richardson, *The Nicene and Post-Nicene Fathers¹*). *Theodosian Code* 16.9.1-2도 보라.

31. *Theodosian Code* 16.2.4 (Phar, *The Theodosian Code*).

32. Eusebius, *Ecclesiastical History* 10.7.2 (Oulton, Loeb Classical Library 265).

33. 더 많은 내용은 Peter Brown, *Through the Eye of a Needle: Wealth, the Fall of Rome, and the Making of Christianity in the West, 350-550 AD* (Princeton: Princeton University Press, 2012), 31-52를

보라. T. G. Elliott, "The Tax Exemptions Granted to Clerics by Constantine and Constantius II," *Phoenix* 32.4 (1978): 326-336도 보라.

34. 예를 들면, *Theodosian Code* 16.2.3.

35. *Theodosian Code* 16.2.3 (Phar, *The Theodosian Code*).

36. *Theodosian Code* 16.2.17 (Phar, *The Theodosian Code*).

37. Brown, *Eye of a Needle*, 44.

38. *Theodosian Code* 16.2.6 (Phar, *The Theodosian Code*).

39. 아우구스티누스(354-430) 같은 기독교 지도자들은 일부 이교도 개인들이 가난한 이들을 보살피는 부분에서 기독교인들을 부끄럽게 만든다고 밝히기까지 했다. Brown, *Eye of a Needle*, 61을 보라.

40. 델포이 윤리 규범(*Delphic Canon*)의 그리스어 원문과 번역문이 궁금하다면 Edwin A. Judge, "Ancient Beginnings of the Modern World," in *Ancient History in a Modern University*, ed. T. W. Hillard et al. (Grand Rapids: Eerdmans, 1998), 473-475를 보라.

41. Plotinus, *On Providence* 1.13 (Armstrong, Loeb Classical Library 442), 81-83.

42. Plato, *Laws* 11.936 b-c (Bury, Loeb Classical Library 192), 465.

43. Brown, *Eye of a Needle*, 70.

44. Brown, *Eye of a Needle*, 62. Arthur Robinson Hands, *Charities and Social Aid in Greece and Rome* (Ithaca, NY: Cornell University Press, 1968), 26-61도 보라.

45. 에우에르게티즘에 관한 탁월한 기독교적 비판은 Lactantius, *Divine Institutes* 6.11.13-19에서 볼 수 있다.

46. Morgan, *Popular Morality*.

47. Teresa Morgan with John Dickson, "Moral Classics," *Undeceptions*, season 1, episode 4, 23 September 2019, https://undeceptions.com/podcast/moral-classics.

48. 예를 들면, 신명기 15장 4-11절; 이사야 58장 5-10절.

49. 신명기 24장 19-21절. 이 본문에 관해서는 Christopher J. H. Wright, *Deuteronomy*, NIBC (Peabody, MA: Hendrickson, 1996), 261을 보라. 크리스토퍼 라이트, 《UBC 신명기》(성서유니온선교회 역간).

50. Julian, "To Arsacius, high-priest of Galatia," *Letter* 22.430C (Wright, Loeb Classical Library 157), 71. 기독교적 자선의 유대적 기원에 관해서는 Brown, *Eye of a Needle*, 79-83을 보라.

51. 이 비유는 가끔 영생에 관한 풍유로 해석되었다. 하지만 "가서 너도 이와 같이 하라"는 마지막 대목 앞에서는 가난한 자들을 도우라는 예수의 수많은 가르침(특히 눅 11:41; 12:33; 14:21; 18:22; 19:8 참조)에 분명히 들어맞는 이 비유를 풍유로 보는 것이 아주 부자연스러운 해석임이 드러난다.

52. 이 기근은 성경과 성경 이외의 텍스트에 모두 기록되어 있다(행 11:27-28; Josephus, *Jewish Antiquities* 20.101). 바울의 구빈 사업은 성경에는 그냥 "연보"라고 나와 있다(고전 16:1-4; 고후 8-9장; 롬 15:25-27 참조).

53. Justin Martyr, *First Apology*, 67, trans. Alexander Roberts et al., in *The Ante-Nicene Fathers* (New York: Cosimo Classics, 2007), 1:186.

54. *Shepherd of Hermas* 50:7.9 (Holmes, *Apostolic Fathers*, 442-685).

55. Recorded in Eusebius, *Ecclesiastical History* 6.43.11 (Oulton, Loeb Classical Library 265), 119.

56. Brown, *Eye of a Needle*, 43.

57. Cyprian, *On Mortality*, 14, trans. Ernest Wallis in *The Ante-Nicene Fathers* (New York: Cosimo Classics, 2007), 5:472.

58. Kyle Harper, "Solving the Mystery of an Ancient Roman Plague," *The Atlantic*, 1 November 2017, https://www.theatlantic.com/science/archive/2017/11/solving-the-mystery-of-an-ancient-roman-plague/543528/.

59. Epistle of Dionysius, in Eusebius, *Ecclesiastical History* 7.22.10 (Oulton, Loeb Classical Library 265).

60. Epistle of Dionysius, in Eusebius, *Ecclesiastical History* 7.22.7-9 (Oulton, Loeb Classical Library 265). 고어체 영어를 그리스어 원문을 참조하여 손을 보았다.

61. Acts of Munatius Felix, in *Proceedings before Zenophilus, in Optatus: Against the Donatists*, trans. Mark Edwards, 154-155). 사람들에게 옷을 주라는 직접적인 성경의 말씀으로는 마태복음 25장 36절, 야고보서 2장 14-16절을 보라.

62. Brown, *Eye of a Needle*, 530.

63. Stephen Judd et al., *Driven by Purpose: Charities that Make a Difference* (Sydney: HammondCare Media, 2014), 55.

64. Jones, *Constantine and the Conversion of Europe*, 197-198.

8. 배교자 율리아누스의 반기독교 노선

1. Julian, "To Porphyrius," *Letter* 38.411c (Wright, Loeb Classical Library 157), 123.

2. Julian, "Hymn to the Mother of the Gods," *Oration* 5 (Wright, Loeb Classical Library 13), 436.

3. Rowland B. E. Smith, "Julian," *Oxford Classical Dictionary*, 800.

4. Julian, "To Atarbius," *Letter* 37.376c-d (Wright, Loeb Classical Library 157), 123.

5. Socrates Scholasticus, *Ecclesiastical History* 3.2-3, in *The Nicene and Post-Nicene Fathers²*, trans. A. C. Zenos (New York: Cosimo, 2007), 2:79.

6. Ammianus Marcellinus (AD 330-400), *History* 22.11.5-10 (Rolfe, Loeb Classical Library 315), 259-263.

7. Socrates Scholasticus, *Ecclesiastical History* 3.3 (Zenos, *The Nicene and Post-Nicene Fathers²*).

8. Ammanius Marcellinus, *History* 22.13.1-3 (Rolfe, Loeb Classical Library 315).

9. Julian, "To Hecebolius," *Letter* 40.424c (Wright, Loeb Classical Library 157), 127.

10. *Theodosian Code*, 13.3.5 (Phar, *The Theodosian Code*).

11. Julian, *Letter* 36.422b-424d (Wright, Loeb Classical Library 157), 117-123.

12. 로브 고전 총서(Loeb Classical Library) 판본의 율리아누스의 저작들(VII-LXIII)의 서문(Introduction)을 보라.

13. "Armenia," *Oxford Dictionary of the Christian Church*, 106.

14. Julian, *Fragment of a Letter to a Priest* 305b-d (Wright, Loeb Classical Library 29), 337-339.

15. Wilmer Cave Wright, *The Works of the Emperor Julian, Vol. 2*, Loeb Classical Library 29 (Massachusetts: Harvard University Press, 1913), 295도 보라.

16. Julian, *Misopogon* ("Beard-hater") 363a (Wright, Loeb Classical Library 29), 491.

17. Julian, "To Arsacius, High-priest of Galatia," *Letter* 22.429c-431b (Wright, Loeb Classical Library 157), 67-73.

18. 관련 자료와 논의를 확인하고 싶다면 Wilken, "Christianity as a Burial Society," in *The Christians as the Romans Saw Them*, 31-47을 보라.

19. John Bodel, "From *Columbaria* to *Catacombs*: Collective Burial in Pagan and Christian Rome," in *Commemorating the Dead: Texts and Artifacts in Context. Studies of Roman, Jewish, and Christian Burials*, ed. Laurie Brink and Deborah Green (Berlin: de Gruyter, 2008), 177-242.

20. Lactantius, *Divine Institutes*, 6.12.25-31 (Bowen and Garnsey, *Lactantius, Divine Institutes*).

21. Julian, "To Arsacius, High-priest of Galatia," *Letter* 22.429C-431B (Wright, Loeb Classical Library 157), 67-73.

22. Theodoret, *Ecclesiastical History*, 3.20 (Jackson, *The Nicene and Post-Nicene Fathers²*).

23. R. S. O. Tomlin., "Valentinian I," *Oxford Classical Dictionary*, 1576.

9. 힘센 근육질 기독교의 등장

1. Pliny, *Letters* 10.96.9 (Radice, Loeb Classical Library 59).

2. Minucius Felix, *Octavius* 8, trans. Robert Ernest Wallis in *The Ante-Nicene Fathers* (New York: Cosimo Classics, 2007), 4:177.

3. *Inscriptiones Christianae Urbis Rome Septimo Saeculo Antiquiores*, ed. A. Ferrua (Rome: Pontificio Istituto di Archeologia Cristiana, 1971), no. 13655, 5:133, in Brown, *Eye of a Needle*, 37.

4. Brown, *Eye of a Needle*, 45.

5. 다음 책은 이 공의회의 교회법을 번역하고 분석했다. H. Hess, *The Early Development of Canon Law and the Council of Serdica* (Oxford: Oxford University Press, 2002), 221(이 내용은 교회법 13조에 있다).

6. Brown, *Eye of a Needle*, 87.

7. Brown, *Eye of a Needle*, 47-49.

8. 암브로시우스와 그의 영향에 관해서는 Brown, *Eye of a Needle*, 120-147을 보라.

9. Catholic University of America에서 2001-2020년까지 출간한 *The Fathers of the Church* 시리즈를 보라. "Doctors of the Church" *Oxford Dictionary of the Christian Church*, 494도 보라. 공식 "박사들"의 수는 30명 정도까지 늘어났는데, 그중에는 아빌라의 테레사, 시에나의 카타리나 등이 있다.

10. Brown, *Eye of a Needle*, 123.

11. Translation by John Chandler in *Twenty-Four Hymns of the Western Church: The Latin Text, with a Verse Rendering of Each Hymn, a Brief Introduction, Commentary, and Appendices*, ed. Howard Henry Blakeney (London: Partridge, 1930), 6-7.

12. Ambrose, *Epistle* 74.10 in *Ambrose of Milan: Political Letters and Speeches*, ed. and trans. J. H. W. G. Liebeschuetz (Liverpool: University of Liverpool Press, 2005), 101.

13. Ambrose, *Epistle* 74.15 (Liebeschuetz, *Ambrose of Milan*).

14. Ambrose, *Epistle* 74.12 (Liebeschuetz, *Ambrose of Milan*).

15. 이 사건은 여러 사료에 기록되어 있는데, 그중 하나는 Sozomen, *Ecclesiastical History*, 7.25이다. 암브로시우스가 황제에게 보낸 편지도 남아 있다. *Extra Collection, Epistle* 11.12-13 (Liebeschuetz, *Ambrose of Milan*, 267).

16. Brown, *Eye of a Needle*, 128.

17. Ambrose, *Epistle* 73.16 (Liebeschuetz, *Ambrose of Milan*, 86).

18. 이 사건에 관해서는 John Curran, "The Legal Standing of the Ancient Cults," 205-208을 보라.

19. Brown, *Eye of a Needle*, 45.

20. Brown, *Eye of a Needle*, 527-528.

21. Brown, *Eye of a Needle*, 122.

22. Ambrose, *Epistle* 73.24 (Liebeschuetz, *Ambrose of Milan*, 89).

10. 카파도키아 3대 교부의 실천적 복음

1. Brown, *Eye of a Needle*, 46-47.

2. Basil of Caesarea, *Letter 197*, "To Ambrose, bishop of Milan," trans. Agnes Clare Way in *Saint Basil. Letters, Vol. 2 (186-368): The Fathers of the Church: A New Translation,* 28 (Washington, DC: Catholic University of America Press, 1955), 42-45.

3. Gregory of Nazianzus, *Oration 14*, "On love for the Poor," trans. Martha Vinson in *St. Gregory of Nazianzus: Select Orations* (Washington, DC: Catholic University of America Press, 2017), 39-42.

4. 설명 전체를 원한다면 Gary B. Ferngren, *Medicine and Health Care in Early Christianity* (Baltimore: Johns Hopkins University Press, 2009), 113-139를 보라.

5. Basil the Great, *Homily 6 on "I will pull down my barns" (Luke 12:18)*. 다음에 실린 그리스어 본문에 근거하여 내가 번역했다. *Patrologia Graeca* 31, 277A, ed. Jacques-Paul Migne. 162 volumes, 1857-1866.

6. Thomas Aquinas, *Summa Theologiae*, IIa-IIae.32.5. 비슷한 생각이 John Calvin, *Institutes of the Christian Religion*, Book 2, 8.45에도 있다. 이것은 내 책 *Doubter's Guide to the Ten Commandments*의 11장에서 길게 살펴본 주제다.

7. Gregory of Nazianzus, "Funeral Oration on Basil the Great," trans. Leo P. McCauley et al., in *St. Gregory Nazianzen and Saint Ambrose: Funeral Orations. The Fathers of the Church: A New Translation,* 22 (Washington, DC: Catholic University of America Press, 1953), 80-81.

8. Ferngren, *Medicine and Health Care in Early Christianity*, 129. Timothy S. Miller, *The Birth of the Hospital in the Byzantine Empire* (Baltimore: Johns Hopkins University Press, 1997)도 보라.

9. Jerome, "On the Death of Fabiola," *Letter* 77.6 (Wright, Loeb Classical Library 262), 323. 히에로니무스가 파비올라에게 보낸 두 통의 편지는 64번과 78번이다.

10. James William Brodman, *Charity and Religion in Medieval Europe* (Washington, DC: Catholic University of America Press, 2009)을 보라. 11장의 제목은 "A Cascade of Hospitals"(45-88)이고, AD 400-1000년 사이의 이탈리아, 프랑스, 독일 병원들의 이야기다.

11. 마크리나의 생애에 관해서는 Lynn H. Cohick and Amy Brown Hughes, *Christian Women*

in the Patristic World: Their Influence, Authority, and Legacy in the Second through Fifth Centuries (Grand Rapids: Baker Academic, 2017), 157-188을 보라. 그녀의 생애에 관한 그레고리우스 기록의 번역문은 Anna M. Silvas, *Macrina the Younger: Philosopher of God* (Turnhout: Brepols, 2008), 109-148을 보라.

12. Gregory of Nyssa, *Life of Macrina*, 26.30. 다음을 보라. Judith Evans Grubbs, "Church, State, and Children: Christian and Imperial Attitudes Toward Infant Exposure in Late Antiquity," in *The Power of Religion in Late Antiquity*, ed. Andrew Cain and Noel Lenski (New York: Routledge, 2009), 128-129.

13. *Life of Macrina*, 26.30 (Silvas, *Macrina the Younger*).

14. Cohick and Hughes, *Christian Women in the Patristic World*, 158.

15. 그레고리우스의 교리문답 강의는 *The Ante-Nicene Fathers* (New York: Cosimo Classics, 2007), 5:471-512에 실린 번역문을 보라. 다음 자료도 보라. Juliette J. Day, "Catechesis," *Brill Encyclopedia of Early Christianity Online*, ed. David G. Hunter et al. (2018), https://referenceworks.brillonline.com/browse/brill-encyclopedia-of-early-christianity-online.

16. 예를 들면 Anthony Meredith, "Gregory of Nyssa," in *The Cambridge History of Philosophy in Late Antiquity*, (Cambridge: Cambridge University Press, 2011), 1:471-481을 보라. *International Colloquium on Gregory of Nyssa* 웹사이트는 다음과 같다. https://www.gregoryofnyssa.org/en/.

17. Williams in "Rights and Wrongs," Episode 2, For the Love of God.

18. David Brion Davis, *In the Image of God: Religion, Moral Values, and Our Heritage of Slavery* (New Haven: Yale University Press, 2001), 198.

19. Letter, "Frederick Douglass to William Lloyd Garrison" (9 November 1842), in *The Frederick Douglass Papers. Series 3: Correspondence. Volume 1.* (New Haven: Yale University Press, 2009), 1-8.

20. 이 논증의 고전적 사례는 프레더릭 더글러스의 유명한 연설 "What to the Slave Is the Fourth of July?"에서 볼 수 있다. (1852년 7월 5일, 뉴욕 주 로체스터에서 했던 이 연설은 다음 연설집에 수록되어 있다. Frederick Douglass, *The Speeches of Frederick Douglass: A Critical Edition* (New Haven: Yale University Press, 2018), 55-92. 그의 강연문 "Lecture on Slavery, No. 1" (1850년 12월 1일 일요일 저녁에 뉴욕 주 로체스터의 코린티안 홀에서 했던 강연)도 보라. *Frederick Douglass: Selected Speeches and Writings*, ed. Philip S. Foner (New York: Lawrence Hill, 2000), 164-170에서 인용.

21. 고린도전서 7장 21-23절의 해석에 관해서는 J. Albert Harril, *The Manumission of Slaves in Early Christianity*, Hermeneutische Untersuchungen zur Theologie 32 (Tübingen: Mohr Siebeck, 1995), 68-128을 보라.

22. 1 Clement 55:2.

23. 노예 해방에 사용된 교회 기금에 관한 가장 오래된 초기 증거는 이그나티우스(AD 115), *To Polycarp* 4.3이다. 노예 해방을 위한 교회의 '공동기금'과 관련된 내용은 J. Albert Harril, *The Manumission of Slaves in Early Christianity*, 129-192를 보라.

24. *Theodosian Code* 4.7.1 (Phar, The Theodosian Code). Chris De Wet, "Slave/Slavery," *Brill Encyclopedia of Early Christianity Online*, https://referenceworks.brillonline.com/browse/brill-encyclopedia-of-early-christianity-online. 온라인 최초 게재 연도는 2018년.

25. Williams in "Rights and Wrongs," Episode 2, *For the Love of God*.

26. Gregory of Nyssa, *Homily 4, On Ecclesiastes* (Eccl. 2:7), 5.334.4-5.338.22, trans. Stuart George and Rachel Moriarty in *Gregory of Nyssa, Homilies on Ecclesiastes. An English Version with Supporting Studies. Proceedings of the Seventh International Colloquium on Gregory of Nyssa* (St. Andrews, 5-10 September 1990), ed. Stuart G. Hall (Berlin: de Gruyter, 1993), 73-75.

11. 폭력을 동원한 이교 탄압과 이교의 불법화

1. Robyn Whittaker, "Trump's Photo Op with Church and Bible Was Offensive, but Not New," *The Conversation*, 5 June 2020, https://theconversation.com/trumps-photo-op-with-church-and-bible-was-offensive-but-not-new-140053.

2. Brown, *Eye of a Needle*, 45.

3. Brown, *Eye of a Needle*, 45.

4. Ammianus Marcellinus (AD 330-400), *History* 22.11.4 (Rolfe, Loeb Classical Library 315), 259.

5. Brown, *The World of Late Antiquity*, 110.

6. Brown, *The World of Late Antiquity*, 103.

7. Rufinus 11.23-24, in *The Church History of Rufinus of Aquileia: Books 10 and 11*, trans. Philip R. Amidon (Oxford: Oxford University Press, 1997). 그 사건들은 또한 다음에 상세하게 기술되어 있다. Sozomen, *Ecclesiastical History*, 7.15.

8. Philip R. Amidon, *The Church History of Rufinus*, 103.

9. https://www.nytimes.com/2020/06/15/arts/design/fallen-statues-what-next.html.

10. Sozomen, *Ecclesiastical History*, 7.15, in *The Nicene and Post-Nicene Fathers*[2], trans. Chester D. Hartranft (New York: Cosimo, 2007), 2:385. 이 사건들의 세부내용을 한데 묶어 내려는 학술적 시도로는 Amidon, *The Church History of Rufinus of Aquileia*, 103-106; and Ramsay MacMullen, *Christianizing the Roman Empire* (New Haven: Yale University Press, 1984), 99-101을 보라.

11. MacMullen, *Christianizing*, 99를 보라.

12. Brown, *The World of Late Antiquity*, 110.

13. Catherine Nixey, *The Darkening Age: The Christian Destruction of the Classical World* (London: Pan Macmillan, 2017). 현대의 작품들에서 히파티아가 어떻게 "기억되어" 왔는지에 관한 탁월한 기록은 다음을 보라. Edward J. Watts, *Hypatia: The Life and Legend of an Ancient Philosopher* (Oxford: Oxford University Press, 2017), 135-147.

14. Watts, *Hypatia*, 113.

15. Socrates, *Ecclesiastical History*, 7.14.

16. Watts, *Hypatia*, 115.

17. Socrates, *Ecclesiastical History*, 7.14 (Zenos, *The Nicene and Post-Nicene Fathers²*).

18. Watts, *Hypatia*, 117.

19. Socrates, *Ecclesiastical History*, 7.15 (Zenos, *The Nicene and Post-Nicene Fathers²*).

20. 위에서 인용한 소크라테스 스콜라스티쿠스뿐 아니라, 당대의 또 다른 기독교 저술가 필로스토르기우스(Philostorgius, 368-439)도 역시 히파티아에게 찬사를 보낸다. Philostorgius, *Church History*, 8.9. trans. Philip R. Amidon (Society of Biblical Literature, 2007), 117. 한 세기 후에 이교 자료인 Damascius, *Life of Isidore*, 106A도 나왔다. 다마스키우스는 이전의 기독교인들만큼 히파티아를 칭찬하지는 않는다.

21. Watts, *Hypatia*, 46.

22. Pierre (Limours) Hadot, "Hypatia," *Brill's New Pauly*, doi: e519580, https://referenceworks.brillonline.com/browse/brill-s-new-pauly.

23. Watts, *Hypatia*, 154.

24. 이교 신전들에 관한 양가적 태도는 *Theodosian Code*, 16.10.8에서도 볼 수 있다.

25. So Curran, "The Legal Standing of the Ancient Cults," 208.

26. 재위 초기에는 테오도시우스가 이교에 어느 정도 관용을 베풀었다는 증거가 Curran, "The Legal Standing of the Ancient Cults," 209-212에 자세히 나와 있다.

27. *Theodosian Code*, 16.10.11 (Phar, *The Theodosian Code*).

28. John Curran, "The Legal Standing of the Ancient Cults in Rome," 216.

12. 국가 폭력에 대한 신학적 정당화?

1. 유용한 참고문헌이 딸린 간략한 개요는 "War, Christian Attitude to," *Oxford Dictionary of the Christian Church*, 1719-1720을 보라.

2. 다음의 유용한 온라인 요약본을 보라. "Military Law," Jewish Virtual Library, https://www.jewishvirtuallibrary.org/military-law.

3. 초대 교회의 알레고리적 성경 읽기의 발전에 관해서는 Robert Louis Wilken, *The Spirit of Early Christian Thought: Seeking the Face of God* (New Haven: Yale University Press, 2003), 69-77을 보라. 구약성경에 등장하는 폭력의 신학적 또는 성경적 문제에 관해서는 내 책 *A Doubter's Guide to the Bible: Inside History's Bestseller for Believers and Skeptics* (Grand Rapids: Zondervan, 2015), 5장을 보라. 다음 책들도 참고하라. John Walton and J. Harvey Walton, *The Lost World of the Israelite Conquest* (Downers Grove, IL: IVP Academic, 2017); William J. Webb and Gordon K. Oeste, *Bloody, Brutal, and Barbaric: Wrestling with Troubling War Texts* (Downers Grove, IL: IVP Academic, 2019).

4. Tertullian, *Apology*, 42. 테르툴리아누스, 《호교론》(분도출판사 역간).

5. 이 발굴과 비문의 자세한 내용은 다음을 보라. Yottam Tepper and Leah Di Segni, *A Christian Prayer Hall of the Third Century CE at Kefar Othnay (Legio): Excavations at the Megiddo Prison 2005* (Jerusalem: Israel Antiquities Authority, 2006).

6. Hippolytus, *Apostolic Traditions*, 17-19 in *The Treatise on the Apostolic Tradition of St Hippolytus of Rome*, ed. and trans. Gregory Dix, reissued with corrections by Henry Chadwick (London: SPCK, 1968).

7. Lactantius, *Divine Institutes*, 6.20.16 (Bowen and Garnsey, *Lactantius, Divine Institutes*).

8. Canon 12, Council of Nicaea, *The Nicene and Post-Nicene Fathers*[2], ed. Philip Schaff (Grand Rapids: Christian Classics Ethereal Library, 2009), 14:84.

9. Augustine, *Confessions* 8.2, in *Saint Augustine. Confessions. Fathers of the Church: A New Translation*, trans. Vernon J. Bourke (Washington, DC: Catholic University of America Press, 1953), 21:199. 아우구스티누스, 《고백록》.

10. Augustine, *Confessions*, 8.27-30. 아우구스티누스, 《고백록》.

11. Augustine, *Confessions*, 8.29 (Bourke, *Saint Augustine. Confessions*). 아우구스티누스, 《고백록》.

12. Augustine, *Confessions* 1.1. 아우구스티누스, 《고백록》. 나는 (위의 경우와 마찬가지로) Vernon J. Bourke의 번역을 따랐지만 아우구스티누스의 라틴어에 담긴 성별 포괄적 의미에 맞게 남성 대명사 "he"를 "person"과 "they"로 바꾸었다.

13. Hermigild Dressler, et al. (ed.), *Saint Augustine. Letters (6 volumes). The Fathers of the Church: A New Translation* (Washington, DC: Catholic University of America Press, 1956-1989)을 보라.

14. "Callistus" *Oxford Dictionary of the Christian Church*, 265. 그의 이름은 'Calixtus'로도 표기한다.

15. Augustine, *Letter 10**, "To Alypius," trans. Robert B. Eno, *St. Augustine. Letters 1*-29**. *The Fathers of the Church: A New Translation*, 81 (Washington, DC: Catholic University of America Press, 1989), 74-80. (별표는 새롭게 발견된 편지라는 뜻이다). 이 편지의 개요와 중요성에 관해서는 Henry Chadwick, "New Letters of St. Augustine," *Journal of Theological Studies* 34 (1983), 432-443를 보라.

16. Augustine, *Letter 10**, "To Alypius" (Eno, *St. Augustine. Letters 1*-29**).

17. Augustine, *Letter 10**, "To Alypius" (Eno, *St. Augustine. Letters 1*-29**).

18. Pelagius, *To Demetrias*, 1, trans. Brinley Roderick Rees, *Pelagius: Life and Letters* (Suffolk: Boydell, 1991), 69.

19. Henry Chadwick, *Augustine: A Very Short Introduction* (Oxford: Oxford University Press, 1986), 112-113. 헨리 채드윅, 《교부 아우구스티누스》(뿌리와이파리 역간). Wolin S. Sheldon, *Politics and Vision: Continuity and Innovation in Western Political Thought* (Princeton: Princeton University Press, 2004), 117도 보라.

20. Augustine, *To Boniface*, Letter 189.4, in *The Works of Saint Augustine: A Translation for the 21st Century. Letters 156-210*, volume II/3, trans. Roland Teske (New City, 2004), 259-262.

21. Augustine, *To Boniface*, Letter 189.4 (Teske, *The Works of Saint Augustine*).

22. Augustine, *To Boniface*, Letter 220.7 (Teske, *The Works of Saint Augustine*), 72-78.

23. *The City of God* 4.14-17; 15.4를 보라. 아우구스티누스, 《하나님의 도성》.

24. Chadwick, *Augustine*, 111-112. 헨리 채드윅, 《교부 아우구스티누스》(뿌리와이파리 역간).

25. Chadwick, *Augustine*, 111-112. 헨리 채드윅, 《교부 아우구스티누스》(뿌리와이파리 역간).

26. Augustine, *The City of God*, 19.7, trans. William Babcock in *Augustine, Saint. The City of God: Books 11-22 (1/7)*, The Works of Saint Augustine: A Translation for the 21st Century (Hyde Park, NY: New City, 2013). 아우구스티누스, 《하나님의 도성》.

13. 무너진 서로마제국, 교회의 성장

1. Brown, *The World of Late Antiquity*, 122.

2. Peter J. Heather, "Theoderic," *Oxford Classical Dictionary*, 1499.

3. Brown, *The World of Late Antiquity*, 125.

4. Brown, *The World of Late Antiquity*, 135.

5. "Sidonius Apollinaris," *Oxford Dictionary of the Christian Church*, 1498.

6. *Sidonius, Vol. 1, Poems, Letters, Books 1-2* (Anderson, Loeb Classical Library 296). *Sidonius, Vol. 2, Letters, Books 3-9* (Anderson, Loeb Classical Library 420).

7. 5-6세기의 주교들과 그들이 거느린 사제들 사이의 이런 역학 관계에 관해서는 Brown, *Eye of a Needle*, 481-502를 보라. 시도니우스의 생애와 저서들에 관한 탁월한 개요는 *Sidonius, Vol. 1, Poems, Letters* (Anderson, Loeb Classical Library 296), xxxii-lxvii를 보라.

8. Brown, *The World of Late Antiquity*, 126.

9. 유럽의 지역별 개종에 관한 권위 있는 설명을 원한다면 *The Cambridge History of Christianity, Vol. 3: Early Medieval Christianities: c. 600-c. 1100*, ed. Thomas F. X. Noble et al. (Cambridge: Cambridge University Press, 2014)을 보라.

10. Knut Schäferdiek, "Germanic and Celtic Christianities," in *The Cambridge History of Christianity, Vol. 2: Constantine to c. 600*, ed. Augustine Casiday et al. Cambridge: Cambridge University Press, 2007), 63.

11. 메로빙거 왕조의 역사에서 클로비스의 개종에 관한 논의는 Ian Wood, *The Merovingian Kingdoms: 450-751* (London: Routledge, 2014), 41-49를 보라. 이 기간에 관한 일차 사료는 Alexander Callander Murray, ed., *Roman to Merovingian Gaul: A Reader* (Toronto: University of Toronto Press, 2008)를 보라.

12. chäferdiek, "Germanic and Celtic Christianities," 59-63을 보라.

13. Dado, *Vita Eligii* 1.10. 이 글은 원문 라틴어로 다음 책에 실려 있다. *Patrologia Latina*, ed. J. P. Migne (Paris, 1844-1864), 87:479-594. 위에 실린 영어 번역문은 Jo Ann McNamara가 번역한 것으로, 다음에서 가져왔다. The Fordham University *Medieval Sourcebook*, https://sourcebooks.fordham.edu/basis/eligius.asp.

14. Dado's *Vita Eligii* 1.12 (McNamara, *Medieval Sourcebook*).

15. Dado's *Vita Eligii* 1.10 (McNamara, *Medieval Sourcebook*).

16. Dado's *Vita Eligii* 2.3 (McNamara, *Medieval Sourcebook*).

17. Dado's *Vita Eligii* 2.8 (McNamara, *Medieval Sourcebook*).

18. Dado's *Vita Eligii* 2.38 (McNamara, *Medieval Sourcebook*).

19. "Boniface," *Oxford Dictionary of the Christian Church*, 123-124.

20. Daniel to Boniface 15.23, in *The Letters of Saint Boniface: Translated with an Introduction by Ephraim Emerton* (New York: Norton, 1976), 48-50.

21. Gregory II to Boniface 16.24 (Emerton, *The Letters of Saint Boniface*, 50-52).

22. Wood, *Merovingian Kingdoms*, 251.

23. George W. Robinson, trans., *Willibald: The Life of Saint Boniface* (Cambridge: Harvard University Press, 2013), 84.

24. Ephraim Emerton, trans., *The Letters of Saint Boniface: Translated with an Introduction* (New York: Norton, 1976)을 보라.

25. 카롤루스의 역사와 그가 유럽의 미래에 끼친 영향에 관해서는 Rosamond McKitterick, *Charlemagne: The Formation of a European Identity* (Cambridge: Cambridge University Press, 2013) 를 보라.

14. 터무니없는 강압과 폭력, 기독교 '지하드'

1. 국가가 벌인 전쟁에 기독교 선교사가 따라가는 이 전반적 정책에 관한 문헌 증거는 다음에서 볼 수 있다. *Letter 39*, "Letter of Bishop Avitus of Vienne to Clovis Regarding the King's Baptism," in Murray, *Roman to Merovingian Gaul*, 261-263.

2. McKitterick, *Charlemagne*, 308.

3. 중세 초기에 기독교가 이교 유럽과 상호작용하고 유럽을 개종시킨 일을 기록한 권위 있는 자료는 다음을 보라. Ian N. Wood, "The Northern Frontier: Christianity Face to Face with Paganism," in *The Cambridge History of Christianity*, 3:230-246; in the same volume Abrams, "Germanic Christianities," (107-129)도 보라.

4. McKitterick, *Charlemagne*, 105-106.

5. Einhard, *Life of Charlemagne*, 8, trans. Barbara H. Rosewein, ed., in *Reading the Middle Ages: Sources from Europe, Byzantium, and the Islamic World* (Toronto: University of Toronto Press, 2014), 139.

6. Einhard, *Life of Charlemagne*, 8 (Rosewein, *Reading the Middle Ages*).

7. *Capitulatio de partibus Saxoniae* 8, trans. Dana Carleton Munro, ed., in *Translations and Reprints from the Original Sources of European History, Vol. 5: Laws of Charles the Great* (Philadelphia: King, 1900), 2.

8. 후자의 논증에 관해서는 다음을 보라. Yitzhak Hen, "Charlemagne's Jihad," in *Religious Franks: Religion and Power in the Frankish Kingdoms: Studies in Honour of Mayke de Jong*, ed. Rob Meens, et al. (Manchester: Manchester University Press, 2016), 33-51.

9. Robert Flierman, "Religious Saxons: Paganism, Infidelity and Biblical Punishment in the *Capitulatio de partibus Saxoniae*," in Meens, *Religious Franks*, 184.

10. Hen, "Charlemagne's Jihad," 33-51.

11. Hen, "Charlemagne's Jihad," 47.

12. Lactantius, *The Death of the Persecutors* 48 (McDonald, *Lactantius, The Minor Works*).

13. Augustine, *Against the Letters of Petilian the Donatist*, 2.184, in *The Nicene and Post-Nicene Fathers*[1], *St. Augustine: The Writings Against the Manichaeans, and Against the Donatists*, trans. J. R. King and rev. by Chester D. Hartranft (New York: Cosimo, 2007), 4:572. "Donatism," *Oxford Dictionary of the Christian Church*, 499-500도 보라.

14. Letter to Miletus, *Bede's Ecclesiastical History* 2.30 (King, Loeb Classical Library 246), 161-165.

15. Jinty Nelson, "Alcuin's Letter to Meginfrid," in *Penser la paysannerie médiévale, un défi impossible?*, ed. Alain Dierkens, et al. (Paris: Sorbonne University Press, 2017), 122.

16. Nelson, "Alcuin's Letter," 120.

17. Nelson, "Alcuin's Letter," 120.

18. Nelson, "Alcuin's Letter," 120.

19. Melvyn Bragg, "Alcuin," interview with Mary Garrison, Joanna Story, and Andy Orchard, *In Our Time*, BBC, 30 January 2020, https://www.bbc.co.uk/programmes/m000dqy8을 보라.

20. Hen, "Charlemagne's Jihad," 43.

21. 이것은 앨퀸의 유명한 *Epistle 110*이다. Hen, "Charlemagne's Jihad," 43에서 인용.

22. Gratian, *Decretum*, Distinctio 45, Canon 3, trans. Robert Chazan, *Church, State, and the Jew in the Middle Ages* (West Orange, NJ: Behrmam House, 1980), 20.

23. Thomas Aquinas, *Summa Theologiae*, IIa-IIae, 10.8. in *Summa Theologiae Secunda Secundae, 1-91*, trans. Laurence Shapcote (Lander, WY: The Aquinas Institute for the Study of Sacred Doctrine, 2012), 104. Robert Louis Wilken, *Liberty in the Things of God*, 2장도 보라.

15. '르네상스'를 꽃피운 지성적인 중세 교회

1. Stephen Greenblatt, *The Swerve: How the World Became Modern* (New York: Norton, 2011). 스티븐 그린블랫, 《1417년, 근대의 탄생》(까치 역간).

2. Greenblatt, *The Swerve*, 43. 스티븐 그린블랫, 《1417년, 근대의 탄생》(까치 역간).

3. Greenblatt, *The Swerve*, 36. 스티븐 그린블랫, 《1417년, 근대의 탄생》(까치 역간).

4. Greenblatt, *The Swerve*, 50. 스티븐 그린블랫, 《1417년, 근대의 탄생》(까치 역간).

5. Greenblatt, *The Swerve*, 7. 스티븐 그린블랫, 《1417년, 근대의 탄생》(까치 역간).

6. 대표적인 비판적 서평은 다음과 같다. Charles Kay Smith in *Kritikon Litterarum* 41 (2014),

112-134; Aaron W. Godfrey in *Forum Italicum: A Journal of Italian Studies* 46 (2012): 203-204; John Monfasani in *Reviews in History* 1283, https://reviews.history.ac.uk/review/1283; Morgan Meis in *N+1 Magazine*, https://nplusonemag.com/online-only/book-review/swerving/; 짐 헨치(Jim Hench)의 다음 서평은 통렬하지만 부정확하다. "Why Stephen Greenblatt Is Wrong.and Why It Matters" in *The Los Angeles Review of Books*, December 1, 2012, https://lareviewofbooks.org/article/why-stephen-greenblatt-is-wrong-and-why-it-matters/.

7. Brian Tierney, *Western Europe in the Middle Ages: 300-1475*, 6th ed. (New York: McGraw-Hill, 1992), 143-144.

8. 역사가 메리 게리슨(Mary Garrison), 조안나 스토리(Joanna Story)와 옥스퍼드대학교 앵글로색슨학 교수 앤디 오차드(Andy Orchard)가 Bragg, "Alcuin"에서 진행한 앨퀸에 관한 논의에서 인용.

9. Rosamond McKitterick, "The Carolingian Renaissance of Culture and Learning," in *Charlemagne*, 151-166을 보라. John J. Contreni, "The Carolingian Renaissance: Education and Literary Culture," in *The New Cambridge Medieval History, Vol. 2: c.700-900*, ed. Rosamond McKitterick (Cambridge: Cambridge University Press, 2008), 709-757도 보라.

10. 3,200쪽에 달하는 카롤링거 시대의 시가 살아남았다. John J. Contreni, "The Carolingian Renaissance," 753. 시인 30명이 이 시기의 시를 다룬 연구서가 나와 있다. Peter Godman, *Poetry of the Carolingian Renaissance* (London: Duckworth, 1985).

11. Eleanor Shipley Duckett, *Alcuin, Friend of Charlemagne: His World and His Work* (New York: Macmillan, 1951), 109.

12. Einhard, *Life of Charles the Great* (*Vita Karoli Magni*), 25, in "The Library of Alcuin's York," trans. Mary Garrison, in *The Cambridge History of the Book in Britain*, ed. R. Gameson (Cambridge: Cambridge University Press, 2011), 634. 더 현대적인 번역은 David Ganz, *Einhard and Notker the Stammerer: Two Lives of Charlemagne* (London: Penguin, 2008)를 보라.

13. Bragg, "Alcuin"에서 진행된 이 부분에 관한 논의를 보라.

14. Jerome, "To Eustochium," *Letter* 22.30 (Wright, Loeb Classical Library 262), 127.

15. Jerome, "To Eustochium," *Letter* 22.29 (Wright, Loeb Classical Library 262), 125.

16. Arthur Stanley Pease, "The Attitude of Jerome towards Pagan Literature" in *Transactions and Proceedings of the American Philological Association* 50 (1919): 150-167.

17. 이 규칙은 Hippolytus, *Apostolic Traditions*, 16-17에 분명하게 나와 있다.

18. *The Pilgrimage of Egeria*, 46, trans. George E. Gingras, *Egeria: Diary of a Pilgrimage* (Westminster, MD: Newman, 1970), 124. 에게리아에 관한 세부 정보는 Cohick and Hughes, *Christian Women in the Patristic World*, 127-156을 보라.

19. *The Pilgrimage of Egeria*, 46.

20. 키릴루스의 생애와 가르침과 강연 번역본들은 Edward Yarnold, *Cyril of Jerusalem* (London: Routledge, 2000)을 보라. 초대 교회의 교리교육(*catechesis*)이라는 더 넓은 현상에 관해서는 M. E. Nelson, "Catechesis and Baptism in the Early Christian Church," *In die Skriflig* 20 (1996): 443-456을 보라.

21. Rosamond McKitterick, *The Carolingians and the Written Word* (Cambridge: Cambridge University Press, 1989), 212.

22. 786년 카롤루스가 교회 성경봉독자들(Lectors)에게 보낸 서신. McKitterick, *Charlemagne*, 315에서 인용.

23. Einhard, *Life of Charles the Great* (Vita Karoli Magni), 25 (Ganz, *Einhard and Notker*, 36).

24. 789년의 *Admonitio generalis*에서. McKitterick, *Charlemagne*, 316에서 인용.

25. Contreni, "The Carolingian Renaissance," 721.

26. McKitterick, "The Carolingian Renaissance of Culture and Learning," 157.

27. Hincmar, *Collectio de Ecclesiis et Capellis*, MGH Fontes XIV, C.100. Contreni, "The Carolingian Renaissance," 717에서 인용. Tierney, *Western Europe in the Middle Ages: 300-1475*, 141도 보라.

28. Rolph Barlow, *The Letters of Alcuin* (New York: Forest, 1909), 91.

29. Steven A. Stofferahn, "Changing Views of Carolingian Women's Literary Culture: The Evidence from Essen," *Early Medieval Europe* 8.1 (1999): 70, 72. 이 시기의 여성 교육에 관해서는 McKitterick, *The Carolingians and the Written Word*, 226을 보라. Contreni, "The Carolingian Renaissance," 715-720도 보라.

30. McKitterick, *The Carolingians and the Written Word*, 192.

31. Contreni, "The Carolingian Renaissance," 719.

32. Notker, *The Deeds of Charlemagne*, 1.8

33. Notker, *The Deeds of Charlemagne*, 1.3-4 (Ganz, *Einhard and Notker*). So also McKitterick, *The Carolingians and the Written Word*, 222도 보라.

34. Duckett, *Alcuin*, 111에서 인용.

35. Contreni, "The Carolingian Renaissance," 728-732.

36. Contreni, "The Carolingian Renaissance," 747-751.

37. Charles W. Colby, ed., *Selections from the Sources of English History* (London: Longmans, Green, 1899), 17-19.

38. 여기에 관해서는 다음을 보라. McKitterick, "The Carolingian Renaissance," 160-161; Garrison, "The Library of Alcuin's York," 633-664.

39. McKitterick, *The Carolingians and the Written Word*, 179.

40. McKitterick, *The Carolingians and the Written Word*, 163.

41. McKitterick, "The Carolingian Renaissance of Culture and Learning," 153-154.

42. Rainer A. Müller, "Cathedral Schools," *Brill's Encyclopedia of the Middle Ages*, ed. Gert Melville and Martial Staub (2016), https://referenceworks.brillonline.com/browse/brill-s-encyclopaedia-of-the-middle-ages.

43. Rainer A. Muller, *Geschichte der Universität. Von der mittelalterlichen Universitas zur deutschen Hochschule* (Munich: Callwey, 1990); Rainer A. Muller, "Universities," *Brill's Encyclopedia of the Middle Ages*, https://referenceworks.brillonline.com/browse/brill-s-encyclopaedia-of-the-middle-ages.

16. '그리스도의 기사'로 탈바꿈한 교회

1. Pew Research Centre. "The Global Religious Landscape," 2012, https://www.pewforum.org/2012/12/18/global-religious-landscape-exec/.

2. Pew Research Centre. "Racial and Ethnic Composition among Christians (US)," 2015, https://www.pewforum.org/religious-landscape-study/christians/christian/racial-and-ethnic-composition/. 내가 이 연구 결과를 접한 것은 다음 책을 통해서였다. Rebecca McLaughlin, *Confronting Christianity: 12 Hard Questions for the World's Largest Religion* (Wheaton, IL: Crossway, 2019), 36-48.

3. *Epistle to Diognetus* 5.4-6. Holmes, *Apostolic Fathers*, 686-719를 보라.

4. 보스턴대학교(Boston University) 세계종교데이터베이스(World Religion Database, 2020)에 따르면, 기독교 신자는 25억 명으로 세계 인구의 32퍼센트를 차지하고 234개국에 퍼져 있다. 이슬람은 그리 많이 뒤지지 않는데, 신자는 19억 명으로 세계 인구의 24퍼센트를 차지하고 218개국에 퍼져 있다. https://worldreligiondatabase.org.

5. *Letter* 38, "Letter of Bishop Remigius of Rheims to Clovis," in Murray, *Roman to Merovingian Gaul*, 260.

6. *Letter* 39, "Letter of Bishop Avitus of Vienne to Clovis Regarding the King's Baptism," in *Roman to Merovingian Gaul*, 261-263.

7. Brown, *Eye of a Needle*, 505.

8. Tyerman, *God's War*, 34.

9. Tyerman, *God's War*, 35-36.

10. Tyerman, *God's War*, 37.

11. Tyerman, *God's War*, 36.

12. Abbo of St-Germain, "The Viking Siege of Paris: Odo and Ebolus." 라틴어 원문과 영어 번역문은 Godman, *Poetry of the Carolingian Renaissance*, 312-313에 나온다.

13. James E. Cathey, ed., *Heliand: Text and Commentary* (Morgantown: West Virginia University Press, 2002), 135.

14. *Heliand* 16 (Cathey, *Heliand*).

15. Tyerman, *God's War*, 39.

16. Tyerman, *God's War*, 40-42를 보라.

17. Bernard of Clairvaux, *In Praise of the New Knighthood*, 3 (Allen, *The Crusades: A Reader*, 197).

18. 인용과 번역은 Tyerman, *God's War*, 28에서 가져왔다.

19. Tyerman, *God's War*, 28.

20. *The Life of Christina of St-Trond by Thomas of Cantimpré*, §56, in *Medieval Saints: A Reader*, ed. Mary-Ann Stouck (Peterborough, Ontario: Broadview, 1999), 452.

21. *The Life of Christina* §33-34 (Stouck, *Medieval Saints*, 445-446).

17. 위선자들을 꾸짖고 개혁에 앞장선 선지자들

1. Bragg, "Alcuin"을 보라.

2. Jerome, "To Eustochium," *Letter* 22.28 (Wright, Loeb Classical Library 262).

3. "Benedict, St.," *Oxford Dictionary of the Christian Church*, 182-183.

4. "베네딕투스의 규칙서"의 영어 완역본은 프로젝트 구텐베르크(Project Gutenberg) 사이트에서 볼 수 있다. http://www.gutenberg.org/files/50040/50040-h/50040-h.html#chapter-1-nl-on-the-kinds-of-monks.

5. Christopher Dawson, *Religion and the Rise of Western Culture* (New York: Doubleday, 1991), 120-121.

6. Council of Rheims(AD 909)의 결정. Dawson, *Religion and the Rise of Western Culture*, 121에서 인용.

7. Odo of Cluny, *Collationes*, III, 26-30 (Dawson, *Religion and the Rise of Western Culture*, 123).

8. *Life of St. Odo of Cluny by John of Salerno*, §4 in *St. Odo of Cluny: Being the Life of St.*

Odo of Cluny by John of Salerno, and the Life of St. Gerald of Aurillac by St. Odo, Gerard Sitwell, trans. and ed., (New York: Sheed & Ward, 1958), 44.

9. *Life of St. Odo of Cluny by John of Salerno*, §5, 46 (Sitwell, *St. Odo of Cluny*).

10. *Life of St. Odo of Cluny by John of Salerno*, §7, 50 (Sitwell, *St. Odo of Cluny*).

11. *Life of St. Odo of Cluny by John of Salerno*, §7, 47 (Sitwell, *St. Odo of Cluny*).

12. *Life of St. Odo of Cluny by John of Salerno*, §8, 51-52 (Sitwell, *St. Odo of Cluny*).

13. *Life of St. Odo of Cluny by John of Salerno*, §9, 52-53 (Sitwell, *St. Odo of Cluny*).

14. The excellent summary of his life and contribution by Barbara H. Rosenwein, "Saint Odo of Cluny," Encyclopedia Britannica, https://www.britannica.com/biography/Saint-Odo-of-Cluny를 보라.

15. Andrea Janelle Dickens, *The Female Mystic: Great Women Thinkers of the Middle Ages* (London: Tauris, 2009), 26.

16. Dickens, *The Female Mystic*, 26.

17. Dickens, *The Female Mystic*, 30-31.

18. Catherine of Siena, *Dialogue*, 1.26, cited in Dickens, *The Female Mystic*, 151.

19. "Catherine, St., of Siena," *Oxford Dictionary of the Christian Church*, 304-305.

20. Dickens, *The Female Mystic*, 152.

21. Catherine of Siena, *Letter* T69, cited in Dickens, *The Female Mystic*, 155-156.

22. Thompson, *Francis of Assisi*, 177.

23. *Life of St. Francis by Thomas of Celano*, "How Francis Lived in the World before His Conversion," §17, Stouck, *Medieval Saints*, 479에서 인용.

24. Thompson, *Francis of Assisi*, 16에서 인용.

25. Thompson, *Francis of Assisi*, 17.

26. Thompson, *Francis of Assisi*, 88.

27. Thompson, *Francis of Assisi*, ix.

28. Benjamin, Z. Kedar, *Crusade and Mission: European Approaches toward the Muslims* (Princeton: Princeton University Press, 1984), 126-131을 보라.

29. Kedar, *Crusade and Mission*, 129.

30. Tyerman, *God's War*, 638.

31. Thompson, *Francis of Assisi*, 67.

32. Tyerman, *God's War*, 630.

33. 이 사건과 출전에 관한 분석은 Powell, "St. Francis of Assisi's Way of Peace," 271-280을 보라. 잘 읽히는 학술적 프란치스코 전기로는 Thompson, *Francis of Assisi*를 보라.

34. Thompson, *Francis of Assisi*, 69.

35. Thompson, *Francis of Assisi*, 69-70.

36. "Franciscan Order," *Oxford Dictionary of the Christian Church*, 634-635.

37. Brodman, *Charity and Religion in Medieval Europe*, 48.

38. Brodman, *Charity and Religion in Medieval Europe*, 49.

39. Frances J. Niederer, "Early Medieval Charity," *Church History* 21 (1952): 289.

40. Brodman, *Charity and Religion in Medieval Europe*, chapter 11, "A Cascade of Hospitals" (45-88).

41. Brodman, *Charity and Religion in Medieval Europe*, 50-56.

42. *Lives of the Fathers of Merida*, §5.3., in A. T. Fear, *Lives of the Visigothic Fathers*, Translated Texts for Historians, 26 (Liverpool: Liverpool University Press, 2001), 73-75. 텍스트의 집필 시기에 관해서는 xxx-xxxi에 실린 피어(Fear)의 도입 글을 보라.

43. Brodman, *Charity and Religion in Medieval Europe*, 50-56.

44. Brodman, *Charity and Religion in Medieval Europe*, 85.

45. 아퀴나스의 생애와 사상에 관한 간략한 설명은 Fergus Kerr, *Thomas Aquinas: A Very Short Introduction* (Oxford: Oxford University Press, 2009)을 보라. 보다 깊이 있는 개론서는 Denys Turner, *Thomas Aquinas: A Portrait* (New Haven: Yale University Press, 2013)이다. Edward Feser, *Aquinas: A Beginner's Guide* (London: Oneworld, 2009)도 보라.

46. *Life of St. Thomas Aquinas by Bernard Gui* (1261-1331), §32, in *Life of Saint Thomas Aquinas: Biographical Documents*, ed. Kenelm Foster (Baltimore: Helicon, 1959), 51.

47. Brian Tierney, *Medieval Poor Law: A Sketch of Canonical Theory and Its Application in England* (Berkeley: University of California Press, 1959). Charles J. Reid, "The Canonistic Contribution to the Western Rights Tradition: An Historical Inquiry," *Boston College Law Review*, 33:37 (1995): 37-92도 보라.

48. Reid, "The Canonistic Contribution"을 보라.

49. Tierney, *Medieval Poor Law*, 12.

50. Tierney, *Medieval Poor Law*, 62.

51. Tierney, *Medieval Poor Law*, 62에서 인용.

52. Tierney, *Medieval Poor Law*, 48.

53. 모두 Tierney, *Medieval Poor Law*, 37-38에서 인용.

54. Tierney, *Medieval Poor Law*, 38.

55. Tierney, *Medieval Poor Law*, 38.

56. Tierney, *Medieval Poor Law*, 13-14.

57. Statute 15, Richard II, 1391, Chap. VI, "Provisions for the Poor," Tierney, *Medieval Poor Law*, 129에서 인용.

58. Tierney, *Medieval Poor Law*, 129.

59. Statues 5 and 6, Edward VI, 1552, "The Provision and Relief of the Poor," in J. R. Tanner, *Tudor Constitutional Documents: AD 1485-1603* (London: Chivers, 1971), 471. 여기에 관해서는 Tierney, *Medieval Poor Law*, 127을 보라.

60. Statue 5, Elizabeth I, 1563, Chap. 3, in Tanner, *Tudor Constitutional Documents*, 471-472. Tierney, *Medieval Poor Law*, 127도 보라.

61. Statute 14, Elizabeth I, 1572, Chap. 5, "Vagabonds Act," in Tanner, *Tudor Constitutional Documents*, 471-472. 여기에 관해서는 Tierney, *Medieval Poor Law*, 131을 보라.

62. Elizabeth I, "Poor Relief Act of 1598." 이 법의 전문은 Tanner, *Tudor Constitutional Documents*, 488-494를 보라.

63. Tierney, *Medieval Poor Law*, 131.

64. Tierney, *Medieval Poor Law*, 131. Tierney, *Medieval Poor Law*, 132도 보라.

18. 동방의 영원한 제국, 비잔티움이 남긴 유산들

1. Brown, *The World of Late Antiquity*, 145.

2. Brown, *The World of Late Antiquity*, 156.

3. Miira Tuominen, "Late Antiquity: Science in the Philosophical Schools," in *The Cambridge History of Science, Vol. 1: Ancient Science* (Cambridge: Cambridge University Press, 2018), 278-292.

4. Brown, *The World of Late Antiquity*, 177.

5. Peter Sarris, *Byzantium: A Very Short Introduction* (Oxford: Oxford University Press, 2015), 102.

6. 보들리 도서관의 역사는 다음을 보라. https://www.bodleian.ox.ac.uk/bodley/about-us/history.

7. Sarris, *Byzantium*, 102. 포티오스의 책 요약은 '비블리오테카'(*Bibliotheca*)로 알려져 있다. 내용은 온라인으로 볼 수 있다. http://www.tertullian.org/fathers/photius_01toc.htm.

8. Brown, *The World of Late Antiquity*, 177.

9. Orla Guerin, "Hagia Sophia: Turkey Turns Iconic Istanbul Museum into Mosque," BBC, 10 July 2020, https://www.bbc.com/news/world-europe-53366307.

10. "Byzantine Architecture," in *The Oxford Dictionary of Architecture*, ed. James Stevens Curl and Susan Wilson (Oxford: Oxford University Press, 2015), 134-136을 보라.

11. Brown, *The World of Late Antiquity*, 152.

12. Brown, *The World of Late Antiquity*, 155.

13. Brown, *The World of Late Antiquity*, 147.

14. 유스티니아누스는 이전 법들을 *Theodosian Code* 9.44.1-2에서 재가하고 강화했다.

15. *Codex of Justinian*, 1.12.1-2, in *The Codex of Justinian*, Vol. 1, Bruce W. Frier, ed., trans. Fred H. Blume (Cambridge: Cambridge University Press, 2016).

16. "Sanctuary," in *A Dictionary of British History*, 3rd ed., ed. John Cannon and Robert Crowcroft (Oxford: Oxford University Press, 2009), 574를 보라.

17. Hector Perla and Susan Bibler Coutin, "Legacies and Origins of the 1980s US-Central American Sanctuary Movement," in *Refuge 26.1* (2009): 7-19.

18. Talal Ansari, "Some Churches Offer Refuge from Deportation With 'Sacred Resisting,'" *The Wall Street Journal*, 4 August 2019, https://www.wsj.com/articles/some-churches-offer-refuge-from-deportation-with-sacred-resisting-11564927200.

19. Miller, *The Birth of the Hospital in the Byzantine Empire*, 89.

20. Miller, *The Birth of the Hospital in the Byzantine Empire*, 91.

21. Miller, *The Birth of the Hospital in the Byzantine Empire*, 90-91.

22. Miller, *The Birth of the Hospital in the Byzantine Empire*, 92.

23. 교회법에 관해서는 Arabic Canons of Nicaea, canon 70을 보라. 유스티니아누스의 법은 그가 출간한 *Novellae Constitutiones*(신헌법), nos.120, 131에서 볼 수 있다. Miller, *The Birth of the Hospital in the Byzantine Empire*, 100-103의 논의를 보라.

24. Miller, *The Birth of the Hospital in the Byzantine Empire*, 117.

25. Miller, *The Birth of the Hospital in the Byzantine Empire*, 110-117.

26. 이 사본은 오늘날 바티칸 도서관에 보관되어 있다. Peregrine Horden, "Sickness and Healing," in Thomas F. X. Noble, et al., *The Cambridge History of Christianity*, 3:420-421.

27. Horden, "Sickness and Healing," 431.

28. Brown, *The World of Late Antiquity*, 174.

29. *Codex of Justinian*, 1.11.10.1 (Blume, *The Codex of Justinian*).

30. Catherine Nixey, *The Darkening Age: The Christian Destruction of the Classical World*

(London: Pan Macmillan, 2017), 231-247.

31. Edward Watts, "Justinian, Malalas, and the End of Athenian Philosophical Teaching in A.D. 529," *The Journal of Roman Studies* 94 (2004): 169.

32. Watts, "Justinian," 168. 일차 사료는 Malalas, *Chronical* 18.47이다. Chronicle의 영어 번역본은 *The Chronicle of John Malalas. Byzantina Australiensia, Vol. 4* (Leiden: Brill, 1986)를 보라.

33. Photius, *Bibliotheca*, 130.

34. *Codex of Justinian*, 1.11.10.2 (Blume, *The Codex of Justinian*).

35. Brown, *The World of Late Antiquity*, 174.

36. Peter Brown, *The Rise of Western Christendom: Triumph and Diversity, A.D. 200-1000*, 2nd ed. (Oxford: Blackwell, 2007), 296. 피터 브라운, 《기독교 세계의 등장》(새물결 역간).

37. 정교회가 인정하는 니케아신경과 가톨릭과 개신교에서 인정하는 니케아신경 사이에는 한 가지 고도로 전문적인 차이가 있다. 신경의 3연에서 정교회는 성령이 "성부로부터 나온다"고 선언하는 반면, 가톨릭과 개신교에서는 "성부와 성자로부터 나온다"고 말한다.

38. Sarris, *Byzantium*, 94-102. David Bentley Hart, *Atheist Delusions: The Christian Revolution and Its Fashionable Enemies* (New Haven: Yale University Press, 2009), 34도 보라. 데이비드 벤틀리 하트, 《무신론자들의 망상》(한국기독교연구소 역간).

39. 이 복잡한 이야기에 관해서는 Brown, *The World of Late Antiquity*, 194-203을 보라.

40. Brown, *The World of Late Antiquity*, 202.

41. Peter Adamson, Oliver Overwien, and Gotthard Strohmaier, "Alexandria, School of," *Encyclopaedia of Islam, Three*, ed. Kate Fleet et al., https://referenceworks.brillonline.com/browse/encyclopaedia-of-islam-3.

19. 암흑시대 내러티브의 전말

1. Hart, *Atheist Delusions*, 31. 데이비드 벤틀리 하트, 《무신론자들의 망상》(한국기독교연구소 역간).

2. Theodore E. Mommsen, "Petrarch's Conception of the 'Dark Ages,'" *Speculum* 17 (April 1942): 227.

3. Mommsen, "Petrarch," 234.

4. Mommsen, "Petrarch," 231-232에서 인용.

5. Mommsen, "Petrarch," 242.

6. Martial Staub, "Humanism and the Reception of Antiquity," *Brill Encyclopedia of the Middle*

Ages, https://referenceworks.brillonline.com/browse/brill-s-encyclopaedia-of-the-middle-ages.

7. Wallace K. Ferguson, "Humanist Views of the Renaissance," *The American Historical Review* 45 (October 1939): 28.

8. Mommsen, "Petrarch," 227.

9. Gibbon, *History of the Decline and Fall of the Roman Empire*, chapter 30. 에드워드 기번, 《로마제국 쇠망사》.

10. 이 내용은 기번의 *Decline and Fall* 1권의 '저자 서문'에 나온다. 에드워드 기번, 《로마제국 쇠망사》.

11. Gibbon, *Decline and Fall*, chapter 13. 에드워드 기번, 《로마제국 쇠망사》. 이와 동일한 '박식한' 시각은 그다음 세대의 영향력 있는 다음 책에도 표현되어 있다. Henry Thomas Buckley, *History of Civilization in England, Vol. 1* (London: Robson, Levey, and Franklyn, 1857; repr., Cambridge: Cambridge University Press, 2011), 558.

12. Mommsen, "Petrarch," 226에서 인용.

13. Mommsen, "Petrarch," 226.

14. Mommsen, "Petrarch," 227.

15. Catherine Nixey, *The Darkening Age: The Christian Destruction of the Classical World* (London: Pan Macmillan, 2017).

16. Miri Rubin, *The Middle Ages: A Very Short Introduction* (Oxford: Oxford University Press, 2014), 4-6. 미리 루빈, 《중세》(연암서가 역간).

17. 이것은 루터가 저명한 인문주의 학자 데시데리우스 에라스무스(1469-1536)의 질문에 제시한 주장이다. 루터의 *On the Bondage of the Will*, 특히 루터 전집 바이마르 판에서 WA 649-661로 표시된 부분을 보라. 그 글은 다음 책에서 영어 번역으로 볼 수 있다. Ernest Gordon Rupp, ed., *Luther and Erasmus: Free Will and Salvation* (Louisville: Westminster John Knox, 1969), 154-166.

18. George Townsend, ed., *The Acts and Monuments of John Foxe, Vol. 2* (London: Seeley, 1843), 727.

19. Francis Oakley, *The Medieval Experience: Foundations of Western Singularity* (Toronto: University of Toronto Press, 2005), 4에서 인용.

20. Oakley, *The Medieval Experience*, 1. Richard E. Sullivan, "What Were the Middle Ages," *The Centennial Review of Arts and Science* 2 (1958): 171도 보라. Hart, *Atheist Delusions*, 33-34도 보라. 데이비드 벤틀리 하트, 《무신론자들의 망상》(한국기독교연구소 역간).

20. 종교재판, 사람 잡는 기독교 독단주의?

1. 이상하게도 종교재판으로 "수백만 명"이 죽었다는 얘기를 자주 들을 수 있다. 토머스 매든도 이 점을 지적한다. http://www.nationalreview.com/article/211193/real-inquisition-thomas-f-madden을 보라. "수백만"은 천 배 정도 과장된 수치인 것 같다.

2. Edward Peters, *Inquisition* (Berkeley: University of California Press, 1989), 87.

3. "Pope Apologises for Church Sins," BBC News, March 2000, http://news.bbc.co.uk/2/hi/europe/674246.stm.

4. https://www.nytimes.com/2017/06/03/opinion/sunday/bruni-campus-inquisitions-evergreen-state.html?searchResultPosition=6.

5. "Cathari," *Oxford Dictionary of the Christian Church*, 301을 보라.

6. Thomas F. Madden, "Crafting the Myth of the Inquisition," Lecture 12, *Heaven or Heresy: A History of the Inquisition in Modern Scholar Series* (Prince Frederick, MD: Recorded Books, 2008).

7. R. A. Markus, "Gregory the Great and a Papal Missionary Strategy" (29-38), in *Studies in Church History, vol.6: The Mission of the Church and the Propagation of the Faith* (Cambridge: Ecclesiastical History Society, 1970), 30에서 인용.

8. 콘베르소들의 기원에 관해서는 Henry Kamen, *The Spanish Inquisition* (New Haven: Yale University Press, 1997), 8-11을 보라.

9. Kamen, *The Spanish Inquisition*, 49에서 인용.

10. Kamen, *The Spanish Inquisition*, 50에서 인용.

11. Kamen, *The Spanish Inquisition*, 58.에서 인용.

12. Kamen, *The Spanish Inquisition*, 58에서 인용.

13. Kamen, *The Spanish Inquisition*, 274에서 인용.

14. Malcolm Gaskill, *Witchcraft: A Very Short Introduction* (Oxford: Oxford University Press, 2010), 76.

15. Gaskill, *Witchcraft*, 71.

16. Gaskill, *Witchcraft*, 30. 현대인이 생각하는 가장 유명한 마녀재판은 1692년 세일럼 마녀재판이다. 이 재판은 아서 밀러(Arthur Miller)의 1953년작 《시련》(*The Crucible*, 민음사 역간)으로 유명해졌다. 1692년 2-10월 사이에 스무 명이 마술 혐의로 처형되었다(열아홉 명은 교수형, 한 명은 압사형을 당했다). 이 열풍은 갑자기 시작됐던 것만큼이나 갑자기 멈추었다. 교회와 정치가들은 이 열풍을 중단시키고 이 수치스러운 사건에 대해 사과했다.

17. Kamen, *The Spanish Inquisition*, 274에서 인용.

18. 스페인 종교재판소가 스페인에서 개신교를 효과적으로 근절한 것에 관해서는 Kamen, *The Spanish Inquisition*, 83-102를 보라. Peters, *Inquisition*, 86-90도 보라.

19. 스페인의 개신교 신자 수에 관한 신뢰할 만한 통계를 찾기 어려운 것으로 악명이 높다. 여기서 나는 미국 국무부에서 나온 다음 자료를 참고했다. "Spain 2018 International Religious Freedom Report," 2.

20. 이것은 카탈로니아 사람들의 사건에 해당하는 비율이다. 그들은 이 시기 종교재판소에서 다룬 사건의 절반 이상을 차지했다. Kamen, *Spanish Inquisition*, 257-260을 보라.

21. Kamen, *The Spanish Inquisition*, 266.

22. Kamen, *The Spanish Inquisition*, 267.

23. Thomas Madden, "The Real Inquisition," *National Review*, 18 June 2004, https://www.nationalreview.com/2004/06/real-inquisition-thomas-f-madden/을 보라.

24. Kamen, *The Spanish Inquisition*, 235.

25. Kamen, *The Spanish Inquisition*, 235에서 인용.

26. Henry Charles Lea, *A History of the Inquisition of Spain, Vol. 2* (New York: Macmillan, 1906), 534. 리(Lea)는 반가톨릭적이고 심지어 반스페인적이라는 비판을 받았다.

27. Kamen, *The Spanish Inquisition*, 59-62.

28. Peters, *Inquisition*, 87.

29. William Doyle, *The French Revolution: A Very Short Introduction* (Oxford: Oxford University Press, 2001), 80.

30. Thomas Kaiser, "Reign of Terror," in *Oxford Encyclopedia of the Modern World*, ed. Peter N. Stearns (Oxford: Oxford University Press, 2008).

31. *The Times*, September 10, 1792.

32. 이 사망자 수는 《브리태니커 백과사전》의 "Reign of Terror"(공포정치) 항목에 나온다. https://www.britannica.com/place/France/The-Reign-of-Terror.

33. Jonathan Glover, *Humanity: A Moral History of the Twentieth Century* (New York: Random House, 2001), 413. 조너선 글로버, 《휴머니티: 20세기의 폭력과 새로운 도덕》(문예출판사 역간).

34. Maximilien Robespierre, "On the Moral and Political Principles of Domestic Policy," Internet History Sourcebooks Project. History Department of Fordham University, New York, https://sourcebooks.fordham.edu/mod/robespierre-terror.asp. 멜빈 브랙(Melvin Bragg)이 진행하는 BBC 프로그램 〈인 아워 타임〉(*In Our Time*; 내가 가장 좋아하는 팟캐스트 중 하나다)에서 마이크 브로어스(Mike Broers), 레베카 스팽(Rebecca Spang), 팀 블래닝(Tim Blanning)이 진행하는 다음 논의도 보라. "The French Revolution's Reign of Terror," *In Our Time*, BBC, 26 May 2005, https://www.bbc.co.uk/programmes/p003k9cf.

35. Martin Luther, "Defence and Explanation of All the Articles" (1521), 1.34, in *The Works of Martin Luther, Vol. 32: Career of the Reformer*, trans. Charles M. Jacobs, rev. George W.

Forell, (Charlottesville, VA: Intelex, 2013), 88-89.

36. Luther, *On the Bondage of the Will*, WA 649-661 in the Weimar edition of Luther's Works; English translation in Rupp, *Luther and Erasmus*, 154-166.

37. George Townsend, ed., *The Acts and Monuments of John Foxe, Vol. 4* (London: Seeley, 1846), 452.

38. Madden, "Crafting the Myth of the Inquisition"을 보라.

39. Peters, *Inquisition*, 134.

40. Peters, *Inquisition*, 170-171.

41. Peters, *Inquisition*, 172.

42. Peters, *Inquisition*, 171에서 인용.

43. Peters, *Inquisition*, 122-188.

44. John M. Barry, *Roger Williams and the Creation of the American Soul: Church, State, and the Birth of Liberty* (London: Penguin, 2012); Wilken, *Liberty in the Things of God*, 144-154를 보라.

45. Peters, *Inquisition*, 242-254.

46. John W. Draper, *History of the Conflict between Religion and Science* (New York: Appleton, 1875); Andrew D. White, *A History of the Warfare of Science with Theology in Christendom* (New York: Appleton, 1896).

47. Rivka Feldhay, "Religion," in *The Cambridge History of Science, Vol. 3: Early Modern Science* (Cambridge: Cambridge University Press, 2006), 727.

48. Augustine, *The Literal Meaning of Genesis*, 1.19; Aquinas, *Summa Theologiae*, 1a, 68, 1.

49. Peters, *Inquisition*, 249.

50. Rivka Feldhay, "Religion," 746-747.

51. "Vatican Admits Galileo Was Right," *New Scientist*, 7 November 1992, https://www.newscientist.com/article/mg13618460-600-vatican-admits-galileo-was-right/.

52. Papal address to an International Symposium on the Inquisition (§4), on 31 October 1998, http://www.vatican.va/content/john-paul-ii/en/speeches/1998/october/documents/hf_jp-ii_spe_19981031_simposio.html.

53. Peters, *Inquisition*, 171에서 인용.

21. 종교적 신화들로 얼룩진 30년 전쟁

1. Dawkins, *The God Delusion*, 316. 리처드 도킨스, 《만들어진 신》(김영사 역간).

2. Martin Luther, "Letter to the Archbishop of Mainz, 1517," in *The Works of Martin Luther, Vol. 1*, ed. and trans. Adolph Spaeth et al. (Philadelphia: Holman, 1915), 25-28. Also online at the Fordham University Medieval Sourcebook website, https://sourcebooks.fordham.edu/source/lutherltr-indulgences.asp.

3. Catechism of the Catholic Church, 2.2.3.5 (1366), http://www.vatican.va/archive/ENG0015/_INDEX.HTM.

4. 그는 1520년에 *Adversus execrabilem Antichristi bullam*("적그리스도의 형편없는 칙서에 반대하며")이라는 소책자를 출간했다.

5. Martin Luther, "On the Jews and Their Lies," (1543) in *Luther's Works, Vol. 47: The Christian In Society IV*, ed. Franklin Sherman, trans. Martin H. Bertram (Philadelphia: Fortress, 1971), 121-306.

6. Luther, "On the Jews and Their Lies," 217.

7. Luther, "On the Jews and Their Lies," 268-270.

8. "On the Jews and Their Lies"에 관한 편집자의 서문, 123-124를 보라.

9. Steven Ozment, *The Age of Reform, 1250-1550: An Intellectual and Religious History of Late Medieval and Reformation Europe* (New Haven: Yale University Press, 1980), 374-377을 보라.

10. "Thirty Years War," *Oxford Dictionary of the Christian Church*, 611-612를 보라.

11. Stephen Toulmin, *Cosmopolis: The Hidden Agenda of Modernity* (Chicago: University of Chicago Press, 1990), 54.

12. Peter Wilson, *Europe's Tragedy: A New History of the Thirty Years War* (London: Penguin, 2010). 사망자 수(와 15퍼센트라는 수치)에 관해서는 이 책의 22장 "The Human and Material Cost"를 보라.

13. Wilson, *Europe's Tragedy*, Kindle location, 428.

14. 영어 번역본은 다음에서 인용. Emil Reich, *Select Documents Illustrating Mediaeval and Modern History* (London: King & Son, 1905), 226-232, http://ghdi.ghi-dc.org/sub_document.cfm?document_id=4386.

15. Peter Wilson, "Dynasty, Constitution, and Confession: The Role of Religion in the Thirty Years War," *The International History Review* 30 (Sept 2008): 503.

16. Wilson, "Dynasty, Constitution, and Confession," 503. 다음 방송도 보라. Bragg, "The Thirty Years War," interview with Peter Wilson, Ulinka Rublack, and Toby Osborne, In Our Time, BBC, 6 December 2018, https://www.bbc.co.uk/programmes/m0001fv2.

17. Wilson in Bragg, "The Thirty Years War."

18. Wilson, "Dynasty, Constitution, and Confession," 508.

19. Rublack in Bragg, "The Thirty Years War."

20. "Richelieu, Armand Jean du Plessis," *Oxford Dictionary of the Christian Church*, 1397을 보라.

21. Wilson, *Europe's Tragedy*, Kindle location, 499. 같은 질문을 다룬 그의 다음 논문도 보라. Wilson, "Dynasty, Constitution, and Confession," 473-514.

22. Wilson in Bragg, "The Thirty Years War." 30년 전쟁에 관한 일반적 오해에 관해서는 Wilson, *Europe's Tragedy*의 1장을 보라.

23. Wilson, *Europe's Tragedy*, Kindle location, 14139.

24. Wilson, *Europe's Tragedy*, Kindle location, 14126-14278. 살짝 낮은 추정치는 다음 자료에서 제시된다. John Theibault, "The Demography of the Thirty Years War Re-Revisited: Gunther Franz and his Critics," *German History* 15 (1997): 1-21.

25. Wilson, *Europe's Tragedy*, Kindle location, 13477.

26. Wilson, *Europe's Tragedy*, Kindle location, 13465.

27. 이것은 Bragg, "The Thirty Years War"에서 루블랙, 윌슨, 오스본이 가장 분명하게 동의하는 점 중 하나다.

28. Wilson, *Europe's Tragedy*, Kindle location, 14896.

29. Hart, *Atheist Delusions*, 95-96. 데이비드 벤틀리 하트, 《무신론자들의 망상》(한국기독교연구소 역간).

22. 북아일랜드 분쟁, 또 하나의 비극적인 종교전쟁?

1. Hitchens, *God Is Not Great*, 18. 크리스토퍼 히친스, 《신은 위대하지 않다》(알마 역간).

2. Michael J. Braddick, ed., *The Oxford Handbook of the English Revolution* (Oxford: Oxford University Press, 2015), 246; F. N. Forman, *Constitutional Change in the United Kingdom* (London: Routledge, 2002), 32.

3. Marc Mulholland, *Northern Ireland: A Very Short Introduction* (Oxford: Oxford University Press, 2001), 2.

4. Mulholland, *Northern Ireland*, 12-14.

5. Mulholland, *Northern Ireland*, 19에서 인용.

6. Mulholland, *Northern Ireland*, 25.

7. Mulholland, *Northern Ireland*, 55-92.

8. '성금요일 협정'(Good Friday Agreement)의 공식 명칭은 "벨파스트 협정"(The Belfast Agreement)이고 다음 웹사이트에서 다운로드받을 수 있다. https://www.gov.uk/government/publications/the-belfast-agreement.

9. 벨파스트 협정(The Belfast Agreement), 24.

10. 협정의 상세한 내용은 Mulholland, *Northern Ireland*, 141-146를 보라.

11. Mulholland, *Northern Ireland*, 76-77.

12. 벨파스트 협정(The Belfast Agreement), 22.

13. Homily of John Paul II, Saturday, 29 Sept 1979, Holy Mass in Drogheda, https://w2.vatican.va/content/john-paul-ii/en/homilies/1979/documents/hf_jp-ii_hom_19790929_irlanda-dublino-drogheda.html.

14. *John Paul II in Ireland: A Plea for Peace* (2018), written by Navid Naglieri and directed by Marc Boudignon and David Naglieri. The Internet Movie Database (IMDb) listing, https://www.imdb.com/title/tt8775080/?ref_=ttfc_fc_tt를 보라.

15. Peter Crutchley, "IRA Ceasefire 20 Years On: The Priest Who Brokered the Peace," BBC News, 31 August 2014, https://www.bbc.com/news/uk-28812366.

16. Douglas, Dalby, "Alec Reid, Northern Ireland Priest Who Helped Broker Peace Accord, Dies at 82," *The New York Times*, 25 November 2013, https://www.nytimes.com/2013/11/26/world/alec-reid-priest-who-helped-broker-peace-accord-in-northern-ireland-dies-at-82.html.

23. 해명이 불가능한 교회 내 악행에 대한 도덕적 결산

1. Kimiko de Freytas-Tamura, "Pope to Visit Ireland, Where Scars of Sex Abuse Are 'Worse than the I.R.A.,'" *New York Times*, 23 August 2018, https://www.nytimes.com/2018/08/23/world/europe/francis-ireland-sexual-abuse-catholic-church.html.

2. 도니골 수사의 기록은 담당 형사 마틴 리지와 작가 제라드 커닝햄(Gerard Cunningham)의 공저로 출간되었다. *Breaking the Silence: One Garda's Quest to Find the Truth* (Dublin: Gill, 2008).

3. "'States of Fear' Journalist Mary Raftery Dies," BBC News, January 2012, https://www.bbc.com/news/uk-northern-ireland-16484276.

4. "The Irish Affliction," *The New York Times Magazine*, February 2011, https://www.nytimes.com/2011/02/13/magazine/13Irish-t.html.

5. https://www.bostonglobe.com/news/special-reports/2002/01/31/scores-priests-involved-sex-

abuse-cases/kmRm7JtqBdEZ8UF0ucR16L/story.html.

6. "A Church Seeks Healing," December 2002, *Boston Globe*, https://www.bostonglobe.com/news/special-reports/2002/12/14/church-seeks-healing/WJS0tI6gQP8zQAHjAHVhmL/story.html.

7. John Jay College of Criminal Justice report, 2004, "The Nature and Scope of Sexual Abuse of Minors by Catholic Priests and Deacons in the United States, 1950-2002," https://www.usccb.org/sites/default/files/issues-and-action/child-and-youth-protection/upload/The-Nature-and-Scope-of-Sexual-Abuse-of-Minors-by-Catholic-Priests-and-Deacons-in-the-United-States-1950-2002.pdf.

8. Marije Stoltenborgh et al., "A Global Perspective on Child Sexual Abuse: Meta-Analysis of Prevalence Around the World," *Child Maltreatment* 16 (2011): 79-101.

9. Bronwyn Watson and Kim Halford, "Classes of Childhood Sexual Abuse and Women's Adult Couple Relationships," *Violence and Victims* 25 (2010): 518-535.

10. The Australian Royal Commission into Institutional Responses to Child Sexual Abuse 2017, https://www.childabuseroyalcommission.gov.au/final-report. 호주국영방송 ABC가 조사 결과에 관한 유용한 요약 자료를 제공했다. https://www.abc.net.au/news/2017-12-15/royal-commission-child-sexual-abuse-by-the-numbers/9263800.

11. Royal Commission into Institutional Responses to Child Sexual Abuse. https://www.childabuseroyalcommission.gov.au/religious-institutions.

12. L. Bromfield, C. Hirte, O. Octoman, and I. Katz, *Child Sexual Abuse in Australian Institutional Contexts 2008-2013: Findings from Administrative Data* (Sydney: Royal Commission into Institutional Responses to Child Sexual Abuse. University of South Australia, 2017), 205-206, https://www.childabuseroyalcommission.gov.au/sites/default/files/file-list/research_report_-_child_sexual_abuse_in_australian_institutional_contexts_2008.13_findings_from_administrative_data_-_causes.pdf.

13. *Final Report, Vol. 2: Nature and Cause* (Royal Commission into Institutional Responses to Child Sexual Abuse. Commonwealth of Australia, 2017), 65.

14. 학교에서의 아동성대에 관한 최고 자료는 미국 교육부에서 위탁한 2014년의 한 연구에서 나왔다. 이 연구에 따르면 공립학교 학생의 6.7퍼센트가 교육자에 의한 접촉성 성학대를 경험했다. Charol Shakeshaft, *Educator Sexual Misconduct: A Synthesis of Existing Literature* (U.S. Department of Education, 2004), 16-18. https://www2.ed.gov/rschstat/research/pubs/misconductreview/index.html.

15. 호주국영방송 ABC에서는 왕립조사위원회의 조사 결과에 관한 유용한 요약 자료를 만들었다. 다음 링크를 보라. https://www.abc.net.au/news/2017-12-15/royal-commission-child-sexual-

abuse-by-the-numbers/9263800.

16. Australia Bureau of Statistics, Religion in Australia, 2019, https://www.abs.gov.au/ausstats/ abs@.nsf/Lookup/by%20Subject/2071.0~2016~Main%20Features~Religion%20Data%20 Summary~70.

17. Australia Bureau of Statistics, Schools in Australia, 2019, https://www.abs.gov.au/ausstats/ abs@.nsf/mf/4221.0.

18. 다음을 보라. Patrick Parkinson, "Child Sexual Abuse in the Catholic Church: The Australian Experience," Berkley Center, Georgetown University, 25 September 2019, https:// berkleycenter.georgetown.edu/responses/child-sexual-abuse-in-the-catholic-church-the-australian-experience.

19. Parkinson, "Child Sexual Abuse in the Catholic Church."

20. https://www.usccb.org/sites/default/files/issues-and-action/child-and-youth-protection/ upload/The-Nature-and-Scope-of-Sexual-Abuse-of-Minors-by-Catholic-Priests-and-Deacons-in-the-United-States-1950-2002.pdf.

21. *Final Report: Preface and Executive Summary*, 60-61, https://www.childabuseroyal commission.gov.au/sites/default/files/final_report_-_preface_and_executive_summary.pdf.

22. Thomas G. Plante, "Keeping Children Safe in the Catholic Church," April 2020, https:// www.psychologytoday.com/au/blog/do-the-right-thing/202004/keeping-children-safe-in-the-catholic-church. "Pedophilia," https://www.psychologytoday.com/au/conditions/pedophilia 도 보라. M. Seto, "Pedophilia," *Annual Review of Clinical Psychology* 5 (2009): 391-407도 보라. 세토(Seto)는 최근 자신의 추정치를 1-2퍼센트로 낮춰 잡았다. https://www.bbc.com/news/ magazine-28526106을 보라.

23. Patrick Parkinson, R. Kim Oates, Amanda Jayakody, "Child Sexual Abuse in the Anglican Church of Australia," *Journal of Child Sexual Abuse* 21 (2012): 565. Patrick Parkinson, "Child Sexual Abuse and the Churches: A Story of Moral Failure?" *Current Issues in Criminal Justice*, 26(1)도 보라.

24. *Final Report, Vol. 16: Religious Institutions*, 12.

25. *Final Report, Vol. 16: Religious Institutions*, 12.

26. *Final Report: Recommendations*, 50-60.

27. *Final Report: Preface and Executive Summary*, 71. 멜버른의 RMIT대학교는 독신과 아동성학 대의 연관성에 관한 논란이 많은 연구 결과를 발표했다. Desmond Cahill and Peter Wilkinson, "Child Sexual Abuse in the Catholic Church: An Interpretive Review of the Literature and Public Inquiry Reports," Centre for Global Research, RMIT University, 2017, https://www. rmit.edu.au/content/dam/rmit/documents/news/church-abuse/child-sex-abuse-and-the-

catholic-church.pdf.

28. 예를 들면, https://www.psychologytoday.com/au/blog/do-the-right-thing/202004/keeping-children-safe-in-the-catholic-church.

29. Parkinson, "Child Sexual Abuse and the Churches," 119.

30. Joe Sullivan and Anthony Beech, "A Comparative Study of Demographic Data Relating to Intra-and Extra-Familial Child Sexual Abusers and Professional Perpetrators," *Journal of Sexual Aggression* 10 (2004): 46.

31. 슬프게도, 교사들과 아이들에게 접근할 수 있는 다른 직업 종사자들에 대해서도 같은 말을 할 수 있다. Alison Gaitonde, "Sexual Abuse in Schools," *British Journal of Psychotherapy* 3 (1987): 315-322를 보라.

32. Ross Douthat, *Bad Religion: How We Became a Nation of Heretics* (New York: Simon & Schuster, 2012), 132.

24. 신앙을 오롯이 내면화해 실천할 때 맺히는 열매들

1. 시카고대학교 연구의 첫 발표 내용은 다음에서 볼 수 있다. https://news.uchicago.edu/sites/default/files/story/attachments/2019.10/Decety_Religion_Altruism_Study.pdf.

2. Jean Decety et al., "The Negative Association between Religiousness and Children's Altruism across the World," *Current Biology*, 25:22.

3. Bobby Azarian, "Study: Religious Kids Are Jerks," *The Daily Beast*, April 2017, https://www.thedailybeast.com/study-religious-kids-are-jerks.

4. https://news.uchicago.edu/sites/default/files/story/attachments/2019-10/Decety_Religion_Altruism_Study.pdf.

5. Christopher Peterson and Martin Seligman, ed., *Character Strengths and Virtues: A Handbook and Classification* (Oxford: Oxford University Press, 2004).

6. Peterson and Seligman, *Character Strengths and Virtues*, 610. G. W. Allport and J. Ross, "Personal Religious Orientation and Prejudice," *Journal of Personality and Social Psychology* 5 (1967): 432-443을 보라.

7. Peterson and Seligman, *Character Strengths and Virtues*, 611. M. Leiber and A. Woodrick, "Religious Beliefs, Attributional Styles, and Adherence to Correctional Orientations," *Criminal Justice and Behaviour* 24 (1997): 495-511을 보라.

8. Peterson and Seligman, *Character Strengths and Virtues*, 610.

9. 이 모든 연구 내용에 대한 개관은 Peterson and Seligman, *Character Strengths and Virtues*, 610-611에서 보라.

10. 리뷰 논문인 Steven Tracy, "Patriarch and Domestic Violence," *Journal of the Evangelical Theological Society* 50 (Sept 2007): 583-584를 보라. Christopher G. Ellison and Kristin L. Anderson, "Religious Involvement and Domestic Violence among U.S. Couples," Journal for the Scientific Study of Religion 40 (2001): 269-286도 보라.

11. 골로새서 3장 19절; 베드로전서 3장 7절.

12. 호주가정연구소(Institute of Family Studies)에서 나온 2019년 월드패밀리맵(*World Family Map*)을 보라. https://ifstudies.org/blog/the-ties-that-bind. 저명한 호주의 저널리스트 줄리아 베어드(Julia Baird) 박사가 연속 기사에서 교회 내 가정 폭력에 관해 파헤쳤다. https://www.abc.net.au/news/2018-05-23/when-women-are-believed-the-church-will-change/9782184.

13. https://www.abc.net.au/news/2015-03-12/moore-dickson-the-church-must-confront-domestic-abuse/6300342.

14. Peterson and Seligman, *Character Strengths and Virtues*, 610.

15. Harold Koenig, Dana King, Verna Carson, ed., *Handbook of Religion and Health*, 2nd ed. (Oxford: Oxford University Press, 2012), 301-306.

16. Tyler VanderWeele, "Religion and Health," in *Spirituality and Religion Within the Culture of Medicine: From Evidence to Practice*, ed., Michael Balboni and John Peteet (Oxford: Oxford University Press, 2017), 357-416.

17. Peterson and Seligman, *Character Strengths and Virtues*, 609.

18. Robert Putnam, *Bowling Alone: The Collapse and Revival of American Community* (New York: Simon & Schuster, 2000), 19. 로버트 퍼트넘, 《나홀로 볼링》(페이퍼로드 역간). 그의 중요한 초기 연구에 관해서는 다음을 보라. Sergio Fabbrini, "Robert D. Putnam between Italy and the United States," *Bulletin of Italian Politics* 3 (2011).

19. Robert Putnam and David Campbell, *American Grace: How Religion Divides and Unites Us* (New York: Simon & Schuster, 2012). 로버트 퍼트넘, 데이비드 캠벨, 《아메리칸 그레이스》(페이퍼로드 역간).

20. Putnam and Campbell, *American Grace*, 444. 로버트 퍼트넘, 데이비드 캠벨, 《아메리칸 그레이스》(페이퍼로드 역간).

21. Putnam and Campbell, *American Grace*, 444-445. 로버트 퍼트넘, 데이비드 캠벨, 《아메리칸 그레이스》(페이퍼로드 역간). 자원봉사에 관한 자료는 퍼트넘의 2006 Faith Matters Survey에서 모았고 다음 링크에서 구할 수 있다. http://www.thearda.com/Archive/Files/Descriptions/FTHMATT.asp. Arthur Brooks, *Who Really Cares: The Surprising Truth about Compassionate Conservativism* (New York: Basic Books, 2006)과 하버드보건대학원 타일러 밴더윌

이 발표한 다음 연구 결과도 보라. https://www.hsph.harvard.edu/tyler-vanderweele/selected-publications/.

22. Putnam and Campbell, *American Grace*, 444. 로버트 퍼트넘, 데이비드 캠벨, 《아메리칸 그레이스》(페이퍼로드 역간).

23. Andrew Leigh and John Dickson, "Social Capital," *Undeceptions*, Season 1, Episode 5, https://undeceptions.com/podcast/social-capital. Also, Andrew Leigh, *Disconnected* (Sydney: University of New South Wales Press, 2010), 35.

24. Leigh, *Disconnected*, 32.

25. Deloitte Access Economics report, "Economic Value of Donating and Volunteering Behaviour Associated with Religiosity," (May 2018), https://www2.deloitte.com/content/dam/Deloitte/au/Documents/Economics/deloitte-au-economics-donating-volunteering-behavior-associated-with-religiosity-01062018.pdf.

26. Stephen Judd, et al., *Driven by Purpose*, 55. The original article was "Australia's Top 200 Charities," *Business Review Weekly*, June 29-July 5, 2006, 56-59.

27. David J Houston, "'Walking the Walk' of Public Service Motivation: Public Employees and Charitable Gifts of Time, Blood, and Money," *Journal of Public Administration Research and Theory* 16 (2006): 78. 유럽의 연구는 Kieran Healy, "Embedded Altruism: Blood Collection Regimes and the European Union's Donor Population," *American Journal of Sociology* 105 (2000): 1633-1657이다.

28. Leigh, *Disconnected*, 34.

29. Leigh, *Disconnected*, 33.

30. Brown, *Eye of a Needle*, 46-47.

31. Wayne Meeks, *The First Urban Christians: The Social World of the Apostle Paul* (New Haven: Yale University Press, 1983), 74-110. 웨인 믹스, 《1세기 기독교와 도시 문화》(IVP 역간).

32. Leigh, *Disconnected*, 35.

25. 역사 속 뒤얽힌 수치와 영광 앞에서

1. Steven Pinker, *Enlightenment Now: The Case for Reason, Science, Humanism, and Progress* (London: Penguin, 2018). 스티븐 핑커, 《지금 다시 계몽》(사이언스북스 역간). 그리고 그의 전작 *The Better Angels of Our Nature: Why Violence Has Declined* (New York: Viking, 2011)를 보라. 스티븐 핑커, 《우리 본성의 선한 천사》(사이언스북스 역간).

2. A. N. Wilson, *Charles Darwin: Victorian Mythmaker* (London: Murray, 2017), 105-106; 299-300도 보라.

3. Charles Darwin, *The Descent of Man, and Selection in Relation to Sex* (London: Murray, 1871), Daniel J. McKaughan, Holly VandWall, *The History and Philosophy of Science: A Reader* (London: Bloomsbury, 2018), 966에서 인용. 찰스 다윈,《인간의 유래》.

4. 동료 무신론자 지식인인 존 그레이(John Gray)는 UK Guardian에 "Steven Pinker Is Wrong about Violence and War"라는 도발적 제목으로《우리 본성의 선한 천사》(*The Better Angels of Our Nature,* 사이언스북스 역간)를 통렬하게 비판하는 서평을 썼다. https://www.theguardian.com/books/2015/mar/13/john-gray-steven-pinker-wrong-violence-war-declining. 신학자의 비판으로는 다음을 보라. David Bentley Hart, https://www.firstthings.com/article/2012/01/the-precious-steven-pinker. 스티븐 핑커의 책《지금 다시 계몽》(*Enlightenment Now,* 사이언스북스 역간)에 관해서는 존 그레이의 전형적인 신랄한 서평을 보라. https://www.newstatesman.com/culture/books/2018/02/unenlightened-thinking-steven-pinker-s-embarrassing-new-book-feeble-sermon. 닉 스펜서(Nick Spencer)가 영국의 싱크탱크 '테오스'(*Theos*)에 발표한 보다 온화한 다음의 평가도 보라. https://www.theosthinktank.co.uk/comment/2018/02/20/enlightenment-and-progress-or-why-steven-pinker-is-wrong. 〈타임스 리터러리 서플먼트〉(*Times Literary Supplement*)에 실린 다음 서평도 보라. https://www.the-tls.co.uk/articles/comfort-history-enlightenment-now/.

5. Aleksander Solzhenitsyn, *The Gulag Archipelago* (New York: Vintage Classics, 2018), 113. 알렉산드르 솔제니친,《수용소군도 1-6》(열린책들 역간).

6. 와인버그의 원래 강연은 PhysLink에서 온라인으로 볼 수 있다. https://www.physlink.com/Education/essay_weinberg.cfm.

7. Dawkins, *The God Delusion*, 283. 리처드 도킨스,《만들어진 신》(김영사 역간).

8. Steven Weinberg, "A Designer Universe," PhysLink, https://www.physlink.com/Education/essay_weinberg.cfm.

9. Davis, *In the Image of God*, 198.

10. Aristotle, *Politics* 1.2.1254b (Rackham, Loeb Classical Library 264), 22-23.

11. James Hunt, *On the Negro's Place in Nature* (London: Trubner & Co., 1863), 52, 60.

12. Henry Wiencek, "The Dark Side of Thomas Jefferson," *Smithsonian Magazine*, October 2012, https://www.smithsonianmag.com/history/the-dark-side-of-thomas-jefferson-35976004/.

13. 제1차 세계대전 사망자 수에 관한 권위 있는 자료는 찾기가 어렵다. 다음 자료는 총 사망자 수(민간인 사망자 600만-900만 명)가 1,500만-2,000만 명이라고 제시한다. Rudiger Overmans, "Military Losses (Casualties)," *Brill's Digital Library of World War I*, https://referenceworks.brillonline.com/browse/brills-digital-library-of-world-war-i; 다음 자료도 보라. Antoine

Prost, "War Losses," *International Encyclopedia of the First World War*, ed. Ute Daniel et al. (Freie Universität Berlin, Berlin, 2014-10-08), doi: 10.15463/ie1418.10271, https://encyclopedia.1914-1918-online.net/home/; and John Graham Royde-Smith, "World War I: Killed, Wounded, and Missing," in *Encyclopedia Britannica*, https://www.britannica.com/event/World-War-I/Killed-wounded-and-missing.

14. J. M. Winter, "Demography of War," in *The Oxford Companion to World War II*, ed. I. C. B. Dear and M. R. D. Foot (Oxford: Oxford University Press, 2001), 224-227.

15. 이것은 다음 책이 길게 주장한 논점이다. William Cavanaugh, *The Myth of Religious Violence: Secular Ideology and the Roots of Modern Conflict* (Oxford: Oxford University Press, 2009).

16. 정통 기독교에 관한 나치의 견해를 대중적으로 탁월하게 요약한 글을 McLaughlin, Confronting *Christianity*, 87-94에서 볼 수 있다. 동일한 논지에 관한 자세하고 학술적인 설명을 원한다면 다음을 보라. Richard Steigmann-Gall, *The Holy Reich: Nazi Conceptions of Christianity*, 1919-1945 (Cambridge: Cambridge University Press, 2004). Glover, Humanity, 355-356도 보라.

17. Robert Conquest, *The Great Terror: Stalin's Purge in the Thirties* (New York: Random House, 2018), 486.

18. Glover, *Humanity*, 259에서 인용.

19. Jung Chang, *Wild Swans: Three Daughters of China* (New York: Simon & Schuster, 2003), 314.

20. Glover, *Humanity*, 297. 조너선 글로버, 《휴머니티: 20세기의 폭력과 새로운 도덕》(문예출판사 역간).

21. 공식 중국 자료도 마오쩌둥 치하의 사망자 수가 2만 명에 이른다고 인정한다. Lucian W. Pye, "Reassessing the Cultural Revolution," *The China Quarterly* 108 (Dec 1986): 597-612를 보라.

22. Glover, *Humanity*, 306. 조너선 글로버, 《휴머니티: 20세기의 폭력과 새로운 도덕》(문예출판사 역간).

23. Glover, *Humanity*, 309. 조너선 글로버, 《휴머니티: 20세기의 폭력과 새로운 도덕》(문예출판사 역간).

24. Glover, *Humanity*, 309. 조너선 글로버, 《휴머니티: 20세기의 폭력과 새로운 도덕》(문예출판사 역간).

25. Dawkins, *The God Delusion*, 316. 리처드 도킨스, 《만들어진 신》(김영사 역간).

26. Terry Eagleton, *On Evil* (New Haven: Yale University Press, 2010), 156. 테리 이글턴, 《우리 시대의 악과 악한 존재들》(이매진 역간).

27. 다음을 보라. Catharine A. MacKinnon, "Pornography as Trafficking," *Michigan Journal*

of International Law 26 (2005): 993-1012; Allison J. Luzwick, "Human Trafficking and Pornography: Using the Trafficking Victims Protection Act to Prosecute Trafficking for the Production of Internet Pornography," *Northwestern University Law Review* 111 (2017): 137-153.

종결부(A Coda). 기독교, 다시 생명의 원 곡조로 돌아갈 시간

1. Albert Einstein, "Meine Meinung über den Krieg" ("My Opinion of the War"), paper offered to the Berlin chapter of the Goethebund, 23 October-11 November 1915. 독일어 원문은 다음 글에 실려 있다. A. J. Kox et al., eds., *The Collected Papers of Albert Einstein, Vol. 6: The Berlin Years: Writings, 1914-1947* (Princeton: Princeton University Press, 1996), 211-213. 번역은 내가 했다.

2. Leigh, *Disconnected*, 48-49.

3. Tom Holland, *Dominion: The Making of the Western Mind* (Boston: Little, Brown, 2019). 톰 홀랜드, 《도미니언: 기독교는 어떻게 서양의 세계관을 지배하게 되었는가》(책과함께 역간).

4. Tom Holland, "Why I Was Wrong about Christianity," *The New Statesman*, 14 September 2016.

5. Ferry, *A Brief History of Thought*. 모든 인용문은 3장 "The Victory of Christianity over Greek Philosophy," 55-92에서 가져왔다. 또한 다음 서평도 보라. Gary Rosen, "How to Think about How to Live," *The Wall Street Journal*, 27 December 2001, https://www.wsj.com/articles/SB10001424052970204552304577112983033277416.